图书在版编目（CIP）数据

基础会计学 / 宋献中，石本仁主编 . —广州：暨南大学出版社，2011. 1
ISBN 978 - 7 - 81135 - 622 - 9

Ⅰ. ①基… Ⅱ. ①宋… ②石… Ⅲ. ①会计学—高等学校—教材 Ⅳ. ①F230

中国版本图书馆 CIP 数据核字（2010）第 165819 号

出版发行：暨南大学出版社

地　址：中国广州暨南大学
电　话：总编室（8620）85221601
　　　　营销部（8620）85225284　85228291　85228292（邮购）
传　真：（8620）85221583（办公室）　85223774（营销部）
邮　编：510630
网　址：http：//www. jnupress. com　http：//press. jnu. edu. cn

排　版：暨南大学出版社照排中心
印　刷：河源市天才印务有限公司

开　本：787mm × 1092mm　1/16
印　张：22. 625
字　数：549 千
版　次：2011 年 1 月第 1 版
印　次：2011 年 1 月第 1 次
印　数：1—5000 册

定　价：39. 50 元

前　言

“基础会计学”是会计学专业的核心课程之一，也是所有经济、管理类专业学生的必修课程。本书是暨南大学会计系宋献中教授主持的国家精品课程“基础会计学”的配套教材。为建设好精品课程，我们在教材建设方面将针对不同学习对象编制相应的教材，包括主要适合会计专业学生学习的本教材，以及适合非会计专业学生、外国留学生和港澳台学生学习，适应双语教学的其他三本教材。

为体现“精品”二字，我们力图使本教材具有以下特色和创新：第一，我们将会计理解为一种信息与控制系统，从而有别于其他教材。在本书中不仅对以提供信息为目的的财务会计的基本概念、基本程序和基本方法进行了系统讲解，而且对以控制为主要目的的管理会计和内控基础知识进行了介绍。第二，我们以企业的生产经营活动及企业资金运动为依据安排会计核算内容的章节。第三，为便于教学，我们在编写体例上有所创新。如在各章之前安排“导言”、“本章结构”、“本章要点”。在各章之后均附有“练习题”、“案例分析”等。

本书由宋献中教授与石本仁教授共同主编。参编人员均为精品课程建设队伍和国家级教学团队的成员。具体分工为：宋献中教授编写第一章，石本仁教授编写第七、九、十、十一章，罗绍德教授编写第五、六、八章，谭小平副教授编写第二、三、四章，卢馨副教授编写第十二章，白华副教授编写第十三章。最后由宋献中教授审阅总纂。

本书的写作参考了大量的文献和其他教材。在此对文献和教材的作者表示感谢。同时，对暨南大学出版社编辑的认真负责表示感谢。由于编者水平有限，本书肯定存在不少错漏之处，期待读者的批评指正。

编　者

2010 年 7 月于暨南园

目 录

Contents

Contents

Contents

第一章　会计的性质与目的

导言

每年六月，是中国高考季，七月，是高考志愿填报和录取的时期，这也是考生和家长最紧张难熬的日子。

罗女士是广州××大学的一名行政管理人员，女儿是广州某重点中学的应届高三学生，成绩一向名列前茅，其高考意向是报考国内排名前10的大学，就读其国际金融、国际贸易或国际会计专业。2008年高考成绩出来后，女儿的成绩为608分，比先前预计的有落差，原先的设想必须调整。多方了解后，罗女士得知：××大学会计学科的前身是中国现代会计学宗师潘序伦博士于1925年亲手创办的会计统计系，也是中国最早在大学设立的会计学专业之一。目前该会计系开设注册会计师专门化（CPA）、会计学和财务管理三个专业，这三个专业近几年一直没有扩招，每年就业情况非常好，平均一个学生有三到四个就业机会可供选择，并且待遇也非常可观，成为考生填报的热门专业，因而竞争十分激烈。其中，CPA和国际学院的国际会计专业（与加拿大注册会计师协会CGA合办）近几年平均录取分数线在××大学所有专业录取分中一直位居前三。罗女士和女儿商量后，决定报考××大学会计系。

2008年，××大学录取分数线（广东省）分别为文科583分，理科590分。会计系三个专业实际录取情况为：会计学（文科）最低612分，最高634分，平均616.06分；财务管理（文科）最低611分，最高612分，平均611.33分；CPA（文科）最低613分，最高634分，平均619.13分；会计学（理科）最低607分，最高618分，平均611.29分；财务管理（理科）最低603分，最高626分，平均607.8分；CPA（理科）最低616分，最高628分，平均619.5分。按罗女士女儿的分数，她最终被财务管理专业录取。

本章结构

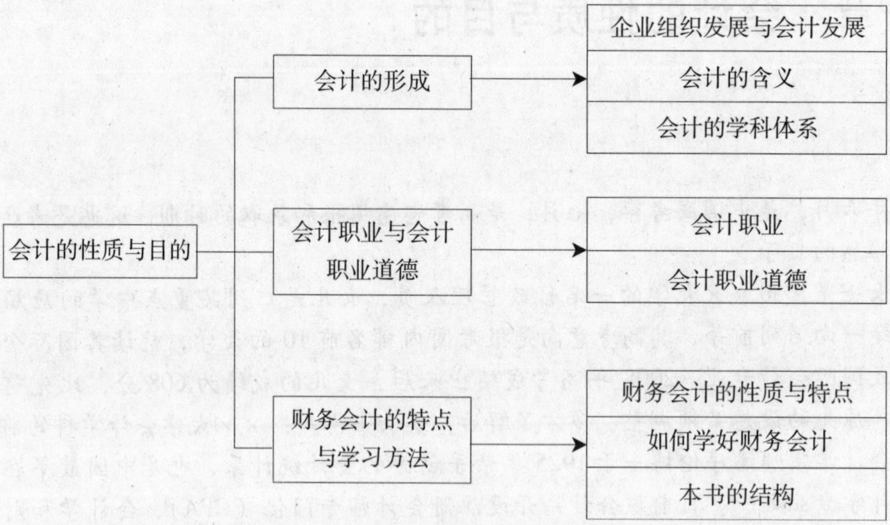

本章要点

- 了解现代会计与经济发展的关系
- 认识会计的实质
- 掌握会计学科的结构
- 了解会计职业
- 认识职业道德的重要性
- 了解财务会计的性质与特点
- 明确如何才能学好财务会计

会计学是所有经济管理专业，特别是会计专业的学生必须掌握的一门应用学科。在进入会计学的门槛时，我们面临的第一个问题是：学习会计学有何意义，会计学的性质和作用是什么？接下来的问题是：会计（职业）是干什么的，会计这门学科的内容是什么？第三个问题是：如何才能学好这门课程？这一章，我们将主要回答这些问题，使同学们对这些问题有了较为明确的答案后，带着一个清晰的目标，朝着一个既定的方向，按照一个正确的方法去学习，从而学好会计学，走好我们职业人生的第一步。

第一节我们将介绍会计的性质与作用；第二节则讨论会计学科的分类、会计职业的特点与分类，以及会计职业道德；第三节讲述财务会计学的特点、给学生的建议，最后对本书的基本结构进行概述。

第一节　会计的形成

一、企业组织发展与会计发展

会计产生于人类的生产经济活动，会计最早是服务于官厅（政府）的，后来随着商品经济的发展，会计的重心开始转向企业的经济活动，现代会计学研究、会计学科的重心也是集中在企业会计上的。所以，可以这样说，现代会计的核心就是现代企业（公司）会计，是以现代股份公司为对象而建立的、直接为现代股份公司服务的会计。从发展的维度看，现代会计的整个框架都是在适应股份公司不断发展基础上演变完善而成的。因此，在了解会计的含义之前，我们先了解一下现代会计是如何在企业组织发展的进程中形成的。

"对那些认为会计不仅是一种技术系统，而且认为其多样的形式受到各时代工商组织发展的影响的人来说，会计史与经济史的密切关系是显而易见的。所谓时代，指的是这些技术形式达到的发展阶段。正是每个时代企业发展的需要，创造了这一技术系统的结构。"① 的确如此，会计的发展和经济发展尤其是企业组织的发展是紧密相连的。从历史的发展进程来看，引领世界发展的一系列强国分别为四大文明古国——威尼斯（意大利）——荷兰——英国——美国，而同时，会计也在这些国家得到了充分的发展。为了便于更直观地了解企业组织变迁与会计发展二者之间的联系，现将这一关系归纳成下表（见表 1－1）。

表 1－1　　企业组织发展与会计发展

企业发展	概况	年代	会计发展	概况
家庭经济	自给自足，简单商品交换	15 世纪前的中国、印度、埃及、巴比伦	简单刻记及单式簿记	
独资合伙	资本主义的兴起和东西方贸易的发展，资本主义生产方式的萌芽与发展期	15、16 世纪的意大利	复式簿记	1494 年，卢卡·巴乔利（Luca Pacioli）在《算术大全》中系统阐述了复式簿记，为现代会计产生奠定了基础
股份制萌芽期	资本主义生产关系进一步发展，海上贸易进一步扩张	17 世纪荷兰	会计发展停滞期	复式簿记进一步完善，会计分期观念形成。1673 年，法国国王路易十四签署颁布了《商业条例》，明确规定商人必须每两年编报财产目录

① ［荷］O. 腾·海渥. 会计史. 文硕等译. 北京：中国商业出版社，1991. 3

（续上表）

企业发展	概况	年代	会计发展	概况
公司制形成期	机器取代工场手工业，资本主义生产规模不断膨胀，商业资本向工业资本转化，借贷资本逐渐形成	18、19世纪英国	民间审计 折旧会计 成本会计	1720年，英国南海泡沫公司倒闭，斯内尔（Charls Snell）于次年编制世界第一份审计报告书。1854年，苏格兰成立世界第一个皇家特许会计师协会 持续经营观念产生，与之相应的是折旧概念和方法的形成以及资本与收益的区分，出现配比观念萌芽，对收益计算的要求日趋严格，推动成本会计的产生与发展
现代公司成熟期	大规模现代股份公司大量出现，职业经理层形成，科学管理兴起，资本市场建立	20世纪20年代后的美国	现代财务会计、公认会计准则、内部审计、管理会计	1938年，美国注册会计师协会（AICPA）组织成立会计程序委员会，对外颁布公认会计准则；以会计准则为指南，定期对外提供通用财务报告的现代财务会计逐步形成。随着“泰罗制”在生产中的广泛应用，以及数学模型、电子计算机等技术被引入会计，在20世纪60年代末以后，管理会计进一步从执行会计转入决策会计阶段

由此，我们可以把会计和企业组织的发展划分为相互对应的三个阶段①：第一阶段，与以自给自足、家庭经济为主的生产组织形式对应的简单刻记和单式簿记的会计，这一时期的会计我们可以称为古代会计。严格来讲，这一时期的会计并不是真正意义上的会计，它同统计、算术是混合在一起的，还没有完全独立出来自成一体。会计诞生在企业发展的第二个阶段。这一时期会计的基本特征为以复式簿记（主要为借贷记账法）为记录手段，以历史成本为计量属性，以权责发生制为计量基础。现代会计则是在企业发展进入第三个阶段产生的，是在现代股份公司发展成熟后而逐步形成的。除了具备传统会计的基本特点外，现代会计的一些主要特征还包括形成了以对外提供财务报告为主的现代财务会计和以企业内部经济决策为主的现代管理会计两大分支，公认会计准则为会计核算的基本规则，对外财务报告必须经过严格的独立审计，企业内部设立了越来越严格和科学的内部审计和控制制度等等。应该说，现代会计就是现代公司会计，是围绕现代股份公司而建立的、直接为现代股份公司服务的会计。

二、会计的含义

对会计下一个明确的定义是一件棘手的事。在众多的定义中，有人将会计定义为一种（商业）语言，或一种历史记录，或目前的经济现实，或信息系统，或一种商品，甚至一种意识形态②。我们倾向于将会计理解成一种信息与控制系统。

1. 会计作为一种信息系统

会计作为一种信息系统，主要是通过对企业经济活动按照会计处理规则加工成财务报

① 石本仁．公司治理与中国会计改革．广州：广东人民出版社，2000. 30

② ［美］艾哈迈德·R. 贝克奥伊．会计理论．钱逢胜译．上海：上海财经大学出版社，2004. 60

告（会计产品），向外部使用者提供企业的财务状况（如企业的资产规模、结构、资产的来源与构成等）、经营成果（收入、成本费用结构）、所有者权益变动（所有者投入的变化过程和结果）和现金流量（现金流入与现金流出）等信息。这些外部的使用者主要包括企业的投资者、债权人、原料供应商、客户、政府、证券分析师、经济学者、经济管理专业的学生等，他们利用这些信息主要是进行投资、贷款、产品买卖、管理与征税等决策，当然，也有一部分人利用这些信息进行分析、学习和研究等活动。

企业日常的经济业务是纷繁复杂的——如设备购置、原材料采购、员工招聘与培训、产品设计与生产、战略规划与管理、组织与实施、谈判、修理、广告宣传、产品销售、售后服务、法律纠纷等。如果将这些图景一幅幅展现在我们面前，我们感受到的只能是树木，却难见森林，因而无法评估一个企业真正的实力和经营能力。这时就需要一个处理系统通过特定的加工手段给我们提供一幅全景式的图画。作为一种信息系统的会计，就是通过对企业纷繁复杂的经济活动按照会计处理规则向我们提供一种全景式的画面——财务报告。

下面我们用一个图来归纳会计信息处理的基本过程（图1－1）。图中企业经济业务是输入会计信息处理系统的“原材料”，进入会计处理系统后，按照一定的会计处理规则——确认、计量、记录和报告进行加工，最后，信息产品以标准的形式——财务报告向外部信息使用者提供。

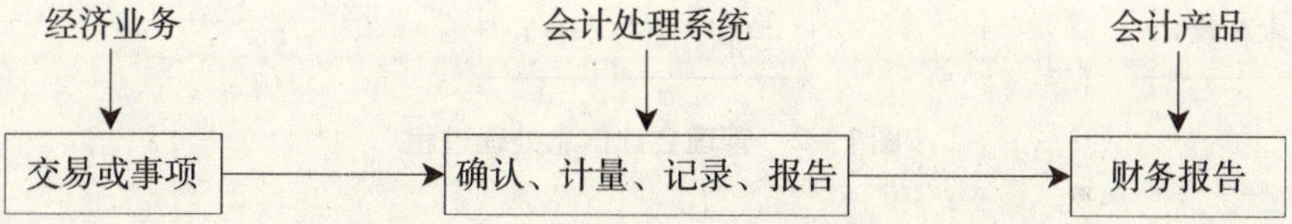

图1－1　财务会计信息处理过程

在输入经济业务时，不是所有的经济业务都能进入会计处理系统进行加工，要根据会计处理规则对这些“原材料”进行一定的筛选，并且选择适当的时间，以恰当的会计名目进行登记，这一程序称为“确认”①。确定了要登记的经济业务，要进一步解决的问题是以什么计量属性和什么计量单位进行登记。属性是指要计量对象的某一方面，比如一张桌子，是登记其长度、高度还是面积、体积；计量单位是计量标准，是米还是分米等。如果以交换的商品为例，它的计量属性是指其购买价格还是销售价格等，它的计量单位则是指名义货币还是不变购买力。计量问题解决了，登记的名目解决了，以什么数量进行登记也解决了，接下来的工作就是记录。初学会计者往往会认为记录是一件非常简单的工作，实际上以什么方式进行记录正是会计区别于其他工作（如统计、数学等）的最主要的特色。会计记录是以复式簿记的方式进行的，复式簿记是会计工作的最大特色。对复式簿记的系统论述将在下一章中展开。

会计信息处理系统的最后一个环节就是将已经记录的众多经济业务按一定的标准进行

① 这里不是对确认、计量等相关概念的准确定义，而是一种通俗的说法，更深入的讨论参见本教材后面的内容。

分类、汇总，最终按照标准的格式加工成财务报表。需要说明的是，财务报表只是财务报告的一部分内容，除财务报表之外，还需要将其他相关内容如报表附注和其他报告加工成财务报告，这时会计产品才算最终加工完毕。

2. 会计作为一种控制系统

如果说会计作为一个信息系统主要是向外部提供企业的相关信息的，那么，会计作为一种控制系统则主要是对内部为管理决策服务的。

在一定意义上说，会计就是为管理服务的。管理从一门艺术走向科学，也是结合了会计的结果，因为会计使管理决策数量化、精细化和科学化，使管理的过程更加制度化、程序化和标准化，使管理的结果更具有预见性、计划性和可控性。从其活动的基本职能和过程来看，管理可以分为：预测、决策与计划，组织、实施与控制，评估、考核与分析。在管理活动的每一个阶段，管理会计都在其职能范围内提供支持（图 1－2）。

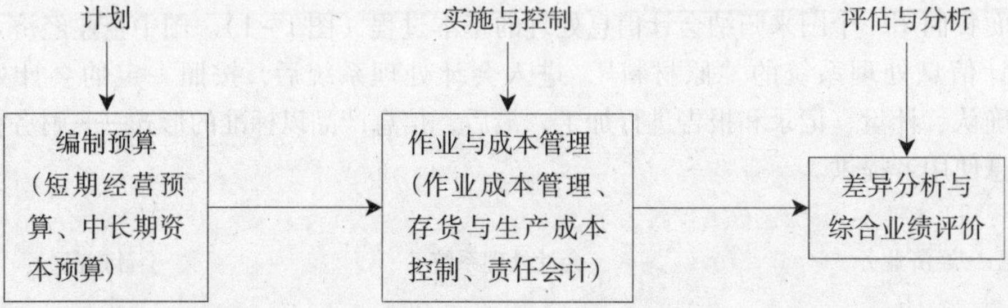

图 1－2 管理会计信息处理过程

（1）计划阶段。在管理层作出各项中、长期投资决策前，会计要提供投资项目的可行性分析报告，对该项目的市场前景进行预测，对项目带来的经济效益进行计算，以测算投资回报率与投资回收期，供管理层最终决策使用；决策通过后，会计还要编制详细的人力、资金、物资等方面使用的计划（预算）。同时，每年管理层都要确定当年的经营目标，会计要根据这一目标编制系统的经营预算，经营预算既是对年度企业总目标的一个分解和计划方案，也是各部门执行和考评的一个依据和标准。一句话，预算就是企业的行动方案和行动标准。

（2）实施与控制阶段。组织计划的实施是管理的关键环节，为与管理过程相配合，管理会计的工作主要体现在对生产与成本的管理上。具体包括作业成本的管理与核算，根据对每一项经济活动和产品生产过程的分析，将产品的价值链和成本动因结合起来，确定产品生产的每一个必要环节，去设计企业生产流程、设置岗位（机构）和制度，保证企业经营活动的合理性、功能的最大化和成本的最小化。核算作业成本的同时，提供系统的成本数据，并根据事先确定的标准成本，对生产成本进行适时的控制。我们应该清楚，企业的成本主要来源于人工、材料和设备的使用，对材料的控制主要体现在存货的控制，零存货就是一种理想的状态，如果做不到这一点，向这个方向靠拢就是一个目标。对人工成本的控制，主要体现在责任会计上，责任会计的实质就是将总目标的责任落实到每一个部门、每一个岗位和每个人身上，将企业分为投资中心、利润中心、收入中心和成本中心。

各个部门、岗位和个人都有明确的责任（目标），不同的责任层级分别按投资、利润、收入、成本等指标进行考核。降低人工成本最有效的途径是充分调动每个员工的积极性。

（3）评估与分析阶段。每期生产活动的结束并不是管理活动的结束，而是一个新的管理过程的开始。只有这样，管理才会不断改善，生产成本才会不断降低，生产效率和效益才能不断提高。管理会计在这一阶段所做的工作，一是对期初预算进行评估，找出差距，并进一步分析原因；二是对企业所有部门的业绩进行评估，落实奖励措施。由于促进一个企业发展的因素是多方面的，对一个部门的评价不能只从能够量化的财务指标上，还要从市场、顾客、学习能力等全方位进行考评，这就是所谓的综合业绩评价。

现在，我们可以对现代会计进行一个小结：一方面，为了满足股份公司对外筹资的需要，现代会计必须按公认会计准则的要求向外部使用者提供企业经营的基本信息，以便投资者对企业经营能力作出一个基本的评价，从而作出正确的投资决策。由于这一信息是由企业内部加工完成的，因此，需要由独立的第三方进行客观公正的审查和评价。另一方面，就企业内部而言，要做到对生产成本的控制、生产经营的全面预算、长期投资的科学决策等，管理要同会计结合起来，才能真正做到科学化的管理；同时，加强对生产过程中的内部审计和内部控制，可以起到防护性和建设性的作用。防护性的作用是监督和控制、揭露和制约各种不道德和不规范的行为；建设性的作用是对企业经济活动的检查和评价，对经济活动的效益和效率不足提出建议，充分提高企业经济活动的效益和效率。所以，我们可以归纳一下：会计是一个信息控制系统，它的基本职能主要表现在两个方面，一是它的反映和评价的职能，这一职能主要由财务会计和审计来完成；二是它的监督和控制职能，这一职能主要由管理会计和内部审计来完成。因此，我们认识会计必须从一个更全面的角度来认识，会计既不是单一的财务会计，也不是单一的管理会计，它是由财务会计、管理会计、审计和内部审计与内部控制共同组成的一个集合体（图1－3）。当然，会计是一个发展的概念，随着公司对会计提出新的要求，会计将会产生新的功能以适应公司发展的需要，这时会计可能又会产生新的分支。

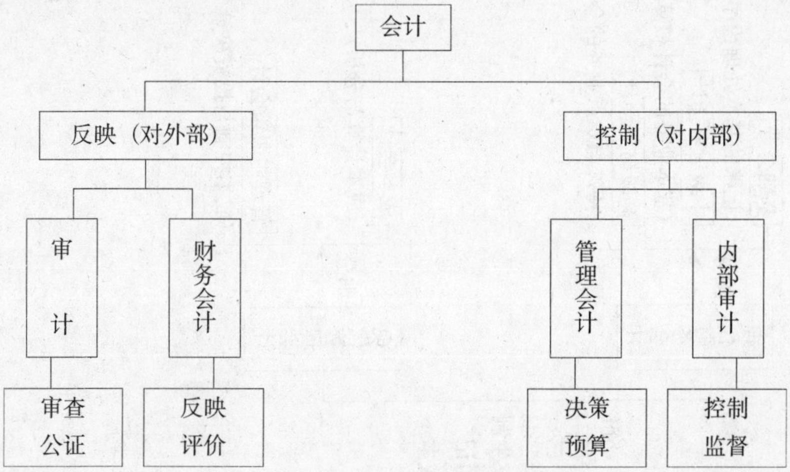

图1－3　会计——一个信息控制系统

三、会计的学科体系

认识了现代会计的基本内涵，现代会计的学科体系的构建逻辑也就明晰了。图 1－4 是现代会计学科体系（主要为会计专业核心课程）的一个基本框架图。

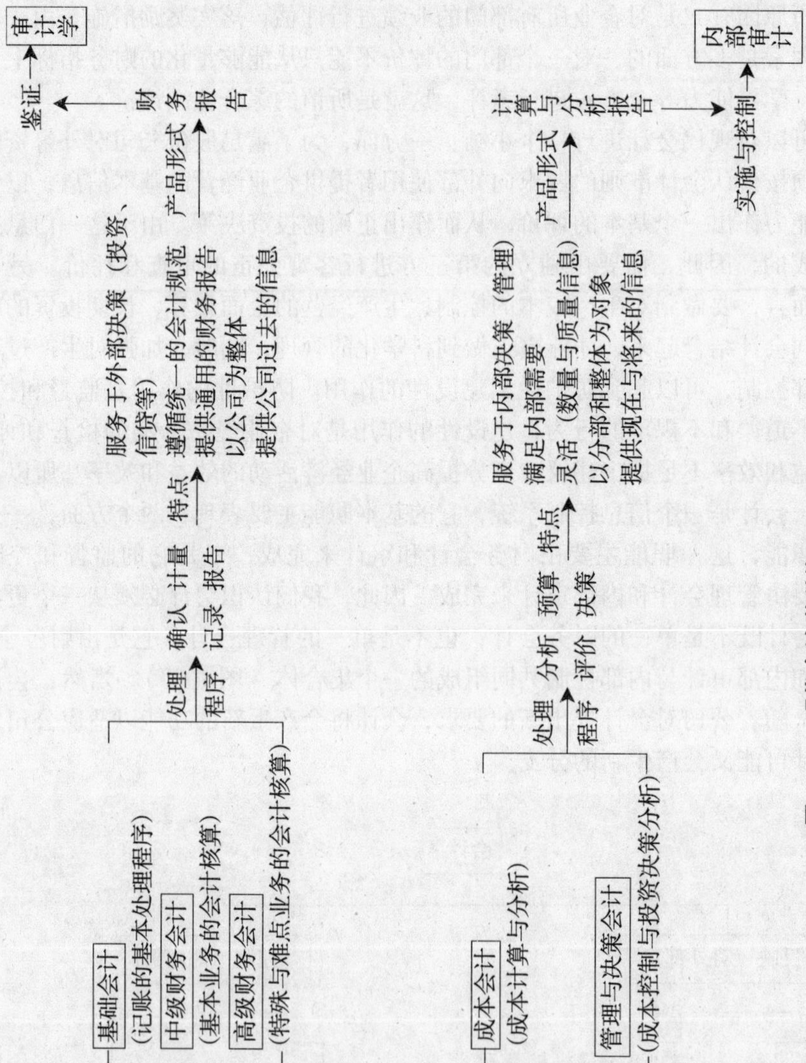

图 1－4 现代会计学科体系

在图1-4中，我们可以发现，财务会计和管理会计在核算程序、核算特点和产品形式，包括提供的对象、产品加工要求上都存在很大差异。至于审计和内部审计的结构和特点，我们不再进一步讨论了，请同学们在以后的学习中自己归纳。要说明的是，在会计活动中，财务活动（包括筹资、投资等）是其中一个重要的组成部分，这些内容是由“财务学”来讲解的（也可分为初级、中级和高级三个层次）。另外，财务会计（包括中级和高级财务会计）都是针对一般工商企业，一些特殊行业的会计处理如银行、保险、农业、石油等，需要在专门的课程（即专业选修课程）中去学习。最后要指出的是，会计已经由手工转向计算机处理阶段（包括计算机会计和计算机审计甚至更高级的信息管理系统），对于这些工具的掌握是必不可少的，这也是会计专业学习的基本核心课程。因此，财务会计（初、中、高三个层次）、管理会计（含成本会计）、审计学、内部审计、财务学（初、中、高三个层次）以及计算机会计和审计等，组成会计专业的基本专业核心课程。当然，经济学、管理学、税收、法律、商业环境等也是学习会计必不可少的课程。

第二节　会计职业与会计职业道德

“职业是一个人准备以它作为谋生手段以前需要多年学习和训练的一种事业。这个术语……也包含献身于某一目标而不是为了谋生的意思。”① 这段话实际上包括了两层含义：职业是我们谋生的手段；同时，也是我们为此献身的一项事业。当我们选择会计作为与我们终生相伴的职业时，我们应当明确会计（职业）是干什么的。会计作为一个加工信息的职业，更强调诚实和信用，强调坚守一些基本的原则——职业道德。

一、会计职业

在人类社会，人是社会基本的组成细胞。但从社会学的角度，每个人都生活在一定的组织内，如幼儿园、小学、中学、大学、工厂、商场、饭店、宾馆、银行、保险、典当行、证券公司、信托投资公司、基金公司、租赁公司、财务公司、期货公司、会计师事务所、律师事务所、咨询公司、医院、政府机关、图书馆、慈善机构等形形色色的组织。上述组织有不同的分类标准和分类结果，如果按照盈利性这一标准来分，大体可分为两类：一类是单纯以追求利润为目标的，如工厂、商场、饭店、宾馆、银行、保险、典当行、会计师事务所、律师事务所等组织，这些组织也被称为盈利组织或企业；另一类是不以盈利为主要目的但要收取一定费用的组织，如各类学校、医院等组织，或者完全不收费用的如政府机关、图书馆、慈善机构等组织，这一类统称为行政或事业单位，或政府及非盈利组织。会计主要是为这些组织服务的。我们把服务于盈利企业的会计称为企业会计，后者称为政府及非盈利组织会计。另外，我们把会计师事务所这一行业称为公共会计。

1. 企业会计

企业会计是向企业内部和外部提供决策支持的信息控制系统。现代会计主要是针对盈

① ［美］劳伦斯·B. 索耶. 现代内部审计实务. 汤云为等译. 北京：中国商业出版社，1990. 15

利企业的经济活动来展开研究的。因此，在会计专业设置的专业课程上，大部分也是与企业会计有关的。

为了明确企业会计的基本工作内容，我们将一个大型公司的财务系统组织结构图勾勒如下（图1-5）。

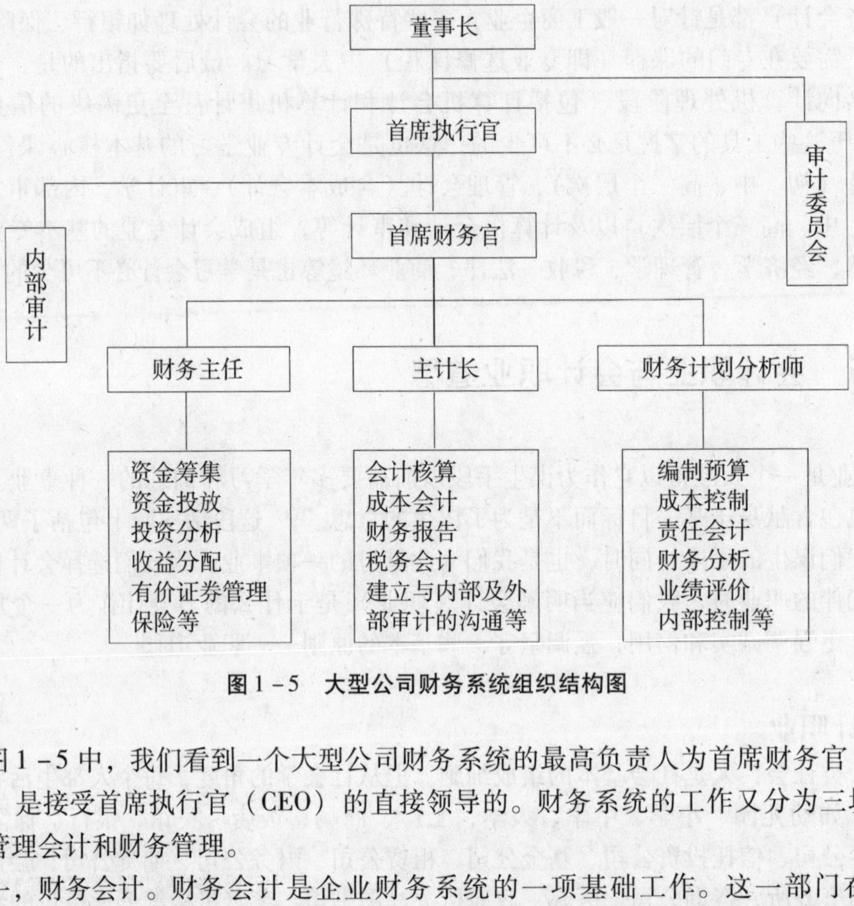

图1-5 大型公司财务系统组织结构图

在图1-5中，我们看到一个大型公司财务系统的最高负责人为首席财务官（CFO），他（她）是接受首席执行官（CEO）的直接领导的。财务系统的工作又分为三块：财务会计、管理会计和财务管理。

第一，财务会计。财务会计是企业财务系统的一项基础工作。这一部门在主计长（或会计科长、会计经理）的组织下，对企业经济活动按财务会计的基本处理程序和规则加工为财务报告，其中包括对生产成本的核算。另外，税务会计是企业财务会计的一项重要工作，企业要缴纳各种税收（包括流转税和企业所得税），税务会计就是根据税法的要求，计算和缴纳企业应缴的各项税收。同时，税务会计人员在不违反税法的情况下，可以进行税务筹划，以降低企业的税收负担。一般而言，企业财务会计部门会设置出纳（收支两条线），各会计核算岗位如固定资产、材料、往来款、销售，税务会计，总账会计，主管会计等。岗位的多少和每个岗位配备人员的多少由企业的规模和需要而定。

第二，管理会计。管理会计是从财务会计中分离出来的。应该说，一个企业越重视管理，管理的水平越高，就越会加强和突出管理会计的工作，因为管理会计是直接为企业内部管理决策服务的。前面我们已经提到会计作为一个控制系统的基本活动过程，实际上这些活动过程就构成了管理会计工作的基本内容。具体来说，管理会计部门从事的工作主要有：编制企业预算（包括企业短期经营计划和中长期资本投资预算），为企业经济活动提供系统的计划；对企业生产成本实施控制，降低企业消耗，节约成本；落实、分解、执行企业预算，落实责任，提高计划的执行力；对企业财务活动进行分析，总结经验，找出问题，提出解决问题的办法；期末对各部门（个人）的成果（从财务、市场、顾客和学习等多方面）进行综合考核与评价，兑现奖励措施，激励全员的士气；与内部审计部门和公司审计委员会一道，建立一套良好的内部控制体系。和财务会计岗位设置有一定规律性不同，管理会计岗位的设置主要看企业的需要，根据自身的特点来设置，具有很大的灵活性。

第三，财务管理。财务管理是整个会计工作的延伸。资金是企业经济活动的血液，一旦企业血液流通不畅，就会危及企业的经营。财务管理就是围绕企业的资金运转展开的，以保证企业资金流动的畅通、高效。具体来讲，财务管理的工作包括：①资金的筹集。通过各种渠道，及时、低成本筹集企业所需资金。②资金投放与投资分析。在周密的可行性分析后，确定资金的投放方向与方式。③在保证投资者利益最大化的前提下，确定利益的分配方式。④对企业的投资品（包括各种有价证券）实施有效的管理。⑤对企业的各种风险进行评估，并有针对性地进行投保和实施风险控制等。

最后，在企业财务系统之外，还会设置一个与会计关系十分密切的内部审计部门。从工作的内容和程序上讲，内部审计与外部审计工作十分接近，内部审计和外部审计都是会计工作的一个必不可少的组成部分。在管理上，内部审计是直接接受首席执行官和审计委员会领导的。内部审计的工作就是会同其他部门为企业建立一套完善的内部控制体系，对企业的经济活动和内部控制制度进行审查和评价。其目的，一是保证企业的资产安全运行，防止出现舞弊和企业资产流失；二是评价企业资产的运行效率，保证企业经济资源的有效利用。

2. 政府及非盈利组织会计

任何一个组织都离不开会计核算。在一个社会中，政府和非盈利的组织如政府机关、图书馆、医院、学校、慈善机构等占很大比重，因此，也需要相当多的会计专业人才到这些部门从事会计工作。

我国的政府及非盈利组织会计可分为三种类型：

第一种类型：财政总预算会计，或称总预算会计。总预算会计是各级政府财政部门核算、反映和控制政府预算执行和财政周转金等各项财政性资金活动的专业会计。它由中央和地方各级政府的财政机关具体实施。我国政府预算是按照统一领导、分级管理的原则进行的，每一级政府都设置相应的总预算，每一级总预算都设置总预算会计。现在，我国政府机构是按中央、省、市、县、乡（镇）5 级来设置的，按一级政府建立一级财政的原则，相应地设置五级总预算会计。

第二种类型：行政单位会计。行政单位是指行使国家权力、管理国家事务、维护社会公共秩序、进行各项行政管理工作的政府机构，其人员列入政府行政编制，所需经费全部由政府预算拨款。行政单位会计就是核算、反映和控制本单位经济业务活动的专业会计。行政单位包括国家各级权力机关，如各级人民代表大会及其所属机构；各级行政机关，如国务院及其所属各部委和各省、市、县、乡的各级人民政府及其所属机构；司法和检察机关，如各级司法部门、法院和检察院。此外，有些单位虽不属于行政单位，如各党派、人民团体，因其人员列入行政编制，经费也由预算拨给，也视同行政单位对待。军队虽然也通过预算拨款解决经费，但因人员不属于行政编制，不划为行政单位，而作为独立的系统。

第三种类型：非盈利组织会计。非盈利组织会计是核算、反映和控制非盈利组织经济活动的专业会计。与盈利企业相比，非盈利组织提供的服务和产品具有公共品和准公共品的特点，即所提供的服务和产品具有很强的正外部性，其生产成本与收益不对称，导致这些组织的生产成本不能完全得到补偿。因此，这些组织，除了收取一定的费用外，政府还通过减免税收、提供补助或通过其他渠道如捐赠使其获得资助，从而使这些组织既能向社会提供具有福利性质的产品或服务，又能长期存在下去。非盈利组织的类型主要有以下几种：一是教育、文化、科学研究机构，包括幼儿园、小学、中学、职业技术学校和高等学院、科学研究部门、博物馆、图书馆、艺术表演机构等；二是健康和福利组织，包括医院、疗养院、福利院、儿童保护组织、红十字会、社会救济机构等；三是慈善机构，包括社区筹资机构、基金会等。另外，还包括有关气象、体育等单位。

在我国，非盈利组织分为公立（国有）和民间两大类。尤其是改革开放后，多种形式的民间非盈利组织不断出现。公立的非盈利组织一般称为事业单位。这样，我国政府及非盈利组织会计也称为政府（总预算）、行政单位、事业单位和民间非盈利组织会计。

3. 公共会计

与上述两种会计职业是为了加工自身企业经济活动的信息不同，会计师事务所（或会计公司）是为其他企业的财务信息提供鉴证、评估和其他相关服务。因此，我们把会计师事务所所从事的相关会计工作称为公共会计。会计师事务所提供的服务主要包括两类：一类是提供鉴证服务，即审计服务，提供审计服务的会计人员称为审计师或注册会计师；另一类是向客户提供非鉴证服务，包括管理咨询服务、税务服务、会计和记账服务、其他咨询服务等。

在会计师事务所从事审计工作，要求审计人员具备很高的执行能力和独立性，因此必须取得执业资格，通过注册会计师考试后方能执业。注册会计师是审计人员从事审计工作的一个执业资格。区分一个审计师的级别，各事务所的方法不同，但大体上可分为助理审计师、审计师、高级审计师，项目经理、高级经理，最后是合伙人（合伙人有时也分等级）。提供其他服务的人员，与此类似。

从事财务会计和审计工作，都要遵循统一的外部规范。财务会计遵循的是公认的会计准则（或会计制度），从事审计工作遵循的是公认的审计准则。从事管理会计和财务管理没有相应的外部规范，但各个企业有自己内部的制度规范。另外，在企业和其他组织从事会计工作的会计人员也要取得相应的上岗资格，即会计证。随着会计工作能力的提高，通过相应考试后，可以取得一系列技术职称，如助理会计师、会计师、高级会计师、正高级会计师。需要说明的是，有些大型企业设置总会计师，这是一个职位而不是技术职称。

二、会计职业道德

综合上面的论述，会计作为一种职业，可以细分为财务会计、管理会计、财务管理、内部审计和审计等。无论哪一种会计职业，一个共同的特点是，会计人员（包括审计人员，下同）熟知企业的经营情况、管理和控制单位的资金和财产运行、为管理层提供决策支持等。如果会计人员的行为没有一定的约束，出现泄露单位商业秘密、私自或合谋侵吞企业财产、不胜任本职工作等，都会给单位带来重大损失。因此，会计人员在工作中除了遵守相应的法律、法规、制度外，还要遵循一定的职业道德规范。

所谓会计职业道德，就是会计人员从事会计、审计工作时所必须遵循的行为准则。由于会计工作分为不同种类，其会计职业的道德规范有所不同。

在我国，财务会计工作人员的道德规范是由《会计法》和《会计基础工作规范》来规定的。《会计法》第39条规定："会计人员应当遵守职业道德，提高业务素质。对会计人员的教育和培训工作应当加强。"《会计基础工作规范》第二章第二节"会计人员职业道德"对会计人员的职业道德进行了比较详细的规定。具体包括：

总体要求（第17条）：会计人员在会计工作中应当遵守职业道德，树立良好的职业品质、严谨的工作作风，严守工作纪律，努力提高工作效率和工作质量。

爱岗敬业（第18条）：会计人员应当热爱本职工作，努力钻研业务，使自己的知识和技能适应所从事工作的要求。

熟悉法规（第19条）：会计人员应当熟悉财经法律、法规、规章和国家统一会计制度，并结合会计工作进行广泛宣传。

依法办事（第20条）：会计人员应当按照会计法律、法规和国家统一会计制度规定的程序和要求进行会计工作，保证所提供的会计信息合法、真实、准确、及时、完整。

客观公正（第21条）：会计人员办理会计事务应当实事求是、客观公正。

搞好服务（第22条）：会计人员应当熟悉本单位的生产经营和业务管理情况，运用掌握的会计信息和会计方法，为改善单位内部管理、提高经济效益服务。

保守秘密（第23条）：会计人员应当保守本单位的商业秘密。除法律规定和单位领导人同意外，不能私自向外界提供或泄露单位的会计信息。

注册会计师作为对外提供鉴证服务的行业，对其职业道德有更高的要求。《注册会计师法》和《注册会计师职业道德基本准则》中有专门的规定。《注册会计师法》第18条规定："注册会计师与委托人有利害关系的，应当回避；委托人有权要求其回避。"第19条规定："注册会计师对在执行业务中知悉的商业秘密，负有保密义务。"《注册会计师职业道德基本准则》对注册会计师从业的职业道德进行了全面系统的规范，包括一般原则、专业胜任能力与技术规范、对客户的责任、对同行的责任、其他责任等方面。其中，一般原则包括"注册会计师应当恪守独立、客观、公正的原则"和"注册会计师执行审计或其他鉴证业务，应当保持形式上和实质上的独立"等。

一般而言，职业道德规范是由行业协会来制定的。我国《注册会计师职业道德基本准则》就是由中国注册会计师协会来制定的。实际上，在国外各会计职业都成立有相应的会计行业协会。以美国为例，财务会计就专门成立有全国会计师协会（NAA）、财务管理有财务经理协会（FEI）、管理会计有管理会计师协会（IMA）、内部审计有内部审计师协会（IIA）、审计师有美国注册会计师协会（AICPA）。职业道德规范与法律不同，它不属于强制性的规定，一般都是由行业协会对会员实施约束，主要强调自律。无论哪个会计职业，归纳起来，职业道德的基本规范不外乎这几点：胜任、廉洁、保密、独立、客观、公正等。

从我们跨入会计职业门槛的第一天起，就要铭记：道德和职业道德是我们做好会计工作的前提，是我们一生的立身之本。在日后的工作中，在遇到两难选择时，一要牢记法律，二要牢记职业道德。

第三节　财务会计的特点与学习方法

一、财务会计的性质与特点

前面两节所涉及的是一个广义的会计学的概念，它包括了财务会计、管理会计、审计、内部审计甚至财务管理。严格来讲，财务管理不属于会计学的范畴。由于基础会计是会计专业的第一门专业课程，我们想让同学们首先对会计建立一个总体的印象。接下来我们的阐述将集中于财务会计这门学科上。

财务会计是对企业经济活动进行加工，从而对外提供财务报告的一个信息处理系统。1494 年，意大利人卢卡斯·帕乔利在其《算术、几何及比例概要》（简称《算术大全》）中，第一次系统地介绍了复式簿记，由此形成了传统的财务会计。传统财务会计的基本特点表现为以权责发生制为基础、以历史成本为计量属性、以复式簿记为记账方法等。20 世纪后，随着公认会计准则的出现，在传统财务会计的基础上，逐步形成了以会计准则为规范、提供通用的财务报告、经过严格的审计、财务报告披露的范围不断扩大的现代财务会计。

总体而言，现代财务会计具有如下一些特点：

（1）是对企业经济业务进行加工的一个信息处理系统。财务会计的一个主要目标就是向外部信息使用者提供企业财务状况、经营成果、权益变动和现金流动的信息，以便这些使用者做出正确的投资决策；同时，也是在股份公司两权分离情况下解除管理层的受托责任。所以把企业的经济业务转换成信息产品（财务报告），就是财务会计的核心工作。

（2）按照会计规范——会计准则或会计制度对企业经济业务进行加工处理。为了使各企业加工出来的信息产品（财务报告）具有可比性，必须要求所有企业在处理同样的经济业务时使用同一种或类似的会计规则。因此，财务会计在加工过程中就要遵循一定的会计规范，其核心就是会计准则。会计规范还包括相应的会计法律、法规、规章和制度。详细的讨论，同学们可以参见《中级财务会计》的有关内容。

（3）主要是对企业已经发生的经济业务进行处理。进入财务会计信息处理系统的必须是企业已经发生的经济业务，财务报告所反映的是企业的事实和结果。与此形成对照的是管理会计，管理会计为了向管理层提供对未来事项决策的依据，必须对诸如中长期投资进行预测、估计和测算。

（4）对外部的使用者提供通用的财务报告。财务会计向外提供的信息——财务报告不管是财务报表的种类、财务报表的格式还是内容，都是通用的。《企业会计准则第 30 号——财务报表列报》规定，企业对外提供的财务报表主要包括资产负债表、利润表、所有者权益变动表、现金流量表和附注。另外，上市公司提供的财务报告的格式和内容要求，则由中国证券监督委员会统一规定。

（5）信息的类型主要为企业经济活动的货币表现形式。财务会计提供的财务报告主要是企业经济活动货币金额，即用货币作为计量单位对企业的经济活动进行计量、记录、分类、汇总和报告。这是财务会计的一个基本特色。

（6）对外提供的具体信息为企业整体的财务状况、经营业绩、权益变动状况和现金流量等信息。财务会计的这一特点体现在两个方面：一方面，财务会计提供的是企业经营活动的整体信息；另一方面，这些信息包括企业的财务状况、经营业绩、权益变动状况和现金流量。

二、如何学好财务会计

财务会计的处理过程是在会计准则或会计制度的规范下进行的。因此，熟练掌握这些规范是学好财务会计的一个关键。2006 年 2 月，财政部颁布新的《企业会计准则》，包括 1 项基本准则和 38 项具体准则，从而形成了一个较为完善的会计规范体系。随后，又配套出台了《企业会计准则——应用指南》和《企业会计准则——讲解》等。由此，企业会计准则成为我国财务会计的基本规范文件。除了基础会计要先掌握会计基本核算程序和方法外，财务会计学的另外两门课程都将围绕讲解企业会计准则的制定背景、理论基础、处理方法、应用要点、国际比较等展开。

全球经济一体化是世界经济发展的潮流。2001 年，中国加入世界贸易组织（WTO）后，中国市场开始全面对外开放，资本国际交流大大增强，经济交流也日益频繁。“中国制造”开始出现在世界各国的市场上，同时，世界各国的产品也进入我们日常生活，包括世界 500 强中的许多公司也在我国落户扎根。各国各民族人民的交流是通过一种共通的语言来进行的，比如英语。而各国各企业间的交流则是通过财务会计信息来进行的，财务会计也被通俗地称为“商业语言”，因此，作为用于国际交往的商业语言的财务会计也必须国际化，以满足国际贸易交往的需要。1973 年，由澳大利亚、加拿大、英国、德国和法国等国发起成立了国际准则委员会（IASC），致力于制定各国公认的国际会计准则（IASs），经过 2001 年的改组后，国际会计准则理事会（IASB）逐步得到各国的认可，其所制定的国际会计准则（IASs）和国际财务报告准则（IFRSs）为越来越多的国家或地区所采纳。我国新颁布的《企业会计准则》全面向国际会计准则趋同就反映了这一趋势。

全球经济一体化给世界经济带来了巨大的冲击。这种冲击体现为：全球经济的竞争越来越激烈；为了取得竞争优势，各国加大对技术的研究与开发，技术的创新和突破日益频繁，知识经济（新经济）成为这个时代经济的最大特点；竞争的加剧和知识经济的出现，使得企业的风险日益凸显，不确定性也更加突出等。这些变化集中在企业经营上就是：企业产品的周期不断缩短；产品中的技术含量加大，产品越来越向知识性、无形化方向发展；产品日益多元化；经营风险不断增加等。对于财务会计人员而言，这既是一种机遇，也是一种挑战。机遇是指，在这个时代，会计人员的地位更重要了，企业价值与风险的评价离不开会计人员；挑战是指，我们在对企业的价值进行评估包括对具体的各项资产、收入等进行确认和计量时，在对每一项经济业务的实质进行认定时，将面临更大的不确定性和风险，对会计人员的能力提出了更高的要求。

学好财务会计，已经不是传统意义上掌握基本记账方法，熟悉会计准则或制度就可以了。在经济全球一体化，竞争日趋激烈的知识经济的时代下，一个合格的财务会计人员的基本能力的培养要从以下几个方面入手：

（1）动手能力。财务会计一个最大的特点是其实用性和操作性。任何一种会计程序、方法和具体处理的掌握都需要通过实际应用来检验，只有在实际中能够正确地运用，才能表明我们实际掌握了某种会计程序、方法和某项具体准则。因此，在财务会计的学习中，我们既要通过自己的学习、老师的授课等多种方式去理解基本的概念、方法和原理，更要注重对这些方法的运用，亲自动手去做练习，在每一个学习要点上都要通过这种方式检验和巩固自己的学习成果。会计是一项十分细致的工作，要求我们具体操作时，要兢兢业业、认认真真。动手能力还表现在对电脑的操作、对相关计算器（如对现值和股票期权价值计算等）的操作和动手搜集相关资料、数据等方面。

（2）职业判断能力。在今天日益复杂的经济环境中，对经济业务实质的判断，在众多的选择和不确定的条件下做出正确的抉择，是会计人员必须面临的一个考验，职业判断能力成为会计人员必须具备的一项基本素质和能力要求。既要知其然，还要知其所以然，这是我们在学习中必须注意的，只有这样，我们才能慢慢养成看清问题实质的能力。职业判断能力的形成，除了具备一定的专业和基础知识并不断地吸收新知识外，作为一个高水平的会计人员，还必须积累丰富的实际经验，对于任何一个会计处理，要学会分析、判断、综合、总结，养成一种良好的思维习惯。通过不断的积累，这种职业判断能力才会形成并得以不断提高。总之，职业判断能力从根本上来说是一种职业培养、职业训练的结果，它要求一个会计人员具备较高的理论素养，在实际工作中不断更新、提高，不断吸收新知识，掌握新情况。职业判断能力只能通过持续的、不间断的培养、训练，不断积累才能养成。虽然在学校我们无法完全形成这种能力，但思维习惯、能力和一些基本素质的建立已经开始。

（3）终生学习能力。这是一个不断变化的时代，有人说，现在唯一不变的就是变化。当同学们毕业后会发现，你们进入社会后，环境变化了，许多会计制度改变了，所学的很多知识没有用了。这里要强调一种基本的观念，学习最重要的是培养一种学习能力，一种终生都能受用的学习能力。正如美国会计教育改革委员会（AECC）在其第 1 号公报《会计教育的目标》中所强调的："学校会计教学的目的不在训练学生在毕业时即成为一个专业人员，而在培养他们未来成为一个专业人员应有的素质。"而且，"会计教育最重要的目标是教导学生独立学习的素质。大学教育应是提供学生终生学习的基础，使他们在毕业后能够以独立自我的精神持续地学习新的知识。因此，终生独立自学能力就成为会计专业人员生存与成功的必备条件"。①

（4）树立基本的职业道德观念。当你选择一种职业与你相伴终生时，一些基本的价值观念的建立是必不可少的。通过建立这些职业价值观念，认识会计职业的要求、作用和意义，珍惜并献身于该项事业、为之精诚工作，为之奋斗一辈子。正确的职业道德观念的

---

① ［美］里查德·E. 弗拉赫扬. 美国会计教育改革与会计教育委员会. 会计研究，1997（9）

树立，会使我们养成一种良好的心态，平静地对待工作和生活。

三、本书的结构

基础会计学是会计专业课程的入门课程，主要讲述现代会计学的基本概念和框架，重点则是对会计核算的基本程序和方法的讲解，在此基础上再介绍管理会计的基本架构、审计和内部控制的基本概念，使读者在掌握基本会计核算的程序和方法的基础上，对现代会计有个基本的把握。

在对会计的特点和性质有一个初步认识后，我们讲述会计核算的基本程序与方法，主要是复式簿记——借贷记账法的原理与运用。接下来，我们将结合企业组织（独资、合伙、公司）、企业类型（服务业、商业、制造业）和经济业务（购进、生产、销售）进一步讲解会计处理的程序与方法。比如，在讲述货币资产、应收款项时，与销售业务结合起来；讲述成本时，与生产过程、企业的经济活动类型（服务业、商业、制造业）结合起来；讲述权益与投资时，与企业组织（独资、合伙、公司）结合起来。使大家在学会记账的同时，又能将会计信息与企业组织、经济活动类型与经济业务有机联系起来。会计核算的最后，是两张基本报表——资产负债表和利润表的编制，另外对现金流量表的原理也要有一个基本的了解。之后，我们将对管理会计的基本架构作一简单介绍，主要包括管理会计的定义，成本会计的核算方法和管理会计的基本运用如本量利分析、经营预算和资本预算。最后，是对审计和内部控制（包括内部审计）的基本概念的讲解。

总之，通过会计专业入门课程的学习，首先，让大家对所从事专业的性质和地位、工作内容和特点有个基本的把握；其次，对现代会计有一个初步的认识，了解财务会计、管理会计、审计等课程的基本框架和它们之间的相互关系；最后，也是本门课程的重点，要掌握复式记账的基本原理和主要经济业务会计核算的方法，以及企业组织、经济活动类型、经济业务三者与会计核算的有机联系，能够编制简单的资产负债表和利润表，大致了解现金流量表的原理。

本章相关的法规、制度及主要阅读文献

1. 石本仁，谭小平．会计学原理．北京：中国人民大学出版社，2010
2. 中华人民共和国会计法
3. 中华人民共和国注册会计师法
4. 中华人民共和国财政部．会计基础工作规范
5. 中国注册会计师协会．中国注册会计师职业道德基本准则
6. 中华人民共和国财政部．企业会计准则．北京：经济科学出版社，2006

练习题

1. 结合你所学的历史，谈谈你对影响一个国家成为强国的主要因素的看法。
2. 为何会计的重心是为企业服务的？

3. 如何理解会计是一个发展的概念?

4. 简要归纳会计学科的核心课程及其相互之间的关系。

5. 会计信息的使用者有哪些，他们需要这些信息的用途是什么?

6. 以你自己的生活为例，举出与会计有关的一些事情。

7. 进入本章学习前，你对会计是如何理解的，学完本章后，这种理解发生了哪些变化?

8. 你准备怎样学好财务会计，会有意识地去设计一下学习方法吗?

9. 你是如何认识职业、会计职业和会计职业道德的，你觉得职业道德很重要吗?

10. 你是如何选择会计专业的，是家庭的选择还是你自己主动选择的，你对这个职业感兴趣吗? 是哪些因素最终导致你选择会计这个专业，你对进入这个职业做好准备了吗?

11. 请上网搜索我国目前的会计人员和审计人员（注册会计师）的人数。

案例分析

小张是会计系一年级的新生，学习了一个学期后，假期乘火车回家和家人团聚过春节。

小张是家里的独生子。年初二，爸爸、妈妈、爷爷、奶奶、外公、外婆、姨夫、姨妈和表妹，大家在一起天南地北，七嘴八舌，拉着家常。话题突然转到小张的身上，大家对小张的学校生活情况，特别是学习情况（尤其是专业情况）询问了很多。虽然专业课还没有开设，但入学第一周系主任曾对专业作过一个系统的介绍，加上和师兄、师姐的接触，以及自己看了一些相关书籍、听了一些讲座，小张根据自己的理解作了一些回答。有些问题实在回答不了的，答应以后来解释。

以下是他（她）们的对话：

“你在学校都要学哪些课程? 要学的东西多吧?”

小张：“我们的课程主要分公共基础课、学科基础课、专业基础课、专业必修课、专业选修课和公共选修课。现在学校采取学分制，四年内必须修满规定的学分才能毕业。”

“会计专业是干什么的，不就是算算账吗? 还用学四年，两年就足够了。”说这话的是小张的表妹。

小张：“我原来也这么想，入学第一周系主任进行专业介绍后，对我触动很大。原来会计在市场经济中有很高的地位，在经济发达国家，会计师、律师和建筑师是很受社会尊重的职业，收入也不低，竞争非常激烈。现在我国沿海和经济发展好的地区，会计岗位的收入都很好，进我们学校会计系的学生都是高考中的佼佼者。”

“我一直弄不清楚会计师、注册会计师、高级会计师、审计师、会计员的区别，听说做会计还要考上岗证。”

小张：“这些区别我现在也不是太清楚。我们大学会计本科专业毕业，好像不用再考证。”

姨夫是一家上市公司的中层管理者，他问小张：“我们公司每年都请国内的会计师事务所进行审计，听说外资公司或在香港上市的大公司都请国外的四大会计公司进行审计，事务所和会计公司一样吗?”

小张："事务所是合伙企业，负无限责任，规模要小些。会计公司是公司制，负有限责任，所以四大会计公司的规模都很大，像普华永道、毕马威。"

"我以前看一篇报道，说一家公司的老总挪用公司资金，后来连财务经理也被抓了。做财务是不是风险很大？"

小张："是这样的，会计既算账又管财，特别是现金和银行存款，如果不加强自身法律知识和道德修养，是比较容易出问题的，所以我们的专业课中有很多法律课程和专门的会计职业道德课程。这也是系主任在专业介绍中重点强调了的。"

"现在很多英文的缩写，我们看不懂，什么 CPA、CEO、CFO、CTO、COO、WTO……太多了。"

小张："CPA 就是注册会计师，CEO 是总经理，CFO 是财务经理，WTO 是世界贸易组织，其他我就不太清楚了。"

"经常听说考 CPA，我们一个同事的女儿在大学是学历史的，也考 CPA，考 CPA 有什么用？"

小张："在会计师事务所工作，就必须通过 CPA 的考试。"

"但很多人并不在会计师事务所工作，为什么也去考？据说通过这个考试是很难的。"

小张："这个问题我现在回答不了。我的很多师兄、师姐在毕业前都去参加 CPA 的考试，一次全部（五科：会计、审计、财务管理、税法、经济法）通过的很少。"

"你会参加这个考试吗？"

小张："听我们系主任讲，如果计划念硕士研究生或者博士研究生，今后从事研究工作，就没有必要考。我现在还没想好做什么。"

"你总说会计很重要，会计除了算算账，还能干什么？"表妹不依不饶。

小张一时语塞，这还真是一句话回答不了的问题。

"算了，你这丫头，让你哥休息一会，我们马上吃饭了。"奶奶给小张打了个圆场。

问题：

1. 上述案例中，小张的回答准确吗？如果不准确，正确的说法是什么？
2. 对小张没有回答的问题请试着给出一个答案。

第二章 账户与复式记账

导言

小文与小宁是两个很有想法的人，他们是很要好的朋友。小文大学毕业后，看到电脑的普及以及人们对电脑维护的大量需求，打算自己开办一个电脑诊所，主要为人们提供电脑软硬件方面的咨询和维修服务，兼为客户拼装电脑和零售正版软件，小宁很喜欢花草，打算开一家花店，在店面和网上零售各类鲜花、盆花，并为爱花者提供花卉知识的咨询服务。

他们在一起谈论自己的设想，讨论创业过程中可能遇到的问题。他们对自己的专业技术很有信心，但怎么管理好企业的财务却是他们觉得棘手的问题。管钱、管账、纳税等工作，也需要相应的技术和头脑。

他们咨询了从事财务工作的邻居老李。老李建议他们了解一些基础会计学方面的知识，并告诉他们，会计是一门商业语言，正如大家使用汉语、英语等语言进行交流一样，企业在经营过程中，其与外部环境之间、内部各环节之间也需要交流，通用的语言就是会计。会计工作能够帮助他们及时系统地了解企业的经营情况。

小文和小宁在工商行政管理部门注册登记后，取得了营业执照，还进行了税务登记。他们的企业在同一天开张了。

小文在电脑城租了一个摊位，交了3个月的租金。在电脑诊所里，配置了两台电脑，一台是新买的，一台是原来在家里自己用的，用于帮助客户测试电脑。此外，还从供货商处赊购了部分主要电脑硬件和软件，安装了一部电话机，以便与客户联系。

小宁的花店开在其所住的小区，房子是楼盘的底层，小宁已经买下了产权。店内可以上网，也安装了一部电话机。小宁批发了不少盆花、包装纸、丝带。每日从花卉市场批发鲜花。

他们共同请老李帮忙记账。1个月过去后，他们很想清楚地了解自己的经营情况。小文和小宁向老李问了很多问题。

小文问：从供货商赊购来的电脑软硬件是属于我的吗？3个月的租金数额很高，开张第一个月一定亏了不少吧？

小宁问：一些客户电话订购了鲜花，还没有付款给我，我是赚了还是赔了呢？

老李耐心地给他们解释了会计要素的概念，以及企业开头一个月的财务状况和经营结果。

小文发现第一个月的经营比预期的好，因为费用并没有想象的那么多。房租和使用电脑的费用不等于付出的数额……

小宁每天从批发来的鲜花中挑出一些，装点自己的家，告诉老李将这些支出记到账上。小宁发现虽然第二个月还在使用开业时买的包装纸和丝带，可是第二个月的账上已经不计这些费用了……

老李告诉他们，会计工作是有原则可循的。

小文和小宁觉得会计并非简单的记和算，决定向老李系统学习一些基本的记账技术，认真了解账簿数字中的来龙去脉，为今后管好企业打基础。

老李告诉他们，记账前首先要为企业设账。比如，小文的电脑诊所应该设置现金、银行存款、物料用品、预付租金、电脑设备、维修收入、安装收入、物料费用、租金费用等账户。小宁的花店应该设置现金、银行存款、花卉存货、盆花和鲜花销售收入、咨询收入、电话费、水电费等账户。

老李接着讲解了设账后的工作，就是应学会借贷记账方法。小文和小宁不解地问老李，记账法中的“借”和“贷”的含义就是借款和贷款吗？

老李认真地向他们讲解了借贷记账法。①

本章结构

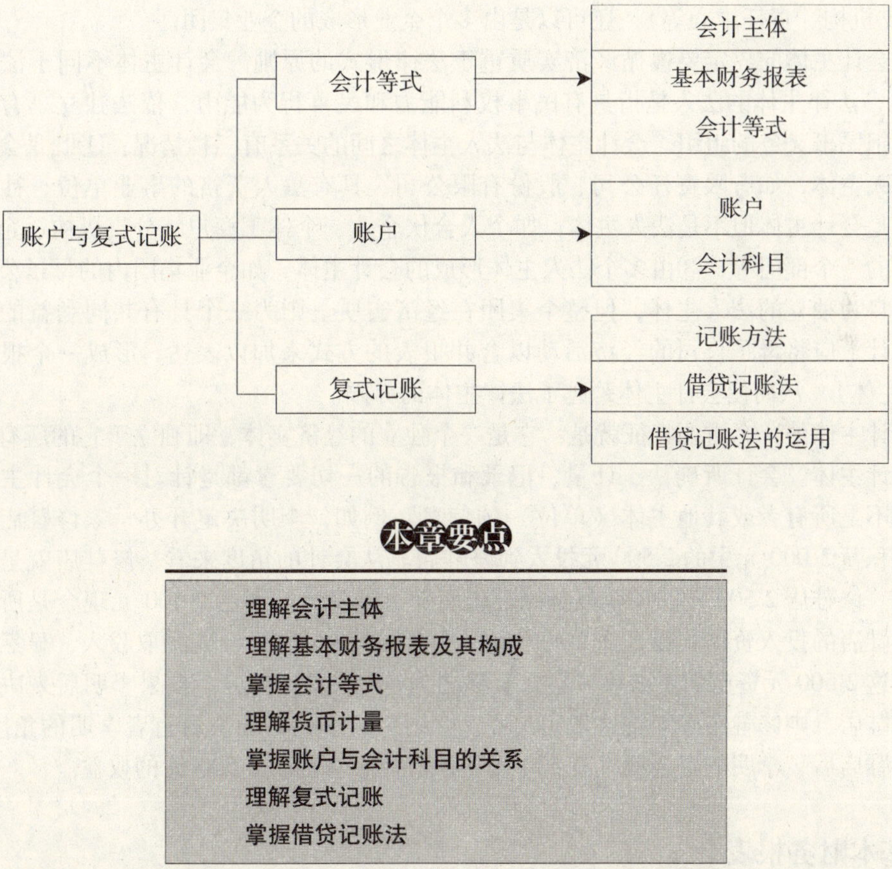

本章要点

- 理解会计主体
- 理解基本财务报表及其构成
- 掌握会计等式
- 理解货币计量
- 掌握账户与会计科目的关系
- 理解复式记账
- 掌握借贷记账法

---

① 王秀丽，赵旸．初级财务会计．北京：中信出版社，2006

财务会计是一个信息系统，基本过程包括确认、计量、记录和报告，最终以财务报告（核心为财务报表）的形式对外揭示企业的财务状况、经营成果和现金流量等信息。为了加工财务报表，必须对企业的经济业务进行确认、计量和记录，通俗地讲，就是“记账”。因此，学习财务会计，我们首先要掌握记账的基本概念、原理和流程。本章我们主要围绕这个主题展开，如记谁的账——会计主体，账记在什么地方——账户，以什么方法记账——复式记账等。记账的具体程序将在下两章进行阐述。

第一节　会计等式

一、会计主体

会计主体是指会计服务的特定经济实体，它为会计人员对经济活动进行会计确认、计量和记录以及编制财务报表等会计工作界定了空间范围。作为经济实体的会计主体可以是一个企业、一个行政事业单位、一个组织，也可以是一个企业或一个单位的特定组成部分（如分支机构、责任中心等），还可以是由多个企业形成的企业集团。

对会计主体的界定要遵循经济实质重于法律形式的原则。会计主体不同于法律主体（法人），法律主体的法人是指具有民事权利能力和民事行为能力，依法独立享有民事权利和承担民事义务的组织。会计主体与法人主体之间的关系有三种情况：①既是会计主体又是法人主体，如有限责任公司、股份有限公司、具有法人资格的事业单位、社会团体等；②是会计主体但不是法人主体，如个人合伙企业、个体工商户、分支机构、企业内独立核算的一个部门等；③由多个法人主体形成的会计主体，如企业集团内的母子公司在法律上各自为独立的法人主体，但整个集团在经济实质上则为一个具有共同利益的经济实体，会计上应将母子公司的经济活动以合并报表的方式来加以表达，形成一个报告主体（会计主体），从而使会计主体跨越了法律主体的界限。

会计主体的一个重要特征就是：它是一个独立的经济实体，即独立于它的所有者和其他的会计主体。会计所确认、计量、记录和报告的一切要素都是针对一个会计主体而言的，而不是所有者或其他主体（单位）的信息。例如，李明决定开办一家修鞋店，他将其全部积蓄3 000元中的2 500元投入到修鞋店。从会计的角度来看，修鞋店就是一个会计主体。修鞋店2 500元的现金就是修鞋店所拥有的资产，而这2 500元现金是所有者李明对修鞋店的投入资本，投入这2 500元的目的在于通过有效经营赚取收入，显然，李明拥有对这2 500元资产的要求权，会计上称之为“所有者权益”。如果李明后来决定不开办此修鞋店，则修鞋店必须将这2 500元“偿还”给李明。而从所有者李明的角度来看，开办修鞋店后，李明的资金就只有500元了，但拥有修鞋店2 500元的权益。

二、基本财务报表

财务会计的主要目标是向会计信息使用者提供有助于经济决策的信息。会计信息的使用者主要包括投资者、债权人、企业、政府、财务分析师、潜在投资者等。按照美国FASB第1号概念公告的说明，企业财务会计所生成的信息，最终是由以“财务报表”

(financial statements) 为核心的“财务报告”(financial report) 作为传输手段，提供给投资人、债权人和其他类似使用者使用。财务报表是财务报告的中心部分，是向外界传递会计信息的主要手段，同时也是会计人员的最终劳动成果。在对外的通用财务报告中，财务报表是一个会计主体所有已发生的交易或事项，按照会计准则确认为资产、负债、所有者权益、收入、费用等要素，在可靠计量和正确记录的基础上，再次确认为报表项目而形成的书面文件，它反映会计主体某个时点的财务状况（资产负债表，balance sheet），或某一期间的经营和财务业绩（利润表，income statement），或某一期间的现金流量（现金流量表，cash flow statement）。一个会计主体最基本的财务报表是资产负债表和利润表。

（一）资产负债表

资产负债表是反映会计主体在某一特定时日的财务状况，也就是其资产、负债和所有者权益状况的报表。资产负债表就像我们生活中所拍的一张“快照”，把会计主体在不断发生变化的、动态的财务状况冻结在某一时日，浓缩在一张静止的报表之中。反映财务状况的组成要素是资产、负债和所有者权益，这三大要素构成了资产负债表的主要内容框架。

1. 资产

资产是指企业过去的交易、事项形成的，由企业拥有或控制的，预期会给企业带来经济利益的经济资源。它包括各种财产、债权和其他权利。企业的资产按流动性可分为流动资产和非流动资产两大类。在资产负债表中也应分流动资产与非流动资产两组分别进行列报，且资产负债表中的资产类至少应当包括流动资产与非流动资产的合计项目。流动资产一般是指在 1 年或超过 1 年的一个营业周期内可以变现或被耗用的资产。满足下列条件之一的资产就应归类为流动资产：①预计在一个正常营业周期中变现、出售或耗用；②主要为交易目的而持有；③预计在资产负债表日起 1 年内（含 1 年）变现；④自资产负债表日起 1 年内，交换其他资产或清偿负债的能力不受限制的现金或现金等价物。现金、银行存款、应收账款、预收账款、其他应收款、存货等都属于流动资产。非流动资产是指流动资产以外的资产，具有以下几个特点：①使用年限在 1 年以上；②企业拥有此资产的目的是企业自身使用而不是出售；③通过对它的使用能直接或间接地给企业带来经济利益。固定资产、长期投资、无形资产等都属于非流动资产。固定资产是指使用年限在 1 年以上，单位价值在规定标准以上，并在使用过程中保持其原有实物形态的资产，如房屋及建筑物、机器设备、运输设备等。无形资产是指没有实物形态而可供企业长期使用的资产，如专利权、非专利技术、商标权、著作权、土地使用权等。

2. 负债

负债是指过去的交易或事项形成的，预期会导致经济利益流出企业的现时义务。按照流动性，负债可分为流动负债和非流动负债。所有负债，根据其流动性逐项单独列示于资产负债表之中，且资产负债表中的负债类至少应当包括流动负债、非流动负债和负债的合计项目。流动负债是指在 1 年或超过 1 年的一个营业周期内必须偿还的债务。满足下列条件之一的负债应当归类为流动负债：①预计在一个正常营业周期中清偿；②主要为交易目的而持有；③自资产负债表日起 1 年内到期应予以清偿；④企业无权自主地将清偿推迟至资产负债表日后1年以上的。短期借款、应付账款、应付职工薪酬、预收账款、应交税费、其他应付款等都属于流动负债。流动负债以外的负债为非流动负债，如长期借款、应付债券、长期应付款等。

3. 所有者权益

所有者权益是指在企业资产扣除负债后由所有者享有的剩余权益，其金额为资产减去负债后的余额，又称为净资产。所有者权益的来源包括所有者直接投入的资本、直接计入所有者权益的利得和损失、留存收益等。具体分为实收资本（或股本）、资本公积、盈余公积和未分配利润等列示于资产负债表。

所有者权益和负债都属于权益，都可看成是企业的债务，但所有者权益与负债有着本质的区别。所有者所投入企业的资财，一般企业可长期使用，无支付使用费的法定义务，并且所有者有权参与企业的经营管理；而负债是企业对内和对外所承担的经济责任，有使用期限，到期企业必须偿还，同时还需支付有关费用，如借款的利息费用等。另外，所有者可以参与企业的利润分配，拥有企业的剩余索取权，而债权人则无此项权利，只能按照预先约定的条件取得固定的利息收入。

（二）利润表

利润表是总括反映企业在一定期间经营成果的财务报表。反映企业经营成果的要素为收入、费用和利润，这三大要素构成了利润表的主要内容框架。

1. 收入

收入是指企业在日常活动中形成的，会导致所有者权益增加的，与所有者投入资本无关的经济利益的总流入。主要包括主营业务收入、其他业务收入和营业外收入。主营业务收入是指企业销售商品、提供劳务等主营业务所实现的收入；其他业务收入是指除主营业务活动以外的其他经营活动实现的收入，包括出租固定资产、出租无形资产、出租包装物和商品、销售材料、用材料进行非货币性交换或债务重组等实现的收入；营业外收入主要是指非流动资产处置利得、非货币性资产交换利得、债务重组利得、政府补助、盘盈利得和捐赠利得等。收入能导致企业所有者权益的增加，具体可能表现为企业资产的增加，如增加银行存款、应收账款等；也可能表现为企业负债的减少；或两者兼而有之，如商品销售货款部分抵偿债务，部分收取现金。

2. 费用

费用是指企业日常活动中发生的，会导致所有者权益减少的，与向所有者分配利润无关的经济利益的总流出。与收入会增加企业所有者权益相反，费用最终会减少企业的所有者权益，具体表现为资产的减少或负债的增加。费用中能对象化的部分就是成本。企业为生产产品、提供劳务而发生的各种耗费，如直接原材料、直接人工和制造费用等就应归为产品成本或劳务成本；不能予以对象化的费用则归为期间费用，如管理费用、财务费用和营业费用等，并于发生当期直接计入当期损益。

3. 利润

利润是指企业在一定会计期间的经营成果，也就是收入与费用配比、相抵后的差额，它反映了企业最终的经营成果，包括收入减去费用后的净额、直接计入当期利润的利得和损失等。

以上反映企业财务状况、构成资产负债表主要内容框架的三大要素与反映企业经营成果、构成利润表主要内容框架的三大要素，共同构成了《企业会计准则——基本准则》中所规定的六大会计要素。会计要素就是根据交易或事项的经济特征所确定的财务会计对象的基本分类，按照其性质分为资产、负债、所有者权益、收入、费用和利润。这些要素之间存在着密切的联系，会计等式揭示了这些要素之间的关系。

三、会计等式（accounting equation）

（一）会计等式概述

会计等式是指表明各会计要素之间基本关系的恒等式。企业要进行生产经营活动，必须拥有一定数量的资产。一方面，这些资产分布在经济活动的各个方面，表现为不同的占用形态，如货币资金、原材料、房屋建筑物等。另一方面，这些资产均有其来源，企业资产的来源最初只有两个：一是由企业所有者提供的经济资源；二是由企业债权人提供的经济资源。投资者（所有者和债权人）向企业投入经济资源不可能是无偿的，其代价就是对企业的资产享有一定的要求权，这种对资产的要求权，会计上称为“权益”。然而，债权人与所有者对企业资产的要求权是不一致的，会计上将债权人对企业资产的要求权称为负债（债权人权益），所有者对企业资产的要求权则被称为所有者权益。

资产和权益之间存在着相互依存的关系，二者是不可分割的。没有无权益的资产，也没有无资产的权益。从数量上来看，企业资产的总额必然等于权益的总额。因为资产反映的是企业拥有什么样的经济资源和拥有多少经济资源，权益则表明企业这些经济资源的来源渠道，资产和权益是同一事物的两个不同侧面而已。资产与权益之间的这种关系用公式表示如下：

资产＝权益

或

资产＝负债＋所有者权益 (1)

这就是会计等式，又称为会计平衡公式。它是会计核算中设置账户、进行复式记账和编制财务报表的理论依据，是会计核算方法的基础。下面举例说明会计等式的运用。

例2－1：李明于7月1日投资2 500元开办一家修鞋店。此时会计等式表示如下：

资产	＝负债	＋所有者权益
现金2 500元	0	2 500元（最初的投资）
资产（2 500元）	＝负债（0）＋	所有者权益（2 500）

例2－2：承上例。7月3日，李明从市场购买了一个铺面，共1 800元，然后又从市场购买了一台修鞋设备500元和一些修鞋用材料200元。为保证修鞋店有一定的预防支

出，于是向其好友张明借款300元，期限为3个月（不考虑利息）。此时会计等式表示如下：

资产	=负债	+所有者权益
固定资产——铺面1 800元	300元	2 500元（最初的投资）
固定资产——设备500元		
存货——材料200元		
现金300元		

资产（1 800+500+200+300）=负债（300）+ 所有者权益（2 500）

例2－3：自开张以来，李明的修理业务很红火。截至7月31日，李明共获得了900元的修理收入，修理材料也全部用完。此时的会计等式如下：

资产	=负债	+所有者权益
固定资产——铺面1 800元	300元	2 500元（最初投资）
固定资产——设备500元		
现金1 200元（300+900）		700元（留存利润）

资产（1 800+500+1 200）=负债（300）+所有者权益（2 500+700）

李明获得了900元的现金收入，而修理材料的成本为200元（在此暂不考虑设备的损耗），我们可知李明赚得700元（900－200）的利润。利润是属于企业的所有者，在此例中则属于李明，如果所有者不将其进行分配，则所赚得的利润就留存在企业（称为留存利润），增加所有者的权益。

例2－4：承上例。李明将所获取的700元利润中的100元分配给自己（所有者）。此时会计等式表示如下：

资产	=负债	+所有者权益
固定资产——铺面1 800元	300元	2 500元（最初投资）
固定资产——设备（500元）		
现金1 100元（1 200－100）		600元（留存收益）

资产（1 800+500+1 100）=负债（300）+ 所有者权益（2 500+600）

由于向所有者分配了100元的利润，留存利润则为600元（700－100），企业的所有者权益减少了100元，现金资产也减少了100元。

上述实例可帮助我们进一步理解会计等式的基本原理：

（1）企业经营活动所获得的利润或发生的亏损是通过所有者权益进入会计等式的。债权人权益与所有者权益对企业资产的要求权存在本质的区别，债权人的权益是通过合同的安排，是固定的，即到期偿还本金与利息，相对风险较小；所有者对企业资产的要求权则是企业的“剩余收益”权，相对风险较大。企业经营成功，赚得利润，利润属于所有者，“剩余收益”增加；反之，若经营失败，发生亏损，损失由所有者承担，“剩余权益”减少。利润或亏损进入会计等式的流程如图2－1所示。

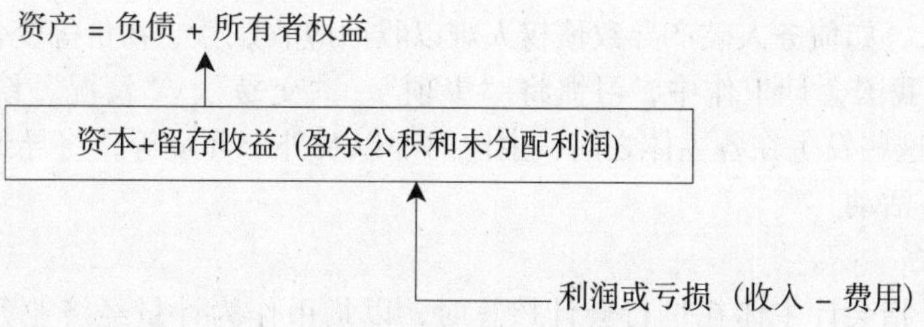

图 2 – 1 利润或亏损进入会计等式的流程图

这里，我们可以推导出会计等式的另一个变体，即：

资产 = 负债十所有者权益 + （收入 – 费用） (2)

等式（2）的重要意义在于把企业一定时期的经营结果考虑进去，把资产负债表和利润表的基本要素全部结合起来。它由等式（1）的完全静止状态变为一个动态的等式，反映某一时点企业经过一定时期经营后的财务状况的构成和分布。

由此可见，企业的经营成果（利润或亏损）通过影响所有者权益，最终会影响企业的财务状况，但变化后的资产、负债和所有者权益之间又会产生新的平衡关系。

（2）在任何时点，会计等式都成立。企业一旦开始正常的经营活动，其资产的形态就会不断地发生变化。这时很难区分哪些资产是由债权人的资金形成的，哪些资产是由所有者的资金形成的。尤其是大企业，随着经营的不断进行，要做这样的区分几乎是不可能的。如例 2 – 2 中，我们就有点难以确定，用来购买修理材料的 200 元是全部由所有者投入的还是借入款。但无论资产处于什么样的形态（如现金、固定资产、商品存货等），都有其来源，不是向债权人借入的就是所有者投入的，或是通过经营赚取的。也就是说，总资产与总权益相对应的关系始终不会改变，在任一时点上会计等式都成立。

另外，通过对会计等式“资产 = 负债 + 所有者权益”的重新安排，我们可获得如下等式：

资产 – 负债 = 所有者权益 (3)

“资产 – 负债”在会计上又称为“净资产”，因此，可通过此等式来计算任一时点所有者权益的数额。

会计等式两边的金额是不断变化的，导致这种变化的是企业纷繁复杂的经济业务。

（二）经济业务对会计等式的影响

1. 经济业务的含义

经济业务是指发生于企业经营过程中，进入会计信息系统的，引起会计要素增减变化的事项、交易或情况。“事项”是某一实体所遇到的结果，通常是指发生在主体内部各部门之间的资源转移，如生产车间领用原材料、设备的消耗等，又称为内部事项。“交易”是指发生在两个（或几个）实体之间的价值转移，又称为外部事项，如购买固定资产、支付款项、取得借款、向另一主体进行投资和捐赠等。“情况”是指一般不会发生，一般不能预料的情景，如债务人破产导致债权人难以收回应收账款、物价等变化对资产或负债产生的影响①。我国会计工作中，习惯将“事项”、“交易”、“情况”统称为“经济业务”，指的就是这些发生在各主体之间、主体内部以及外部环境等，将导致会计要素数量发生变化的经济活动。

2. 货币计量

货币计量是指会计主体在进行会计核算时，以货币作为计量经济业务活动的最佳单位。尽管会计所提供的信息或数据不只限于以货币单位计量，但现有以财务报表为主体的财务报告体系主要包括以货币计量的财务信息。货币计量假设有两个含义：一是假设在诸多计量单位中，货币是计量会计主体经济业务活动及经营结果的最好单位；二是货币的单位价值是不变的。

3. 经济业务对会计等式的影响

由上可知，进入会计信息系统的每一经济业务都会引起会计要素的变化，从而影响到会计等式。企业发生的经济业务错综复杂，但从企业资产和权益的增减变动来看，归纳起来，所有经济业务不外乎以下四种情况（见图2－2）：

（1）引起企业资产和权益（负债或所有者权益）同时等额增加的经济业务。

（2）引起企业资产和权益（负债或所有者权益）同时等额减少的经济业务。

（3）引起企业资产内部有关项目之间此增彼减的经济业务。

（4）引起企业权益内部有关项目之间此增彼减的经济业务。

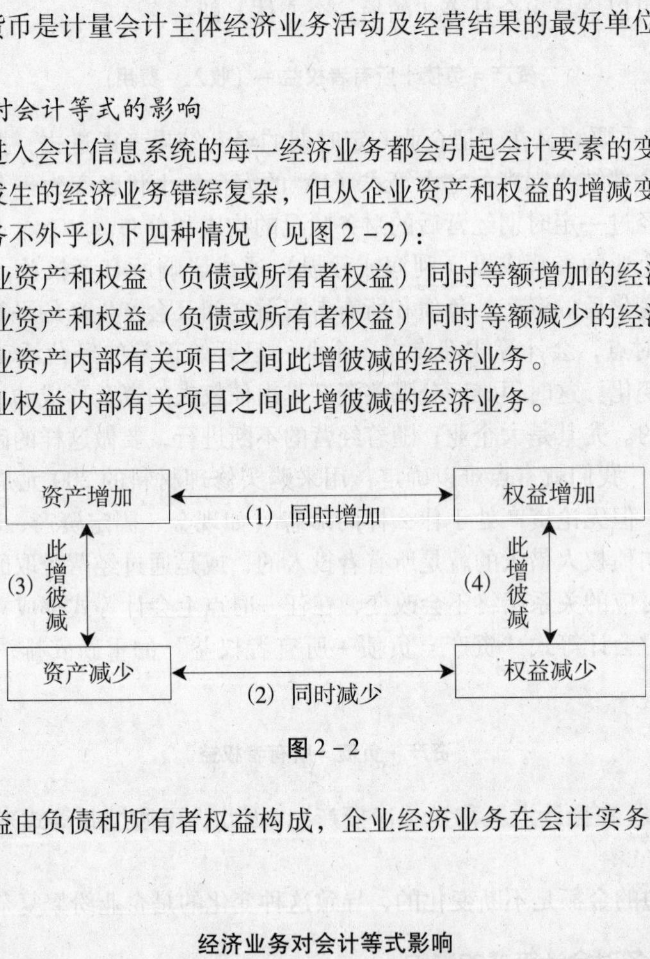

图2－2

由于企业权益由负债和所有者权益构成，企业经济业务在会计实务中表现为表2－1所列的九种形式：

表2－1　经济业务对会计等式影响

经济业务	资产　　=	负债　　+	所有者权益
1	增加	增加	
2	增加		增加

① 在美国财务会计准则委员会（FASB）第6号“财务会计概念公告”——“财务报表要素”中，对需要进行会计记录的内容进行了全面讨论，提出了“事项（events）”、“交易（transactions）”和“情况（circumstances）”这三个概念。

（续上表）

经济业务	资产 =	负债 +	所有者权益
3	减少	减少	
4	减少		减少
5	增加，减少		
6		增加，减少	
7		增加	减少
8			增加，减少
9		减少	增加

下面举例说明各类经济业务对会计等式的影响。

例 2-5：珠江修理公司在 2007 年 12 月 31 日的总资产为 100 000 元，负债总额为 40 000 元，所有者权益 60 000 元。2008 年 1 月份发生了下列经济业务：

业务 1：1 月 1 日，收到投资者投入维修设备 1 台，价值 20 000 元。

业务 2：1 月 3 日，取得银行 5 年期借款 30 000 元。

业务 3：1 月 7 日，偿还已到期的长期借款 15 000 元。

业务 4：1 月 8 日，所有者抽回资本 10 000 元，用银行存款支付。

业务 5：1 月 9 日，购买维修用零部件 10 000 元，货款已用银行存款支付。

业务 6：1 月 10 日，签发商业票据，清偿到期的应付货款 8 000 元。

业务 7：1 月 16 日，宣布发放股利 4 000 元。

业务 8：1 月 21 日，将资本公积金 10 000 元转增为资本。

业务 9：1 月 26 日，由所有者直接偿还珠江修理公司到期的 3 年期借款 10 000 元，并将其转为投入资本。

上述业务是怎样影响会计等式的呢？这 9 项业务对会计等式影响的分析如表 2-2：

表 2-2　**各类经济业务对会计等式的影响**　单位：元

经济业务	影响结果			业务类型	
	资产	负债	所有者权益		
12 月 31 日	100 000 =	40 000 +	60 000		
业务 1	+20 000 （固定资产）		+20 000 （实收资本）	资产增加，所有者权益增加	(1)
新会计等式 1	120 000 =	40 000 +	80 000		
业务 2	+30 000 （银行存款）	30 000 （长期借款）		资产增加，负债增加	(1)
新会计等式 2	150 000 =	70 000 +	80 000		

（续上表）　　　　单位：元

经济业务	影响结果			业务类型	
	资产	负债	所有者权益		
业务3	-15 000（银行存款）	-15 000（长期借款）		资产减少，负债减少	(2)
新会计等式3	135 000 =	55 000 +	80 000		
业务4	-10 000（银行存款）		-10 000（实收资本）	资产减少，所有者权益减少	(2)
新会计等式4	125 000 =	55 000 +	70 000		
业务5	+10 000（零部件） -10 000（银行存款）			一项资产增加，一项资产减少	(3)
新会计等式5	125 000 =	55 000 +	70 000		
业务6		+8 000（应付票据） -8 000（应付账款）		一项负债增加，一项负债减少	(4)
新会计等式6	125 000 =	55 000 +	70 000		
业务7		+4 000（应付股利）	-4 000（未分配利润）	负债增加，所有者权益减少	(4)
新会计等式7	125 000 =	59 000 +	66 000		
业务8			+10 000（实收资本） -10 000（资本公积）	一项所有者权益增加，另一项所有者权益减少	(4)
新会计等式8	125 000 =	59 000 +	66 000		
业务9		-10 000（长期借款）	+10 000（实收资本）	负债减少，所有者权益增加	(4)
新会计等式9	125 000 =	49 000 +	76 000		

从以上列举的四类经济业务可看出：任何一项经济业务的发生都会引起资产、负债和所有者权益的至少两个项目发生增减变动①。凡是只涉及资产或权益内部增减的经济业务，如：第（3）种和第（4）种类型，不会影响会计等式两边的总额；凡涉及资产和权益同增同减的经济业务，如：第（1）种和第（2）种类型，会影响会计等式两边的总额，但等式两边会发生同向同等金额的变动，变动后等式仍成立。由此可见，任何一项经济业

① 同收入、费用有关的经济业务最终通过所有者权益而影响会计等式，收入导致所有者权益的增加，而费用则导致所有者权益的减少。

务的发生，都不会影响资产与权益的相等关系。

（三）资产负债表与利润表的关系

资产负债表是反映会计主体在某一特定时日资产、负债和所有者权益状况的报表，资产、负债和所有者权益这三大要素构成了资产负债表的主要内容框架。利润表是反映企业在一定期间经营成果的财务报表，主要内容框架是收入、费用和利润。这两种基本财务报表之间存在怎样的关系呢？我们先来看业务 10 对会计等式的影响。

例 2－6：承上例。业务 10：珠江修理公司于 2 月 15 日完成一项维修活动，共获得 12 000 元的现金收入，款已存入银行，所耗用零部件的成本为 8 000 元。

从业务 10 可知，珠江修理公司获得了 4 000 元（12 000－8 000）的利润[①]，12 000 元是从事维修活动所获得的收入，8 000 元是进行维修活动所耗用零部件的成本，收入和成本（费用）是利润表的构成要素，反映在利润表中。同时这笔业务又使珠江修理公司增加了 12 000 元的银行存款，减少了 8 000 元的零部件，总资产增加 4 000 元。银行存款和商品属于资产要素，反映在资产负债表之中。通过这笔业务，珠江修理公司获得了 4 000 元利润，根据图 2－1 可知，所获得的利润会通过增加所有者权益 4 000 元而影响会计等式。发生业务 10 后，珠江修理公司的会计等式如下：

	资产＝	负债	＋所有者权益
原会计等式	125 000＝	49 000	76 000
业务 10	＋12 000（银行存款）		＋4 000（利润）
	－8 000（零部件）		（收入 12 000－成本 8 000）
新会计等式 10	129 000＝	49 000	＋80 000

从新会计等式 10 可看出，业务 10 发生后，会计等式仍然成立。同时，会计等式又把资产负债表与利润表紧密地联结在一起，即通过“所有者权益”要素使之联结起来。这是由于利润表中的利润（严格来说，应该是“未分配利润”）属于所有者，最终要作为所有者权益的一个组成部分，从而得以反映在资产负债表之中。有关资产负债表与利润表的编制以及两者之间的关系将在后面章节作更为详细的讲解。

第二节　账　户

一、账户

账记在什么地方以及以什么名目进行登记，是记账要解决的首要问题。本节主要讨论这两个问题——账户和会计科目。

① 暂不考虑其他成本。

（一）设置账户的意义

从上一节可知，任何一笔经济业务的发生都会引起相关会计要素的增减变动。然而，企业的经济活动各种各样、错综复杂，会计等式涉及的会计要素又少，根本不能全面反映各种不同类型的经济活动。如从银行提取现金与用银行存款偿还购货款，这两笔业务都表现为一项资产增加、另一项资产减少，可这是两笔完全不同的经济业务，单用会计等式无法反映出它们之间的差别。为了能更全面、系统、连续、综合地反映企业所有经济业务的实质，为会计信息使用者的决策提供有用的经济信息，就必须将会计要素具体化并进一步分类，此方法就称为“设置账户”。

账户就是对会计要素内容进行科学的分类，并给每一类都赋予标准的名称（会计科目）和相应的结构。如从银行提取现金与用银行存款偿还购货款这两笔业务虽然都是一项资产增加、另一项资产减少，可它们涉及的账户就不一样了。从银行存款提取现金涉及的是银行存款和现金两个账户，而用银行存款偿还购货款涉及的是银行存款与应付账款这两个账户。每一账户除了有自己的名称外，还有其特定的结构。同类账户具有相同的结构，不同类账户则具有不同的结构。

（二）账户的基本结构

所谓账户的基本结构是指所发生的经济业务对会计要素在数量上的影响。对于一个会计主体来说，尽管经济业务种类繁多，但从其对会计要素数量的影响方面来看，不外乎两种情况：一是“增加”，二是“减少”。因此账户也相应地分成两个部分——左方和右方，一方登记增加额，另一方登记减少额。至于在左右两方中，哪一方登记增加，哪一方登记减少，则取决于所采用的记账方法和所记录的经济业务的内容。其中，本期增加的金额称为本期增加发生额，本期减少的金额称为本期减少发生额。账户增加方金额与减少方金额相抵后的差额称为余额。余额按其表示的时间不同，分为期初余额和期末余额。这样，账户中所记录的金额就有期初余额、期末余额、本期增加发生额和本期减少发生额四项。这四项金额的基本关系如下：

期末余额＝期初余额＋本期增加发生额－本期减少发生额

账户的基本结构如图2－3所示：

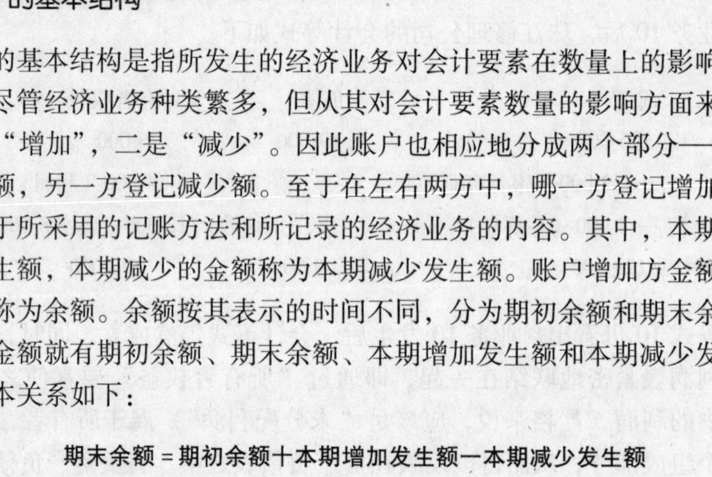

图2－3 账户的基本结构

图2－3所表示的账户结构是账户结构的简化形式。由于它的形状像英文字母“T”，

故在英语系国家被称为 T 形账户。在我国，由于中文“丁”字的形状与其相似，所以我国实务工作中有人称之为“丁”字形账户。这种形式一般多用于教学当中，实务中很少采用这种形式。

实际工作中所运用的账户一般应包括下列内容：①账户名称（会计科目）；②日期和摘要（记录经济业务的日期、概括说明经济业务的内容）；③所依据的记账凭证的编号；④增加额、减少额以及余额。具体格式如表 2－3：

表 2－3　　　　账户名称（会计科目）

年		凭证编号	摘要	左方	右方	左方或右方	余额
月	日						

在实际的会计处理过程中，对某些账户如原材料、应收账款、应付账款、固定资产等，还需要进一步了解其详细的信息。如原材料，必须知道具体各种材料的种类、数量、单价和金额等信息，管理当局才能进行原材料的优化管理；对应收账款和应付账款，则必须掌握各债务人、债权人所欠的和应付的款项、期限，以便于应收账款与应付账款的管理。为此，对某些账户就需要在原有的账户下再根据其用途和需要具体设置细目。原有的基本账户（直接根据会计科目所设置的账户）称为“总分类账户”（general ledger account）或“一级账户”，简称为“总账户”，而根据用途和需要具体设置的细目则称为“明细账户”。如：

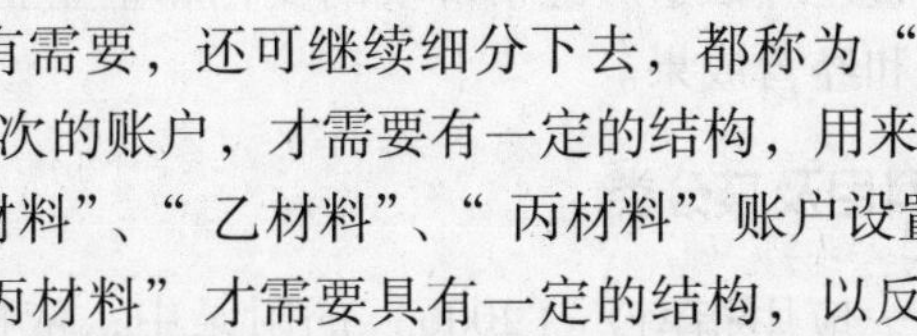

“原材料”账户就是“总账户”，“甲材料”、“乙材料”、“丙材料”称为“明细分类账户”。在实务中，若有需要，还可继续细分下去，都称为“明细分类账户”。一般而言，只有处于结构最低层次的账户，才需要有一定的结构，用来反映具体经济业务的数量增减变化。假定到“甲材料”、“乙材料”、“丙材料”账户设置就完成了，则只有“甲材料”、“乙材料”、“丙材料”才需要具有一定的结构，以反映相应数量的增减变化，“原材料”就不需要有反映数量增减变化的结构了。从数量关系看，“总账户”的借方、贷方发生额合计和期末余额，应当与它所属的全部明细分类账户的借方、贷方发生额合计和余额合计相等。

二、会计科目

（一）会计科目的概念

会计科目是对会计要素的具体内容进行进一步科学分类的项目。会计科目与账户之间既有联系，又有区别。会计科目就是账户的名称，而账户除了名称之外，还有一定的格式和结构；会计科目只能反映会计要素的具体内容，而账户还能反映经济业务所引起会计要素的增减变动及其结果。在会计核算中，会计科目发挥着重要的作用，它是设置账户的依据，也是编制记账凭证和会计报表的基础。

（二）设置会计科目的原则

1. 全面性和互斥性原则

会计科目作为对会计要素的具体内容进行进一步分类的项目，其设置应能够全面、系统、综合地反映企业所有经济业务的实质，不能有任何遗漏。同时，各科目之间在核算的范围和内容上则要互相排斥。各科目核算的内容必须严格、明确地加以界定，每一科目原则上只反映一项经济内容，各科目之间不能互相混淆。要在科学分类的基础上形成有机的整体。

2. 统一性和灵活性原则

此原则是指企业设置会计科目，既要按照我国《企业会计准则》中关于确认、计量和报告的规定，又可在不违反上述规定的前提下，根据本会计主体的实际情况自行增设、分拆、合并会计科目。对于企业不存在的交易或事项，可不设置相关的会计科目。

3. 内外兼顾原则

企业在设置会计科目时，要兼顾对外报告信息和对内经营管理的要求，根据所需要的会计信息详略程度的不同，分设总分类科目和明细分类科目。总分类科目提供总括性信息，满足对外报告的需要；明细分类科目提供更详细、更具体的信息，满足企业内部经营管理的需要。

4. 稳定性和发展性原则

会计科目的设置应该保持相对稳定，以便在一定范围内综合汇总，在不同时期分析对比。同时，会计科目的设置还应该适应经济环境的变化和企业业务发展的要求，以便更准确地反映企业的财务状况和经营成果。

（三）企业常用会计科目及其分类

在《企业会计准则——应用指南》（2006）的附录中，依据《企业会计准则》中确认和计量的规定制定了会计科目的名称、编号和每一会计科目的主要账务处理。所有的会计科目被分为六大类，即资产类、负债类、共同类、所有者权益类、成本类和损益类。会计科目的编号仅供企业填制凭证、登记会计账簿、查阅会计账目、采用会计软件系统参考，企业可结合实际情况自行确定会计科目的编号。资产类科目分为流动资产、长期投资、固定资产、无形资产和其他资产，包括现金、银行存款、固定资产、长期投资、无形资产和长期待摊费用等。负债类科目分为流动负债和长期负债，包括短期借款、应付账款、预提费用、长期应付款和递延税款等。共同类科目主要应用于金融类企业，其特点是需要从其期末余额所在的方向来界定其性质，余额在借方表现为资产；余额在贷方表现为负债，包括清算资金往来、货币兑换、衍生工具、套期工具等。所有者权益类科目包括实收资本、资本公积、盈余公积、本年利润和利润分配等。成本类科目包括生产成本、劳务成本和制造费用。损益类科目包括收入类科目和成本类以外的其他费用类科目。在实际处理过程中，参照我国《企业会计准则——应用指南》（2006），企业常用的会计科目如表2－4：

表2－4　**企业常用会计科目**

顺序号	编号	会计科目名称	顺序号	编号	会计科目名称
		一、资产类	46	2232	应付股利
1	1001	库存现金	47	2241	其他应付款
2	1002	银行存款	48	2501	长期借款
3	1012	其他货币资金	49	2502	应付债券
4	1101	交易性金融资产	50	2701	长期应付款
5	1121	应收票据	51	2801	预计负债
6	1122	应收账款	52	2901	递延所得税负债
7	1123	预付账款			三、共同类
8	1131	应收股利	53	3001	清算资金往来
9	1132	应收利息	54	3101	衍生工具
10	1221	其他应收款			四、所有者权益类
11	1231	坏账准备	55	4001	实收资本
12	1401	材料采购	56	4002	资本公积
13	1402	在途物资	57	4101	盈余公积
14	1403	原材料	58	4103	本年利润
15	1404	材料成本差异	59	4104	利润分配
16	1405	库存商品	60	4201	库存股
17	1406	发出商品			五、成本类
18	1411	周转材料	61	5001	生产成本
19	1461	融资租赁资产	62	5101	制造费用
20	1471	存货跌价准备	63	5201	劳务成本
21	1501	持有至到期投资	64	5301	研发支出
22	1503	可供出售金融资产	65	5401	工程施工
23	1511	长期股权投资	66	5402	工程结算
24	1512	长期股权投资准备			六、损益类
25	1531	长期应收款	67	6001	主营业务收入
26	1601	固定资产	68	6011	利息收入
27	1602	累计折旧	69	6021	手续费及佣金收入
28	1603	固定资产减值准备	70	6041	租赁收入

(续上表)

顺序号	编号	会计科目名称	顺序号	编号	会计科目名称
29	1604	在建工程	71	6051	其他业务收入
30	1605	工程物资	72	6061	汇兑收益
31	1606	固定资产清理	73	6101	公允价值变动损益
32	1701	无形资产	74	6111	投资收益
33	1702	累计摊销	75	6301	营业外收入
34	1703	无形资产减值准备	76	6401	营业成本
35	1711	商誉	77	6402	其他业务成本
36	1801	长期待摊费用	78	6403	营业税金及附加
37	1811	递延所得税资产	79	6411	利息支出
38	1901	待处理财产损溢	80	6421	手续费及佣金支出
		二、负债类	81	6601	销售费用
39	2001	短期借款	82	6602	管理费用
40	2201	应付票据	83	6603	财务费用
41	2202	应付账款	84	6701	资产减值损失
42	2203	预收账款	85	6711	营业外支出
43	2211	应付职工薪酬	86	6801	所得税费用
44	2221	应付税费	87	6901	以前年度损益调整
45	2231	应付利息			

第三节　复式记账

一、记账方法

账户是专门用来记录经济业务的工具，而在账户中应如何记录经济业务，则取决于记账方法。记账方法是指在账户中记录经济业务的方式、方法。目前世界各国普遍采用的是“借贷记账法”。实际上，在会计学的发展历程中，记账方法总体上经历了从简单到复杂、从单式到复式、从不完善到完善和科学的发展过程。记账方法可分为单式记账和复式记账两种类型。

单式记账法是指对发生的经济业务一般只在一个账户中进行单方面记录的一种记账方法。单式记账法比较简单，其账簿记录考虑的主要是货币资金和债权、债务的发生情况，一般只设置现金、银行存款、应收账款和应付账款等账户，其余事项则不设置账户进行记录。如用银行存款 5 000 元购买原材料，在记账时，只记银行存款少了 5 000 元，至于原材料增加了 5 000 元则不进行记录。可见，单式记账法的记账手续虽简单，但账户之间不能形成互相对应的关系，难以保证账户记录的正确性，也不能形成一套完整的账户体系。

复式记账法是在单式记账法的基础上演变出来的，是指对每一项经济业务，都以相等的金额，同时在相互对应的两个或两个以上的账户中进行记录的记账方法。如用银行存款购买原材料这笔经济业务发生后，一方面应记录在银行存款账户中，反映银行存款的减少；另一方面还要记录在原材料账户中，反映原材料的增加。通过账户之间的这种对应关系，全面、清晰地反映经济业务的来龙去脉，从而能够了解经济业务的具体内容。同时，由于经济业务发生后，复式记账法是以相等的金额在有关账户中进行记录，因而便于用试算平衡的原理来检查账户记录的正确性。

二、借贷记账法

借贷记账法是指以“借”、“贷”为记账符号的一种复式记账法。借贷记账法产生于12、13世纪资本主义开始萌芽的意大利。1494年，意大利人卢卡·巴乔利在其《算术大全》中第一次系统阐述了借贷记账法。20世纪初，这种记账方法传入我国，是目前世界各国通用的一种记账方法。1992年我国颁布的《企业会计准则》规定，企业会计记账统一采用借贷记账法。借贷记账法的内容包括记账符号、账户结构、记账规则和试算平衡四项。

（一）记账符号

借贷记账法是以“借”（Debit，简写为Dr）、“贷”（Credit，简写为Cr）作为记账符号。“借”、“贷”两字最初是从借贷资本家的角度来解释的，即用来表示债权（应收款）和债务（应付款）的增减变动。借贷资本家把放出的款项称为“借”，表示“人欠”，把吸收的款项称为“贷”，表示“欠人”。随着社会经济的发展，经济业务的内容日趋复杂，“借”、“贷”也就逐渐失去其原有的含义，成为纯粹的记账符号，其意义随账户的性质而异。

（二）账户结构

如上一节所述，每一个账户都有左、右两方。在借贷记账法下，账户的基本结构是左方为借方，右方为贷方。但究竟用哪一方来登记金额的增加，哪一方登记金额的减少，期初或期末余额又在哪一方，则应根据账户所反映的经济内容以及与此相联系的性质而定。

在借贷记账法下，按照账户反映的经济内容设置的账户有六大类：资产类、负债类、所有者权益类、收入类、费用类和利润类。此外，还可设置共同类账户。

1. 资产、负债和所有者权益类账户的结构

反映各项资产的账户称为资产账户，反映负债和所有者权益的账户则分别称为负债类账户和所有者权益类账户。资产类账户的借方（左方）用来登记其增加额，贷方（右方）用来登记其减少额，通常其余额在借方；负债类账户和所有者权益类账户的贷方用来登记其增加额，借方用来登记其减少额，通常余额在贷方。正因为在期末，资产、负债和所有者权益类账户一般都有期末余额，因此又被称为实账户。资产、负债和所有者权益类账户的结构如图2-4所示：

借方	资产账户	贷方
期初余额		
本期增加额		本期减少额
期末余额		

借方	负债、所有者权益账户	贷方
		期初余额
本期减少额		本期增加额
		期末余额

注：

资产类账户的期末余额（借方）=期初余额（借方）+本期增加额或本期借方发生额-本期减少额或本期贷方发生额

负债、所有者权益类账户期末余额（贷方）=期初余额（贷方）+本期增加额或本期贷方发生额-本期减少额或本期借方发生额

图2-4　资产、负债和所有者权益类账户的结构

2. 收入、费用、利润类账户的结构

企业在生产经营过程中会取得各项收入，为取得这些收入又会发生各种费用。当一定时期内收入大于费用时，表明企业的经营成果为利润，反之，则表明企业的经营成果为亏损。为了记录和反映一定时期内企业所获得的收入和发生的费用，完整地反映企业经营的最终结果，需要专门设置收入账户、费用账户和利润账户。

如前，通过分析会计等式可知，企业实现的利润最终归所有者拥有，利润使企业的所有者权益增加。因此，利润账户结构应与所有者权益账户结构相同，即增加额记在贷方，减少额记在借方。利润账户余额可能出现在贷方，也可能出现在借方。如在贷方，表示为企业实现的利润；如在借方，表示为企业发生的亏损。但在年末时，需要将其期末余额转入所有者权益类账户（未分配利润）。从这个意义上来说，它的期末余额在性质上已变成所有者权益，原有意义上的利润类账户则无期末余额。

收入使企业利润增加，同时导致资产和所有者权益的增加，其账户结构也与所有者权益类账户相同。收入的增加额记在贷方，收入的减少额记在借方，期末将净收入（收入账户的贷方发生额减去借方发生额的差额）转入利润账户。经结转后，收入账户一般没有期末余额。

费用使企业利润减少，同时引起资产和所有者权益的减少，其账户结构应与所有者权益账户相反。费用的增加额记在借方，费用的减少额记在贷方，期末将费用账户的借方发生额减去贷方发生额的差额转入利润账户。费用账户一般也没有期末余额。

正因为经结转后，收入和费用类账户一般没有期末余额，因此它们又被称为虚账户。

收入、费用、利润账户的结构如图2-5所示：

借方　　　　收入账户　　　　贷方

借方	贷方
本期减少额 或转销额	本期增加额

借方　　　　费用账户　　　　贷方

借方	贷方
本期增加额	本期减少额 或转销额

借方　　　　利润账户　　　　贷方

借方	贷方
费用转入额（本期减少额）	收入转入额（本期增加额）
	期末余额（转入未分配利润）

图2-5　收入、费用、利润账户的结构

3. 共同类账户

共同类账户是指具有资产和负债双重性质的账户。这类账户可能出现借方余额，也可能出现贷方余额，但不可能同时出现借方余额和贷方余额。根据期末余额的方向，可确定账户的性质。如果余额在借方，就是资产类账户；如果余额在贷方，就是负债类账户。设置共同类账户，可以减少账户的数量，使账务处理简便灵活。共同类账户的结构如图2-6所示：

借方　　　　共同类账户　　　　贷方

借方	贷方
期初余额（表示资产） 本期资产增加额 本期负债减少额	期初余额（表示负债） 本期负债增加额 本期资产减少额
期末余额（表示资产）	期末余额（表示负债）

图2-6　共同类账户的结构

为了便于掌握和使用不同的账户，现将上述各类账户的结构用表2-5概括如下：

（三）记账规则

在借贷记账法下，根据复式记账的原理，对发生的每一笔经济业务都以相等的金额、相反的方向，同时在两个或两个以上的相互联系的账户中进行记录，即按照经济业务的内容，一方面记入一个或几个有关账户的借方，另一方面记入一个或几个有关账户的贷方，并且记入借方与记入贷方的金额必须相等。这就是借贷记账法的记账规则，即“有借必有贷，借贷必相等”。

表2-5　各类账户的结构

账户类别	借方	贷方	余额
资产类账户	增加	减少	一般在借方
负债、所有者权益类账户	减少	增加	一般在贷方
收入类账户	减少	增加	期末一般无余额
费用类账户	增加	减少	期末一般无余额
利润类账户	减少	增加	实现利润，余额在贷方； 发生亏损，余额在借方。 年末转入所有者权益，无余额

（四）试算平衡

试算平衡是根据会计等式“资产=负债+所有者权益”的平衡关系，按照记账规则的要求对本期账户记录进行汇总和比较，以检查和验证账户记录正确性的一种方法。在借贷记账法下，具体方法有余额试算平衡法和发生额试算平衡法两种。前者是以会计等式“资产=负债+所有者权益”的平衡关系理论为直接依据，而后者是以记账规则为直接依据的。

1. 余额试算平衡

根据会计等式“资产=负债+所有者权益”的平衡关系可知，期末所有资产账户余额的总和与所有权益类（负债和所有者权益）账户余额的总和必定相等。而在借贷记账法下，所有资产账户的余额都在借方，所有权益类（负债和所有者权益）账户的余额都在贷方，因此，全部账户的借方余额合计必等于全部账户贷方余额合计。用公式表示如下：

期末资产总额=期末负债总额+期末所有者权益总额

全部账户借方余额合计=全部账户贷方余额合计

借贷记账法就是利用上述公式对账户余额来进行试算平衡的。

2. 发生额试算平衡

在借贷记账法下，根据其记账规则，对发生的每一笔经济业务必须是“有借必有贷，借贷必相等”。也就是说，每项经济业务发生后，相关账户的借方与贷方（发生额）都被同时、等量地予以记录，因此，将一定时期（如1个月、1个季度或1年）内全部经济业务登记入账后，所有账户的本期借方发生额合计与所有账户的本期贷方发生额合计必相等。用公式表示如下：

全部账户本期借方发生额合计=全部账户本期贷方发生额合计

借贷记账法就是根据上述公式来对账户本期发生额进行试算平衡的。

余额试算平衡和发生额试算平衡都是通过编制试算平衡表来进行的。试算平衡表的格式有两种：一是根据各个账户的本期发生额编制的“总分类账户本期发生额试算平衡表”（如表2－6所示）；二是根据各个账户的期末余额进行编制的“总分类账户期末余额试算平衡表”（如表2－7所示）。在会计实务中，也可将两表合一，通过编制“总分类账户本期发生额及余额试算平衡表”（如表2－8所示）来进行试算平衡。

表2－6　　总分类账户本期发生额试算平衡表

账户名称	借方发生额	贷方发生额
合计		

表2－7　　总分类账户期末余额试算平衡表

账户名称	借方余额	贷方余额
合计		

表2－8　　总分类账户本期发生额及余额试算平衡表

账户名称	期初余额		本期发生额		期末余额	
	借方	贷方	借方	贷方	借方	贷方
合计						

三、借贷记账法的运用

运用借贷记账法登记经济业务时，基本记账步骤如下：

第一，必须明确经济业务发生后受影响账户的名称和类别；

第二，确定这些账户的变动方向，是增加还是减少，以及相应的金额；

第三，根据账户的性质，确定应记入账户的借方还是贷方。现仍以珠江修理公司为例说明怎样运用借贷记账法进行记账。

例 2 –7：珠江修理公司 2007 年 12 月 31 日各账户的余额如表 2 – 9，2008 年 1、2 月份，珠江修理公司发生例 2 – 5、例 2 –6 所述经济业务。

表 2 – 9　　珠江修理公司资产负债表

编制单位：珠江修理公司　　2007 年 12 月 31 日　　单位：元

资产		负债及所有者权益	
流动资产：		流动负债：	
货币资金	35 000	短期借款	7 000
应收账款	5 000	应付账款	8 000
存货	30 000		
流动资产合计	70 000	流动负债合计	15 000
非流动资产：		非流动负债：	
固定资产	30 000	长期借款	25 000
		非流动负债合计	25 000
		负债合计	40 000
		所有者权益	
		实收资本	30 000
		资本公积	20 000
		盈余公积	5 000
		未分配利润	5 000
非流动资产合计	30 000	所有者权益合计	60 000
资产总计	100 000	负债和所有者权益合计	100 000

注：货币资金中，银行存款为 30 000，现金为 5 000。

第一步，根据经济业务的性质确定账户名称和账户变动方向，登记入账。

业务 1：1 月 1 日，收到投资者投入维修设备 1 台，价值 20 000 元。

对这笔业务的分析如下：

受影响的账户	账户类别	变动方向	借方	贷方
固定资产	资产	增加	20 000	
实收资本	所有者权益	增加		20 000

此笔业务可在这两个账户中作如下记录：

固定资产

期初余额	30 000		
①	20 000		

实收资本

		期初余额	30 000
		①	20 000

业务 2：1 月 3 日，取得银行 5 年期借款 30 000 元。

对这笔业务的分析如下：

受影响的账户	账户类别	变动方向	借方	贷方
银行存款	资产	增加	30 000	
长期借款	负债	增加		30 000

此笔业务可在这两个账户中作如下记录：

银行存款

期初余额	30 000		
②	30 000		

长期借款

		期初余额	25 000
		②	30 000

业务 3：1 月 7 日，偿还已到期的长期借款 15 000 元。

对这笔业务的分析如下：

受影响的账户	账户类别	变动方向	借方	贷方
银行存款	资产	减少		15 000
长期借款	负债	减少	15 000	

此笔业务可在这两个账户中作如下记录：

银行存款

期初余额	30 000	③	15 000
②	30 000		

长期借款

③	15 000	期初余额	25 000
		②	30 000

业务 4：1 月 8 日，所有者抽回资本 10 000 元，用银行存款支付。对这笔业务的分析如下：

受影响的账户	账户类别	变动方向	借方	贷方
银行存款	资产	减少		10 000
实收资本	所有者权益	减少	10 000	

此笔业务可在这两个账户中作如下记录：

银行存款

期初余额	30 000	③	15 000
②	30 000	④	10 000

实收资本

④	10 000	期初余额	30 000
		①	20 000

业务 5：1 月 9 日，购买维修用零部件 10 000 元，货款已用银行存款支付。

对这笔业务的分析如下：

受影响的账户	账户类别	变动方向	借方	贷方
银行存款	资产	减少		10 000
库存商品	资产	增加	10 000	

此笔业务可在这两个账户中作如下记录：

银行存款

期初余额	30 000	③	15 000
②	30 000	④	10 000
		⑤	10 000

库存商品

期初余额	30 000		
⑤	10 000		

业务6：1月10日，签发商业票据，清偿到期的应付货款8 000元。
对这笔业务的分析如下：

受影响的账户	账户类别	变动方向	借方	贷方
应付账款	负债	减少	8 000	
应付票据	负债	增加		8 000

此笔业务可在这两个账户中作如下记录：

应付账款

		期初余额	8 000
⑥	8 000		

应付票据

		期初余额	0
		⑥	8 000

业务7：1月16日，宣布发放股利4 000元。

对这笔业务的分析如下：

受影响的账户	账户类别	变动方向	借方	贷方
未分配利润	所有者权益	减少	4 000	
应付股利	负债	增加		4 000

此笔业务可在这两个账户中作如下记录：

未分配利润

		期初余额	5 000
⑦	4 000		

应付股利

		期初余额	0
		⑦	4 000

业务8：1月21日，将资本公积金10 000元转增为资本。

对这笔业务的分析如下：

受影响的账户	账户类别	变动方向	借方	贷方
实收资本	所有者权益	增加		10 000
资本公积	所有者权益	减少	10 000	

此笔业务可在这两个账户中作如下记录：

实收资本

		期初余额	30 000
④	10 000	①	20 000
		⑧	10 000

资本公积

		期初余额	20 000
⑧	10 000		

业务9：1月26日，由所有者直接偿还珠江修理公司到期的3年期借款10 000元，并将其转为投入资本。

对这笔业务的分析如下：

受影响的账户	账户类别	变动方向	借方	贷方
实收资本	所有者权益	增加		10 000
长期借款	负债	减少	10 000	

此笔业务可在这两个账户中作如下记录：

实收资本

		期初余额	30 000
④	10 000	①	20 000
		⑧	10 000
		⑨	10 000

长期借款

		期初余额	25 000
③	15 000	②	30 000
⑨	10 000		

业务10：2月15日，完成一项维修活动，共获得12 000元的现金收入，款已存入银行，所耗用零部件的成本为8 000元（本分录涉及的结转和结账的概念在第四章具体讲解）。

对这笔业务的分析如下：

首先，银行存款增加，收入增加。

受影响的账户	账户类别	变动方向	借方	贷方
银行存款	资产	增加	12 000	
主营业务收入	收入	增加		12 000

此笔业务可在这两个账户中作如下记录：

银行存款

期初余额	30 000	③	15 000
②	30 000	④	10 000
⑩a	12 000	⑥	10 000

主营业务收入

		⑩a	12 000

同时，由于使用零部件减少了库存商品，减少的库存商品结转至主营业务成本中。

受影响的账户	账户类别	变动方向	借方	贷方
主营业务成本	成本费用	增加	8 000	
库存商品	资产	减少		8 000

成本结转可在这两个账户中作如下记录：

库存商品

期初余额	30 000	⑩b	8 000
⑤	10 000		

主营业务成本

⑩b	8 000		

另外，主营业务收入与主营业务成本配比形成的利润 4 000 元，直接转入未分配利润账户。

主营业务成本

⑩b	8 000	结账	8 000

主营业务收入

结账	12 000	⑩a	12 000

未分配利润

		期初余额	5 000
⑦	4 000	结账	4 000

第二步，计算各账户本期发生额及期末余额。

1 月 31 日，珠江修理公司各账户本期发生额和期末余额如下：

固定资产

期初余额	30 000		
①	20 000		
本期借方发生额	20 000	本期贷方发生额	0
期末余额	50 000		

银行存款

期初余额	30 000	③	15 000
②	30 000	④	10 000
⑩a	12 000	⑤	10 000
本期借方发生额	42 000	本期贷方发生额	35 000
期末余额	37 000		

库存商品

期初余额	30 000		
⑤	10 000	⑩b	8 000
本期借方发生额	10 000	本期贷方发生额	8 000
期末余额	32 000		

应付账款

		期初余额	8 000
⑥	8 000		
本期借方发生额	8 000	本期贷方发生额	0
		期末余额	0

应付票据

		期初余额	0
		⑥	8 000
本期借方发生额	0	本期贷方发生额	8 000
		期末余额	8 000

应付股利

		期初余额	0
		⑦	4 000
本期借方发生额	0	本期贷方发生额	4 000
		期末余额	4 000

长期借款

		期初余额	25 000
③	15 000	②	30 000
⑨	10 000		
本期借方发生额	25 000	本期贷方发生额	30 000
		期末余额	30 000

未分配利润

		期初余额	5 000
⑦	4 000	结账	4 000
本期借方发生额	4 000	本期贷方发生额	0
		期末余额	5 000

资本公积

		期初余额	20 000
⑧	10 000		
本期借方发生额	10 000	本期贷方发生额	0
		期末余额	10 000

实收资本

		期初余额	30 000
④	10 000	①	20 000
		⑧	10 000
		⑨	10 000
本期借方发生额	10 000	本期贷方发生额	40 000
		期末余额	60 000

现金

期初余额	5 000		
本期借方发生额	0	本期贷方发生额	0
期末余额	5 000		

应收账款

期初余额	5 000		
本期借方发生额	0	本期贷方发生额	0
期末余额	5 000		

短期借款

		期初余额	7 000
本期借方发生额	0	本期贷方发生额	0
		期末余额	7 000

盈余公积

		期初余额	5 000
本期借方发生额	0	本期贷方发生额	0
		期末余额	5 000

第三步，编制试算平衡表（表2-10）。

表2-10　　**珠江修理公司试算平衡表**

编制单位：珠江修理公司　　2007年12月31日　　单位：元

账户名称	期初余额		本期发生额		期末余额	
	借方	贷方	借方	贷方	借方	贷方
现金	5 000		0	0	5 000	
银行存款	30 000		42 000	35 000	37 000	
应收账款	5 000		0	0	5 000	
库存商品	30 000		10 000	8 000	32 000	
固定资产	30 000		20 000	0	50 000	
短期借款		7 000	0	0		7 000
应付账款		8 000	8 000	0		0
应付票据			0	8 000		8 000
应付股利				4 000		4 000

（续上表）

账户名称	期初余额		本期发生额		期末余额	
	借方	贷方	借方	贷方	借方	贷方
长期借款		25 000	25 000	30 000		30 000
实收资本		30 000	10 000	40 000		60 000
资本公积		20 000	10 000	0		10 000
盈余公积		5 000	0	0		5 000
主营业务收入			12 000	12 000		
主营业务成本			8 000	8 000		
未分配利润		5 000	4 000	4 000		5 000
合计	100 000	100 000	149 000	149 000	129 000	129 000

本章相关的法规、制度及主要阅读文献

1. 张磊．会计学．北京：北京大学出版社，2005
2. 陈信元．会计学．上海：上海财经大学出版社，2005
3. 中华人民共和国民法通则
4. 企业会计准则——基本准则
5. 企业会计准则——应用指南

思考题

一、多选题

1. 会计主体与法律主体存在以下几种关系（　　）。

A. 既是会计主体，又是法律主体　　B. 是法律主体，不是会计主体

C. 是会计主体，不是法律主体　　D. 几个法律主体，一个会计主体

2. 会计信息使用者包括（　　）。

A. 投资者　　B. 债权人　　C. 政府　　D. 企业自身

3. 具有以下特征的资产可归为流动资产（　　）。

A. 预计在一个正常营业周期中变现、出售或耗用

B. 主要为交易目的而持有

C. 预计在资产表日起 1 年内（含 1 年）变现

D. 使用流动资金购买

4. 所有者权益包括（　　）。

A. 投资者投入资本　　B. 直接计入所有者权益的利益或损失

C. 盈余公积　　D. 未分配利润

5. 期间费用包括（　　）。

A. 管理费用　　B. 制造费用

C. 财务费用　　D. 公允价值变动损益

6. 经济业务对会计等式的影响存在以下几种情况（ ）。

A. 资产与权益同时增加　　B. 资产与权益同时减少

C. 所有者权益与负债同时增减　　D. 资产之间有增有减

7. 各类账户增减变化的特点有（ ）。

A. 资产的借方与费用的借方表示增加

B. 负债、所有者权益、收入和利润的减少在借方

C. 资产、费用的期末余额在借方

D. 负债、所有者权益、未分配利润的期末余额在贷方

8. 试算平衡主要体现在以下几类平衡关系（ ）。

A. 所有资产的借方余额等于所有资产的贷方余额

B. 所有账户的本期借方发生额等于本期贷方发生额

C. 所有账户的期初借方发生额等于期初贷方发生额

D. 所有账户的期末借方发生额等于期末贷方发生额

二、判断题

1. 企业既是一个经济主体，也是一个法律主体。（ ）

2. 财务报表反映的是一个企业某个时点的财务状况和现金流量，以及某个时期的经营成果。（ ）

3. 资产是指企业过去的交易或事项形成的，由企业拥有并控制的，预期会给企业带来经济利益的经济资源。（ ）

4. 所有者权益又称剩余权益，企业在取得利润后，先支付债务人的利息，剩余为投资者所有，全部以利润分配形式分配给投资者。（ ）

5. 收入既可表现为所有者权益的增加和资产的增加，也可表现为负债的减少和所有者权益的增加。（ ）

6. 成本是对象化的费用，不能对象化的费用为期间费用。（ ）

7. 资产负债表和利润表的联系纽带为未分配利润。（ ）

8. 总分类账户是根据一级会计科目设置的基本账户，它的余额与所属明细分类账的余额总数相等，但方向可能不一致。（ ）

9. 坏账准备属应收账款的抵消科目，属于负债类科目。（ ）

10. 借贷记账法中“借”、“贷”是一种记账符号，“借”表示增加，“贷”表示减少，资产的余额在借方，负债与所有者权益的余额在贷方。（ ）

三、连线题

1.

	应收票据
流动资产	应收账款
	固定资产
非流动资产	存货

	递延所得税资产

2.

	预付账款
资产	固定资产清理
	预收账款
负债	应收账款
	未分配利润
所有者权益	短期借款
	应付职工薪酬

3.

	生产成本
成本	制造费用
	主营业务成本
费用	财务费用
	营业外支出

4.

	用现金购买设备
资产负债同时增加	向银行借款
资产内部有增有减	赊购商品
负债、所有者权益同时减少	支付已宣布发放的股利
	用现金购买股票

5.

	应付债券
流动负债	短期借款
	预计负债
非流动负债	应付股利
	预收款项

四、简答题

1. 简述会计主体与法律主体之间的关系。
2. 什么是会计要素，会计要素的种类主要有哪些以及各要素之间的相互关系是什么？
3. 负债与所有者权益的主要区别是什么？
4. 何谓复式记账，其主要特点是什么？
5. 简述账户的作用、结构与特点。
6. 会计科目的作用是什么，主要有哪几类会计科目？

练习题

一、（会计等式）南方公司2007年12月31日和2008年12月31日两个时点的资产与负债如下：

单位：元

	2007年12月31日	2008年12月31日
资产	500 000 000	650 000 000
负债	200 000 000	250 000 000

请问下列各种情况下，2008年南方公司的净利润是多少？

1. 假如投资者在2008年未追加投资或抽回投资。
2. 假如投资者在2008年未追加投资或抽回投资，年末已分配利润20 000 000元。
3. 假如投资者在2008年追加投资50 000 000元。
4. 假如投资者在2008年抽回投资10 000 000元。

二、（会计等式）南方旅业2008年1月发生下列经济业务：

1. 投资人投入500 000元存入银行。
2. 租入一建筑物，为期三年，预付一年的租金50 000元。
3. 用银行存款购买办公用品2 000元。
4. 提取5 000元的银行存款备用。
5. 购买20 000的办公设备，款未付。
6. 本月服务收入收到现金20 000元，另外2 000元未收。
7. 支付本月水电费2 000元。
8. 本月总计购入并消耗原料10 000元，全部以现金支付。
9. 登记本月应付工资3 000元。
10. 以转账方式支付员工工资。

根据上述经济业务，在会计等式两边填入增减符号和相应的金额，并核对等式两边是否相等（见下表）。

单位：元

业务	资产　=　负债　+　所有者权益（收入 - 成本或费用）
业务1	+500 000　　　　+500 000
业务2	
业务3	
业务4	
业务5	

（续上表）

业务	资产　=　负债　+　所有者权益（收入－成本或费用）
业务6	
业务7	
业务8	
业务9	
业务10	
合计	

三、（账户结构）南方公司2008年各账户有关资料如下：

单位：元

账户名称	期初余额	本期借方发生额	本期贷方发生额	期末余额
银行存款	20 000	14 500	13 600	
应收账款		5 600	23 000	14 580
预收账款	50 000		8 456	30 000
长期借款	100 000	50 000	25 000	
原材料	54 360	60 000		45 630
库存商品	65 320		54 630	27 800
应付账款		89 000	120 000	65 000
预付账款	30 000	0	17 800	
应交税费	54 000	56 000	62 000	
实收资本	800 000	0		950 000
资本公积	120 000		120 000	240 000

要求：根据上表中各类账户结构的关系，计算并填列表中的空格。

四、（会计科目）南方公司2008年3月发生如下经济业务并登记相应的会计科目（账户）：

单位：元

业务	银行存款＋原材料＋预付账款＋固定资产＝短期借款＋应付账款＋实收资本＋主营业务收入－主营业务成本
业务1	＋100 000　　　　＋100 000
业务2	－50 000　　　　＋50 000
业务3	－10 000＋45 000　　　　＋35 000

（续上表）

业务	银行存款	+原材料	+预付账款	+固定资产	=短期借款	+应付账款	+实收资本	+主营业务收入	-主营业务成本
业务4	-25 000		+25 000						
业务5	+60 000				+60 000				
业务6	-35 000					-35 000			
业务7	-40 000						-40 000		
业务8	+40 000							+40 000	
业务9		+25 000	-25 000						
业务10		-28 000							+28 000

要求：根据上述资料说明南方公司发生的经济业务。

五、（借贷记账法）南方汽车修理公司2008年初各账户余额如下：

单位：元

资产类		负债和所有者权益类	
现金	4 800	负债类	
银行存款	65 000	短期借款	50 000
应收账款	28 000	应付账款	25 000
预付账款	25 000	预收账款	10 000
原材料	50 000	应交税费	3 500
固定资产	100 000	应付职工薪酬	4 300
		所有者权益类	
		实收资本	180 000
合计	272 800	合计	272 800

2008年1月，南方汽车修理公司发生如下经济业务：

1. 投资者又投入100 000元，款已存入银行。
2. 购入原材料一批48 000元，款已转账。
3. 上期预付货款25 000元，对方企业已发出的材料15 000元验收入库。
4. 本期购买一台新修理设备85 000元，其中35 000元货款未付。
5. 支付工人工资4 300元，直接转入工人工资账户。
6. 用存款上交应交税金3 500元。
7. 本月发生修理收入20 000元，其中5 000元未收，其余收到现金。
8. 将现金10 000元存入银行。
9. 本月共领用修理材料8 000元。
10. 支付本月水电费2 000元。
11. 归还上期应付款25 000元。

要求：

1. 设置账户，将上述经济业务登入相应的账户。
2. 根据各账户的期初余额，计算其本期发生额和期末余额。
3. 编制试算平衡表。

案例分析

兴海公司为一家汽车修理公司，2008 年 8 月份公司会计老张因事请假一个月，本月所有业务的账务处理均由实习员小明负责。月末老张回来上班后对小明所做的账务处理进行检查，其中有 15 笔业务的处理情况如下：

日期	业务摘要	账户名称	借方	贷方
1	因天气太热，所有者又投入空调两台，每台价值 3 000 元	固定资产	6 000	
		实收资本		6 000
2	购买汽车修理用原材料 5 000 元，已支付 2 000 元，其余货款未付	原材料	5 000	
		银行存款		2 000
3	预收到客户 A 一笔修理收入 8 000 元	预收账款	8 000	
		主营业务收入		8 000
4	因公司周转资金不够，所有者又投入 20 000 元	银行存款	20 000	
		长期借款		20 000
5	偿还上月所欠货款 2 000 元	应付账款	2 000	
		银行存款		2 000
6	取得 10 年期借款 50 000 元	银行存款	50 000	
		实收资本		50 000
7	签发票据偿还到期货款 3 000 元	应付票据	3 000	
		应付账款		3 000
8	向供应商预付 10 000 元以购买修理用原材料	银行存款	10 000	
		预付账款		10 000
9	偿还期限为半年的到期借款 3 000 元	长期借款	3 000	
		银行存款		3 000
10	向股东宣布并发放上半年股利 8 000 元	应付职工薪酬	8 000	
		银行存款		8 000
11	为已预付了修理费的客户 A 提供修理服务，共获得修理收入 8 000 元	主营业务收入	8 000	
		预收账款		8 000

（续上表）

日期	业务摘要	账户名称	借方	贷方
12	获得汽车修理收入 30 000 元，20 000 元已转账到银行，其余未付	银行存款	20 000	
		主营业务收入		30 000
13	为修理汽车领用的原材料为 18 000 元	原材料	18 000	
		主营业务成本	18 000	
14	转账支付本月水电费共 680 元	管理费用	680	
		银行存款		680
15	通过银行转账支付修理人员工资 3 000 元	主营业务成本	3 000	
		银行存款		3 000

问题：

1. 小明对这 15 笔业务的账务处理哪些正确，哪些不正确？并将不正确的加以改正。
2. 小明对哪几笔业务的处理会导致试算平衡表不平衡？

第三章　会计循环（一）

导言

银广夏①

银广夏（现为ST银广夏）全称为广夏（银川）实业股份有限公司，于1994年6月17日在深圳证券交易所上市。银广夏自1994年上市以来，每年公布的净资产收益率均在10%以上。到2000年，银广夏的净资产收益率增长到了30.56%。银广股价（按股票股利和配股调整后）则从1999年12月30日的13.97元一路飙升至75.98元，上涨444%。2001年3月1日，银广夏又发布公告，称与德国诚信公司签订连续三年总金额为60亿元的萃取产品订货总协议。仅仅依此合同推算，2001年银广夏每股收益就将达到2至3元。

2001年8月，《财经》杂志发表"银广夏陷阱"一文，揭露了1999年到2000年创造的令人瞠目的业绩和股价神话是一场彻头彻尾的骗局。由财政部、证监会组成的联合调查组对银广夏事件立案调查，已查明的主要事实如下：

1. 广夏（银川）实业股份有限公司伪造出口购销合同；
2. 伪造出口报关单；
3. 虚开增值税专用发票；
4. 伪造免税文件和伪造金融票据等；
5. 虚构主营业务收入；
6. 虚构巨额利润。

本章结构

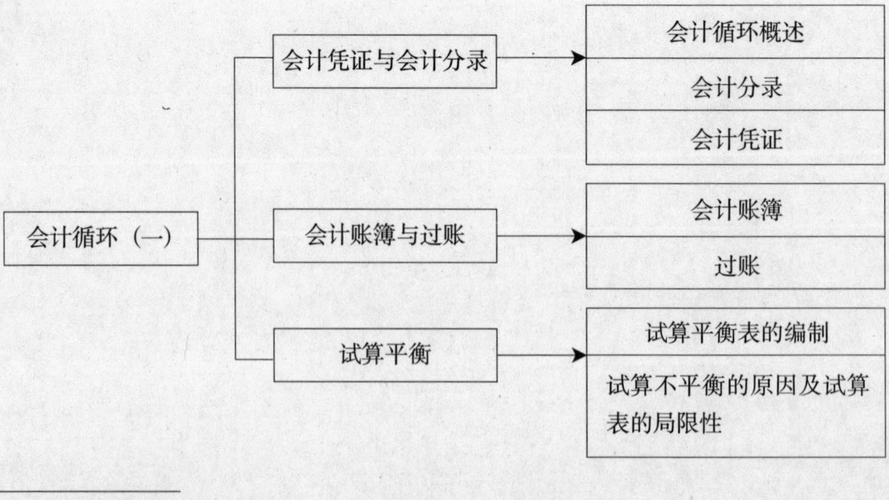

---

① 银广夏陷阱．财经，2001（8）

本章要点

理解会计循环
掌握会计分录的编制
掌握原始凭证与记账凭证的编制
掌握账簿的设置与登记
掌握过账和错账的更正方法
掌握试算平衡表的编制
了解试算不平衡的原因及试算表的局限

在前一章我们讲述了会计人员如何运用复式记账原理将经济业务记入账户（分类账），可会计实务工作并不是从登记分类账开始的，而是始于反映具体、复杂经济业务的原始凭证。从繁多、具体的经济业务到最终的信息载体——财务报告，会计在经济发展的过程中逐渐形成了其独特的会计信息加工与处理的程序和方法，由于此程序和方法在每一会计期间循环往复、周而复始，故被称为会计循环。会计循环一般包括编审原始凭证、编制分录、记账、试算、调整、结账和编制财务报表等一系列程序。本章主要讲述会计凭证、分录、记账（过账）与试算平衡，关于账项的调整、结账以及报表的编制将在下一章进行讲解。

第一节　会计凭证与会计分录

一、会计循环概述

所谓会计循环，是指企业在一个会计期间所需要经历的会计工作环节，一般包括编审原始凭证、编制分录、记账、试算、调整、结账和编制财务报表等一系列程序。由于这些程序和方法在每一会计期间循环往复、周而复始，故被称为会计循环。手工会计下典型的会计循环如图 3－1 所示。

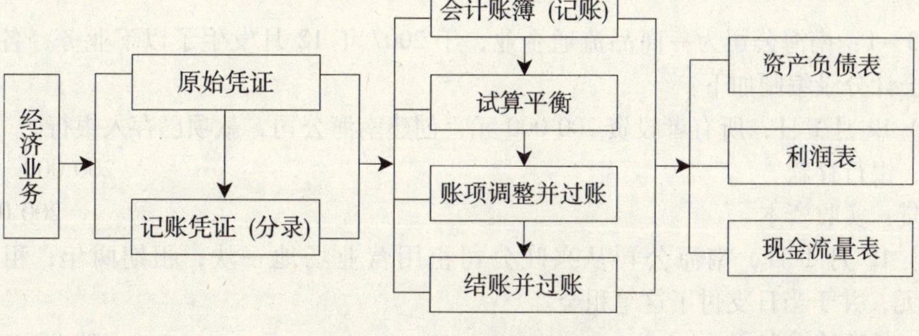

图 3－1　会计循环流程图

上述会计循环流程步骤的说明如下：

（1）编审原始凭证。经济业务发生以后，会计人员首先需取得、编制并审核原始凭证。这是会计循环最初也是至关重要的一步。

（2）编制分录。根据审核的原始凭证对经济业务进行分析，按照复式记账的原理以确定哪些账户应借记，哪些账户应贷记，登记的金额各是多少，并将其分析结果填入记账凭证（编制分录）。这一步骤要求运用会计概念知识和专业判断。

（3）记账。也称为过账，是将根据记账凭证填制的会计分录登记到各分类账。

（4）试算。对分类账各账户借方、贷方余额或发生额汇总列表，以验证分录或过账是否准确。

（5）调整。在会计期末，根据权责发生制和配比原则，对调整事项进行调整。它们同其他事项一样，也需要编制分录并过账。

（6）结账。会计期末，需结转资产、负债、所有者权益类实账户；结清收入、费用类虚账户，并将利润或亏损结转至所有者权益。

（7）编制财务报表。根据结账结果，分类汇总并按一定的格式要求编制成资产负债表、利润表、现金流量表等，以反映企业的财务状况、经营成果和现金流量等。

二、会计分录

为了保证账户记录的正确性，经济业务发生后并不直接记入有关账户，而是基于对经济业务进行分析的结果，根据借贷记账法的记账原理，确定相关账户及其应借应贷的金额，先编制会计分录，然后再根据会计分录记入有关账户。这样做，一方面可以提高记账的效率；另一方面，通过记账凭证与原始凭证的归集，可以分类保存经济业务发生时留下的凭据，作为以后检查、责任归属和控制经济活动的依据。所谓会计分录，就是标明某项经济业务的应借应贷账户及其金额的一种记录。会计分录分为简单分录和复合分录。简单分录只有一借一贷的对应关系，即借方和贷方各只有一个账户，如例 3－1 中业务（1）的会计分录；复合分录是指有一借多贷或一贷多借或多借多贷对应关系的会计分录，如例 3－1 中业务（3）的会计分录。会计分录的常用格式是贷记符号不能与借记符号写在同一行上，而是写在借方分录的下一行，并且行首向右缩进一格或两格。下面将举例说明会计分录的编制方法。

例 3－1：南海公司为一商品流通企业，于 2007 年 12 月发生了以下业务，各业务发生后的会计分录编制如下：

（1）12 月 1 日，所有者投资 200 000 元，创建南海公司，款项已存入银行。

借：银行存款　　200 000

　贷：实收资本　　200 000

（2）12 月 1 日，南海公司从兴旺公司租用营业场地一块，租期两年，租金共计 60 000 元，并于当日支付了这笔租金。

借：长期待摊费用　　60 000

　贷：银行存款　　60 000

（3）12 月 1 日，南海公司从森林公司购入商品（运动服）一批，货款 30 000 元，商品已验收入库，开出 3 个月的带息商业汇票 20 000 元，利率为 6%，其余货款未付（不考虑相关税费）。

借：库存商品——运动服　　30 000

　贷：应付票据　　20 000

　　应付账款——森林公司　　10 000

（4）12 月 2 日，购买收银机两台，每台单价 1 000 元；空调两台，单价为 4 000 元/台，货款未付。

借：固定资产——收银机　　2 000

　　　　　——空调　　8 000

　贷：应付账款　　10 000

（5）12 月 5 日，南海公司向美华公司销售运动服一批，货款 40 000 元，商品已发出，货款尚未收到。此次销售商品的成本为 28 000 元（不考虑相关税费）。

借：应收账款——美华公司　　40 000

　贷：主营业务收入　　40 000

成本结转的分录为：

借：主营业务成本　　28 000

　贷：库存商品——运动服　　28 000

（6）12 月 8 日，南海公司从银行提取现金 2 000 元，以备日常零星开支。

借：现金　　2 000

　贷：银行存款　　2 000

（7）12 月 10 日，南海公司从林和公司购进运动鞋一批，货款 50 000 元，已支付 30 000 元，其余货款暂欠。商品已验收入库。

借：库存商品——运动鞋　　50 000

　贷：银行存款　　30 000

　　应付账款——林和公司　　20 000

（8）12 月 12 日，支付购买固定资产款项 10 000 元。

借：应付账款　　10 000

　贷：银行存款　　10 000

（9）12 月 14 日，从林通公司购进一批球拍，货款共计 40 000 元，货款尚未支付。商品已验收入库。

借：库存商品——球拍　　40 000

　贷：应付账款——林通公司　　40 000

（10）12 月 16 日，收到美华公司的部分销货款 30 000 元。

借：银行存款　　30 000

　贷：应收账款——美华公司　　30 000

（11）12 月 18 日，向美达公司赊销运动鞋一批，货款共计 60 000 元，此次销售商品的成本为 45 000 元（不考虑相关税费）。

借：应收账款——美达公司　　60 000

　　贷：主营业务收入　　60 000

成本结转的分录为：

借：主营业务成本　　45 000

　　贷：库存商品——运动鞋　　45 000

（12）12月22日，支付办公费用1 000元。

借：管理费用　　1 000

　　贷：现金　　1 000

（13）12月25日，向美景公司销售球拍一批，价款30 000元，货款已存入银行。此次销售商品的成本为20 000元（不考虑相关税费）。

借：银行存款　　30 000

　　贷：主营业务收入　　30 000

成本结转的分录为：

借：主营业务成本　　20 000

　　贷：库存商品——球拍　　20 000

（14）12月26日，收到美达公司货款50 000元，已存入银行。

借：银行存款　　50 000

　　贷：应收账款——美达公司　　50 000

（15）12月30日，计提本月南海公司应付职工工资，其中管理人员5 000元，销售人员工资15 000元。

借：管理费用　　5 000

　　销售费用　　15 000

　　贷：应付职工薪酬　　20 000

（16）12月31日，以银行存款发放职工工资共20 000元。

借：应付职工薪酬　　20 000

　　贷：银行存款　　20 000

（17）12月31日，本期南海公司的水电费、电话费等，共计5 000元，款项已通过银行直接转账支付。①

借：销售费用（水电费）　　5 000

　　贷：银行存款　　5 000

三、会计凭证

为了反映企业各种交易、事项（经济业务）对企业会计要素的影响，以编制出最终的财务报告，企业会计人员必须在经济业务发生时填制或取得原始凭证（source documents），进而真正开始会计的记录工作。会计凭证就是记录经济业务的发生情况、明确经

① 对于商品流通企业，管理费用不多的，可不设置“管理费用”科目，而“管理费用”科目的核算内容可并入“销售费用”科目核算。此处就是将其并入“销售费用”中进行核算的。

济责任、作为记账依据的书面证明。填制或取得并审核会计凭证是保证会计核算按照交易、事项的实际发生情况进行如实记录的基础，也是确保财务报告如实反映企业真实状况的前提条件。会计凭证按其填制的顺序和用途可分为原始凭证和记账凭证。

（一）原始凭证

原始凭证是在交易、事项发生或完成时取得或填制的，用来证明交易或事项已发生、明确经济责任、并作为记账依据的最初书面证明文件，是会计核算的重要依据，如购买商品时由供货方开具的发票、银行支票、汇票、收款单、材料验收入库单、材料领用单、商品收货单、发货单等。原始凭证必须真实、完整、清楚、正确，并有经办人员的签字。

原始凭证按其来源，可分为自制凭证和外来凭证。自制凭证是由本单位的经办人员，在执行或完成基本交易或事项时所填制的原始凭证，如材料验收入库单、材料领用单等；外来凭证是在交易、事项完成时从其他单位或个人取得的原始凭证，如购货发票。无论是自制凭证还是外来凭证，都能证明交易、事项已经完成，审核后均可作为记账的依据。

原始凭证按其填制方法的不同可分为一次性凭证、累计凭证和原始凭证汇总表。一次性凭证是一次性填制完成的原始凭证，大多数原始凭证都属此类，如发票（格式见表3-1）、收据（格式见表3-2）、入库单等；累计凭证是指经多次填制完成的、定期根据其累计数作为记账依据的原始凭证，通常用于反映一定期间内重复发生的同类交易或事项，最具代表性的累计凭证是限额领料单（格式见表3-3）；原始凭证汇总表是根据许多同类交易或事项的一次性凭证或累计凭证定期编制的，如发料汇总表（格式见表3-4）、工资汇总表等。

表3-1　　**增值税专用发票**

开票日期：　　年　　月　　日　　NO.

购货单位	名称			税务登记号		
	地址、电话			开户银行及账号		
货物或应税劳务名称	计量单位	数量	单价	金额	税率	税额
合计						
价税合计						
备注						
销货单位	名称			税务登记号		
	地址、电话			开户银行及账号		

销货单位（章）：　　收款人：　　复核：　　开票人：

表3-2 **收据**

年 月 日 NO.

付款单位：

金额（大写）____________________（小写）

收款原因：

备注：

收款单位（章）： 审核： 经手： 出纳：

表3-3 **限额领料单**

年 月 日

领料部门：	计划产量：
用途：	单耗定额：
材料名称：	领料限额：
计量单位：	单价：
发料仓库：	编号：

日期	请领		实发					备注
	数量	领料单位盖章	数量	发料人	领料人	累计	限额结余	
累计实发金额								

供应部门负责人： 生产部门负责人： 仓库负责人：

表3-4 **发料汇总表**

年 月 日 NO.

会计科目		领料部门	原材料	辅助材料	燃料	合计
生产成本	基本生产车间	一车间				
		二车间				
		小计				
	辅助生产车间	供水车间				
		机修车间				
		小计				

（续上表）

会计科目	领料部门	原材料	辅助材料	燃料	合计
制造费用	一车间				
	二车间				
	小计				
合计					

会计主管：　　　　　　　　复核：　　　　　　　　制表：

尽管原始凭证的格式多种多样，所反映的交易或事项的内容也包罗万象，但任何一种原始凭证都必须起着证明交易或事项已发生或已完成的作用，并能明确经济责任。因此，每一原始凭证都应具备以下基本内容：

（1）原始凭证名称；

（2）填制原始凭证的日期和编号；

（3）接受原始凭证单位名称；

（4）事项、交易的内容（含数量、单价、金额等）；

（5）原始凭证填制单位签章；

（6）有关经办人员的签名、盖章。

只有经过审核无误的原始凭证才能进入会计信息系统。为了保证原始凭证真实地反映了交易或事项、遵循了有关法规和本单位相应制度的要求，一切原始凭证在填制或取得后，都应按规定的程序及时送交会计部门，由会计主管或具体处理该交易或事项的会计人员进行审核。原始凭证的审核主要包括以下两个方面：

（1）形式上的审核。即审核原始凭证的填制是否符合规定的要求，所应具备的内容是否填列齐全，尤其是审核数字计算是否正确、有关人员是否都已签章。

（2）实质上的审核。实质上的审核主要是：第一，原始凭证所反映的交易或事项是否真实，其来源是否可靠；第二，原始凭证所反映的交易或事项是否符合有关政策、法令、制度、合同以及计划等的要求，是否符合规定的审核权限和手续。

审核不合格的原始凭证均不能作为记账的依据。通过对原始凭证的审核，可确保输入会计信息系统的数据真实、合法，从而为会计信息系统最终所提供的财务报告信息的质量提供了有效保证。

（二）记账凭证

交易、事项发生时所产生的财务信息是由原始凭证直接地接收（记录）下来，但并没有用会计语言来描述所发生的交易、事项。在原始凭证经审核合格后即可编制记账凭证（会计分录）。记账凭证，又称为记账凭单，是会计人员根据审核无误的原始凭证编制的，用来确定会计分录、作为记账直接依据的会计凭证。记账凭证是根据借贷记账法的基本原理确定应借、应贷的会计科目及其金额之后，将原始凭证中的一般数据化的财务信息转化为会计语言，是介于原始凭证与账簿之间的中间环节，是据以登记账簿的直接依据。在实际工作中，会计分录一般就直接编制在记账凭证上。

记账凭证可以根据每一张原始凭证直接编制，也可以根据同类原始凭证汇总编制或根据原始凭证汇总表编制，其作用是便于登记账簿，减少差错，保证账簿记录的质量。另外，在汇总编制或根据原始凭证汇总表编制的情况下，还可以简化记账工作。从不同的角度可将记账凭证分成不同的种类。

（1）记账凭证按其用途可分为专用记账凭证和通用记账凭证两种。专用记账凭证按其反映经济业务内容的不同又可分为收款凭证、付款凭证和转账凭证三种。收款凭证是用来记录现金与银行存款收款业务的记账凭证，其格式如表 3－5；付款凭证是记录现金与银行存款付款业务的记账凭证，其格式如表 3－6；转账凭证是用来记录不涉及现金与银行存款收付业务的记账凭证，其格式如表 3－7。通用记账凭证是指对不同性质的经济业务均采用同一格式的记账凭证来进行记录的记账凭证。通用记账凭证的格式与转账凭证基本相同，只是凭证的名称统称为“记账凭证”，其格式如表 3－8。

值得注意的是，在使用收款凭证和付款凭证时，如果发生的经济业务同时涉及现金与银行存款的收付，如从银行提取现金或将现金送存银行，为了避免重复记录，则只填制付款凭证，比如从银行提取现金时，只编制银行存款付款凭证。

采用专用记账凭证有利于对不同经济业务进行分类管理，有利于经济业务的检查，但工作量较大，一般适用于规模较大、收付款业务较多的企业。而经济业务较简单、规模较小、收付款业务较少的企业，一般较适合采用通用记账凭证。

表 3－5 **收款凭证**

借方科目：银行存款　　　　年　月　日　　　　收字第　号

摘要	贷方科目				金额
	一级科目	账页	二级或明细科目	账页	
附件：　张	合		计		

会计主管：　　记账：　　审核：　　制证：

表 3－6 **付款凭证**

贷方科目：银行存款　　　　年　月　日　　　　付字第　号

摘要	借方科目				金额
	一级科目	账页	二级或明细科目	账页	
附件：　张	合		计		

会计主管：　　记账：　　审核：　　制证：

表3-7　　转账凭证

年　月　日　　转字第　号

摘要	会计科目				借方金额	贷方金额
	一级科目	账页	二级或明细科目	账页		
附件：　张	合　计					

会计主管：　记账：　审核：　制证：

表3-8　　记账凭证

年　月　日　　第　号

摘要	会计科目				借方金额	贷方金额
	一级科目	账页	二级或明细科目	账页		
附件：　张	合　计					

会计主管：　记账：　审核：　制证：

（2）记账凭证按照是否经过汇总可分为汇总记账凭证和非汇总记账凭证。汇总记账凭证是根据许多同类的单一记账凭证定期加以汇总而重新编制的记账凭证；非汇总记账凭证是根据原始凭证编制的，只反映某项经济业务的记账凭证。重新编制汇总记账凭证的目的是为了简化登记总分类账的手续。汇总记账凭证按其汇总的方法和范围，可分为分类汇总和全部汇总。分类汇总记账凭证主要是对收款凭证、付款凭证和转账凭证分别进行汇总，形成汇总收款凭证、汇总付款凭证和汇总转账凭证；全部汇总记账凭证则是按各会计账户名称分别进行汇总，形成科目汇总表。

记账凭证是据以登记账簿的依据，尽管其反映的经济业务内容不同、格式也不同，但记账凭证一般包括以下几个方面的内容：

①记账凭证的名称；

②填制记账凭证的日期；

③记账凭证的编号；

④经济业务内容摘要；

⑤经济业务所涉及的会计科目、记账方向和金额；

⑥记账标记；

⑦所附原始凭证张数；

⑧有关人员的签章。

为了保证账簿记录的正确性，除了应当正确填制记账凭证外，还应对其进行严肃、认真的审核。记账凭证的审核包括以下内容：

①完整性审核。即逐项审核记账凭证的内容是否按规定要求填制、完整无缺，各项目

是否按规定填写齐全并按规定手续办理。

②真实性审核。即审核记账凭证是否依据审核无误的原始凭证填制。

③正确性审核。即审核记账凭证应借、应贷科目（一级、二级或明细科目）和金额是否正确；借贷双方金额是否相等。

只有经过审核无误后的记账凭证才能据以登记账簿。审核中若发现差错，应查明原因并及时更正。更正应根据不同的情况进行处理，具体更正方法将在后面详细介绍。

第二节　会计账簿与过账

一、会计账簿

会计账簿是账户的载体和具体形式，标记有特定名称的账簿就是账户。会计账簿（简称账簿）是由一定格式、相互联结的账页组成的，以会计凭证为依据，全面、系统、连续地记录各项交易或事项的簿籍。从外表形式上看，账簿是由具有专门格式而又相互联结的若干账页组成的簿籍。而从记录的内容上看，账簿又是对各项交易或事项进行分类和序时记录的簿籍。通常说的记账（过账），就是在账簿中按账户进行登记。

（一）账簿的作用

填制与审核会计凭证，可以将每天发生的交易、事项进行如实、正确的记录，并明确经济责任。但会计凭证数量繁多且又分散，缺乏系统性，不便于会计信息的整理与报告，无法满足经营管理的需要。因此，就有必要利用账簿这一方法把会计凭证提供的原始数据，按交易、事项发生的顺序和科目的不同性质加以归类、加工、整理。设置和登记账簿的作用概括如下：

（1）设置账簿，并在账簿中进行登记，有利于全面、系统地记录和反映一个会计主体的经济业务，把大量、分散的数据或资料进行归类整理，逐步加工为有用的会计信息。

（2）为编制会计报表提供依据。核对无误的账簿记录及其加工的数据，提供了总括、全面、连续、系统的会计信息资料，是编制会计报表的主要依据。

（3）发挥会计的监督职能作用。通过账实核对，可以检查账实是否相符，从而发挥会计的监督职能，有利于保证各项财产物资的安全完整和合理使用。

（二）账簿的分类

账簿的种类多种多样，按不同的分类标准，账簿可分为不同的类别。

1. 按用途分类

会计账簿按其用途，可分为序时账簿、分类账簿和备查账簿。

（1）序时账簿。序时账簿是对各项经济业务按照其发生时间的先后顺序，逐日逐笔进行登记的账簿，又称日记账。按其记录的内容不同，又可分为普通日记账和特种日记账。

普通日记账是用来登记全部经济业务的日记账。它根据经济业务及其发生时间的先后顺序，逐日逐项编制会计分录，作为登记分类账的依据，因此又被称为原始分录簿（book of original entry）。它类似我国会计实践中所使用的记账凭证，我国会计核算工作中很少采用普通日记账。

特种日记账是用来登记某一类经济业务的日记账，如购货日记账、销货日记账、现金日记账和银行存款日记账等。它在形式上类似我国的汇总记账凭证。

目前，我国的企业一般只对现金与银行存款的收付业务设置现金日记账和银行存款日记账进行序时核算，以加强货币资金的管理。但我国企业在实践中所使用的序时账簿，即现金日记账和银行存款日记账，与西方财务会计的普通日记账和特种日记账不同。我国的现金日记账和银行存款日记账只是反映现金或银行存款的收支业务，本身不包含会计分录，而普通日记账与特种日记账中都要编制会计分录，最后要登记到分类账（ledger，也就是我国的账簿）中去，因此类似我国的记账凭证。

（2）分类账簿。分类账簿是对各项经济业务按照其涉及的两个或两个以上的账户进行分类登记的账簿，简称分类账。分类账是包括企业完整账户的账簿，其目的在于将记账凭证内各分录所记经济业务按相同科目予以汇总。按其分类概括程度不同，分类账可分为总分类账簿（简称总分类账）和明细分类账簿（简称明细分类账）。前者根据总分类账户开设，可全面反映会计主体的经济活动情况，一般只登记总数，进行总括核算，对所属明细分类账起统驭作用，可以直接根据记账凭证逐笔登记，也可以将记账凭证用一定的方法定期汇总后进行登记；后者根据明细分类账户开设，用来分类登记某一类经济业务的增减变化，提供明细核算资料，应根据记账凭证和原始凭证逐笔详细登记，它是对总分类账的补充和说明。会计核算中，分类账簿是必须设置的主要账簿，它所提供的资料是编制会计报表的主要依据。

（3）备查账簿。备查账簿也称辅助账簿，是为便于查考而对序时账簿和分类账簿等主要账簿不能记载或记载不全的经济业务进行补充登记的账簿。它所登记的内容并不纳入本企业的会计循环中，如“受托加工材料簿”、“租入固定资产登记簿”、“代销商品登记簿”等。设置和登记备查账簿只是对其他账簿记录的一种补充，是为某些经济业务的内容提供必要的参考资料，与其他账簿之间不存在严密的依存和钩稽关系。各企业可根据其自身的实际情况来设置。

2. 按形式分类

账簿按其外表形式，可以分为订本式账簿、活页式账簿和卡片式账簿。

（1）订本式账簿。订本式账簿也称订本账，是在启用之前就将编有序号的若干账页固定装订成册的账簿。采用订本式账簿，可以避免账页散失，防止蓄意抽换账页的不正当行为。但在使用前必须先估计每一个账户需要使用的账页，留出足够的空白。如果所留账页不够，就会影响账簿记录的连续性；而留得过多，又会白白浪费。且这种账簿在同一时点上往往只能由一人负责登记，不便于记账分工。一般适用于具有统驭性强、重要性程度高、应该只由一个会计人员登记的账簿，如总分类账、现金日记账、银行存款日记账等。

（2）活页式账簿。活页式账簿简称活页账，是在启用之前不把账页固定成册，而是置放于活页账夹内，随时可以取放的账簿，其优点是可以随时增减空白账页，有利于记账人员的分工；缺点是账页易散失或被人为抽换。一般适用于明细分类账，如应收、应付款的明细分类账、材料明细分类账等。

(3) 卡片式账簿，简称卡片账，是由许多具有一定格式的硬卡片组成，存放在卡片箱内，随时可以取放的账簿。其优缺点类似活页式账簿。一般适合于需要随财产物资使用或存放地点的转移而重新排列的明细账，如固定资产明细分类账。

(三) 账簿的设置与登记

1. 日记账的设置与登记

前已述及，日记账可以用来登记全部经济业务，也可以只用来登记某一类经济业务。前者被称为普通日记账。如果某一个企业根据记账的需要，为某一类经济业务设置专门的日记账，这种日记账称为特种日记账。与此同时，还需要设置一本用来登记特种日记账所容纳不了的其他经济业务的日记账，即普通日记账。

(1) 普通日记账。普通日记账最一般的格式是设有借方和贷方两个金额栏。普通日记账既适用于设置特种日记账的企业，也适用于未设置特种日记账的企业。

例 3-2：承例 3-1。下面以南海公司在 2007 年 12 月发生的经济业务为例，说明普通日记账的记账格式，见表 3-9。

表 3-9　　普通日记账　　第 1 页

日期		分录号	账户及摘要	借方金额	贷方金额	过账
2007 年						
月	日					
12	1	1	银行存款	200 000		
			实收资本		200 000	
			(所有者投资投入)			
	1	2	长期待摊费用	60 000		
			银行存款		60 000	
			(租用经营场地，租期两年)			
	2	3	库存商品	30 000		
			应付票据		20 000	
			应付账款——森林公司		10 000	
			(购入商品)			
	2	4	固定资产——收银机	2 000		
			——空调	4 000		
			应付账款		6 000	
			(购买收银机、空调，货款未付)			
	5	5	应收账款——美华公司	40 000		
			主营业务收入		40 000	
			主营业务成本	28 000		
			库存商品——运动服		28 000	
	8	6	现金	2 000		
			银行存款		2 000	

（续上表）

日期		分录号	账户及摘要	借方金额	贷方金额	过账
2007 年						
月	日					
	10	7	库存商品——运动鞋 银行存款 应付账款	50 000	 30 000 20 000	
	12	8	应付账款 银行存款	10 000	 10 000	
	14	9	库存商品——球拍 应付账款——林通公司	40 000	 40 000	
	16	10	银行存款 应收账款——美华公司	30 000	 30 000	
	18	11	应收账款——美达公司 主营业务收入 主营业务成本 库存商品——运动鞋	60 000 45 000	 60 000 45 000	
	22	12	管理费用 现金	1 000	 1 000	
	25	13	银行存款 主营业务收入 主营业务成本 库存商品——球拍	30 000 20 000	 30 000 20 000	
	26	14	银行存款 应收账款——美达公司	50 000	 50 000	
	30	15	管理费用 销售费用 应付职工薪酬	5 000 15 000	 20 000	
	31	16	应付职工薪酬 银行存款	20 000	 20 000	
	31	17	销售费用（水电费） 银行存款	5 000	 5 000	

由此可见，在日记账里，分别确定了每一笔经济业务的会计分录，可据其直接过入分类账各有关账户，这大大减少了直接根据经济业务登记各有关分类账时可能发生的差错。另外，应用一本日记账，可以集中、序时地记录一个企业的全部经济业务，是一份按时间排列的反映企业经济活动的完整档案。一个规模较小、经济业务不多且又比较简单的企业，只用一本日记账便可以满足需要了。经济业务较多、较复杂的企业，只用一本日记账就不便于记账分工，也不便于观察发生的各类经济业务情况，而且从日记账逐笔过入分类

账，工作量亦较大。于是，产生了特种日记账。

（2）特种日记账。特种日记账是用来专门登记某一类经济业务的日记账。特种日记账的作用主要是：①汇总登记同一类经济业务，然后根据汇总数过入分类账，从而减少过账工作；②便于会计人员分工记账，可以由一个记账员专门登记某一类经济业务，从而提高工作效率。最常见的特种日记账有现金日记账、银行存款日记账、购货日记账、销货日记账等。在采用特种日记账后，对某些特种日记账中无法登记的经济业务，仍可设置一本普通日记账进行登记，并采用逐笔过账法过入有关分类账。现在以例 3 – 1 中南海公司 2007 年 12 月所发生的经济业务为例来说明银行存款日记账的记账格式，如表 3 – 10 所示。

表 3 – 10　　**银行存款日记账**　　**第 1 页**

2007 年		摘要	对应账户	借方	贷方	余额	过账
月	日						
12	1	期初余额				0	
	1	所有者投资	实收资本	200 000		200 000	
	1	支付租金	长期待摊费用		60 000	140 000	
	8	提现以备零用	现金		2 000	138 000	
	10	支付货款	库存商品		30 000	108 000	
	12	支付固定资产款项	应付账款		10 000	98 000	
	16	收到销货款	应收账款	30 000		128 000	
	25	获得销售收入	主营业务收入	30 000		158 000	
	26	收到美达公司购货款	应收账款	50 000		208 000	
	31	发放职工工资	应付职工薪酬		20 000	188 000	
	31	支付水电费	销售费用		5 000	183 000	
		合计		310 000	127 000	183 000	

2. 分类账的设置与登记

（1）总分类账的设置与登记。总分类账是对企业的经济业务进行概括的反映，一般只提供较总括的金额指标。常见的总分类账有两栏式和三栏式两种。两栏式账户也就是 T 形账户的标准化格式，多用于教学。三栏式账户（见表 3 – 11）是由借、贷、余三栏所组成，常用订本式的形式。企业可以直接根据记账凭证逐笔登记，也可以将记账凭证用一定的方法定期汇总，然后一次性登记到总分类账中去，这取决于企业所采用的会计记账程序。现以应收账款总分类账为例，说明南海公司 2007 年 12 月所发生经济业务记入到应收账款总分类账中的情况（这里是根据记账凭证逐笔进行登记的），如表 3 – 11 所示。

表 3－11　　**总分类账**

会计科目：应收账款　　编号：

2007 年 月	日	凭证号数	摘要	对方科目	借方	贷方	借或贷	余额
12	1		期初余额					0
	5	转 3	向美华公司销售运动服	主营业务收入	40 000			
	16	银收 2	收到美华公司货款	银行存款		30 000		
	18	转 7	向美达公司销售运动鞋	主营业务收入	60 000			
	26	银收 3	收到美达公司货款	银行存款		50 000		
	31		本月合计		100 000	80 000	借	20 000

（2）明细分类账的设置与登记。明细分类账是总分类账簿的必要补充，它所提供的信息对日常的经营管理非常重要。明细分类账簿一般采用活页式账簿，也有的采用卡片式账簿。其格式通常有以下三种：

①三栏式。这种格式适用于“应收账款”、“应付账款”等结算类科目的明细分类核算。每一明细科目设置一张账页，其结构与总分类账结构基本相同，只设“借方”、“贷方”、“余额”三个金额栏（见表 3－12）。现以例 3－1 南海公司对美达公司应收账款的明细分类账为例。

表 3－12　　**应收账款明细分类账**

二级科目或明细科目：美达公司

2007 年 月	日	凭证号数	摘要	对方科目	借方	贷方	借或贷	余额
12	1		期初余额					0
	18	转 7	向美达公司销售运动鞋	主营业务收入	60 000			
	26	银收 3	收到美达公司货款	银行存款		50 000		
	31		本月合计		60 000	50 000	借	10 000

②数量金额式。这种格式适用于财产物资的明细分类核算，每一明细科目设置一张账页。它要求在账页上对“收入”、“支出”、“结存”三栏分别设置数量、单价和金额栏，以同时提供货币信息和实物量信息。其格式见表 3－13。

表 3-13 材料物资明细账

材料名称：　　　　　　　　仓库：

计量单位：　　　　　　　　第　页

日期		凭证号数	摘要	收入			支出			结存		
月	日			数量	单价	金额	数量	单价	金额	数量	单价	金额
			本月发生额合计和月末余额									

③多栏式。这种格式适用于收入、费用的明细分类核算，如“营业费用”、“管理费用”、“主营业务收入”等科目。多栏式明细分类账簿，对属于同一个一级账户或二级账户的明细分类账户可合并在一张账页上进行登记，即在借方发生额和贷方发生额之下，再分别设置若干金额栏，分栏登记各明细分类账的发生额，其格式见表3-14。实际工作中，“营业费用”、“管理费用”、“销售费用”等账户的多栏式明细分类账可以只按借方发生额设置专栏，而贷方发生额由于每期只发生一笔或少数几笔，可运用红字冲账原理在有关栏内用红字登记，表示应从借方发生额冲销，见表3-14。

表 3-14 管理费用明细账 单位：元

日期		凭证号数	摘要	借方					
月	日			工资	招待费	咨询费	差旅费	其他	合计
5	1	4	支付招待费		2 000				2 000
	3		支付工资、差旅费	3 000			1 000		4 000
5	31		本月发生额合计	3 000	6 000	2 000	3 000	4 000	18 000
			结转管理费用	(3 000)	(6 000)	(2 000)	(3 000)	(4 000)	(18 000)

(3) 备查账簿的设置与登记。备查账簿是对主要账簿起补充说明作用的账簿，它没有固定的格式，一般是各企业根据其会计核算和经营管理的需要来设置的。

(4) 总分类账与明细分类账的平行登记。前已述及，总分类账一般根据总分类账户（一级会计科目）设置，通常以货币为计量单位，分类、连续、总括地反映企业的经济业务。明细分类账则根据总分类账账户（二级或明细科目）设置，以货币、实物量为计量单位，分类、连续、详细地反映企业的经济业务。因此，总分类账是所属明细分类账的总括，对所属明细分类账起统驭作用；而明细分类账则是总分类账的明细记录，对总分类账起补充说明作用。企业在会计核算中，除了设置总分类账外，还要设置相应的明细分类账。

从总分类账和明细分类账之间的相互关系可知，总分类账和明细分类账所反映的对象和登记的依据是相同的，它们所提供的核算资料是相互补充、相互制约的。为了保证总分类账和明细分类账记账的正确、完整，总分类账和明细分类账的登记必须按照“平行登记”的原则来进行，即：

①同时登记。对每一记账凭证，一方面应登入有关的总分类账，另一方面对设置了明细分类账的，还应登入其所属的明细分类账内。

②方向一致。将每一记账凭证登入总分类账和明细分类账时，其记账方向必须保持一致。如果在总分类账中记在借方，在明细分类账中也应记在借方；若在总分类账中记入贷方，则在明细分类账中也必须记入贷方。

③金额相等。即记入总分类账中的金额与记入其所属各明细分类账中的金额之和必须相等（如，应收账款总分类账金额必等于应收账款明细分类账金额之和）。

④依据相同。记入总分类账户的资料是根据记账凭证；记入所属明细分类账户时，也要以该记账凭证或以该记账凭证所附的原始凭证为依据。

总分类账与明细分类账采用平行登记的结果，必然会使总分类账与明细分类账之间存在以下数量关系：

总分类账的本期发生额＝所属各明细分类账户本期发生额之和

总分类账户期末余额＝所属各明细分类账户期末余额之和

正因为总分类账户与明细分类账户采用的是平行登记，其所依据的资料也相同，所以，会计人员便可根据总分类账和明细分类账有关数字之间的相等关系来相互核对总分类账及明细分类账的数据是否正确、完整，以及时纠正登记时一方可能发生的错误，保持账账相符。

二、过账

（一）过账的程序与方法

在对原始凭证进行审核并编制记账凭证后，会计循环的下一个步骤就是将会计凭证上每一笔分录的借项和贷项记录分别转记到分类账的各有关账户中去，这一转记程序就称为“过账”，也称为“记账”。过账的具体步骤如下：

（1）找出与会计分录中借方科目和贷方科目相对应的账户。

（2）在相应分类账户的日期栏中填入会计分录的编写日期。填入的日期一般以编制会计分录的日期为准，而不一定是实际过账的日期。

（3）将会计凭证（日记账）中所载明的摘要登记于分类账户的摘要栏内。

（4）将会计凭证（日记账）中各笔分录的借方和贷方金额分别过入相应账户的借方或贷方的金额栏内。

（5）将凭证号（日记账分录号）填入分类账户的过账记号栏内。

（6）将分类账户的账户编号或页数填列在会计凭证（日记账）的过账记号栏内，以表示该记账凭证（日记账）的分录已过账。

例3－3：承例3－1。为了进一步说明过账方法，现将南海公司2007年12月所发生的经济业务从会计分录过入相对应分类账户，但为了简化，这里的分类账户一律使用T形账户格式①。见图3－2。

银行存款

(1)	200 000	(2)	60 000
(10)	30 000	(6)	2 000
(13)	30 000	(7)	30 000
(14)	50 000	(8)	10 000
		(16)	20 000
		(17)	5 000

现金

(6)	2 000	(12)	1 000

库存商品

(3)	30 000	(5)	28 000
(7)	50 000	(11)	45 000
(9)	40 000	(13)	20 000

固定资产

(4)	10 000		

应收账款

(5)	40 000	(10)	30 000
(11)	60 000	(14)	50 000

实收资本

		(1)	200 000

应付账款

(8)	10 000	(3)	10 000
		(4)	10 000
		(7)	20 000
		(9)	40 000

应付票据

		(3)	20 000

① T形账户只是为了教学而用，在实际会计工作中，各分类账的格式并不是T形，而是采用本节“账簿的设置与登记”部分所介绍的格式。

主营业务成本

借方		贷方	
(5)	28 000		
(11)	45 000		
(13)	20 000		

应付职工薪酬

借方		贷方	
(16)	20 000	(15)	20 000

长期待摊费用

借方		贷方	
(2)	60 000		

销售费用

借方		贷方	
(15)	15 000		
(17)	5 000		

管理费用

借方		贷方	
(12)	1 000		
(15)	5 000		

主营业务收入

借方		贷方	
		(4)	40 000
		(11)	60 000
		(13)	30 000

图 3-2　过入 T 形账户图

（二）错账更正方法

记账错误的更正方法，一般有以下几种：

1. 划线更正法

在结账之前，如果发现账簿记录有误，但记账凭证正确，即纯属过账时笔误，一般可采用划线更正法来进行更正。更正时，先将错误的数字或文字全部划一条红线（不能只划去其中一个或几个写错的数字），表示注销，但应使划销的文字或数字保持原有字迹且仍可辨认，以备考查。然后，将正确的文字或数字用蓝笔写在原数字或文字的上面，并由记账人员在更正处盖章，以明确责任。如记账员王五登账时，将 623 元误记为 632 元，更正方法是将“632”全数划一红线，并在其上面写上“623”，然后再加盖王五的印章，而不是只划“32”，将其改为“23”。

2. 红字更正法

记账以后，如果发现会计分录中的应借、应贷科目或金额有误，或科目和金额同时出现差错，可用红字更正法予以更正。具体方法是：先用红字金额作一笔与原来错误的会计分录完全相同的会计分录，注明更正某月某日的错账，并用红字登记入账，据以冲销原有的错误记录，再用蓝字作一笔正确的会计分录，注明更正某月某日的错账，重新登入账簿。

例如，管理部门领用原材料 2 700 元，应借记“管理费用”，会计分录误记为：

借：制造费用　　　　2 700

　贷：原材料　　　　　　2 700

上述分录已登入分类账。发现这一错误时，可先用红字（括号代表红字）作一笔与上述相同的会计分录：

借：制造费用 (2 700)

  贷：原材料 (2 700)

同时，再用蓝字填制一张正确的凭证：

借：管理费用 2 700

  贷：原材料 2 700

如果原会计分录中应借、应贷账户并没有错误，只是所填列的金额大于应填列的金额，并已过账，或会计分录完全正确，只是登账时发生笔误，使得登记金额大于正确金额，且已结账时，也要用红字更正法进行更正。具体更正时，只需用红字编制一笔金额为错误金额超过正确金额部分的会计分录，并登入有关账簿即可。

3. 补充登记法

记账以后，如果发现原来所编的会计分录中应借、应贷账户虽然没有错误，但所写金额小于正确的金额，这时可用补充登记法进行更正。更正时，以正确金额与原来所填金额之差为分录的金额，用蓝字编制一张与原会计分录应借、应贷账户完全相同的会计分录，注明补记某月某日的金额，将其补记入账即可。

例如，购买原材料一批，价款 8 700 元，材料已验收入库，款项尚未支付。原会计分录把货款金额记为 7 800 元，并已登记入账。原会计分录如下：

借：原材料 7 800

  贷：应付账款 7 800

当发现上述错误时，将少记的 900 元（8 700 - 7 800）再编一笔会计分录：

借：原材料 900

  贷：应付账款 900

并将新编的会计分录过入有关账户即可。

由此可见，记账错误应根据不同的情况采用不同的方法予以更正。

第三节 试算平衡

一、试算平衡表的编制

在将会计分录过账到分类账之后，为了检查过账是否正确，往往要进行试算平衡。所谓试算平衡，就是在期末对所有账户的发生额和（或）余额进行加总，以确定借贷是否相等，检查记账、过账过程中是否存在差错的一种方法。在实际会计工作中，试算平衡是通过编制试算平衡表来完成的。试算平衡表的作用主要表现在以下两个方面：①通过检查借、贷方总计是否相等来检验过账是否正确；②为正式编制财务报表提供一个账户余额，以方便检索。

关于试算平衡表的编制原理在第二章已作了详细讲解，这里就不再赘述。

例 3 - 4：承例 3 - 3。下面以南海公司 2007 年 12 月所发生经济业务为例来说明试算平衡表的编制。

在编制试算平衡表之前，首先要检查、确定本期所有会计分录是否都已正确过账。在此基础上，再计算出所有账户的期末余额。最后，将各分类账户的期末余额分别记入试算平衡表的借方和贷方栏①，见表3－15。南海公司2007年12月末各分类账户的期末余额见图3－3。

银行存款

(1)	200 000	(2)	60 000
(10)	30 000	(6)	2 000
(13)	30 000	(7)	30 000
(14)	50 000	(8)	10 000
		(16)	20 000
		(17)	5 000
本期借方发生额合计	310 000	本期贷方发生额合计	127 000
期末余额	183 000		

现金

(6)	2 000	(12)	1 000
本期借方发生额合计	2 000	本期贷方发生额合计	1 000
期末余额	1 000		

库存商品

(3)	30 000	(5)	28 000
(7)	50 000	(11)	45 000
(9)	40 000	(13)	20 000
本期借方发生额合计	120 000	本期贷方发生额合计	93 000
期末余额	27 000		

固定资产

(4)	10 000		
本期借方发生额合计	10 000	本期贷方发生额合计	0
期末余额	10 000		

应收账款

(5)	40 000	(10)	30 000
(11)	60 000	(14)	50 000
本期借方发生额合计	100 000	本期贷方发生额合计	80 000
期末余额	20 000		

实收资本

		(1)	200 000
本期借方发生额合计	0	本期贷方发生额合计	200 000
		期末余额	200 000

① 这是余额试算平衡表的编制。也可将计算出的所有账户的所有借方发生额和贷方发生额编制发生额试算平衡表，其编制方法与余额试算平衡表的编制方法一样，这里不再赘述。

应付账款

借方		贷方	
(8)	10 000	(3)	10 000
		(4)	10 000
		(7)	20 000
		(9)	40 000
本期借方发生额合计	10 000	本期贷方发生额合计	80 000
		期末余额	70 000

应付票据

借方		贷方	
		(3)	20 000
本期借方发生额合计	0	本期贷方发生额合计	20 000
		期末余额	20 000

主营业务成本

借方		贷方	
(5)	28 000		
(11)	45 000		
(13)	20 000		
本期借方发生额合计	93 000	本期贷方发生额合计	0
期末余额	93 000		

应付职工薪酬

借方		贷方	
(16)	20 000	(15)	20 000
本期借方发生额合计	20 000	本期贷方发生额合计	20 000
		期末余额	0

长期待摊费用

借方		贷方	
(2)	60 000		
本期借方发生额合计	60 000	本期贷方发生额合计	0
期末余额	60 000		

销售费用

借方		贷方	
(15)	15 000		
(17)	5 000		
本期借方发生额合计	20 000	本期贷方发生额合计	0
期末余额	20 000		

管理费用

借方		贷方	
(12)	1 000		
(15)	5 000		
本期借方发生额合计	6 000	本期贷方发生额合计	0
期末余额	6 000		

主营业务收入

借方		贷方	
		(4)	40 000
		(11)	60 000
		(13)	30 000
本期借方发生额合计	0	本期贷方发生额合计	130 000
		期末余额	130 000

图 3－3 各账户期末余额（T 形账户）

表 3－15　　南海公司各账户期末余额试算平衡表①

2007 年 12 月 31 日　　单位：元

账户名称	借方余额	贷方余额
现金	1 000	
银行存款	183 000	
库存商品	27 000	
固定资产	10 000	
应收账款	20 000	
长期待摊费用	60 000	
应付票据		20 000
应付账款		70 000
实收资本		200 000
主营业务收入		130 000
主营业务成本	93 000	
销售费用	20 000	
管理费用	6 000	
合计	420 000	420 000

二、试算不平衡的原因及试算表的局限性

表 3－15 的试算结果表明，所有账户借方期末余额合计等于所有账户贷方期末余额合计，表明不存在明显的记账、过账差错。若试算结果不平衡，则表明会计循环的某个步骤肯定存在错误。引起试算不平衡的常见原因有以下几种：

（1）编制试算表时出错。如对试算中借方、贷方加总错误、分类账余额转入时出错、借方余额写入贷方栏或相反，以及余额遗漏等。

（2）计算账户余额时出错。

（3）过账过程中出错。如借、贷方中的某一方遗漏或重复过账。

（4）会计分录出错。如分录中的借、贷方金额不相等。

当试算平衡出现借、贷不相等时，会计人员应认真检查，找出错误并予以更正。

值得注意的是，当试算不平衡时，可肯定的是会计循环的某一步骤必定有错，然而，试算平衡并不一定说明不存在错误。这是因为试算平衡只能说明借方贷方的金额相等，即只能查出借贷不相等的错误。而实际工作中有些错误并不影响借、贷方账户的平衡关系，像这一类的错误采用试算平衡这一方法是无法检查出来的，即试算表有其局限性。在会计实际工作中，试算平衡仍可能存在的常见错误如下：

（1）漏记某项经济业务；

（2）重复记录整笔经济业务；

（3）某笔经济业务的会计分录记错账户，但借贷平衡；

（4）将分类账户的余额过入错误账户，但方向一致；

---

① 在编制试算平衡表时，一般是按资产、负债、所有者权益的顺序，把资产负债表的账户列在前面，之后是利润表的账户（收入、费用类）。

(5) 金额的差错刚好相互抵消。

本章只讨论了会计循环中的会计凭证、分录、记账（过账）与试算平衡。会计循环中的账项调整、结账和报表的编制将在下一章中讲述。

本章相关的法规、制度及主要阅读文献

1. 刘峰．会计学基础．北京：高等教育出版社，2000

2. 张磊．会计学．北京：北京大学出版社，2005

3. 中华人民共和国财政部．企业会计准则——应用指南．北京：中国财政经济出版社，2006

思考题

一、多选题

1. 以下工作属于会计循环程序之一的有（　　）。

A. 编制与审核原始凭证　　B. 调整与结账

C. 编制与审核会计凭证　　D. 财务报告审计

2. 按所登记经济业务对应关系，会计分录可分为（　　）。

A. 简单分录　B. 复合分录　C. 结账分录　D. 调整分录

3. 按照用途分，账簿可分为（　　）。

A. 序时账簿　B. 银行日记账　C. 分类账簿　D. 备查账簿

4. 下列属于自制原始凭证的有（　　）。

A. 销货发票　B. 购货发票　C. 材料入库单　D. 工资表

5. 下列哪些属于原始凭证填列必须具备的项目（　　）。

A. 原始凭证的名称　　B. 填制原始凭证的日期与编号

C. 接受原始凭证单位的签章　　D. 经济业务的主要内容

6. 试算平衡表平衡后，仍然会出现错误的主要原因有（　　）。

A. 漏记某项经济业务

B. 重复登记某项经济业务

C. 将一笔经济业务借贷方向相反登记

D. 将某一分类账的余额过入另一账户

二、判断题

1. 收据是发票的一种，是登记经济业务会计分录的原始凭证。（　　）

2. 原始凭证的审核主要是指对所登记的金额、计算结果及其他必要的项目进行审查和核对。（　　）

3. 总账是根据报表项目来开设的，是编制会计报表的主要依据。（　　）

4. 记账也称“过账”，就是将记账凭证上的每一笔分录的借项和贷项金额转登到相应的账户中去。（　　）

5. 红字更正法主要适用于账簿登记中出现的记账错误，采用这种方法时，先冲销错误登记，再用蓝字登记正确的会计处理。(　　)

6. 任何分录必定是借记账户的左边，同时贷记账户的右边，其借贷差额称为账户余额。(　　)

三、简答题

1. 简述会计循环的基本流程。
2. 什么是会计分录，为何经济业务发生时不直接登入相应的账簿？
3. 记账凭证分为哪几类，每类凭证的作用如何？
4. 简述账簿按用途分类，并说明总分类账和明细分类账的设置原则和登记原则。
5. 如何发现错账？指出错账更正的方法及适用情况。

练习题

一、(登记会计分录）南方商贸公司 2008 年 1 月发生如下经济业务：

1. 开设银行账户，接受投资者投入资金 500 000 元。
2. 签订房屋租赁协议，租赁一临街门面房，作为经营场地，支付一年的租金 60 000 元。
3. 办理企业工商登记、税务登记及验资等手续，支付银行存款 1 500 元。
4. 购买经营与办公所需设备，计 28 500 元。
5. 从银行提取现金 2 000 元，以备日常所需。
6. 购买办公所需日常用品 450 元，以现金支付。
7. 购买各类商品 100 000 元，其中 65 000 元已经转账，余款尚未支付。
8. 本月销售各类商品 80 000 元，收入现金 50 000 元，其余款项下月收回，收入现金已存入银行。
9. 登记本月应支付的工资费用 3 500 元。
10. 以银行存款支付本月应付工资。
11. 支付本月保险费用 1 000 元。
12. 支付本月水电费 1 580 元。

要求：根据上述资料，登记会计分录。

二、(编制会计分录）南方商贸公司 2008 年 1 月末各分类账的余额如下：

1. 向银行借入一笔两年期归还的贷款 200 000 元。
2. 购买一库房作为仓库使用，首付 450 000 元已通过银行转账，另外 450 000 元分 5 年还清。
3. 本月购买各类商品 200 000 元，其中 100 000 元以银行存款支付，余款暂欠。
4. 借入一笔短期借款 50 000 元，其中 35 000 元用于支付上月所欠货款。
5. 采购部员工李林出差，预借差旅费，出纳开出一张 2 000 元的现金支票。
6. 购入 3 台收款机共计 15 000 元，以转账支票付款。

单位：元

账户名称	借方金额	贷方金额
现金	1 550	
银行存款	386 920	
应收账款	30 000	
库存商品	50 000	
待摊费用	60 000	
固定资产	28 500	
应付账款		35 000
实收资产		500 000
未分配利润		21 970
合计	556 970	556 970

7. 富星公司订购某型号打印机5台，商店暂无此型号打印机，预收4 500元现金。
8. 本月共销售各类商品250 000元，其中50 000元货款预计下月收回。
9. 收回上月货款25 000元。
10. 李林出差归来，报销差旅费2 580元，余款以现金补齐。
11. 以现金支付本月零星办公费用480元。
12. 本月销售商品成本为180 000元。
13. 登记本月应支付的工资费用5 000元，其中销售人员工资2 000元。
14. 支付本月应付工资4 500元。
15. 支付本月保险、水电费3 120元。

要求：根据上述经济业务编制会计分录。

三、（记账与试算平衡）根据上题提供的资料，要求：

1. 开设T形账户，将会计分录过入各相应账户并计算各账户的本期发生额和实账户的期末余额。
2. 编制试算平衡表。

四、（账户分析）海民公司2008年下列各账户的余额为：银行存款为58 000元（期初）、应收账款为42 000元（期初）和80 000元（期末）、应付账款为25 000元（期初）和18 000元（期末）。本年海民公司发生销售收入100 000元（全部为赊销），营业费用70 000元（全部为赊购），另外，以银行存款支付管理费用15 000元。本年应收账款和应付账款的减少均与银行存款账户变动相关。

要求：

1. 计算该公司当年的净利润。
2. 当年银行存款增减变动额和年底银行存款余额是多少？
3. 请回答为何当年净利润与当年银行存款增减变动金额不一致。

五、（错账更正）某公司2008年6月在审核记账凭证时，发现以下错误：

（1）赊购办公设备1 800元，记账凭证误记为：

借：周转材料　1 800

　贷：应付账款　1 800

（2）收回应收账款980元存入银行，记账凭证误记为：

借：银行存款　890

　贷：应收账款　890

（3）以现金支付销售人员差旅费570元，记账凭证误记为：

借：管理费用　570

　贷：现金　570

（4）销售商品2 000元，款已存入银行，记账凭证误记为：

借：应收账款　2 000

　贷：主营业务收入　2 000

（5）本月商品盘点发现短缺500元，记账凭证误记为：

借：主营业务成本　500

　贷：库存商品　500

原试算表如下：

××公司试算表

2008年6月

单位：元

会计科目	借方	贷方
现金	800	
银行存款	9 910	
应收账款	5 090	
库存商品	32 920	
周转材料	6 800	
固定资产	64 780	
应付账款		8 500
应付职工薪酬		5 300
实收资本		105 000
主营业务收入		32 400
主营业务成本	23 000	
销售费用	0	
管理费用	4 900	
合计	151 200	151 200

要求：

1. 用适当的方法进行更正。

2. 编制正确的试算表。

案例分析

旺达公司为一商品流通企业，年末编制试算平衡表时发现不平衡，其借方余额超过贷方余额1 040元。经查证，发现有下面几处错误：

（1）赊销商品一批，金额为1 000元，借方科目已正确入账，但贷方被漏记；

（2）一项固定资产的运输费用240元被记为采购商品的运输费用；

（3）采购商品一批，金额为350元，贷方科目已正确入账，但借方金额被记为850元；

（4）有一笔水电费150元被漏记；

（5）期末有一批办公用文具240元被漏记；

（6）有一笔销售返还业务，金额为230元，与客户相关的科目处理正确，但在处理另一科目时，却被误认为是采购返还业务。

问题：

1. 更正错误后，试算平衡表会平衡吗？

2. 若更正错误前，旺达公司本年的净利润为18 500元，请计算更正错误后旺达公司在本年的净利润（不考虑税费）。

第四章 会计循环（二）

导言

科堡男爵①

很久以前，在西欧的一个镇里，居住着一位叫科堡的男爵，他住在山顶上的城堡里。他的责任是使城堡周围租种他土地的农民安居乐业。每年春天，当积雪开始融化的时候，男爵将决定如何为所有的佃户们分配来年的工作。

这年春天，男爵考虑在即将到来的耕作季节里，如何进行小麦种植安排。“我有30英亩土地，每亩种5蒲式耳小麦，一定可以收获足够的小麦过冬。”他深思着，“但是谁来耕种呢？我认为伊凡和弗雷德里克可以承担这个责任。”于是伊凡和弗雷德里克被叫过来听科堡男爵进行分配。

“伊凡，你将耕种20英亩的土地，弗雷德里克将耕种10英亩的土地。”男爵说道，“我将给伊凡20蒲式耳的小麦作为种子和20磅的肥料（20磅肥料的价值为2蒲式耳的小麦），弗雷德里克将得到10蒲式耳的小麦作为种子和10磅的肥料。我将给你们每人一头公牛用来犁田，但你们要自己到犁匠那儿弄到一柄犁。两头公牛都只有3岁，从来都没有下过田，所以它们肯定可以在田里劳作10年。要好好照看牛，每头牛可值40蒲式耳小麦呢。等到秋天，带着牛和犁，还有你们收获的小麦来见我吧。”

伊凡和弗雷德里克屈膝行礼，带着男爵给他们的东西，退出了大厅。

夏天转眼过去了，收获之后，伊凡和弗雷德里克回到城堡，向他们的雇主汇报工作成果。伊凡说道：“主人，我带来了一头只使用过几次的公牛、一把坏了而没来得及修理的犁和223蒲式耳的小麦，但是今年春天为从犁匠那里拿到犁，我欠了他3蒲式耳的小麦。按您的吩咐，我用完了您在春天给我的所有肥料和种子。我想您还记得，您前几天从我的收成里拿走过20蒲式耳小麦留给自己用。”

接下来，弗雷德里克报告道：“主人，这是我用过的公牛和犁。为得到犁，我从自己收获的105蒲式耳小麦里拿出3蒲式耳给了犁匠。我也用光了所有的肥料和种子。主人，前几天您也从我那里拿了30蒲式耳的小麦。我想这柄犁大概还可以再用两个季节。”

“你们干得不错。”男爵说道。两个佃农谢过男爵之后离开了。

他们告退之后，男爵开始琢磨所发生的事情。“是的，”他想，“他们是干得不错，可是哪一个做得更好一些呢？”

---

① ［美］罗伯特·N. 安东尼，大卫·F. 霍金斯，肯尼斯·A. 麦钱特. 会计学：教程与案例（财务会计分册，第11版）. 王立彦，戴晓娟等译. 北京：机械工业出版社，2004. 18

本章结构

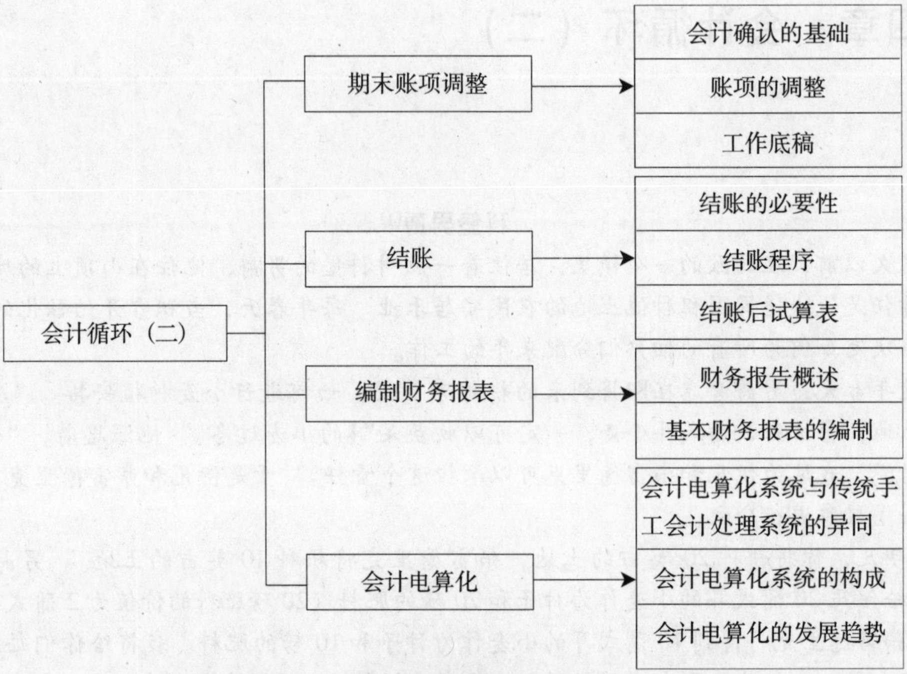

本章要点

掌握持续经营与会计分期
掌握权责发生制与收付实现制
了解账项调整的必要性和依据
掌握期末应予调整的项目及其调整分录的编制
了解结账的必要性
掌握结账的程序
掌握基本财务报表的编制
了解会计电算化

第三章已经对会计循环中凭证的编审、分录的编制、过账与试算平衡进行了详细的讲解，本章将阐述会计循环中期末账项的调整、结账以及报表的编制。

第一节　期末账项调整

一、会计确认的基础

在讨论期末账项调整前，首先要了解为什么期末必须调整相关账项。这关系到会计的确认基础。

（一）持续经营与会计分期

会计主体的经营是否连续，有无限期？这直接关系到财务会计应如何处理数据、如何加工会计信息以及提供怎样的财务报表等一系列重大问题。会计一般假设企业在可预见的将来（无明显反证的情况下）都可连续地经营下去。正因为有持续经营这一假设前提，我们才能按正常的市价对企业的资产和负债进行计量，否则，一个面临破产企业的资产只能以清算价格进行计量，负债按一定的比例进行清偿。只有在持续经营这一假设前提下，才能把会计主体所拥有的资产和所承担的债务分为流动资产与非流动资产，流动负债和非流动负债；才能规定财务会计的目标是定期向投资人、债权人以及其他相关的会计信息使用者提供有助于他们做出经济决策的财务和非财务信息。然而，对于一个永续经营的企业而言，由于企业经营没有终结，从理论上讲是无法提供企业最终的经营成果的，由此必须设定另一个基本假设——会计期间或会计分期，即对一个永续经营的企业人为地划分为相等的各个期间，从而对外提供这些期间的企业财务信息。期间的设定可以是企业的经营周期（如从原料采购开始，经过生产、销售到收回货款结束），也可以是日历年度。我国基本准则就是以日历年度作为会计期间的，这一会计期间也称会计年度。世界各国以日历年度作为会计年度的居多。

基于持续经营与会计分期假设，在会计核算过程中，就可将会计主体的成本，在当期已耗用的部分列为当期费用，而未耗用的部分则列为资产，并且可以运用权责发生制（应计制）来确认收入和费用。采取应计、递延、分配和摊销等程序和方法在过去、现在和将来各会计期间合理分配收入和费用。由此可见，持续经营与会计分期假设对财务会计起着举足轻重的作用。实际上，持续经营和会计分期假设与前面的会计主体和货币计量假设，这四个基本假设形成了当前这一套财务会计与报告模式的基本前提。

（二）权责发生制与收付实现制

1. 配比原则

配比原则是指企业在进行会计核算时，其收入应与为取得这笔收入所发生的相关成本、费用相互配比。在会计核算工作中的配比原则有两层含义：①因果配比，即将收入与其对应的成本（费用）相配比；②期间配比，即将本期的收入与本期的费用相配比。

在企业连续不断的生产经营过程中，基于会计分期假设，企业在每一会计期末，要将本期的营业收入和本期的成本、费用相比较，以计算本期盈亏。然而，账簿中所记录的，均是本会计期间发生而据以入账的经济业务。这便产生了一个问题，即直接根据账簿中所登记的收到的款项和支付出去的款项来计算本期的盈亏，是否符合实际情况呢？怎样确定本期的收入和费用才能比较正确地计算出本期的盈亏呢？这就是收入和费用的归属期间与现金（银行存款）收支行为之间的关系的问题。

在企业的日常经营活动中，收入和费用的归属期间与现金（银行存款）收支行为之间的关系有三种可能：

（1）本期内收到的款项就是本期已获得的收入，本期已支付的款项就是本期应当负担的费用。例如，本期销售商品 1 000 元，同时收到 1 000 元的货款；本期发生修理费

1 000 元，同时支出 1 000 元。

（2）本期内收到的款项但不属于本期获得的收入或本期内已支付款项而不应当由本期负担的费用。例如，本期预收商品销售货款 1 000 元，款项已存入银行，但至本期期末商品仍未发售出去，这 1 000 元虽已收到，却不能归为本期的收入，因为商品还未发售出去，属于预收收入。又如，企业于某年的 1 月份支付本年一年的保险费 1 200 元，即每月 100 元，尽管 1 月份已支付的款项为 1 200 元，但由 1 月份负担的保险费用应是 100 元，而不是 1 200 元，剩余的 1 100 元应由以后的 11 个月分别来负担。这部分已经支付但应由以后月份负担的费用，就称为预付费用。

（3）属于本期获得的收入但尚未收到款项，属于本期应当负担的费用但尚未支付款项。如每个季度的银行存款利息收入一般是在季末进行结算，每个季度的银行借款利息支出要到每个季度末支付。我们分析一下，1 月份应承担的利息费用在相应的期间（即 1 月份，下同）没有实际支出，但这部分付款义务 1 月份已经承担，这种已经承担义务但未支付的费用就被称为应计费用；1 月份的利息收入在相应的期间没有收到，这部分收款权利已经获得，这种已经获得收款权利但未收到款项的收入就被称为应计收入。

上述第一种情况，收入和费用的收支期间和应归属期间一致，确定为本期的收入和本期的费用不存在任何问题。至于第二种和第三种情况，则有两种办法来确定它们是否属于本期的收入和费用：一种为收付实现制；另一种为权责发生制。这是确定本期收入和费用的两种不同的会计记账基础。

2. 收付实现制

收付实现制又称现金制。它确定本期收入和费用，是以款项实际收到和付出为标准。按照收付实现制，凡属本期收到的款项就归为本期的收入，凡本期支付出去的款项就归为本期的费用；反之，凡不是本期收到的款项，不是本期支付出去的款项，就不能作为本期的收入和本期的费用来处理。由于款项的收付实际上以现金收付为准，所以又称为现金制。

收付实现制不考虑预收收入、预付费用以及应计收入、应计费用的存在。会计期末直接根据账簿的收支记录确定本期的收入和费用，因为实际收到和付出的款项必然已经登记入账。所以，不存在期末账项调整的问题。

3. 权责发生制

权责发生制又称应计制。它确定本期收入和费用，是以权利或义务的发生与否为标准来确认收入和费用。按照权责发生制，凡是在经济利益有可能流入企业从而导致企业资产增加或者负债减少、且经济利益的流入额能够可靠计量时，不论企业是否已取得这笔款项，都应确认为本期收入；同样，在经济利益很可能流出从而导致企业资产减少或者负债增加、且经济利益的流出额能够可靠计量时，即使与该项义务相关联的款项支付行为尚未发生，也应确认为本期费用。

按照权责发生制，归属本期的收入和费用，不仅包括上述第一种情况和第三种情况的收入和费用，还包括以前会计期内收到而在本期获得的收入，以及在以前会计期内支付而应由本期负担的费用。但它不包括第二种情况下的收入（预收收入）和费用（预付费用）。因此，在会计期末，要确定本期的收入和费用，就要根据账簿记录，按照权责发生制归属原则进行账项调整。

4. 收付实现制与权责发生制的比较

会计期末在确定本期收入和费用时，采用收付实现制无须对账簿记录进行账项调整，而采用权责发生制则必须进行必要的账项调整。故从会计处理手续来看，前者比后者简便。但就其所确定的本期收入和费用，从而计算企业的经营结果来说，则后者比前者合理。采用收付实现制，由于以款项实际收付为准，本期的收入和费用之间缺乏合理的配比关系，据以计算本期经营结果，相对而言就不够正确、合理。采用权责发生制，本期的收入和费用的确认以权利或义务的发生与否为标准，两者之间存在合理的配比关系，因此，用以计算本期盈亏比较正确。我国《企业会计准则——基本准则》的第 9 条规定，企业应当以权责发生制为基础进行会计确认、计量和报告。下面举例说明权责发生制与收付实现制这两种会计记账基础在收入、费用确认上的差异（表 4－1）。

表 4－1 权责发生制与收付实现制的比较 单位：元

经济业务	权责发生制		收付实现制	
	收入	费用	收入	费用
（1）销售商品 20 000 元，货款暂欠	20 000	1 000		
（2）以银行存款支付全年报刊费用 12 000 元				12 000
（3）预收购货款 30 000 元			30 000	
（4）预提本月银行借款利息 5 000 元		5 000		
（5）提取坏账准备 3 000 元		3 000		
（6）销售商品一批，货款 40 000 元，其中 30 000 元已收到并已存入银行，余款暂欠	40 000		30 000	
（7）本月购买原材料 20 000 元，其中已支付 15 000 元，余款未付		*		15 000
（8）收到上月销售商品货款 25 000 元			25 000	
（9）发出商品一批，货款 5 000 元，该单位上月已预付了全部货款	5 000			
（10）计提本月固定资产折旧 2 000 元		2 000		
（11）结转本月销售商品成本 40 000 元		40 000		
本月利润	14 000		58 000	

*购买商品支付的款项从权责发生制的角度而言，不作为费用而作为资产先进行确认，当商品销售或被使用时，再作费用处理（即所谓的成本结转）。

二、账项的调整

（一）账项调整的必要性及依据

尽管权责发生制是较为合理的记账基础，但如果企业在日常的会计工作中对每项业务都按权责发生制来记录，将会带来很多麻烦。例如，利息收入和利息费用理论上是随时间的推移而发生的，但企业如果每天都记录增加的利息收入或费用，不仅繁琐、工作量大，而且也没有这个必要。通常，企业都是在收到利息收入或支付利息费用时才予以记录，到期末计算利润时，再根据权责发生制确认收入和费用的标准来确认应属于本期的利息收入和利息费用。正是由于企业平时对部分业务按现金收支的行为予以入账，因此，每个会计期末都应该按权责发生制予以调整，以便合理地反映企业的经营成果。这种期末按权责发生制要求对部分会计事项予以调整的行为就是账项调整。账项调整时所编制的会计分录，就是调整分录。

需指出的是，期末进行账项调整，虽然主要是为了在利润表中正确地反映本期的经营成果，但是，收入和费用的调整必然影响到有关资产、负债、所有者权益项目发生相应的增减变动。因此，期末账项的调整也与比较正确地反映企业期末的财务状况密切相关。

（二）应予调整的项目

通常，企业期末的账项调整包括三大类，即应计项目（应计费用和应计收入）、递延项目（预付费用和预收收入）和估计项目。下面将继续以南海公司为例，说明南海公司在2007年12月末对有关账项的调整。

1. 应计项目的调整

（1）应计费用。所谓应计费用就是指本期已发生，应由本期承担但并未支付款项的费用。对于应计费用之所以在期末要对其进行调整，是因为这笔费用虽已发生，企业有支付这笔款项的义务，但由于尚未到支付日期，企业无法根据支付凭证将其入账，为正确反映企业的经营成果，故只得在期末对其进行调整。调整时，因这笔款项已形成了企业的支付义务，故除了会增加企业的费用外，同时还会增加企业的负债。常需调整的应计费用有应付利息、应付工资、应付租金等。

例4-1：南海公司于12月1日从森林公司购入商品（运动服）一批，货款30 000元，商品已验收入库，开出3个月的带息商业汇票20 000元，利率为6%，其余货款未付（不考虑相关税费）。

这里，3个月的带息商业汇票所形成的利息在期末就属于应计费用。由于票据尚未到期，尽管这笔利息并未支付出去，但12月份应承担一个月的利息。调整分录如下：

调（1）借：财务费用　　　　　　　　　　　100（20 000×6%×1/12）

　　　　贷：预提费用　　　　　　　　　　100

（2）应计收入。应计收入是指本期期末已获得但尚未收到款项的各项收入，如应收租金、应收利息等。对于应计收入，由于收款期限未到，企业尚未收到款项，无法入账，可企业已获得收取这笔款项的权利，故按权责发生制，视收入已实现，并在期末对其进行调整。调整时，一方面调增收入，另一方面调增资产（债权）。

例4-2：南海公司于12月1日将其租用场地中的一个柜台出租，租赁合同约定每月租金300元，每月月末支付，但到12月31日仍未收到这笔租金。

调整分录如下：

调（2）借：其他应收款　　300

　　　　贷：其他业务收入　　300

2. 递延项目的调整

所谓“递延”指的是将已支付的费用或已收到的收入推迟到以后期间予以确认。这些已收到的收入即预收收入，已支付的费用即预付费用。随着时间的推移，预收收入会逐渐转为已实现的收入，而预付费用则会逐渐转为已发生的费用。因此，在会计期末要将已实现的收入从预收收入中转入收入账户，将预付费用分摊到各受益期并转到相应的费用账户。

（1）预付费用的分摊。常发生的预付费用如预付的租金、保险费、报刊费等。这一类业务通常是先支付款项，然后再受益，从而逐渐转化为费用。

例4－3：12月1日，南海公司从兴旺公司租用营业场地一块，租期两年，租金共计60 000元，并于当日支付了这笔租金。

预付的这笔租金应视为一项资产，只有在使用这个场地时才能列为费用，故支付这笔租金时，借记的是“长期待摊费用”。可这笔支付使南海公司对这块场地有两年的使用权，因此，根据权责发生制，南海公司到12月应承担一个月的场地租用费，其余的部分仍作为资产列示。调整分录如下：

调（3）借：销售费用　　2 500（60 000/24）

　　　　贷：长期待摊费用　　2 500

（2）预收收入的实现。预收收入是指在产品或劳务提供之前就预先收到的款项，如预收报刊费用、预收租金、预收货款等。由于产品或劳务尚未提供，收入并未真正实现，故收到款项时，应贷记为“预收账款”，表示一项负债，到产品或劳务已提供时，再将已获取的部分转为收入。

在南海公司12月份的经济业务中未发生预收收入的业务，大家要注意南海公司的第二笔业务，即12月1日，南海公司从兴旺公司租用营业场地一块，租期两年，租金共计60 000元，并于当日支付了这笔租金。如果从兴旺公司的角度来看，兴旺公司把场地租给南海公司，租期为两年，并于2007年12月1日就全部收到了这笔款项，由于兴旺公司是在2007年12月1日后的两年内向南海公司提供的场地，因此，这笔款项不能看成是兴旺公司12月份的收入，而只能是作为“预收账款”。

例4－4：兴旺公司收到款项时（2007年12月1日）的分录如下：

借：银行存款　　60 000

　贷：预收账款　　60 000

到2007年12月末，兴旺公司已向南海公司提供了1个月的场地租赁，部分收入已实现，期末应确认已实现的这部分收入，此时兴旺公司的期末调整分录为：

借：预收账款　　2 500

贷：其他业务收入　　　　　　　　　　　　　　　　　　　　　　　　2 500

3. 估计项目的调整

根据权责发生制，为了使企业在每一会计期间的收入与相关的成本、费用相配比，以正确计算每期的经营成果，在会计期末，除了对应计项目和递延项目进行调整外，还需调整一些账项。由于这些账项与前述账项不同，其调整的金额具有不确定性，常常是根据经验或未来事项来估计其金额，故被称为估计项目。如应收账款坏账准备的计提、固定资产的折旧等。

（1）应收账款坏账准备的计提。应收账款是企业赊销商品或劳务时所形成的一项债权。这类资产可能会因债务人无力偿还欠款而使债权人全部或部分款项无法收回来，这笔不能收回的款项就称为坏账。发生一笔坏账，就意味着企业要承担一笔损失。只要存在应收账款，就有发生坏账的可能。可应收账款是伴随赊销而产生的，赊销时已确认了这笔赊销业务的收入，但无法知晓到底哪笔应收账款无法收回。如不考虑坏账因素，则必然会导致资产（应收账款）和利润的高估，因此，必须在期末估计可能的坏账损失，列为费用，以正确反映企业的经营成果与资产状况。

企业专设一个账户“坏账准备”来反映企业应收账款坏账准备的计提情况①。计提坏账准备时，借记“资产减值损失”，贷记“坏账准备”而不是直接贷记“应收账款”，这是因为：①坏账准备的计提是基于稳健性原则的典型运用，是为收入与费用更好地相配比，并不是放弃债权的索取；②会计期末时，并不知道哪笔应收账款无法收回，不能收回的确切金额到底是多少，只能是个估计数，故不能直接抵消应收账款。

例4-5：南海公司2007年12月31日应收账款的期末余额为20 000元，经估计约有2%无法收回，则调整分录为：

调（4）借：资产减值损失　　　　　　　　　　　　　400（20 000×2%）

　　　　贷：坏账准备　　　　　　　　　　　　　　400

（2）固定资产折旧②。企业的固定资产虽然在为企业提供服务、带来利益的过程中不会改变其实物形态，但随着对固定资产的使用和时间的推移，固定资产会受到磨损，再加上技术的革新而使其价值下降，以至于最终退出企业。根据权责发生制，为使收入和费用合理地进行配比，固定资产应将其成本按照合理、系统的方法分摊到使用固定资产的各会计期间，这就是折旧。每一会计期间所分摊的成本就是折旧费用。计算固定资产每一期间的折旧费用时，一般要考虑固定资产的原始成本、估计使用年限以及估计残值，因此，每期的折旧额是个估计数。另外，固定资产在使用中仍保持其实物形态，因此，专设“累计折旧”账户来反映固定资产的折旧情况，也即固定资产的减值情况，而“固定资产”账户保持固定资产原始成本不变。因此，在期末计提固定资产折旧时，借记“管理费

① 有关应收账款坏账准备的计提详见本书第五章。

② 有关固定资产的折旧详见本书第七章。

用”、“销售费用”① 等，贷记“累计折旧”。

例4－6：南海公司在本期末应计提折旧额为200元，调整分录如下：

调（5）借：管理费用　　　　　　200

　　　　贷：累计折旧　　　　　　　　200

（三）调整分录的过账与调整后的试算

与根据经济业务编制的会计分录一样，调整分录也需将其过到相应的账户中去。

例4－7：承例3－4。将对南海公司的期末调整分录过到各相应的账户，其结果如图4－1所示。

银行存款

(1)	200 000	(2)	60 000
(10)	30 000	(6)	2 000
(13)	30 000	(7)	30 000
(14)	50 000	(8)	10 000
		(15)	20 000
		(17)	5 000
本期借方发生额合计	310 000	本期贷方发生额合计	127 000
期末余额	183 000		

现金

(6)	2 000	(12)	1 000
本期借方发生额合计	2 000	本期贷方发生额合计	1 000
期末余额	1 000		

库存商品

(3)	30 000	(5)	28 000
(7)	50 000	(11)	45 000
(9)	40 000	(13)	20 000
本期借方发生额合计	120 000	本期贷方发生额合计	93 000
期末余额	27 000		

固定资产

(4)	10 000		
本期借方发生额合计	10 000	本期贷方发生额合计	0
期末余额	10 000		

应收账款

(5)	40 000	(10)	30 000
(11)	60 000	(14)	50 000
本期借方发生额合计	100 000	本期贷方发生额合计	80 000
期末余额	20 000		

实收资本

		(1)	200 000
本期借方发生额合计	0	本期贷方发生额合计	200 000
		期末余额	200 000

① 在商品流通企业，当管理费用较少时，可不设“管理费用”科目，而将其相关费用并入“销售费用”科目中进行核算。

应付账款

(8)	10 000	(3)	10 000
		(4)	10 000
		(7)	20 000
		(9)	40 000
本期借方发生额合计	10 000	本期贷方发生额合计	80 000
		期末余额	70 000

应付票据

		(3)	20 000
本期借方发生额合计	0	本期贷方发生额合计	20 000
		期末余额	20 000

主营业务成本

(5)	28 000		
(11)	45 000		
(13)	20 000		
本期借方发生额合计	93 000	本期贷方发生额合计	0
期末余额	93 000		

应付职工薪酬

(16)	20 000	(15)	20 000
本期借方发生额合计	20 000	本期贷方发生额合计	20 000
		期末余额	0

长期待摊费用

(2)	60 000	调（3）	2 500
本期借方发生额合计	60 000	本期贷方发生额合计	2 500
期末余额	57 500		

销售费用

(15)	15 000		
(17)	5 000		
调（3）	2 500		
本期借方发生额合计	22 500	本期贷方发生额合计	0
期末余额	22 500		

管理费用

(12)	1 000		
(15)	5 000		
调（5）	200		
本期借方发生额合计	6 200	本期贷方发生额合计	0
期末余额	6 200		

主营业务收入

		(4)	40 000
		(11)	60 000
		(13)	30 000
本期借方发生额合计	0	本期贷方发生额合计	130 000
		期末余额	130 000

财务费用

调（1）	100		
本期借方发生额合计	100	本期贷方发生额合计	0
期末余额	100		

预提费用

		调（1）	100
本期借方发生额合计	0	本期贷方发生额合计	100
		期末余额	100

其他应收款

调（2）　300	
本期借方发生额合计　300	本期贷方发生额合计　0
期末余额　300	

其他业务收入

	调（2）　300
本期借方发生额合计　0	本期贷方发生额合计　300
	期末余额　300

坏账准备

	调（4）　400
本期借方发生额合计　0	本期贷方发生额合计　400
	期末余额　400

累计折旧

	调（5）　200
本期借方发生额合计　0	本期贷方发生额合计　200
	期末余额　200

资产减值损失

调（4）　400	
本期借方发生额合计　400	本期贷方发生额合计　0
期末余额　400	

图 4－1　调整后各账户期末余额（T 形账户）

在所有调整分录过入相应账户后，需再进行一次试算，以检查将调整分录过入相应账户时是否存在差错。调整后各账户期末余额试算表见表 4－2。

表 4－2　南海公司各账户期末余额试算平衡表（调整后）

2007 年 12 月 31 日　　单位：元

账户名称	借方余额	贷方余额
现金	1 000	
银行存款	183 000	
库存商品	27 000	
固定资产	10 000	
累计折旧		200
应收账款	20 000	
坏账准备		400
其他应收款	300	
长期待摊费用	57 500	
应付票据		20 000
应付账款		70 000
预提费用		100

（续上表）

账户名称	借方余额	贷方余额
实收资本		200 000
主营业务收入		130 000
主营业务成本	93 000	
其他业务收入		300
销售费用	22 500	
管理费用	6 200	
财务费用	100	
资产减值损失	400	
合计	421 000	421 000

从表4－2可看出，所有账户借方余额的合计数等于所有账户贷方余额的合计数，都是421 000元，表明各分类账的记账、过账基本正确。

三、工作底稿

工作底稿是实务工作中会计人员为了提高工作效率而编制的一种多栏式草表，在此基础上可以方便地编制会计报表。编制工作底稿的程序为：

第一步：绘制工作底稿表（格式见表4－3）；

第二步：将调整前各分类账金额过入调整前试算表借贷栏；

第三步：将调整分录过入调整栏；

第四步：计算调整后试算表借贷栏金额；

第五步：将利润表和资产负债表项目过入相应的利润表和资产负债表栏，同时计算利润表中的本年利润，并将本年利润过入资产负债表中。

至此，工作底稿编制完毕，利润表和资产负债表在此基础上可调整编制完成。

例4－8：承例4－7。编制南海公司2007年12月31日的工作底稿（表4－3）。

表4－3　　南海公司工作底稿

2007年12月31日　　单位：元

项目	调整前试算表		调整		调整后试算表		利润表		资产负债表	
	借	贷	借	贷	借	贷	借	贷	借	贷
现金	1 000				1 000				1 000	
银行存款	183 000				183 000				183 000	
应收账款	20 000				20 000				20 000	
坏账准备				(4)400		400				400
其他应收款			(2)300		300				300	

（续上表）

项目	调整前试算表		调整		调整后试算表		利润表		资产负债表	
	借	贷	借	贷	借	贷	借	贷	借	贷
库存商品	27 000				27 000				27 000	
固定资产	10 000				10 000				10 000	
累计折旧				(5)200		200				200
长期待摊费用	60 000			(3)2 500	57 500				57 500	
应付票据		20 000				20 000				20 000
应付账款		70 000				70 000				70 000
预提费用				(1)100		100				100
实收资本		200 000				200 000				200 000
主营业务收入		130 000				130 000		130 000		
其他业务收入				(2)300		300		300		
主营业务成本	93 000				93 000		93 000			
销售费用	20 000		(3)2 500		22 500		22 500			
管理费用	6 000		(5)200		6 200		6 200			
资产减值损失			(4)400		400		400			
财务费用			(1)100		100		100			
合计	420 000	420 000	3 500	3 500	421 000	421 000				
本年利润							8 100			8 100
									298 800	298 800

工作底稿一般适合年中会计报表的编制使用，年终编制正规的会计报表时，还要经过一个正式的会计程序——结账。接下来就讲述结账的会计程序。

第二节　结　账

一、结账的必要性

结账是指在会计期末将各账户余额结清或结转至下期，以结束这一期间的会计记录工作。企业在不断地持续经营，而会计是一个以提供财务信息为主的信息系统，它要定期编制财务报告向会计信息使用者提供财务状况、经营业绩和现金流量等财务信息。企业是持续经营的，可又人为地分期，怎样才能使每期的会计核算与记录工作能既独立又连续地反映持续经营企业的财务信息呢？会计循环就是通过“结账”这一程序来实现的。在会计期末，通过结清与利润表相关的各账户，可计算出本期的经营成果，而对与资产负债表相关的账户则结转至下期，这样既结束了本期的会计工作，又为下一期的会计工作做好了准备，使下期的会计核算工作在新的起点上重新开始。

在第二章已述及，账户是对会计要素的再分类，而会计要素又分为资产负债表要素和利润表要素。因此，根据会计要素的分类可将账户分为与资产负债表相关的账户和与利润表相关的账户。由于与资产负债表相关的账户在期末时都有余额，表示企业在特定时日的资产、负债和所有者权益将随着企业的持续经营而不断地递延到下一个会计期间，故把这类账户称为"实账户"或"永久性账户"；而与利润表相关的账户，在期末时一般没有余额，是由于这一期的经营成果属于这个会计期间，不能递延到下一个会计期间。每个会计期间经营成果的计算都是"从零开始"，因此，每个会计期末都要将这些账户结清，到下个会计期间再重新开设，故把这类账户称为"虚账户"或"临时性账户"。

会计期末，要根据账户的类型来进行结账。对实账户，要计算出余额，并将其结转到下一个会计期间，使本期的期末余额成为下一期的期初余额；对虚账户，则要求全部予以结清，一方面是为了计算出本期的经营成果，另一方面是为下一会计期间使用方便，将账户结清后，各账户余额复归为零，下期便可从头开始来归集收入和费用，以计算下期的经营成果。

结账前，通常要做好下列各项准备工作：

（1）详细查明本期内日常发生的各项经济业务是否都已填制记账凭证，并据以记入各账簿。若发现漏账，应当及时补记。

（2）是否按照权责发生制的要求对期末账项进行调整。

（3）进行对账，确保账证相符、账账相符和账实相符。账证相符是指各账簿记录应当与会计凭证核对相符；账账相符是指总分类账各账户期末借方余额合计数与贷方余额合计数核对相符，总分类账各账户期末余额与各明细分类账期末余额合计数核对相符；账实相符是指现金、银行存款、固定资产、原材料等财产物资的账面余额应当与库存的实际余额核对相符。

二、结账程序

结账程序分结清虚账户和结转实账户两方面。

（一）虚账户的结清

虚账户的结账程序如下：

1. 编制结账分录

结清虚账户时，先设置"本年利润"账户，以归集本期各收入、费用类账户的余额。一般情况下，收入类账户的期末余额在贷方，费用类账户的期末余额在借方，因此，编制结账分录时，对收入类虚账户，贷记"本年利润"账户，借记各收入类账户；对费用类虚账户，则借记"本年利润"账户，贷记各费用类账户。

例4－9：根据表4－3，编制南海公司2007年度的结账分录如下：

结（1）：借：主营业务收入　　130 000
　　　　　　其他业务收入　　300
　　　　贷：本年利润　　130 300
结（2）：借：本年利润　　122 200
　　　　贷：主营业务成本　　93 000
　　　　　　管理费用　　6 200
　　　　　　销售费用　　22 500
　　　　　　资产减值损失　　400
　　　　　　财务费用　　100

编制结账分录后，将其过入各相应账户，以结清各虚账户的方法，称为“账结法”。在会计的实际工作中，一般只在会计年度终了时，才需将收入、费用类账户结清。平时让各账户保持其余额不变，以使收入、费用类账户累计反映全年的收入和费用水平。在年度终了时，为了编制利润表，就需要在报表中对收入和费用账户进行结转，这种结转方法称为“表结法”。“表结法”不需要编制结账分录，也不需要在账户中进行任何登记，平时编制工作底稿的方法就是表结法的运用。

2. 结清“本年利润”账户

“本年利润”账户一般只在期末结账计算本期经营成果时使用。该账户的借方归集所有费用类账户的借方余额，贷方归集所有收入类账户的贷方余额。当“本年利润”账户的贷方合计数大于其借方合计数时，表示本期获得的利润，反之，则为本期所发生的亏损。期末结账的最后，要求将“本年利润”账户的余额转入“利润分配——未分配利润”账户。获得利润时，借记“本年利润”，贷记“利润分配——未分配利润”；如为亏损，则做相反的分录。南海公司在2007年度末“本年利润”账户的结账分录如下：

结（3）：借：本年利润　　8 100
　　　　贷：利润分配——未分配利润　　8 100

会计年度终了时，编制的结账分录在将其余额过入分类账后，所有虚账户均应划线结清，以避免本期记录因不慎而与下期记录相混淆。对于那些仅有一个借方或贷方记录的账户，则只需简单地划双线，而有若干个借方或贷方记录的账户，则应先加计本月的发生额，加总后再划双线。下面以T形账户为例，说明南海公司结清虚账户的结账程序（图4－2）。

主营业务成本

（5）	28 000		
（11）	45 000		
（13）	20 000		
期末余额	93 000	结（2）	93 000

销售费用

（15）	15 000		
（17）	5 000		
调（3）	2 500		
期末余额	22 500	结（2）	22 500

管理费用

（12）	1 000		
（18）	5 000		
调（5）	200		
期末余额	6 200	结（2）	6 200

主营业务收入

		（4）	40 000
		（11）	60 000
		（13）	30 000
结（1）	130 000	期末余额	130 000

财务费用

调（1）	100		
期末余额	100	结（2）	100

其他业务收入

		调（2）	300
结（1）	300	期末余额	300

资产减值损失

调（4）	400		
期末余额	400	结（2）	400

本年利润

结（2）	122 200	结（1）	130 300
结（3）	8 100	余额	8 100

图 4-2　虚账户结清 T 形账户图

（二）实账户的结转

资产、负债和所有者权益账户的余额均需结转到下期，继续记录。所谓继续记录，是指继原账簿上的余额，连续记录新会计期间的经济业务。既可沿用原来的账簿，也可视实际情况换用新账簿。

例 4-10：2007 年度南海公司“银行存款”账户的结转（表 4-4）。

表 4-4　“银行存款”结转举例　　单位：元

2007 年		凭证号数	摘要	借方	贷方	余额	
月	日					借方	贷方
12	1		期初余额			0	
	1		所有者投资	200 000		200 000	
	1		支付租金		60 000	140 000	
	8		提现以备零用		2 000	138 000	
	10		支付货款		30 000	108 000	
	12		支付固定资产款项		10 000	98 000	
	16		收到销货款	30 000		128 000	
	25		获得销售收入	30 000		158 000	
	26		收到美达公司购货款	50 000		208 000	

（续上表）

2007年		凭证号数	摘要	借方	贷方	余额	
月	日					借方	贷方
	31		发放职工工资		20 000	188 000	
	31		支付水电费		5 000	183 000	
12	31		本期发生额和期末余额	310 000	127 000	183 000	
			结转至下期		183 000	0	
2008年							
1	1		期初余额			183 000	

其余实账户的结转如图4-3所示。

现金

(6)	2 000	(12)	1 000
期末余额	1 000	结转	1 000
期初余额	1 000		

利润分配——未分配利润

		结（3）	8 100
结转	8 100	期末余额	8 100
		期初余额	8 100

库存商品

(3)	30 000	(5)	28 000
(7)	50 000	(11)	45 000
(9)	40 000	(13)	20 000
期末余额	27 000	结转	27 000
期初余额	27 000		

固定资产

(4)	10 000		
期末余额	10 000	结转	10 000
期初余额	10 000		

应收账款

(5)	40 000	(10)	30 000
(11)	60 000	(14)	50 000
期末余额	20 000	结转	20 000
期初余额	20 000		

实收资本

		(1)	200 000
结转	200 000	期末余额	200 000
		期初余额	200 000

应付账款

(8)	10 000	(3)	10 000
		(4)	10 000
		(7)	20 000
		(9)	40 000
结转	70 000	期末余额	70 000
		期初余额	70 000

应付票据

		(3)	20 000
结转	20 000	期末余额	20 000
		期初余额	20 000

长期待摊费用

(2)	60 000	调（3）	2 500
期末余额	57 500	结转	57 500
期初余额	57 500		

应付职工薪酬

(16)	20 000	(18)	20 000
		期末余额	0
		期初余额	0

其他应收款

调（2）	300		
期末余额	300	结转	300
期初余额	300		

预提费用

		调（1）	100
结转	100	期末余额	100
		期初余额	100

坏账准备

		调（4）	400
结转	400	期末余额	400
		期初余额	400

累计折旧

		调（5）	200
结转	200	期末余额	200
		期初余额	200

图 4－3　实账户结转 T 形账户图

三、结账后试算表

结账结束后，仍需编制期末余额试算表，以检查结账过程是否出现差错，同时也为期终编制财务报表提供方便。

例 4－11：南海公司 2007 年 12 月 31 日结账后的试算表如下。

表 4－5　南海公司各账户期末余额试算平衡表（结账后）

2007 年 12 月 31 日　　单位：元

账户名称	借方余额	贷方余额
现金	1 000	
银行存款	183 000	
库存商品	27 000	
固定资产	10 000	
累计折旧		200
应收账款	20 000	
坏账准备		400
其他应收款	300	
长期待摊费用	57 500	
应付票据		20 000

（续上表）

账户名称	借方余额	贷方余额
应付账款		70 000
预提费用		100
实收资本		200 000
利润分配——未分配利润		8 100
合计	298 800	298 800

从表4－5可看出，所有账户的借方余额的合计数等于所有账户贷方余额的合计数，都是298 800元，表明结账分录及过账基本正确，并可据此来编制财务报表。

第三节 编制财务报表①

编制财务报表是会计循环的终点。企业在结账后便可编制财务报表，从而完成一个会计期间的会计循环。

一、财务报告概述

财务会计的主要目标是向会计信息使用者提供有助于经济决策的信息。企业财务会计所生成的信息，最终是由以“财务报表”（financial statements）为核心的“财务报告”（financial report）作为传输手段，供投资人、债权人和其他类似使用者使用。财务报表是财务报告的中心部分，是向外界传递会计信息的主要手段。财务会计报告包括会计报表及其附注和其他应当在财务会计报告中披露的相关信息和资料。

财务报表是一个企业所有已发生的交易或事项，按照会计准则确认为资产、负债、所有者权益、收入、费用等要素，在可靠计量和正确记录的基础上，再次确认为报表项目而形成的书面文件。按不同的标准，财务报表可分为不同的类型。按其所反映的内容可分为资产负债表、利润表、现金流量表和所有者权益变动表；按编制的时期，可分为年度、半年度、季度和月度财务报表。一个企业基本的财务报表是资产负债表、利润表和现金流量表。小企业编制的会计报表可以不包括现金流量表，而一般企业除了上面所提到的三张报表外，还要编制所有者权益变动表。所有者权益变动表在中级财务会计中讲述。

二、基本财务报表的编制

1. 资产负债表

资产负债表是反映企业某一特定时期财务状况的财务报表，它是根据“资产＝负债＋所有者权益”这一会计等式，按照一定的分类标准和一定排列顺序，把企业一定时日的资产、负债和所有者权益各项目，基于日常核算的数据进行高度浓缩、整理后编制而

① 这里仅从会计循环的角度来讲解财务报表的编制，有关财务报表编制的详细内容见本书第十一章。

成的。它表明企业在某一特定时日所拥有或控制的资源、所承担的现有债务和所有者对净资产的要求权，是一张静态报表。资产负债表由会计报表项目构成，会计报表项目主要是在总账余额的基础上计算调整得出的。

例4－12：南海公司2007年末的资产负债表（表4－6）。

表4－6　　资产负债表　　企会01表

编制单位：南海公司　　2007年12月31日　　单位：元

资产	期末余额	年初余额	负债及所有者权益	期末余额	年初余额
流动资产：			流动负债：		
货币资金	184 000	0	应付票据	20 000	0
应收账款	20 000	0	应付账款	70 000	0
减：坏账准备	400	0	预提费用	100	0
其他应收款	300	0	流动负债合计	90 100	0
存货	27 000	0	负债合计	90 100	0
流动资产合计	230 900	0	所有者权益：		
非流动资产：			实收资本	200 000	0
固定资产	10 000	0	未分配利润	8 100	0
减：累计折旧	200	0	所有者权益合计	208 100	0
长期待摊费用	57 500	0			
非流动资产合计	67 300	0			
资产总计	298 200	0	负债及所有者权益合计	298 200	0

2. 利润表

利润表又称损益表，它是反映企业一定期间经营成果的财务报表。利润表是根据权责发生制和配比原则，将一定期间内的收入与相关的费用（成本）相配比，计算出企业一定期间的净利润或净亏损。利润表实际上是一张利润计算表，它所报告的是企业在一定期间的经营成果，是一张动态报表。根据对利润提供信息的不同要求，利润表可采用不同的编制格式。目前，使用比较普遍的利润表格式有两种：单步式利润表和多步式利润表。单步式利润表格式简单，即将本期所有的收入归集在一起，然后再将所有的费用归集在一起，最后一次计算出当期损益。多步式利润表的利润则是经过多个步骤计算出来的。

例4－13：南海公司2007年度的单步式利润表（表4－7）。

表4－7　　利润表（单步式）　　企会02表

编制单位：南海公司　　2007年12月　　单位：元

项目	本期金额	上期金额
收入：		
主营业务收入	130 000	0

（续上表）

项目	本期金额	上期金额
其他业务收入	300	0
减：费用		
主营业务成本	93 000	0
管理费用	6 200	0
销售费用	22 500	0
资产减值损失	400	0
财务费用	100	0
利润	8 100	0

3. 现金流量表

现金流量表是以现金流量为基础，反映企业在一定时期由企业的经营活动、筹资活动和投资活动所引起的现金及现金等价物变动情况的财务报表，用来揭示企业经营活动、投资活动和筹资活动所引起的各种现金流入、流出与净流量的变动情况。现金流量表中使用的“现金”概念，包括库存现金、银行存款和其他货币资金，“现金等价物”主要是指企业持有的、能随时转换为已知金额现金的有价证券。现金流量表的编制基础是收付实现制，而不是权责发生制。

例4－14：南海公司2007年度的现金流量表（表4－8）。

表4－8　　现金流量表　　企会03表

编制单位：南海公司　　2007年12月　　单位：元

项目	金额	
一、经营活动产生的现金流量		
现金流入量		
（10）收到销货款	+30 000	
（13）获得销售收入	+30 000	
（14）收到美达公司货款	+50 000	
现金流入合计		+110 000
现金流出		
（2）支付租金	－60 000	
（7）购买商品	－30 000	
（12）支付办公费	－1 000	
（16）支付工资	－20 000	
（17）支付水电费	－5 000	
现金流出合计		－116 000
经营活动的现金净流量		－6 000
投资活动		

（续上表）

项目	金额
(8) 支付购买固定资产款	-10 000
筹资活动	
(1) 所有者投资	+200 000
现金净增加额	184 000

由于南海公司是2007年12月1日开业，所以没有期初余额，现金的净增加量就是银行存款与现金账户的期末余额之和，即183 000 + 1 000 = 184 000（元），而从表4－8可知，南海公司由经营活动、投资活动和筹资活动所引起的现金净流量的增加额刚好也是184 000元。

4. 三张基本报表之间的关系

资产负债表是根据"资产 = 负债 + 所有者权益"这一会计等式为基础编制的，而利润表则是根据"收入 - 费用 = 利润"这一等式来编制的。资产负债表所反映的是企业在某一时点全部资产的分布状况及其相应来源；利润表反映的是企业在一定期间内的经营成果。企业的经营成果中未分配的部分属于企业所有者，最终要反映在资产负债表中。如南海公司利润表中的在2007年12月所获取的利润（假设不进行分配，全部留存在南海公司）8 100元最终作为"未分配利润"项目列示在南海公司资产负债表的所有者权益项目内，经过本期的经营，所有者的权益由期初投资的200 000元，再加本期所获得的利润8 100元，就是期末南海公司所有者权益的期末余额208 100元。这就是利润表与资产负债表之间钩稽关系的体现。现金流量表反映的是企业期初与期末现金的变化情况，现金流量表与利润表及其利润分配表一起可反映企业在一定期间内的现金流量状况和经营成果及其分配情况，同时也能解释期初、期末资产负债表项目发生变化的原因。

财务报表的输出意味着本期会计循环的结束。第三章和第四章以南海公司为例讲述了商业性企业的会计循环。当经济业务发生时，首先取得或填制原始凭证；接着是将会计分录直接编制在记账凭证上，即编制记账凭证；然后根据合格的会计凭证登记账簿（日记账、总分类账和明细分类账）并进行试算，试算平衡后就进行期末账项的调整，调整账项后再进行结账，结账后便可编制财务报表，表示本期会计循环的结束。

第四节　会计电算化

一、会计电算化系统与传统手工会计处理系统的异同

关于什么是"会计电算化"，目前还没有统一、严格的定义，基本含义是指将计算机技术应用到会计处理工作中，但又不仅仅是以计算机为处理工具来取代手工处理的过程，而且还要实现手工会计处理无法实现的功能，属于管理信息系统的一部分。

会计电算化系统是以计算机为主要信息处理手段的会计信息系统，也就是一个人机系统，由会计人员、计算机硬件、计算机软件以及系统运行规范等要素组成。会计电算化系

统与手工会计处理系统的共同点表现在：①遵守相同的会计理论与会计处理方法，对会计信息进行加工处理的原理是一样的。②遵守相同的会计准则和会计规范。③它们的目标和功能基本相同，都是为会计信息使用者提供有助于经济决策的财务会计信息。④都要经过对会计信息进行收集、记录、加工处理、保存、传输和输出等过程。然而，会计电算化毕竟是将计算机应用于会计处理工作之中，它们的区别表现在：①运算工具不同。会计电算化系统用计算机替代了手工会计处理系统下的算盘、计算器等，会计信息的数据处理过程由程序控制的计算机来自动完成，不仅运算速度快、准确率高，而且可存贮大量的运算结果。②信息载体不同。电算化系统用磁盘等磁性载体替代了传统纸质介质，具有体积小，查找方便，易于保管且复制迅速等优点。③会计信息的表示方法不同。电算化系统用代码替代了用文字、数字来表示信息的传统表示方法。④信息处理方式不同。电算化会计信息系统一改手工会计处理系统由许多人分工合作，共同完成记账、算账以及报账和分析的工作方式，而是将所有由多人分工完成的工作，都由计算机集中来完成，并且会计信息的处理速度以及对信息的加工深度都要远强于手工系统。⑤信息输出的内容和方式不同。会计电算化系统利用计算机对会计数据进行批处理和实时处理，可大大缩短会计结算周期，提高了会计信息的及时性。

尽管会计电算化系统与手工会计处理系统相比具有较多的优势，但也存在一系列的问题，其中比较突出的问题有两个：一是数据安全和内部控制的问题。由于会计电算化系统是采用磁性介质来存贮数据，易于被修改、删除，且不会留下痕迹。为了保证数据的安全，就要求建立一套极为严密的内部控制制度。二是使用的更新成本高。由于技术的进步，使得花费颇高的现有系统不出几年就又落后了，企业不得不再花费大量的时间和金钱去更新换代。

二、会计电算化系统的构成

前面已提到，会计电算化系统与手工会计处理系统的功能基本相同，都要对原始的会计数据进行收集，然后再进行加工处理、存贮，最终编制出财务报表。也即遵循同样的会计循环，只是会计循环中那些不涉及专业判断、较机械的步骤由计算机来进行处理。通过向该系统输入会计凭证上的数据，由计算机自动完成总分类账、明细分类账的记录和报表的编制，并提供查询、更新、储存等功能。为实现这一功能作用，会计电算化系统通常通过几个相互关联的软件程序来完成，每一程序就是一个模块。会计电算化系统一般由账务处理系统（又称核心子系统）和专业核算子系统（又称外围子系统）两个部分构成。其中账务处理系统包括系统管理、凭证管理、出纳管理、账簿管理、报表管理五个子系统模块，这是电算化会计软件必不可少的模块；专业核算子系统则由工资管理、固定资产管理、成本管理、采购管理、销售管理等模块构成。这些程序模块能及时处理大量的会计信息。

三、会计电算化的发展趋势

利用计算机来完成企业的日常核算工作，这只是会计电算化的初始阶段。由于计算机的信息处理速度和加工深度较手工系统大大提高，会计工作也就由原来的核算型向管理型转变。随着会计电算化工作的深入展开，要求会计软件由核算型向管理型发展。虽说会计电算化核算系统相对于传统手工系统而言，增加了一些查询、报表分析等功能，对管理人员进行企业管理能够起到一定的辅助决策支持作用，但只是对管理者提供了一些制定决策时所需的信息，仍旧是事后的核算，无法进行有效的事前预算和事中控制。因此，有必要开发管理型的财务软件。我国的管理软件虽然有所发展，但由于众多因素的影响，开发的速度还远远跟不上实践的需要。目前，市场上销售或自选开发的会计软件多数属于封闭式的，即局限于本企业、本部门的资源，即使网络化，也只是一个孤立的、对外封闭的局域网络，这将落后于信息社会对信息的需求。随着网络技术的发展，要求会计软件不断向管理型、开放型、网络型的方向发展。

最后要指出的是，目前我国绝大多数企业的会计处理从手工过渡到“电算化”阶段了。除了手工控制输入（即会计分录）外，记账和编表工作等流程都由计算机完成。有的同学可能会问，既然会计处理都“自动化”了，我们还学这些复杂的会计处理干什么？学会编制会计分录就足够了。这种认识存在很大偏差。

第一，输入决定计算机最终的输出结果（会计报表）。作为一个会计专业的学生，要明确理解所编制的会计分录是如何影响最终的会计报表的，只有在充分了解会计处理全过程的基础上，才能预知最初的输入最终会产生怎样的结果。

第二，计算机的运行是由人控制的，具体而言，是由人编制的程序来控制的。虽然财务软件和企业资源计划系统（enterprise resource planning，简称 ERP）都有通用的文本，但企业之间千差万别，任何财务软件或 ERP 系统都要适应企业的具体需要，财务软件或 ERP 系统的设计都要征求企业管理人员特别是财务人员的意见。因此，财务人员只有精通会计处理的全过程，才能提出针对性的建议，使信息系统良好地运行。

因此，对于大多数不是专门从事财务软件或 ERP 系统开发的同学来讲，一方面要扎实掌握会计处理的基本流程和理论；另一方面，也要学习财务软件或 ERP 系统的操作流程，以便熟练地运用这些先进的信息管理工具。

本章相关的法规、制度及主要阅读文献

1. 葛家澍，杜兴强．会计理论．上海：复旦大学出版社，2005
2. 陈信元．会计学．上海：上海财经大学出版社，2005
3. 中华人民共和国财政部．企业会计准则．北京：经济科学出版社，2006
4. 中华人民共和国财政部．企业会计准则——应用指南．北京：中国财政经济出版社，2006
5. 刘峰．会计学基础．北京：高等教育出版社，2000
6. 艾文国．会计电算化．北京：高等教育出版社，2003

思考题

一、多选题

1. 会计核算中配比包括（　　）。

A. 因果配比　　B. 系统配比　　C. 期间配比　　D. 事项配比

2. 两种基本的会计确认为（　　）。

A. 收付实现制与应计制　　B. 现金制与应计制

C. 现金制与收付实现制　　D. 权责发生制与收付实现制

3. 期末调整项目的种类有（　　）。

A. 应计项目　　B. 递延项目　　C. 结账项目　　D. 估计项目

4. 下列属于虚账户的有（　　）。

A. 主营业务成本　　B. 营业外支出　　C. 生产成本　　D. 销售费用

5. 下列属于实账户的有（　　）。

A. 本年利润　　B. 未分配利润　　C. 预付费用　　D. 预收账款

6. 我国现行准则要求对外提供的基本财务报表是（　　）。

A. 资产负债表　　B. 利润表　　C. 现金流量表　　D. 利润分配表

二、判断题

1. 权责发生制与收付实现制就是因为会计分期而产生的。（　　）

2. 权责发生制是以权利或义务的发生与否为标准来确认收入与费用的，而本期现金的收支又是判断权利或义务发生与否的基本前提。（　　）

3. 预提费用又称待摊费用，是指本期已发生，应由本期负担但还未支付款项的费用。（　　）

4. 虚账户又称“临时性账户”，在每个会计期末要将这些账户金额全部予以结清。设置虚账户的目的是为了计算一个期间的损益结果。（　　）

5. 递延项目必然会随着营业的持续而逐渐减少，并成为已实现收入或已发生的费用。（　　）

6. 从长期观点看，权责发生制与收付实现制下所计算的会计净利润是相等的。（　　）

三、简答题

1. 什么是永续经营，为何要进行会计分期？

2. 比较收付实现制与权责发生制的异同。

3. 简述结账的必要性和基本程序。

4. 概述三张主要报表之间的关系。

5. 何谓会计电算化，会计电算化的发展趋势是什么？既然有电子会计处理系统，我们为何还要学习会计处理的基本方法和程序？

练习题

一、（权责发生制与收付实现制）某公司2008年3月发生如下与收入费用相关的经济业务（见下表）。

	收付实现制		权责发生制	
	收入	费用	收入	费用
1. 本月销售商品50 000元，货款未收				
2. 收到某企业订货款15 000元，商品尚未发出				
3. 收到上期商品销货款30 000元				
4. 支付本月水电费4 500元				
5. 计提本月折旧费8 500元				
6. 预提本月银行借款利息1 580元				
7. 支付本季度利息费用4 740元				
8. 预付下一季度保险费用3 000元				
9. 摊销本月保险费用1 000元				
10. 本月购进商品30 000元，货款已付				
11. 结转本月销货成本28 000元				

要求：

1. 根据收付实现制与权责发生制分别确定两种制度下的收入与费用项目（在上表中用√表示）及金额。

2. 分别计算两种方式下的利润是多少，导致这一差异的原因是什么？

二、（账项调整）某公司2008年3月发生如下经济业务：

1. 本月短期借款150 000元，年利率为4.5%，计提本月利息费用，并以银行存款支付本季度利息费用。

2. 预付下一季度的保险费用3 600元，并摊销本月保险费用。

3. 年初接受一笔预收货款50 000元，本月交货。

4. 将公司暂时闲置的房屋从下月起出租，收到半年租金36 000元。

5. 从本月初开始向某企业提供一项培训服务，合同收入45 000元，培训期三个月，对方先期支付25 000元，余款培训结束后支付。

6. 计提本月固定资产折旧40 000元，其中行政大楼的折旧额为10 000元。

7. 本期周转材料的期初余额28 000元，本期增加27 200元，期末余额为18 400元。该周转材料主要用于商品销售。

要求：登记以上经济业务的会计分录。

三、（漏账的影响）某公司2月份发现下列漏列事项：

1. 漏计本月应付职工薪酬。

2. 漏计本月折旧费用。

3. 漏列本月应计利息费用。

4. 未调整本月存货短缺。

5. 未确认本月应计收入。

要求：根据上述资料，将漏列事项对下表中各项目的影响用“+”、“-”和“0”列出（“+”表示高估、“-”表示低估、“0”表示无影响）。

项目	漏账的影响				
	(1)	(2)	(3)	(4)	(5)
收入					
成本或费用					
净利润					
流动资产					
非流动资产					
流动负债					
非流动负债					
所有者权益					

四、（会计循环）下面是南方贸易公司2007年12月31日的资产负债表：

资产负债表

编制单位：南方公司　　2007年12月31日　　单位：元

资产		负债和所有者权益	
现金	10 000	银行借款	10 000
银行存款	180 000	应付账款	30 000
应收账款	20 000	其他应付款	12 000
其他应收款	1 000	应付职工薪酬	10 000
存货	40 000		
固定资产	100 000	实收资本	250 000
减：累计折旧	20 000	未分配利润	19 000
合计	331 000	合计	331 000

注：其他应收款明细为职工张建出差预支款1 000元；其他应付款明细为公司2007年12月1日预收的出租房屋的半年租金12 000元，存货全部为库存商品。

以下是2008年1月份南方贸易公司发生的经济业务：

1. 赊购办公设备一台，价值50 000元。
2. 从银行转账支付上月应付货款20 000元。
3. 员工张建出差回来报销，共花费1 500元，差额以现金补足。
4. 直接从银行划账支付上月工资10 000元。

5. 购进商品30 000元，一半以存款支付，一半挂账。
6. 以存款支付本年度保险费12 000元。
7. 本月共销售商品80 000元，货款已收，成本50 000元。
8. 本月应计工资12 000元，其中销售部门8 000元，管理部门4 000元。
9. 本月以存款支付水电费5 000元。
10. 预提本月利息费用500元。
11. 计提本月折旧1 500元。
12. 本月应收存款利息2 000元。
13. 登记本月房租收入。
14. 摊销本月保险费。
15. 结转本月商品销售成本。

要求：
1. 编制会计分录（注：调整分录从业务10开始）。
2. 登记T形账。
3. 编制工作底稿。
4. 编制结账分录。
5. 编制利润表和资产负债表。

案例分析

兴兴快印公司成立于2007年11月28日，并于2008年1月1日开始营业，营运之初的资产负债表如表1所示。

表1 兴兴快印公司资产负债表

2008年1月1日 单位：元

资产	
现金	3 000
存货——耗材用品	26 000
固定资产——设备	300 000
合计	329 000
负债与所有者权益	
短期借款	10 000
应付账款	19 000
长期借款	40 000
实收资本	260 000
合计	329 000

在编制2008年度的财务报告时，会计人员复核了兴兴公司的现金收支记录，现金收支的具体信息如表2所示。

表2　**兴兴快印公司现金收入与支出**

2008年　单位：元

现金收入：	
现金销售收入	218 750
应收账款收回	84 650
合计	303 400
现金支出：	
职工薪酬	86 150
水电费用	18 000
房屋租金（a）	52 000
管理费用	28 570
利息费用（b）	3 200
偿还银行短期借款	10 000
偿还应付账款	28 000
合计	225 920

a：利息费用于6月30日与12月31日支付，2008年的利息均已按期支付。

b：所支付的租金中有2 000元是预付租金。

另外，会计人员还核查了与营运相关的其他一些信息，这些附加项目列示在表3。

表3　**与营运相关的其他信息**

1. 在2008年底，兴兴快印公司欠复印耗材用品供应商24 000元
2. 固定资产每年的折旧费用为30 000元
3. 在2008年底，兴兴快印公司还有应收账款35 000元，这些应收账款预期于45天内收回
4. 年末耗材库存清单表明，库存耗材用品的成本为30 000元
5. 2008年度的所得税预计为11 000元，2008年12月31日尚未支付

问题：

1. 试说明兴兴快印公司2008年度所使用耗材用品的成本。
2. 编制兴兴快印公司2008年度的利润表以及2008年12月31日的资产负债表。

第五章　收入、货币资金和应收款项

导言

收入造假一直是某些公司乐此不疲的事，下面就是一个有关收入造假的小故事。

据证监罚字〔2004〕43号公布的事实，丰乐种业自1997年4月发行上市至2001年底，共计投入募集资金和自有资金68 800万元进行证券投资，获利11 794万元，其中有38 300万元属募集资金。丰乐种业将证券投资转回的收益以及相关补贴收入冲销虚构主营业务收入及由此形成的应收款项，其实际证券投资收益金额小于各年虚构主营业务利润，此项差额形成丰乐种业各年度的虚增利润，累计虚增利润4 006万元。1997年至2001年底，丰乐种业虚做各类农作物种子销售19 100万元，同时，累计冲销虚构主营业务收入1 100万元，累计虚构主营业务成本2 200万元，实际冲销虚构主营业务收入18 000万元，虚构主营业务利润15 800万元。

丰乐种业主要造假手法就是将炒股收益虚增为主营收益，除了4 006万元虚构利润没有填平以及552万元收益性支出资本化外，1997年至2001年，丰乐种业虚构在建工程18 666万元，为什么会有如此巨额虚构的在建工程呢？原来，丰乐种业主要通过“在建工程”转移募集资金炒股，通过借记“在建工程”、贷记“银行存款”方式达到了一箭双雕目的：一方面虚构募集资金使用情况，另一方面不体现资金真实使用目的，炒股收益通过冲抵虚构的应收账款回笼资金，实际上证监会认定的三种违法行为有内在关联，主线是挪用募集资金炒股虚增主营业务收益。

截至2003年末，丰乐种业总资产8.55亿元，净资产4.04亿元，2003年主营业务收入3.82亿元，净利润0.15亿元。一家小型上市公司涉嫌亿元造假，在建工程最高时点有18 666万元虚构，会计师竟然没有发现造假，实在匪夷所思。

本章结构

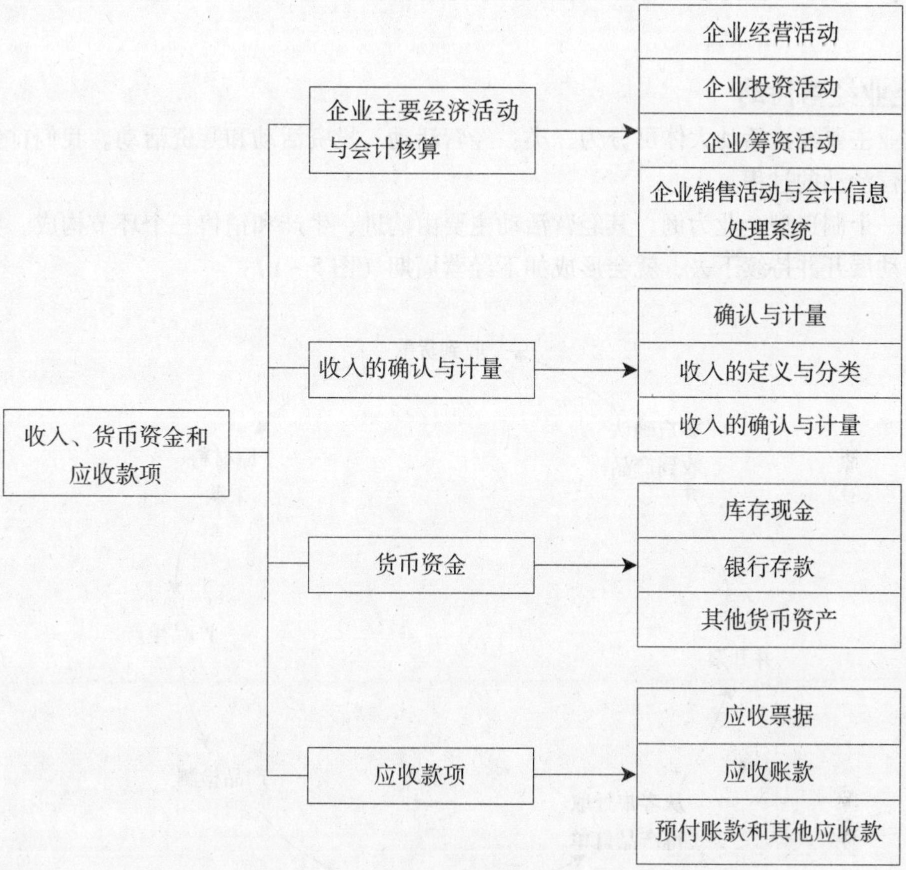

本章要点

了解企业的主要经济活动和与会计信息处理系统之间的关系
掌握收入的概念和特征
掌握收入的确认和计量
掌握货币资金的核算和管理
掌握银行存款余额调节表的编制
掌握应收票据的核算
掌握应收款项的核算和管理

从本章开始，我们讲述企业主要经济活动的会计核算。在对企业主要经济活动进行会计处理的基础上，我们将完整地讲述如何编制一套企业的基本财务报表：资产负债表、利润表和现金流量表。本章主要讨论经营活动中与销售相关的收入、货币资金与应收款项的会计处理。

第一节　企业主要经济活动与会计核算

一、企业经营活动

企业主要经济活动大体可分为三类：经营活动、投资活动和筹资活动。我们首先了解企业经营活动的过程。

以一个制造型企业为例，其经营活动主要由购进、生产和销售三个环节构成。如果将这些活动展开并持续下去，就会形成如下经营周期（图5－1）：

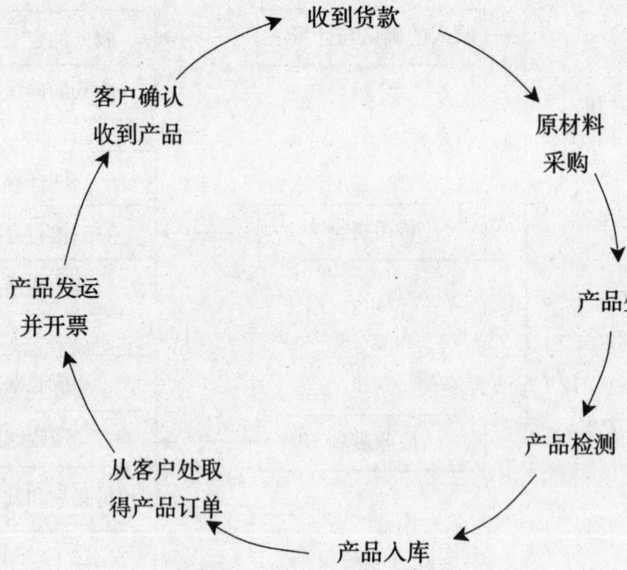

图5－1　企业生产经营周期①

图5－1中的企业生产经营各环节构成企业经济活动的主要内容。从原材料采购开始，然后进行产品生产、产品检测、产品入库，完成产品生产过程；再从取得客户订单开始，然后开票与发运、收到货款，完成产品销售过程。因此，原材料采购、产品生产和产品销售成为企业经营的基本经济活动。

会计的功能就是及时、系统、分门别类地确认，计量、记录和报告这些基本经济活动。在原材料采购中，一方面要登记原材料的增加，另一方面还要登记银行存款的减少或应付项目（应付账款和应付票据）的增加。在生产过程中，要登记发生的人工费用、材料费用和其他相关费用，并在产品完工后，将与产品生产有关的相关费用转入产品成本。

① ［美］罗伯特·N. 安东尼，大卫·F. 霍金斯，肯尼斯·A. 麦钱特．会计学：教程与案例（财务会计分册，第11版）．王立彦，戴晓娟等译．北京：机械工业出版社，2004. 90

在销售阶段，一方面要记录银行存款和应收款项的增加，另一方面要确认营业收入。

除了购进、生产和销售活动外，企业经营活动的另外一项重要内容就是税收。企业的税收主要包括两个方面：一是与生产过程相关的流转税，如增值税、营业税、消费税等；二是与收入相关的所得税。税收的会计处理体现在两个方面：一方面是将所缴纳的税收登记为期间费用，如营业税金或所得税费用；另一方面则登记银行存款的减少或应付税费的增加。

二、企业投资活动

企业投资活动分为对内投资和对外投资两类。对内投资主要包括长期资产的购进，如固定资产（设备、房屋等）、无形资产（土地使用权、专利权等）的购买；长期资产的兴建和研究与开发活动等。与此（购进与兴建）相对应，长期资产的处置和变卖也是对内投资的基本内容。对外投资（以后简称投资）主要是企业将自身的资金和资产让渡给另一方使用并获取相应利益的一种行为。企业投资分为债券投资和股权投资两种，前者可以回收本金并获取固定的报酬，后者获取剩余收益但不得退还本金（但投资可以转让）。

固定资产的会计核算包括固定资产购进与兴建（取得）、折旧和处置等内容。无形资产的会计核算与固定资产核算类似，包括购进、摊销和处置等内容。此外，研究与开发是企业一项重要的投资活动，研发成功并符合条件的开发支出可以确认为无形资产，否则，所有研究与开发支出全部计入期间费用。

对外投资按投资证券种类可以分为股票投资和债券投资。股票投资和债券投资按投资目的及持有时间的长短可归为流动资产投资和非流动资产投资，归为流动资产的证券投资是持有时间在 1 年以内或一个营业周期内的证券投资，如交易性金融资产；归为非流动资产的证券投资是持有时间在 1 年以上或超过一个营业周期的证券投资，如可供出售金融资产、持有至到期投资、长期股权投资。交易性金融资产的会计核算主要包括取得、期末计价、投资回报、转让等环节；可供出售金融资产的会计核算包括取得、期末计价、投资回报与账面成本调整、转让等环节；持有至到期投资的会计核算包括取得、投资回报与账面成本调整、收回本金等环节。长期股权投资则根据投资份额及其实际影响和控制程度，选择相应的方法如成本法和权益法进行核算。

三、企业筹资活动

筹资活动是指导致企业资本及债务规模和构成发生变化的经济活动。企业资金的三个基本来源是：投资者投入、借入和利润留存。投资者投资对于非股份有限公司而言，在会计上表现为实收资本的增加和银行存款的增加；对于股份有限公司而言，在会计上则表现为股本或资本公积的增加和银行存款的增加。债务按偿还期限分为短期借款和长期借款，借款一般是通过向金融机构如银行取得，企业也可通过发行企业债券取得所需资金，这在会计上体现为应付债券。无论是借款还是投资者投入款项，都需要回报。借款的回报在会计上登记为利息，投资的回报在会计上作为利润分配登记。

并不是所有的负债都是企业的筹资活动。通常情况下，由企业经营活动产生的应付账款、应付票据、应付职工薪酬等负债就不属于筹资活动，而属于企业的经营活动。

四、企业销售活动与会计信息处理系统

企业销售活动发生后，企业收到的现金登记为资产负债表中的货币项目，赊销而未收到的货款则登记为应收款项（应收账款和应收票据），同时，企业要确认营业收入。从会计信息处理系统的角度而言，销售属于企业的经营活动，所收到的现金直接影响现金流量表中经营活动中的现金流入。而营业利润属于利润表的项目，货币资金和应收款项属于资产负债表的相关项目。如图 5－2 所示，销售既对利润表的收入要素产生影响，又对资产负债表中的货币资产或应收款项产生影响，同时，对现金流量表中的经营活动的相关项目产生影响。

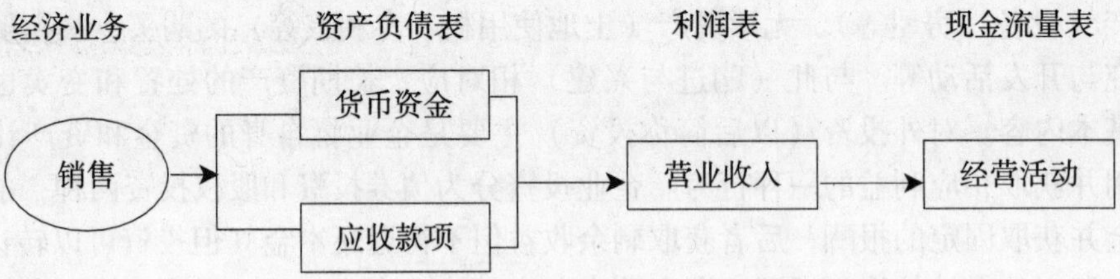

图 5－2　企业销售活动与会计信息处理系统

下面将围绕销售产生的收入、货币资金和应收款项等项目的会计处理展开讨论。

第二节　收入的确认与计量

一、确认与计量

会计作为一个信息系统，主要是通过对企业发生的经济业务活动进行确认、计量等加工程序，最后为信息使用者提供财务报告，使信息使用者能够更清楚地了解企业的财务状况、经营成果和现金流量。

企业经济业务发生了，在进入会计处理系统后，要按照一定的会计处理流程——确认、计量、记录和报告——进行加工。最后，信息产品以财务报告等形式向外部信息使用者提供。

确认和计量是对经济业务进行会计处理的首要步骤。当一项经济业务发生以后，会计人员需要确定其所涉及的会计要素，把这一业务作为资产、负债、收入和费用等正式加以记录并列入财务报表，这个过程称为确认。确认包括用文字和数字来描述一项经济业务，其数额包括在财务报表的合计数之内。确认不仅仅指一项经济业务发生的初始确认，还包括该业务事后发生变动后的后续确认，以及该业务完结或消失的终止确认。

会计计量不论是在理论上还是在实务上都是会计的核心。会计“语言”就是量化的信息，对财务会计来说，则是以货币为量化单位的财务信息。会计的计量是以数字为基础，凭借会计人员的职业判断，用数字和数字系统来反映经济业务。计量包括计量的单位和计量属性。计量的单位有千克、磅、克等重量单位，也有货币等价值单位，我国衡量价

值的单位主要是人民币。我国《企业会计准则》对计量的属性作了明确规定：企业在对会计要素计量时，一般应当采用历史成本，采用重置成本、可变现净值、现值、公允价值计量的，应当保证所确定的会计要素金额能够取得并可靠计量。

以下我们对主要经济业务活动的会计处理按确认、计量、记录和报告的程序进行讲述。

二、收入的定义和分类

我国《企业会计准则第 14 号——收入》将收入定义为“企业在日常活动中所形成的、会导致所有者权益增加的、与所有者投入资本无关的经济利益的总流入”。收入具体包括因销售商品、提供劳务、让渡资产使用权而获取的收入。其中，“日常活动”指一个企业的持续的、主要原因的或核心的业务活动。

从定义可以看出，收入具有如下几点特征：

1. 收入是在日常活动中产生的

收入的这一特征将收入与利得明确区分。利得（gains）是企业边缘性（marginality）或偶发性（accidentally）交易或事项的结果，这些交易或事项绝大多数是源于企业无力控制的外界因素的影响。利得属于不经过经营活动就能取得或不曾期望获得的收益，如通过诉讼获得的收入、变卖非流动资产的收益等，利得在会计报表上通常以净额反映。收入则是企业日常经营活动产生的，如制造业是通过销售本企业生产的产品取得的收入，商品流通企业通过转销购进商品而取得的收入，金融企业通过存贷业务和结算业务取得的收入，服务企业通过对外提供劳务而取得的收入。

2. 收入可能表现为企业资产的增加或负债的减少，或二者兼而有之

当企业销售一批商品或提供一项劳务后，可能收到一笔现金或银行存款而增加企业的货币资产，或得到一项收取货款的权利而增加企业应收款项资产；也可能通过抵减企业所欠他人的债务而减少企业的负债（以货抵债）；也可能收到一部分资产，同时抵减一部分债务。

3. 收入能导致企业所有者权益的增加

收入能导致所有者权益的增加的特征是收入的基本特征，也是收入的实质。收入的这一特征可以通过会计等式来理解。会计的基本等式为“资产 = 负债 + 所有者权益”，现变换一下该等式，即为“资产 - 负债 = 所有者权益”。由于收入会引起企业资产的增加或债务的减少，或二者兼而有之，从变换后的会计等式中可以看出，无论哪种情况出现，都会使公式右边的所有者权益增加。

企业的收入可以根据不同的标准进行不同的分类，一般情况下有两种分类方法：一是按收入的主次分为主营业务收入和其他业务收入。二是按收入形成的原因分为销售商品收入、提供劳务收入、让渡资产使用权收入。

销售商品收入是指制造企业销售本企业生产的产品而实现的收入，商品流通企业转销购进商品而取得的收入。

提供劳务收入是指服务性企业对外提供旅游、运输、饮食、广告、理发、照相、洗染、咨询、代理、培训、安装等劳务而取得的收入。

让渡资产使用权收入是指金融企业因他人使用本企业现金而收取的利息收入，一般企业因他人使用本企业无形资产（如商标权、专利权、专营权、软件、版权等）而取得的使用费收入。

三、收入的确认与计量

（一）收入的确认

收入的确认是指交易或事项发生后，会计人员决定是否、何时、如何将收入加以记录并列入利润表的过程。在确认收入时，必须符合两个基本条件：①与形成收入交易相关的经济利益能够流入企业；②收入的金额能够可靠地计量。对于各种具体的收入来说，其确认标准又有差别。下面主要以制造企业销售商品为例，详细讲述销售商品收入的确认，有关提供劳务取得收入、让渡资产使用权收入以及特殊的销售业务收入的内容将在中级财务会计中具体讲解。

商品是企业为销售而生产（制造业）或购进（商业）的商品。企业销售的其他存货如原材料、包装物等也视同商品。商品销售包括以取得货币资金和收取货款权利方式进行的商品销售，以商品抵偿债务（包括债务重组）、以商品进行非货币性资产交换、以商品进行对外投资、以商品作为职工薪酬等，视同销售。

我国《企业会计准则第 14 号——收入》规定，销售商品的收入，只有在全部符合以下 5 个条件时才能予以确认：

（1）企业已将商品所有权上的主要风险和报酬转移给购货方；

（2）企业既没有保留通常与所有权相联系的继续管理权，也没有对已售出的商品实施有效控制；

（3）收入的金额能够可靠地计量；

（4）相关的经济利益很可能流入企业；

（5）相关的已发生或将要发生的成本能够可靠地计量。

（二）收入的计量

收入的计量就是对已确认的收入加以量化，确定其金额的多少。一般而言，收入最好以企业销售商品和提供劳务的交换价格来计量，这一交换价格代表收入交易与最终可取得的货币或应收债权的现金等值。但在理论上说，收入的计量应当是所提供产品和劳务的交换价格的贴现值。倘若从销售到收款需要经过一段时间之隔，就有必要考虑贴现的因素，因为如果一笔 100 元的销售收入要到 1 年后才能收到货款，其现值将小于 100 元。

企业应当按照从购货方已收或应收的合同或协议价款确定销售商品收入的金额，但已收或应收合同或协议价款不公允的除外。合同或协议价款的收取采用递延方式，实质上具有融资的性质，应当按照应收的合同或协议价款的公允价值确定销售商品收入金额。应收的合同或协议价款与其公允价值之间的差额，应当在合同或协议期间内采用实际利率法进行摊销，计入当期损益（冲减财务费用）。基于重要性原则，应收的合同或协议价款与其公允价值之间的差额，若采用实际利率法摊销与采用直线法摊销结果相差不大的，也可以采用直线法摊销。

企业在确定销售商品收入金额时，不考虑各种预计可能发生的现金折扣、销售折让。现金折扣在实际发生时计入发生当期财务费用，销售折让在实际发生时冲减发生当期销售收入。

企业为了核算各项收入的实现和结转情况，需要设置“主营业务收入”等会计科目。记录销售收入时，企业应按照已收或应收的合同或协议价款，加上应收取的增值税，借记“银行存款”、“应收账款”、“应收票据”等科目，按确定的收入金额，贷记“主营业务收入”、“其他业务收入”等科目，按照应收取的增值税，贷记“应交税费——应交增值税（销项税额）”。下面举例说明销售商品收入的账务处理。

例5－1：珠江公司2008年3月1日销售一批商品10 000千克给甲公司，合同价格每千克50元，增值税率17%。珠江公司已将商品发出，并开出增值税专用发票。甲公司尚未付货款，珠江公司以银行存款支付代垫运费1 000元。甲公司于3月15日付清所有货款。

一般情况，企业销售商品，可以立即收到货款，或未收到货款但收到了收取货款的权利，这表明已符合收入确认的5个条件。

（1）3月1日确认收入时：

借：应收账款——甲公司	586 000	
贷：主营业务收入		500 000
应交税费——应交增值税（销项税额）		85 000
银行存款		1 000

（2）3月15日收到货款：

借：银行存款	586 000	
贷：应收账款		586 000

此项收入的销售成本于期末一次结转。

例5－2：珠江公司销售一批商品50吨给乙公司，合同单价每吨2 000元，增值税率17%。珠江公司已开出增值税专用发票，并已发货；乙公司开出5个月的银行承兑汇票结算，已采用自提方式将商品运回。

借：应收票据——乙公司	117 000	
贷：主营业务收入		100 000
应交税费——应交增值税（销项税额）		17 000

此项收入的销售成本于期末一次结转。

例5－3：珠江公司销售一批货50 000千克给丙公司，协议价格每千克8元，增值税率17%，结算方式采用托收承付方式。珠江公司的货已通过铁路运输发出，并以银行存款支付代垫运费1 500元。此项收入目前收回的可能性取决于对方是否会承付货款，因此暂时还不能确认收入。该批商品的成本为300 000元。

借：发出商品　300 000

　贷：库存商品　300 000

借：应收账款——丙公司　1 500

　贷：银行存款　1 500

例 5－4：珠江公司于2008 年6 月1 日向乙公司销售原材料一批，价值10 000 元，增值税率17%，已开出增值税专用发票。乙公司已开出期限为3 个月的商业票据。

借：应收票据　11 700

　贷：其他业务收入　10 000

　　应交税费——应交增值税（销项税额）　1 700

第三节　货币资金

货币资金是企业资产的重要组成部分，是企业进行生产经营活动的基本条件。在企业的生产经营过程中，经常涉及大量的货币资金收支业务。加强货币资金的管理，组织好货币资金的收支核算，是会计核算中一项十分重要的工作。本节主要介绍现金、银行存款和其他货币资金的核算。

货币资金是广义的现金，一般包括硬币、纸币、存放于银行或其他金融机构的活期存款以及本票和汇票存款等可以立即支付使用的交换媒介物。凡是不能立即支付使用的银行存款（如银行冻结存款等），均不能视为货币资金。货币资金按其存放地点和用途，可分为库存现金（狭义的现金）、银行存款和其他货币资金。做好货币资金的核算和管理，有助于企业合理使用货币资金，加速资金周转，加强对货币资金的内部控制和管理，并且保证货币资金的安全。

一、库存现金

现金是指流通中的货币，包括铸币和纸币。我国企业会计核算上的现金，是货币资金狭义上的概念，指库存现金，即企业财务部门为了支付企业日常零星开支而保管的库存现钞，包括各种本币和外币。

现金是流动性最强的一种货币资金，是企业可以立即投入流通的交换媒介。企业可以随时动用现金购置所需财产物资、支付有关费用、清偿各项债务，也可以随时存入银行。对现金进行核算和管理具有十分重要的意义。

（一）库存现金的管理

由于现金的流动性强，是直接的流通货币，在企业经济活动中，收支频繁，容易发生差错和意外损失，也是被不法人员挪用、贪污和盗窃的重要目标，因此加强现金的管理和内部控制是会计核算的重点。

现金管理制度的主要规定：

（1）库存现金的收支，必须由专门负责办理现金收支和银行结算业务的出纳人员（casher）收管和支付，非出纳人员不得经管现金。出纳人员在收付现金时，必须以符合规定、手续齐全的合法凭证为依据。

（2）收入的现金应当在收款当日送存开户银行，最迟也应在收款次日上午送存开户银行。农村地区、企业远离银行或其他原因，经开户银行同意，可以放宽送存时间。

（3）对于企业收入的现金，未经银行同意，不得坐支挪用。企业从自己收入的现金中直接用于支付的行为称为坐支。根据国家规定，企业收入现金必须送存银行，支出现金必须向银行提取，以便银行能及时了解企业的现金来源和去向，加强管理。

（4）企业应由开户银行核定库存现金限额，以备日常支付。超过限额以上的现金应及时存入银行，需要补充时，可以向银行支取。

（5）企业间经济往来业务，凡超过1 000元的款项，一律通过银行办理转账结算。当企业因采购地点不固定或交通条件限制以及其他特殊情况下必须使用现金时，应向开户行提出申请，经企业开户银行审核同意后，可以支付现金。

（二）现金的收支范围

现金结算是指企业直接用现金支付或收入的货币结算。凡是通过银行划拨转账的叫非现金结算或转账结算。在现金收支范围内的款项，企业可以用现金进行收付，否则，均应办理转账结算。

（1）现金支出范围。现金支出范围包括：①职工工资和各种工资性津贴；②个人劳动报酬，包括稿费、讲课费及其他工作报酬；③支付给个人的奖金，包括根据国家规定颁发给个人的科学技术、文化艺术、体育等各种奖金；④各种劳保、福利费用以及国家规定的对个人的其他现金支出；⑤收购单位向个人收购农副产品和其他物资支付的价款；⑥出差人员必须随身携带的差旅费；⑦结算起点（现行规定为1 000元）以下的零星支出；⑧中国人民银行确定需要用现金支付的其他支出。企业在日常资金结算工作中，应按上述范围严把现金使用关，不属于上述现金结算范围的款项支付，一律通过银行进行转账结算，不得支付现金。

（2）现金收入范围。现金收入范围包括：①剩余差旅费和归还备用金等个人的交款；②对个人或不能转账的集体单位的销售收入；③不足转账结算起点的小额收款，如小额销售收入等。上述范围以外的收入款项，一律通过银行办理转账结算，不得收取现金。

对于每一笔现金的收付业务，都必须根据有关原始凭证，由会计主管人员或指定的人员审核，并根据审核无误的原始凭证，编制现金收款凭证或付款凭证，送交出纳员收付现金。对于从银行提取现金或现金送存银行的业务，只编制付款一方的付款凭证，不再编制收款一方的收款凭证，以免重复过账。

（三）现金的核算

企业为了反映现金收付情况，在总分类账中，应设置“库存现金”账户。“库存现金”账户用以核算企业库存现金的收付变动及结存情况，属于资产类账户。收入现金时，记入借方；支付现金时，记入贷方；余额在借方，表示库存现金实存数额。有外币业务的企业，还应按币种分别设置明细账户进行核算。

企业应当设置现金日记账。现金日记账由出纳人员按业务发生时间的先后顺序，根据审核无误的收、付款凭证，逐日逐项登记，计算当日现金收入、支出及余额，并将账面余额同现金实存额进行核对，做到账实相符。月末应将现金日记账余额同总分类账余额核对相符，做到日清月结。有外币现金的企业，还应分别设置人民币现金、外币现金的现金日记账进行明细核算。现金日记账一般采用三栏式，也可以根据需要设置多栏式。

例5－5：2008年3月1日珠江公司签发现金支票一张，从银行提取现金15 000元备用。

借：库存现金　　15 000

　贷：银行存款　　15 000

例5－6：3月15日，收到现金销售商品收入1 000元，增值税销项税额170元。

借：库存现金　　1 170

　贷：主营业务收入　　1 000

　　应交税费——应交增值税（销项税额）　　170

例5－7：3月15日，将收到的销售收入1 170元存入银行。

借：银行存款　　1 170

　贷：库存现金　　1 170

（四）备用金制度及其核算

备用金是企业拨付给企业内部有关部门或职工个人作为差旅费、零星采购、零星开支等用途的备用款项。对于备用金，企业可以单独设置“备用金”账户进行核算；不设置“备用金”账户的企业，可以在“其他应收款——备用金”账户中进行核算。

按照对备用金管理方式的不同，备用金可以分为定额备用金和非定额备用金两类。

1. 定额备用金制度

定额备用金是指用款部门或个人按照定额持有的备用金。这种制度采用先付后用，集中报销，报销时补足与原核定金额之间的差额，从而提高日常工作效率。建立备用金时，应借记“其他应收款——备用金”账户，贷记“银行存款”或“库存现金”账户。业务发生后补足差额时，借记有关账户，贷记“库存现金”或“银行存款”。

例5－8：某企业行政部门实行定额备用金制度，财会部门依据企业的资金预算核定行政部门的备用金定额为2 000元，开出现金支票拨付。编制会计分录如下：

借：其他应收款——备用金　　2 000

　贷：银行存款　　2 000

行政部门向财会部门报销日常办公用品开支1 100元。财会部门经审核原始凭证等有关单据后，同意报销，并补足其备用金定额。编制会计分录如下：

借：管理费用　　1 100

　贷：银行存款　　1 100

2. 非定额备用金制度

非定额备用金是指用款部门或个人所持有的备用金没有定额规定，当用款部门或个人由于开支需要使用备用金时，按需要逐次向财会部门申请报批，经财会部门会同有关负责人审核同意后，逐次借用与报销。

例5-9：某企业行政部门张三因公出差，向财会部门预支差旅费2 500元，以现金支付。

借：其他应收款——备用金　　2 500

　贷：库存现金　　2 500

张三出差回来后报销差旅费2 000元，余额500元交回。

借：管理费用　　2 000

　　库存现金　　500

　贷：其他应收款——备用金　　2 500

（五）现金清查

为了确保现金安全、完整，除实行钱账分管，正确组织现金凭证传递和审核外，还应定期对现金进行清查。现金清查的方法采用账实核对法。现金清查包括出纳人员每日进行的日清日结和组织清查小组定期对现金的清查，即将现金的实存数与账面数进行核对，保证账实一致。对现金实存额进行盘点，必须以现金管理的有关规定为依据，不得以白条抵库，不得超限额保管现金。清查小组清查后，根据清查结果编制现金盘点报告单，填写现金实存数、账存数和盈亏情况。如果发现账实不一致，除应及时查明原因外，还须进行相应的会计处理。不得以今日长款弥补它日短款。

根据规定，每日终了结算现金收支、财产清查等发现的有待查明原因的现金短缺或溢余，应通过“待处理财产损溢”账户核算。属于现金短缺，应按实际短缺的金额，借记“待处理财产损溢——待处理流动资产损溢”科目，贷记“库存现金”科目；属于现金溢余，按实际溢余的金额，借记“库存现金”科目，贷记“待处理财产损溢——待处理流动资产损溢”科目。待查明原因后作如下处理：

（1）如为现金短缺，属于应由责任人赔偿的部分，借记“其他应收款——应收现金短缺（××个人）”或“现金”等科目，贷记“待处理财产损溢——待处理流动资产损溢”科目；属于应由保险公司赔偿的部分，借记“其他应收款——应收保险赔偿”科目，贷记“待处理财产损溢——待处理流动资产损溢”科目；属于无法查明的其他原因，根据管理权限，经批准后处理，借记“管理费用——现金短缺”科目，贷记“待处理财产损溢——待处理流动资产损溢”科目。

（2）如为现金溢余，属于应支付给有关人员或单位的，应借记“待处理财产损溢——待处理流动资产损溢”科目，贷记“其他应付款——应付现金溢余（××个人或单位)”科目；属于无法查明原因的现金溢余，经批准后，借记“待处理财产损溢——待处理流动资产损溢”科目，贷记“营业外收入——现金溢余”科目。

例5－10：2008年3月17日，珠江公司清查小组清查现金时，发现短款300元。3月19日，经细查后发现该企业出纳员朱文在付给外单位款项时多付了200元，由出纳员负责；其余100元无法查明原因，作为管理费用处理。

(1) 3月17日，发现现金短款时：

借：待处理财产损溢——待处理流动资产损溢　　300

　贷：库存现金　　300

(2) 3月19日，查清原因处理时：

借：其他应收款——应收现金短缺（朱文）　　200

　　管理费用——现金短缺　　100

　贷：待处理财产损溢——待处理流动资产损溢　　300

例5－11：2008年4月22日，珠江公司清查小组清查现金时，发现溢余900元。4月23日，经细查，发现该企业出纳在支付工资时少付给李雪600元，其余300元无法查明原因。

(1) 4月22日，发现现金溢余时：

借：库存现金　　900

　贷：待处理财产损溢——待处理流动资产损溢　　900

(2) 4月23日，查清原因处理时：

借：待处理财产损溢——待处理流动资产损溢　　900

　贷：其他应付款——应付现金溢余（李雪）　　600

　　　营业外收入——现金溢余　　300

二、银行存款

(一) 银行存款概述

银行存款是企业存放在银行或其他金融机构的货币资金。按照国家有关规定，凡是独立核算的企业，都应在当地银行开立账户，并遵循银行结算的有关规定，如数按核定的限额保留库存现金，超过限额部分必须存入银行。除了在规定的范围内可以使用现金收付外，其经营过程中发生的一切货币收支业务，都应通过银行进行转账结算，严格执行《银行支付结算办法》规定的结算制度，加强对银行存款的管理。企业通过银行办理支付结算时，应当认真执行国家各项管理办法和结算制度，遵守以下规定：

(1) 合法使用银行账户，不得转借其他单位或个人使用；

(2) 不得用银行账户进行非法活动；

(3) 不得签发没有资金保证的票据和空头（bad check）支票，套取银行信用；

(4) 不得签发、取得和转让没有真实交易和债权债务的票据，套取银行和他人资金；

（5）不准无理拒绝付款，任意占用他人资金；

（6）不准违反规定开立和使用账户。

（二）银行转账结算

结算是指结清收付双方之间的债权债务的行为，可分为现金结算和转账结算两种。现金结算是以货币款项结清单位或个人之间的债权债务；转账结算是收付双方通过银行从账户上划转款项进行的结算。

一项转账经济业务不仅涉及收付款双方的利益，而且需要通过收方、付方及银行三方共同完成。收付款双方在结算中必须遵守国家的法律、法规和双方签订的经济合同及协议；银行在办理结算业务时，必须维护收付款双方的正当权益。凡收入的款项，必须及时记入结算凭证指定收款人的银行存款账户。对收款人收入银行账户的存款，银行要保证收款人的支配权。银行在办理转账结算的过程中，只负责将结算款项从付款人的银行存款账户划转到收款人的银行存款账户中；付款人账户存款余额不足时，银行不负垫款的责任。

根据中国人民银行有关结算办法规定，目前企业发生的收付业务可以采用的结算方式有银行汇票结算方式、银行本票结算方式、商业汇票结算方式、支票结算方式、汇兑结算方式、委托收款结算方式、托收承付结算方式、信用证结算方式等。

1. 银行汇票

银行汇票是指汇款人将款项交存当地银行，由当地银行签发给汇款人持往异地办理转账或支取现金的票据。银行汇票具有使用灵活、票随人到、兑现性强等特点，适用于先收款后发货或钱货两清的商品交易。银行汇票可用于转账，填写"现金"字样的银行汇票也可以用于支取现金。银行汇票的付款期限为自出票日起1个月内。

付款单位应在收到银行签发的银行汇票后，根据"银行汇票申请书（存根）"联编制付款凭证，借记"其他货币资金——银行汇票"科目，贷记"银行存款"科目。申请人取得银行汇票后，即可持银行汇票向填明的收款单位办理结算。借记有关科目，贷记"其他货币资金——银行汇票"科目。收款企业在收到付款单位送来的银行汇票时，应在出票金额以内，根据实际需要的款项办理结算，并将实际结算金额和多余金额准确、清晰地填入银行汇票和解讫通知的有关栏内，银行汇票的实际结算金额低于出票金额的，其多余金额由出票银行退交申请人。收款企业还应填写进账单并在汇票背面"持票人向银行提示付款签章"处签章，签章应与预留银行的印鉴相同，然后，将银行汇票和解讫通知、进账单一并交开户银行办理结算，银行审核无误后，办理转账。银行汇票的收款人可以将银行汇票背书转让给他人。背书转让以不超过出票金额的实际结算金额为限，未填写实际结算金额或实际结算金额超过出票金额的银行汇票不得背书转让。

2. 银行本票

银行本票是银行签发的，承诺自己在见票时无条件支付确定的金额给收款人或持票人的票据。银行本票由银行签发并保证兑付，而且见票即付，具有信誉高、支付功能强等特点。在同一票据交换区域支付各种款项，都可以使用银行本票。

银行本票分定额本票和不定额本票。定额本票面值分别为1 000元、5 000元、10 000元和50 000元。在票面划去转账字样的，为现金本票。

银行本票的付款期限为自出票日起最长不超过2个月。付款单位应在收到银行签发的银行本票后，根据“银行本票申请书（存根）”联编制付款凭证，借记“其他货币资金——银行本票”科目，贷记“银行存款”科目。申请人取得银行本票后，即可持银行本票向填明的收款单位办理结算，借记有关科目，贷记“其他货币资金——银行本票”科目。

收款单位在收到银行本票时，应该在提示付款时，在本票背面“持票人向银行提示付款签章”处加盖预留银行印章，同时填写进账单，连同银行本票一并提交开户银行转账。收款单位可以根据需要在交换区域内背书转让银行本票。

3. 商业汇票

商业汇票是指由收款人或付款人（或承兑申请人）签发，经承兑人承兑，于到期日无条件向收款人或被背书人支付款项的票据。在银行开立存款账户的法人以及其他组织之间须具有真实的交易关系或债权债务关系，才能使用商业汇票。商业汇票可以背书转让。商业汇票的持有人可持未到期的商业汇票到银行申请贴现。

商业汇票按承兑人的不同，分为商业承兑汇票和银行承兑汇票两种。

商业承兑汇票是由银行以外的付款人承兑。采用商业承兑汇票方式的，购销双方同意签发商业承兑汇票后，各自按规定发货或收货，发货单位根据该汇票和其他有关凭证，借记“应收票据”科目，贷记相关会计科目；收货单位根据该汇票及有关凭证，借记相关会计科目，贷记“应付票据”科目。

收款单位将要到期的商业承兑汇票连同填制的邮划或电划委托收款凭证，一并送交银行办理转账，根据银行的收账通知，据以编制收款凭证，借记“银行存款”科目，贷记“应收票据”科目；付款单位在收到银行的付款通知时，据以编制付款凭证，借记“应付票据”科目，贷记“银行存款”科目。商业汇票到期时，如果购货企业的存款不足支付票款，开户银行应将汇票退还给销货企业，银行不负责付款，由购销双方自行处理。

银行承兑汇票由银行承兑。承兑银行按票面金额向出票人收取万分之五的手续费。采用银行承兑汇票方式的，收款单位将要到期的银行承兑汇票连同填制的邮划或电划委托收款凭证，一并送交银行办理转账，根据银行的收账通知，据以编制收款凭证。承兑银行凭汇票应将承兑款项无条件转交收款人。如果购货企业于汇票到期日未能足额交存票款时，承兑银行除凭票向持票人要求无条件付款外，对出票人尚未支付的汇票金额按照每天万分之五计收罚息。

付款单位在收到银行的付款通知时，据以编制付款凭证。收款单位将未到期的商业汇票向银行申请贴现时，应按规定填制贴现凭证，连同汇票一并送交银行，根据银行的收账通知编制收款凭证。

4. 支票

支票（check）是出票人签发的，委托办理支票存款业务的银行或者其他金融机构在见票时无条件支付确定的金额给收款人或持票人的票据。

支票结算方式是同城结算中使用比较广泛的一种结算方式。单位和个人在同一票据交换区域的各种款项结算，均可以使用支票。支票由银行统一印制，支票上印有“现金”字样的为现金支票，支票上印有“转账”字样的为转账支票。转账支票只能用于转账，不能支取现金。现在所用的其上既没有“现金”字样也没有“转账”字样的支票，称为普通支票。在普通支票左上角划两条平行线的，为划线支票或转账支票。划线或转账支票只能用于转账，不得支取现金。普通支票左上角没有划线的支票为现金支票，这种支票既可支取现金，也可以用于转账。

支票的提示付款期限为自出票日起10天内，中国人民银行另有规定的除外。转账支票可以根据需要在票据交换区域内背书转让。企业不得签发超过银行存款余额的空头支票。签发支票时，应使用蓝黑墨水或碳素墨水，将支票上的各要素填写齐全，并在支票上加盖其预留银行印章。

5. 汇兑

汇兑（postal money order）是汇款人委托银行将款项汇给外地收款人的结算方式。

汇兑分为信汇和电汇两种。信汇是指汇款人委托银行通过邮寄方式将款项划转给收款人；电汇是指汇款人委托银行通过电报将款项划给收款人。汇兑结算方式适用于异地之间的各种款项结算，这种结算方式划拨款项简便、灵活。

收款单位对于汇入的款项，应在收到银行的收账通知时，据以编制收款凭证。付款单位对于汇出的款项，应在向银行办理汇款后，根据汇款回单编制付款凭证，借记“其他货币资金——外埠存款”科目，贷记“银行存款”科目。

6. 委托收款

委托收款（mandatory collection）是收款人向银行提供收款依据，委托银行向付款人收取款项的结算方式。无论单位还是个人都可以凭已承兑商业汇票、债券等付款人债务证明办理同城或异地的款项收取。委托收款还适用于收取电费、电话费等付款人数众多且分散的公用事业费等的有关款项。委托收款结算款项划回的方式分为邮寄和电报两种。

企业的开户银行受理委托收款后，将委托收款凭证寄交付款单位开户银行，由付款单位开户银行审核，并通知付款单位。付款单位收到银行交给的委托收款凭证及债务证明，应签收并在3天内审查债务证明是否真实，是否是本单位的债务，确认之后通知银行付款。

收款单位发货后委托银行收款，在银行受理之后，根据有关凭证，借记“应收账款”科目，贷记有关科目。托收款项收到后，根据银行的收账通知编制收款凭证。

付款单位在收到银行转来的委托收款凭证后，根据委托收款凭证的付款通知和有关的原始凭证编制付款凭证。如在付款期满前付款，应于通知银行付款之日编制付款凭证。

7. 托收承付

托收承付结算方式是指根据购销合同，由收款人发货后委托银行向付款人收取款项，由付款人向银行承认付款的结算方式。办理托收承付结算的款项，必须是商品交易或因商品交易而产生的劳务供应的款项。收款单位办理托收承付，必须有商品发出的证件或其他证明。

采用托收承付结算方式时，购销双方必须签订符合《经济合同法》的购销合同，并在合同上订明使用托收承付结算方式。销货企业按照购销合同发货后，填写托收承付凭证，盖章后连同发运证件（包括铁路、航运、公路等运输部门签发运单、运单副本和邮局包裹回执）或其他符合托收承付结算的有关证明和交易单证送交开户银行办理托收手续。

销货企业开户银行接受委托后，将托收结算凭证回联退给企业，作为企业进行账务处理的依据，并将其他结算凭证寄往购货单位开户银行，由购货单位开户银行通知购货单位承认付款。

购货企业收到托收承付结算凭证和所附单据后，应立即审核是否符合订货合同的规定。按照《支付结算办法》的规定，承付货款分为验单付款与验货付款两种。结算办法规定验单承付的承付期为3天，验货承付的承付期为10天。承付期内付款单位未表示拒绝付款的，银行视为同意付款，于承付期的次日，将款项划给收款单位。付款单位如果在承付期内拒绝付款，应填写“拒绝付款理由书”。

销货企业发货并办理托收手续后，根据银行退回的有关凭证，借记“应收账款”科目，贷记有关科目。收到银行的收款通知时，借记“银行存款”科目，贷记“应收账款”科目。

8. 信用证

信用证结算方式是国际结算的一种主要方式。经中国人民银行批准经营结算业务的商业银行总行以及经商业银行总行批准开办信用证结算业务的分支机构可以办理国内外企业之间商品交易的信用证结算业务。

采用信用证结算方式的，收款单位收到信用证后即备货装运，签发有关发票账单，连同运输单据和信用证，送交银行。根据退还的信用证等有关凭证编制收款凭证。企业申请开出信用证时，应根据有关凭证，借记“其他货币资金——信用证保证金”科目，贷记“银行存款”科目。付款单位在接到开证行的通知时，根据付款的有关单据，借记有关科目，贷记“其他货币资金——信用证保证金”科目。

上述各种结算方式的运用，需以加强结算纪律为保证。企业必须严格遵守银行支付结算办法规定的结算纪律，保证结算业务的正常进行。

（三）银行存款的账务处理

为了记录银行存款的情况，需要设置“银行存款”账户，该账户用于核算银行存款收、付变动和结存情况，属于资产类账户。借方登记银行存款的收入数额，贷方登记银行存款的付出数额，其借方余额表示银行存款的实存数额。有外币业务的企业，还应按币种分别设置明细账户进行明细核算。该账户核算的内容是企业存入银行的各种存款，企业如有存入其他金融机构的存款，也在本账户核算。企业的外埠存款、银行本票存款、银行汇票存款、信用卡存款、信用证保证金存款等在“其他货币资金”账户核算，不在本账户核算。

为了加强对银行存款的管理，及时掌握银行存款收、付的动态和结存情况，企业应设置银行存款日记账，按照银行存款收、付业务的先后顺序逐笔序时登记，每日营业终了应结出余额。有外币业务的企业，应在“银行存款”科目下分别按人民币和各种外币设置银行存款日记账进行核算。

例5－12：5月15日，W公司以银行存款支付前欠A公司的购货款150 000元。

借：应付账款——A 公司　　150 000
　贷：银行存款　　150 000

例 5 – 13：5 月 18 日，W 公司购入管理用品，以银行存款支付货款 2 000 元。
借：管理费用　　2 000
　贷：银行存款　　2 000

例 5 – 14：5 月 25 日，W 公司开出现金支票 5 000 元以备零用。
借：现金　　5 000
　贷：银行存款　　5 000

（四）银行存款的清查

为了确保银行存款核算资料的正确、无误，及时校正差错，企业银行存款日记账应与银行转来的对账单相互核对，每月至少核对一次。企业银行存款日记账上的月末余额若与银行对账单上的月末余额不一致，除双方账务处理可能出现差错外，可能存在未达账项。企业与银行之间的未达账项，是指对于同一经济业务，由于企业与开户银行的记账时间不同，一方已登记入账，而另一方尚未登记入账的会计事项。具体来说有四种情况：①企业已收款入账，银行尚未入账；②企业已付款入账，银行尚未入账；③银行已收款入账，企业尚未入账；④银行已付款入账，企业尚未入账。通常，需要编制“银行存款余额调节表”，以列示并调节企业与银行存款余额记录上由于未达账款所引起的差异。下面以 W 公司为例说明银行存款余额调节表的编制。

例 5 – 15：2008 年 6 月 30 日，W 公司银行存款账面余额为 89 500 元，银行对账单余额为 95 500 元，经过逐项核对，发现造成双方不符的原因如下：

（1）2008 年 6 月 20 日，W 公司开出支票支付甲企业货款 6 000 元，但甲企业尚未到银行办理相关手续。

（2）2008 年 6 月 21 日，W 公司收到 A 企业货款 8 500 元的转账支票一张，并已入账，但尚未到银行办理相关手续。

（3）W 公司委托银行收取 B 公司货款 6 800 元，2008 年 6 月 29 日银行已收到此款项，但 W 公司还未收到银行的收款通知。

（4）银行已转账支付本月 W 公司的水电费 3 000 元，但 W 公司还未收到收费通知。

（5）银行已将本月存款利息 550 元转入银行存款账户，但 W 公司还未收到相关凭证。

（6）W 公司将本月办公费 3 900 元，误记为 3 600 元。

（7）银行将 C 公司收到的货款 4 450 元，误记到 W 公司的银行账户。

要求：根据以上资料，编制 W 公司 2008 年 6 月 30 日银行存款余额调节表（表 5 – 1）。

表 5-1 银行存款余额调节表

2008 年 6 月 30 日 单位：元

项目	金额	项目	金额
企业银行存款余额	89 500	银行对账单余额	95 500
加：W 公司未入账，银行已收到的 B 公司的货款（3）	+6 800	减：银行未入账，W 公司已支付甲企业的货款（1）	-6 000
减：W 公司未入账，银行已支付的水电费（4）	-3 000	加：银行未入账，W 公司已收到的 A 公司的货款（2）	+8 500
加：W 公司未入账，银行已入账的利息收入（5）	+550	减：银行误记 C 公司存款（7）	-4 450
减：W 公司少记办公费（6）	-300		
调节后余额	93 550	调节后余额	93 550

在编制银行存款余额调节表的过程中，属于未达账项的，不需要作任何调整分录。属于银行记账有错的，由银行进行更正，企业直接通过银行存款余额调节表调整即可，如上例第（7）项。属于企业记账有错的，应编制更正分录入账，以及时纠正错误，如上例第（6）项就属于企业的“银行存款”账户记账有错的情况，应编制更正分录，具体如下：

借：管理费用——办公费　　300

　　贷：银行存款　　300

三、其他货币资金

其他货币资金是指除现金、银行存款以外的各种货币资金，主要包括外埠存款、银行汇票存款、银行本票存款、信用卡存款、信用证保证金存款、存出投资款等。

为了记录其他货币资金的情况，需要设置“其他货币资金”账户。“其他货币资金”账户用以核算其他货币资金的开立、支付、结存等情况，属于资产类账户，该账户结构与“银行存款”账户的结构基本相同。企业在“其他货币资金”账户下设置“外埠存款”、“银行汇票”、“银行本票”、“信用卡”、“信用证保证金”、“存出投资款”等明细账户，并按外埠存款的开户银行，银行汇票或本票、信用证的收款单位等设置明细账。有信用卡业务的企业应当在“信用卡”明细账户中按开出信用卡种类设置明细账。企业增加其他货币资金时，借记“其他货币资金”，贷记“银行存款”；减少其他货币资金时，借记有关科目，贷记“其他货币资金”；期末余额在借方表示企业持有的其他货币资金。有关其他货币资金核算的实例如下：

例 5-16：W 企业从银行汇款 150 000 元到上海用于购买材料。

借：其他货币资金——外埠存款　　150 000

　　贷：银行存款　　150 000

用此款购入材料 120 000 元，增值税款 20 400 元，余额汇回银行。

借：原材料　　120 000

　　应交税费——应交增值税（进项税额）　　20 400

银行存款　　9 600

贷：其他货币资金——外埠存款　　150 000

第四节　应收款项

应收款项是指企业在正常生产经营过程中，因销售商品、提供劳务，进行股权投资、债权投资等，应向有关单位收取的款项，包括应收票据、应收账款、预付款项、应收股利、应收利息及其他应收款等。预付款项是指企业为取得生产经营所需要的原材料、物品等而按照购货合同规定预付给供应单位的款项。应收及预付款项是企业的重要流动资产，加强对应收及预付款项的管理具有十分重要的意义。本章重点介绍应收票据、应收账款、其他应收及预付款和坏账准备。

一、应收票据

（一）应收票据的概念及种类

应收票据是指企业因销售商品、提供劳务等而收到的商业汇票，按承兑人不同，可以分为银行承兑汇票和商业承兑汇票。在我国，除商业汇票外，大部分商业票据（银行本票、银行汇票）都是即期票据，可以钱随票到，不必作应收票据处理。应收票据是企业未来收取货款的权利，这种权利和将来应收取的货款金额以书面文件形式约定下来，受到法律的保护，具有法律约束力。

银行承兑汇票是由收款人或承兑人签发，并向其开户银行申请，经银行审查同意承兑的票据。购货企业应于汇票到期前将票款足额交存开户银行，以备由承兑银行在汇票到期日或到期日后见票当日付款。销货企业应在汇票到期时将汇票连同进账单送交开户银行以便转账收款。

商业承兑汇票是由收款人开出，经付款人承兑，或由付款人开出并承兑的汇票。汇票到期时，购货企业的开户银行凭票将票款划给销货企业或贴现银行。销货企业应在提示付款期限内通过开户银行委托收款或直接向付款人提示付款。如果到期时购货企业的存款不足以支付票款，其开户银行将汇票退还销货企业，银行不负责付款，由购销双方自行处理。

商业汇票按是否计息，可分为不带息商业汇票和带息商业汇票。不带息商业汇票是指承兑人在商业汇票到期时只按票面金额向收款人或被背书人支付款项的汇票；带息票据是指承兑人在商业汇票到期时按票面金额加上应计利息向收款人或被背书人支付票款的票据。带息票据应注明利率，除另有说明外，票据利率均为年利率。商业汇票的承兑期限一般不超过6个月，到期一律通过银行转账结算；商业汇票可以向银行申请贴现，也可以背书转让；商业汇票不仅可用于同城结算，也可以用于异地结算。

（二）应收票据的确认

1. 应收票据的确认

一般情况下，企业应在收到开出、承兑的商业汇票时，按应收票据的票面价值入账。对于带息的应收票据，应在期末计提利息，计提的利息增加应收票据的账面余额。也就是说，其利息应逐期计入应收票据的账面余额。

根据有关规定，带息票据应在期末计提利息，期末一般理解为半年末或年末。

2. 应收票据的到期日与到期值的确定

应收票据的期限有按日表示和按月表示两种。按日计算的票据，应从出票日起按实际经历天数计算。通常，出票日和到期日只能算一天，如 4 月 13 日出票 60 天到期的票据，4 月份算 17 天，5 月份算 31 天，尚有 12 天，所以到期日为 6 月 12 日。与此同时，要将计算利息使用的年利率换算成日利率（年利率 ÷ 360）。按月计算的票据，以到期月份中与出票日相同的那一天为到期日，如 6 月 18 日出票的 6 个月票据，到期日为 12 月 18 日。月末出票的票据，不论月份大小，以到期月份的月末一天为到期日，如 3 月 31 日出票的 1 个月票据，到期日为 4 月 30 日。与此同时，计算利息使用的年利率要换算成月利率（年利率 ÷ 12）。

不带息票据的到期值，也就是票据的面值；带息票据的到期值应该是面值加上利息，其计算公式如下：

带息票据到期价值 = 面值 ＋ 利息

= 面值 ＋ 面值 × 利率 × 票据期限

（三）应收票据账户的设置

为了进行应收票据的核算，企业应设置“应收票据”账户，该账户用于核算因销售商品、提供劳务等收到开出、承兑的商业汇票，它属于资产类账户。借方登记因销售商品、提供劳务等收到开出、承兑的商业汇票的票面金额及其应计利息；贷方登记到期收回、背书转让、到期承兑人拒付以及未到期向银行贴现的票额和应计利息；期末借方余额反映企业持有的商业汇票的票面价值和应计利息。

在“应收票据”账户下，应按不同的单位分别设置明细账户，进行明细核算。同时，企业应设置应收票据备查簿，逐笔登记每一笔应收票据的种类、号数和出票日期、票面金额、票面利率、交易合同号和付款人、承兑人；背书人的姓名或单位名称、到期日、背书转让日、贴现日期、贴现率和贴现净额，以及收款日期和收回金额、退票情况等资料；应收票据到期结清票款或退票等，都应在备查簿内逐笔注销。

（四）应收票据的会计处理

1. 取得应收票据

取得的应收票据，不论是带息票据还是不带息票据，其会计处理基本相同。

例 5－17：4 月 1 日，W 公司采用商业汇票结算方式向市五金交电公司销售甲产品 500 件，每件售价 800 元，销项增值税 68 000 元，五金交电公司签发为期 6 个月、年利率为 5.1% 的商业承兑汇票 468 000 元。

借：应收票据——市五金交电公司	468 000	
贷：主营业务收入		400 000
应交税费——应交增值税（销项税额）		68 000

2. 会计期末的处理

对于带息应收票据，应于期末时按应收票据的票面价值和确定的利率计提利息。计提的利息增加应收票据的账面余额。

例 5－18：承例 5－17。W 公司持有市五金交电公司的商业汇票期间，于 6 月 30 日计提票据利息。

6 月 30 日，W 公司应计提利息（3 个月的利息）：

应计提的利息 = 468 000 × 5.1% × 3/12 = 5 967（元）

借：应收票据——市五金交电公司	5 967	
贷：财务费用		5 967

3. 应收票据到期

（1）票据到期收回。收回到期不带息应收票据，按收到的应收票据票面金额入账。若收回到期带息应收票据，则按收回的本息入账。

例 5－19：承例 5－17。10 月 1 日，商业汇票到期，W 公司收到该批商品价款。

可收回的商品价款 = 468 000（1 + 5.1% × 6/12） = 479 934（元）

借：银行存款	479 934	
贷：应收票据——市五金交电公司		473 967
财务费用		5 967

（2）票据到期遭拒付。由于银行承兑汇票是由银行到期无条件支付，所以不存在遭拒付的问题，但是商业承兑汇票有可能遭拒付。如果到期的应收票据因付款人无力支付票款而无法按期收回，则当收到银行退回的商业承兑汇票、委托收款凭证、未付票据通知书或拒绝付款证明等时，按应收票据的账面余额进行账务处理。

例 5－20：承例 5－17。10 月 1 日，假设上述应收票据为商业承兑汇票，到期没能收回款项。应按到期价值将应收票据转入应收账款。

借：应收账款——市五金交电公司	473 967	
贷：应收票据——市五金交电公司		473 967

到期不能收回的带息应收票据，转入“应收账款”科目核算后，期末不再计提利息，其所包含的利息，在有关备查簿中登记，待实际收到时再冲减收到当期的财务费用。

二、应收账款

（一）应收账款的概念

应收账款是指企业在正常经营过程中，因销售商品、提供劳务、办理工程结算等，应向购货单位或接受劳务单位收取的款项。应收账款是企业在一定时期内可以收回的一种经营债权，故又称应收销货款。它主要包括企业出售商品、提供劳务、办理工程结算等应向债务人收取的价款及代购货方垫付的运杂费等，表示企业未来能获得的现金流入。

企业应加强对应收账款的管理，根据企业的生产经营状况，控制应收账款的限额和回收时间，采取有效的措施，积极组织催收，避免企业资金被其他单位长期占用，以及时弥补企业生产经营过程中的资金耗费，确保企业的持续经营和扩大再生产。对于长期难以收回的应收账款，企业应认真分析，查明原因，积极催收，以便加速流动资金的周转。对于确实无法收回的，按规定程序报批后，作坏账损失处理。

（二）应收账款的确认

应收账款是在商业信用条件下由于赊销业务而产生的，因而在销售成立时既确认了主营业务收入，又确认了应收账款。也就是说，一般情况下，主营业务收入的确认时间即应收账款的入账时间。应收账款的确认和收入的确认密切相关，在赊销业务中，企业在确认收入的同时，也确认了应收账款。应收账款的入账时间应依据收入确认原则，利用会计人员的职业判断来作出判定。

（三）应收账款的计量

企业会计制度规定，当企业发生应收账款时，按实际发生额入账。在一般情况下，应根据买卖双方在成交时的实际金额记账，它包括发票金额和代购货单位垫付的运杂费两个部分。

（四）应收账款的会计处理

1. 应收账款账户的设置

为了核算企业应收账款的增减情况，需要设置“应收账款”账户。该账户用于核算因销售商品、提供劳务、办理工程结算等，应向购货单位或接受劳务单位收取的款项，属于资产类账户。借方登记企业应收的款项，包括应收取的货款、增值税额、代购货单位垫付的包装费和运杂费、未能按期收回的商业承兑汇票结算款等；贷方登记已收回的款项、改用商业汇票结算的应收账款、已转为坏账损失的应收款项、以债务重组方式了结的债权等；期末借方余额反映尚未收回的各种应收账款。本账户应按不同的购货单位或接受劳务单位设置明细账户，进行明细核算。

不单独设置“预收账款”账户的企业，预收的账款也在本账户反映。此时，“应收账款”账户期末明细账如为贷方余额，则反映企业预收的账款。

2. 应收账款的会计处理

应收账款的会计处理主要包括一般经营中应收账款的形成和收回、应收账款与应收票据间的转换。

例5-21：4月1日，W公司采用委托收款结算方式向豫兴股份有限公司销售产品一批，货款20 000元，增值税额3 400元，以银行存款代垫运杂费600元，货已发出，已办理委托银行收款手续。4月26日接到银行收款通知，该笔款项已收回入账。

（1）4月1日，委托银行收款：

借：应收账款——豫兴公司　24 000

　贷：主营业务收入　20 000

　　应交税费——应交增值税（销项税额）　3 400

　　银行存款　600

（2）4月26日，收款入账：

借：银行存款　24 000

　贷：应收账款——豫兴公司　24 000

（五）坏账及坏账损失

坏账是指无法收回或收回的可能性极小的应收款项。由于发生坏账而使企业遭受的损失，称为坏账损失。

1. 坏账损失的确认

企业会计制度规定，对不能收回的应收款项（包括应收账款和其他应收款），根据企业的管理权限，经股东大会或董事会，或厂长（经理）办公会或类似机构批准作为坏账损失时予以确认。凡符合以下情况之一的，企业应当确认坏账损失：

（1）有确凿证据表明该应收款项不能收回，如债务单位已撤销、破产。

（2）有证据表明该项应收款项收回的可能性不大。如债务单位资不抵债、现金流量严重不足、发生严重的自然灾害等导致停产而在短时间内无法偿付债务的。

（3）应收款项逾期3年以上债务人仍没履行偿债义务的。

2. 坏账损失的会计处理

坏账的核算有两种方法：直接转销法和备抵法。

（1）直接转销法。直接转销法是指在实际发生坏账时，确认坏账损失，计入期间费用，同时注销该笔应收账款。

例5-22：甲公司欠乙公司应收账款20 000元已超过三年，多次催收无效，估计无法收回，则应对该客户的应收账款作坏账损失处理。

借：资产减值损失——坏账损失　20 000

　贷：应收账款——甲公司　20 000

如果已冲销的应收账款确定又能收回：

借：应收账款——甲公司　20 000
　贷：资产减值损失——坏账损失　20 000

收回款项时：

借：银行存款　20 000
　贷：应收账款——甲公司　20 000

直接转销法的优点是账务处理简单，但是，这种方法忽视了坏账损失与赊销业务的联系。在转销坏账损失的前期，对于坏账的情况不做任何处理，显然不符合权责发生制及收入与费用相配比的会计原则，而且核销手续较复杂。如果不及时核销，会导致企业发生大量陈账、呆账，长年挂账得不到处理，虚增前期利润，也夸大了前期资产负债表上应收账款的可实现价值。

（2）备抵法。备抵法是根据稳健性原则的要求，期末按估计的坏账损失，计提坏账准备，同时确认资产减值损失。当某一应收账款全部或部分被确认为坏账时，应根据其金额冲减坏账准备，同时转销相应的应收账款金额。《企业会计准则——应用指南》规定，对坏账处理采用备抵法。

采用备抵法，一方面，企业应按期估计坏账损失，计入资产减值损失；一方面，设置应收账款的备抵账户"坏账准备"，待实际发生坏账时冲销坏账准备和应收账款金额，使资产负债表上的应收账款反映其可实现价值。

备抵法的优点是：①预计不能收回的应收账款作为坏账损失及时计入费用，避免企业虚增利润；②在报表上列示应收账款净额，使报表阅读者更能了解企业真实的财务状况；③使应收账款实际占用资金接近实际，消除了虚列的应收账款，有利于加快企业资金周转，提高企业经济效益。

备抵法首先要按期估计坏账损失。估计坏账损失的方法有应收账款余额百分比法和销货收入百分比法。应收账款余额百分比法又分为综合百分比法和账龄分析法。下面以应收账款余额综合百分比法为例讲述备抵法的核算。

采用应收账款余额百分比法，是以会计期末应收账款的余额乘以一个估计的综合坏账率即为当期末累计应估计的坏账损失准备，然后计算出本期应计提的坏账准备。估计综合坏账率可以按照以往的数据资料加以确定，也可根据规定的百分比计算。理论上讲，这一比例应按坏账占应收账款的概率计算，企业发生的坏账多，比例就相应高一些；反之，则低一些。会计期末，企业计算的应提取坏账准备大于此时"坏账准备"账面余额时，其差额为本期应计提（补提）的坏账准备；企业计算的应提取坏账准备小于此时"坏账准备"账面余额时，其差额为多计提的坏账准备，应冲回多计提的坏账准备。

作为坏账被注销的应收款项，有可能重新收回。如果已列为坏账的款项又重新收回，应先做一笔与原来注销应收款项分录相反的分录，然后，再按正常的方式记录账款的收回。

例5－23：W公司2006年年末应收款项余额为400万元，"坏账准备"账户贷方余额为20万元，2007年发生坏账损失15万元，年末应收款项余额为450万元。2008年收回上年已注销的坏账 10 万元，年末应收账款余额为 480 万元。该企业按应收款项余额的 5% 计提坏账准备。

(1) 2007 年发生坏账：

借：坏账准备　　150 000

　贷：应收账款——× ×　　150 000

此时“坏账准备”为贷方余额为 50 000 元。

(2) 2007 年应提坏账准备：

2007 年应提坏账准备 = 450 × 5% − 5 = 17.5（万元）

借：资产减值损失——提取的坏账准备　　175 000

　贷：坏账准备　　175 000

(3) 2008 年收回上期已注销的坏账：

借：应收账款——× ×　　100 000

　贷：坏账准备　　100 000

同时：

借：银行存款　　100 000

　贷：应收账款　　100 000

(4) 2008 年年末计提坏账准备：

此时“坏账准备”有贷方余额为 32.5 万元，应提坏账准备为 −8.5 万元（480 × 5% − 32.5），为应冲销多计提的坏账准备。

借：坏账准备　　85 000

　贷：资产减值损失　　85 000

按规定，企业应在会计报表附注中披露有关坏账准备的内容，主要包括：本年计提坏账准备的比率，本年计提坏账准备的数额，计提坏账准备比率变动的理由，本年度实际冲销的应收款项及理由，本年收回以前年度已注销的坏账数额等。

三、预付账款和其他应收款

（一）预付账款

预付账款是指企业按照购货合同规定，预付给供应单位的货款。预付账款是商业信用的一种形式，它所代表的是企业在将来从供应单位取得材料、物品等的债权。

1. 预付账款账户的设置

为了反映和监督预付账款的支出和结算情况，需要设置“预付账款”账户。该账户总括地反映企业按照购货合同规定预付给供应单位的款项，属于资产类账户。借方登记企业向供应单位预付、补付的款项；贷方登记企业收到所购物资的应付金额及退回多付款项；期末借方余额反映企业实际预付的款项，期末贷方余额反映企业尚未补付的款项。企业应按供应单位设置明细账，进行明细核算。

预付款项不多的企业，也可将预付的款项并入“应付账款”科目核算，不设“预付账款”科目。

2. 预付账款的账务处理

预付账款的账务处理包括预付款项、收回货物以及无法收到货物等方面。

例5－24：W公司订购甲材料，根据购货合同规定预付给宏达公司货款34 000元。待W公司收到货物时，所列物品的发票价款为30 000元，税款5 100元，W公司按发票金额又补付了1 100元。

（1）预付宏达公司货款时：

借：预付账款——宏达公司	34 000	
贷：银行存款		34 000

（2）收到宏达公司发来的物品，并按发票金额补付款项时：

借：在途物资——甲材料	30 000	
应交税费——应交增值税（进项税额）	5 100	
贷：预付账款——宏达公司		34 000
银行存款		1 100

（二）其他应收款

其他应收款是指企业除销售商品、提供劳务等以外的业务所引起的结算款项，其内容包括：应收的各种罚款、赔款；应收出租包装物的租金；应向职工收取的各种垫付款项；备用金以及其他各种应收、暂付款项。企业应设置“其他应收款”账户进行核算。

本章相关的法规、制度及主要阅读文献

1. 罗绍德．中级财务会计．成都：西南财经大学出版社，2003

2. 罗绍德，罗其安．初级财务会计（第4版）．广州：暨南大学出版社，2009

3. 石本仁，谭小平．会计学原理．北京：中国人民大学出版社，2010

4. 中华人民共和国财政部．企业会计准则．北京：经济科学出版社，2006

5. 中华人民共和国财政部．企业会计准则——应用指南．北京：中国财政经济出版社，2006

思考题

一、问答题

1. 企业经济活动有哪些？
2. 企业销售收入确认的条件有哪些？
3. 收入的概念和特征是什么？
4. 收入的内容有哪些？
5. 现金折扣、销售折让、销售退回的会计处理有何不同？

6. 什么是货币资金，其内容包括哪些？

7. 现金的管理规定有哪些，其内部控制制度是怎样的？

8. 什么是现金结算，什么是转账结算？

9. 银行转账结算有哪些方式，哪些属于同城结算，哪些属于异地结算？

10. 其他货币资金包括哪些内容？

11. 什么是应收款项，它包括哪些内容？

12. 什么是商业折扣，它对确认应收账款的价值有何影响？

13. 什么是现金折扣，它对确认应收账款的价值有何影响？

14. 什么是现金折扣期，什么是信用期？

15. 什么是应收票据，它是如何分类的？

16. 如何区分应收票据的票据期限、持有期限和贴现期限？

17. 简述应收票据贴现的概念及特点。为什么说贴现的带有追索权的应收票据是一种或有负债？

18. 什么是坏账，如何认定坏账？

二、选择题

1. 在采用预收款方式销售的情况下，应当以（　　）确认营业收入的实现。

A. 合同约定的收款日期　　B. 实际收到货款时

C. 将发票账单交给买方时　　D. 在商品发出时

2. 销售商品发生的现金折扣，应当（　　）。

A. 计入财务费用　　B. 冲减财务费用

C. 增加主营业务成本　　D. 冲减主营业务成本

3. 下列项目中，不可以直接用库存现金支付的是（　　）。

A. 个人劳务报酬　　B. 向供销社收购农副产品

C. 出差与之差旅费　　D. 职工个人的医药费

4. 下列项目中，不是其他货币资金的是（　　）。

A. 信用卡存款　　B. 外埠存款

C. 银行本票存款　　D. 银行存款

5. 企业总务科报销定额备用金时，借记“管理费用”账户，贷记(　　)账户。

A. “备用金”　　B. “其他应收款”

C. “其他应付款”　　D. “库存现金”

6. 按照现行规定，下列结算方式中可以通过“应收票据”核算的包括（　　）。

A. 银行承兑汇票　　B. 外埠存款

C. 银行本票存款　　D. 银行汇票存款

7. 某企业2007年9月1日收到一张面额10万、年利率6%的商业承兑汇票，期限6个月，则2007年末的资产负债表上“应收票据”项目金额为(　　)万元。

A. 10.6　　B. 10.2　　C. 10.3　　D. 10.5

8. 企业销售商品发生的销售折让应（　　）。

A. 增加销售费用　　　　　　　　B. 冲减主营业务收入

C. 增加主营业务成本　　　　　　D. 增加营业外支出

9. 某工业企业销售产品每件220元，若客户购买100件（含100件）以上，每件可得到20元的商业折扣。某客户2002年12月10日购买该企业产品100件，按规定现金折扣条件为2/10，1/20，$n/30$。适用的增值税税率为17%。该企业于12月26日收到该笔款项时，假定计算现金折扣时不考虑增值税，应给予客户的现金折扣为（　　）元。

A. 0　　　　B. 200　　　　C. 234　　　　D. 220

10. 某企业1月15日销售产品一批，应收账款为11万元，规定对方付款条件为"2/10，1/20，$n/30$"。购货单位已于1月22日付款，该企业实际收到的金额为（　　）万元。

A. 11　　　　B. 10　　　　C. 10.78　　　　D. 8.8

三、判断题

1. 商业折扣是企业为促进商品销售而在商品标价上给予的价款扣除，应该在销售商品收入中减去，予以单独反映。（　　）

2. 企业在采用托收承付结算方式销售商品时，应当在商品已经发出并办妥委托手续后确认收入。（　　）

3. 现金折扣和销售折让在销售商品时均不能预计，因而，应在实际发生时冲减销售收入。（　　）

4. 在企业的所有资产中，货币资金的流动性最强。（　　）

5. 为简化现金存取手续，企业可以用收入的现金直接支付有关款项。（　　）

6.《企业会计制度》规定，每日终了结算现金收支、财产清查等发现的有待查明原因的现金短缺或溢余，应通过"待处理财产损溢"账户核算。（　　）

7. 备用金是企业拨付给企业内部有关部门或职工个人作为差旅费、零星采购、零星开支等用途的备用款项。（　　）

8. 商业承兑汇票到期时，如果付款企业的存款不足支付货款，开户银行应将汇票退回收款企业，银行不负责付款。（　　）

9. 银行存款日记账与银行对账单应至少每月核对一次，银行存款日记账与银行对账单余额如有差额，应按月编制"银行存款余额调节表"，同时企业应按未达款项入账。（　　）

10. 银行承兑汇票贴现为有追索权的，即当付款人到期无力支付票据款项，背书人或贴现人在法律上要承担连带清偿责任，即贴现企业必须向贴现银行偿还这一债务。（　　）

练习题

一、（销售、现金折扣和商业折扣）W公司5月1日销售一批货300件给N公司，单位价格400元，增值税率为17%。双方洽谈后，W公司按8.5折的价格销售给对方。付款条件为"2/15，$n/30$"。假设N公司于5月8日付款或5月15日付款。

要求：分别编制三个时点的会计分录。

二、(现金和银行存款) W 公司 2008 年 6 月 1 日现金余额为 2 000 元，银行存款余额为 200 000 元，6 月发生如下经济业务（无特别说明不考虑税费）：

1. 6 月 1 日，企业到银行申请开出银行汇票一张 50 000 元到外地购买材料。

2. 6 月 3 日，企业用银行汇票购回材料 40 000 元，增值税 6 800 元，余款转回存入银行。

3. 6 月 4 日，企业以转账支票购买办公用品 1 500 元。

4. 6 月 5 日，销售人员张某出差，预支 500 元现金。

5. 6 月 7 日，企业开出一张转账支票 25 000 元，偿还前欠款。

6. 6 月 15 日，张某回来报销差旅费 450 元，另退回现金 50 元。

7. 6 月 17 日，企业销售商品一批给 N 公司，并收到 N 公司一张银行汇票 35 000 元送存银行。

8. 6 月 18 日，企业申请开出信用证 200 000 元，用于进口货物。

9. 6 月 20 日，销售取得现金 5 000 元，当天存入银行。

10. 6 月 21 日，销售取得现金 3 000 元。

11. 6 月 21 日，将上日销售款 3 000 元存入银行。

12. 企业进行现金清查发现短款 3 000 元，原因待查。

13. 企业以汇兑方式汇出 23 000 元到上海购买材料。

要求：编制相应的会计分录。

三、(银行存款余额调节表) W 公司 2008 年 5 月 31 日的银行存款账面余额为 450 000 元，银行对账单余额为 500 500 元。经过逐项核对，发现造成双方不符的原因如下：

1. 银行代公司收入销售货款 100 000 元，银行已入账，而公司尚未收到银行通知，尚未入账。

2. 月末，公司将转账支票 70 000 元送存银行，公司已入账，而银行尚未入账。

3. 银行代企业支付电话费 15 000 元，银行已入账，而公司尚未收到银行通知，尚未入账。

4. 月末，公司开出转账支票 35 000 元，公司已入账，而银行尚未入账。

5. 月末，银行已将存款利息 500 元转入银行存款账户，但公司还没收到有关凭证，尚未入账。

要求：根据以上资料编制 W 公司 2008 年 5 月 31 日的银行存款余额调节表。

四、(应收票据) W 公司 2006 年 3 月 1 日销售产品一批给 N 公司，货已发出，贷款及税款共计 58 500 元，不分期计息。

1. 假设 N 公司签发一张面值 58 500 元，期限 6 个月的无息商业承兑票据给 W 企业结算，试编制销货方票据签发日、票据到期日收到款项、票据到期日 N 公司无款支付的会计分录。

2. 假设N公司签发票面利率为9.6%的有息票据进行结算，票面金额为58 500元，期限为6个月。试编制销货方票据签发日、票据到期日收到款项、票据到期日N公司无款支付的会计分录。

3. 假设W企业将上述不带息票据持票2个月后，向银行申请贴现，贴现率为12%。计算贴现息和贴现金额。编制贴现时的会计分录，票据到期兑付、票据到期不能兑付的会计分录。

4. 假设W企业将上述带息票据持票2个月后，向银行申请贴现，贴现率为12%。编制贴现时的会计分录，票据到期兑付、票据到期不能兑付的会计分录。

五、(应收账款) 某企业2006年末应收账款余额为960 000元，该公司规定，对于坏账损失的核算采用备抵法，对于坏账准备的计提采用应收账款余额综合百分比法，估计坏账提取率为3%，2006年该公司"坏账准备"账户有年初贷方余额27 000元。

2007年，确认有30 000元的坏账损失，年末"应收账款"余额为1 000 000元。

2008年，上年确认的30 000元坏账损失中有20 000元又重新收回，本年度"应收账款"期末余额为800 000元。

要求：根据上述资料，编制2006年、2007年、2008年度计提坏账准备，确认坏账损失、收回前期已注销的坏账的会计分录。

案例分析

甲企业2008年度发生的业务有关资料如下：

1. 5月1日，甲企业向A企业销售商品一批，价值100万元，商品已经发出，该批商品对方已预付货款。A企业当天收到商品后，发现商品质量未达到合同规定的要求，立即根据合同的有关价格减让和退货的条款与甲企业协商，要求甲企业在价格上给予一定的减让，否则予以退货。至年底，双方尚未就此达成一致意见，甲企业也未采取任何补救措施。

2. 6月1日，甲企业与B企业签订销售合同。合同规定，甲企业向B企业销售生产线一条，总价款为250万元；甲企业负责该生产线的安装调试工作，且安装调试工作是销售合同的重要组成部分。12月5日，甲企业向B企业发出生产线；12月8日，B企业收到生产线并向甲企业支付250万元货款；12月20日，甲企业向B企业派出生产线安装工程技术人员，进行生产线的安装调试；至12月31日，该生产线尚未安装完工。

3. 8月5日，甲企业将一片住宅小区销售给C企业，总价款为1 500万元，甲企业已收到C企业支付的款项，相关的成本可以计量。同时，甲企业接受C企业的委托负责该小区的物业管理。

4. 10月5日，甲企业与D企业签订销售协议。协议规定：甲企业在10月10日将其生产的一批产品销售给D企业，销售价格为600万元；D企业收到产品后应立即向甲企业支付全部价款；甲企业在D企业购入产品1年内，应以650万元的价格购回。

问题：

根据以上资料，分析甲企业上述业务是否符合收入确认条件，并简要说明理由。

第六章　生产成本、销售成本与存货

导言

某市地税稽查局在2008年税收财务大检查中，发现某五金厂2007年上半年和下半年对存货成本采用了不同的计价方法。2007年上半年产成品的存货成本采用移动加权平均法，销售实现后，按账面存货成本结转产品销售成本。从2007年下半年开始，五金类原材料的采购成本有所下降，该五金厂基于缴纳所得税方面的考虑，在未经税务机关批准的情况下，擅自改变存货计价方法而采用了先进先出法，致使2007年产品销售成本上升了将近400万元，企业该年度的应纳税所得额也相应减少了400万元，少缴企业所得税132万元。

本章结构

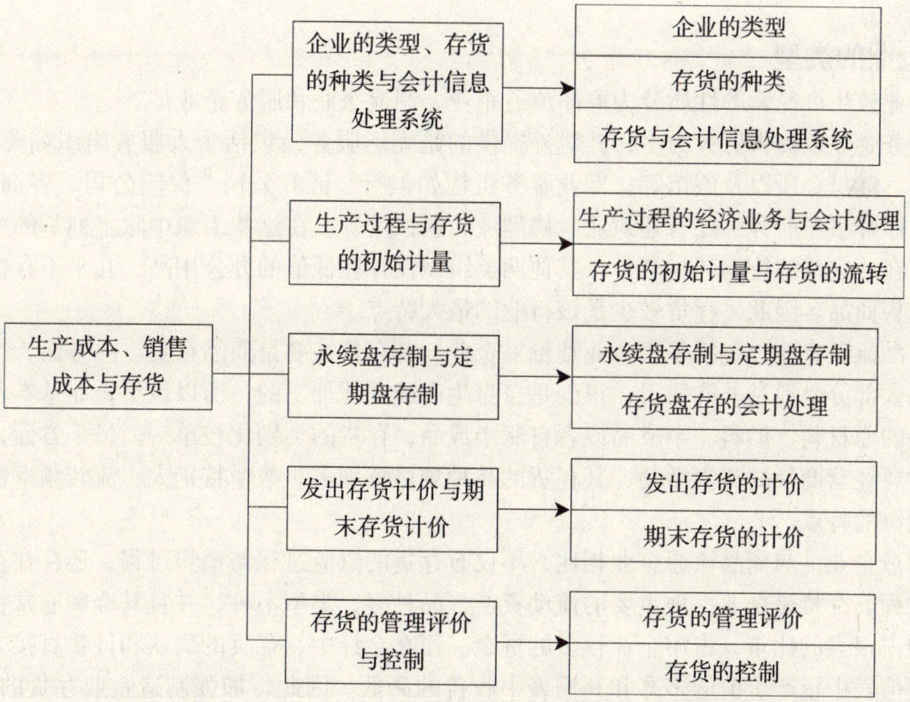

本章要点

了解存货的内容
掌握企业生产业务及会计处理
掌握存货的初始计量
掌握永续盘存制与定期盘存制及存货盘存的会计处理
掌握发出存货的计价
掌握期末存货的计价
了解存货管理评价与控制

上一章我们已经介绍了产品销售过程的主要经济业务与会计处理。本章将以制造企业为主要对象，结合存货成本的流转过程介绍产品生产过程的主要经济业务与会计处理。本章将重点介绍与存货有关的三个会计核算问题：一是存货的初始计量；二是存货盘存制度；三是发出存货的计价和期末存货的计价。最后讨论一下存货管理评价和控制问题。

第一节　企业的类型、存货的种类与会计信息处理系统

一、企业的类型

企业按生产经营的性质分为商品流通企业、制造企业和服务企业。

服务企业以提供劳务为主，其对外提供的是无形服务，包括个人服务组织如美容院、理发店、健身会所以及旅馆等；专业服务机构如银行、证券公司、保险公司、咨询机构、会计及律师事务所等；还有建筑业、修理业、餐饮业等。在这些组织中除了列举的第三类组织存在一定量的待消耗材料外，其他两类组织仅存在低值的办公用品，几乎不存在产成品或代售商品。因此，存货较少是该行业的最大特点。

商品流通企业，包括零售企业和批发企业，其存货主要是商品存货。一方面，这些待售商品大部分是通过外购取得，很少是自身生产或委托加工的，所以该类企业基本不存在待消耗的原材料、燃料、半成品或者自制半成品，存货的类别比较单一。另一方面，该类企业主要经营商品的买卖活动，其存货的品种规格特别多，数量特别大，流转频率快，这是其独有的特点。

制造企业，与商品流通企业相比，不仅有存货的供应过程与销售过程，还存在存货的生产过程。存货是企业一项重要的流动资产，品种多，类型不一，并且其金额通常在流动资产中占很大的比重，占用企业较多的资金。而在会计中，存货的确认和计量直接关系到资产负债表中资产价值的多寡和利润表中收益的高低。因此，加强制造企业存货的管理，对于正确反映企业资产、确定企业经营业绩、控制企业存货占用资金、保证企业健康发展有着至关重要的作用。

二、存货的种类

《企业会计准则第1号——存货》对存货的定义是，存货（inventory）是指企业在日常活动中持有以备出售的产成品或商品、处在生产过程中的在产品、在生产或提供劳务过程中将消耗的材料或物料等。法定所有权是判断企业存货的唯一标准，存货实体所在空间位置不能说明存货所有权的转移和归属。按照这个标准，企业的存货主要包括以下各项：

（1）库存待售的存货，即产成品、库存商品等。

（2）库存待消耗的存货，即原材料、燃料等。

（3）生产经营过程中使用以及处在加工过程中的存货，主要指在产品及低值易耗品、包装物等。

（4）购入的正在运输途中的存货和已运到但尚未办理入库手续的存货，主要指在途的材料、商品。

（5）委托其他单位加工、寄销的存货，即委托加工材料、委托代销商品等。

（6）已经发出，暂未实现销售的存货，如发出商品、分期收款发出商品等。

需注意的是，企业为在建工程购入的各种材料物资，不属于企业存货范围，而属于工程物资。

存货按经济用途进行划分，可以分为原材料、在产品、自制半成品、产成品、包装物、低值易耗品和库存商品。

（1）原材料，是指直接用于制造产品并构成产品实体而取得的存货，或从自然资源采掘而得到的存货，包括原料及主要材料、辅助材料、外购半成品（外购件）、修理用备件（备品备件）、包装材料、燃料等。

（2）在产品和自制半成品，是指已经过一定的生产过程，尚未全部完工，需要进一步加工的中间产品和正在加工的产品。

（3）产成品，是指企业已经完成全部生产过程，并已验收入库，合乎标准规格和技术条件，可以按照合同规定的条件送交订货单位，或可以作为商品对外销售的产品。比如接受外单位委托和原材料代为加工制造的代制品、代修品，在制造和修理完成并验收入库后，视同企业的产成品。已发出未实现销售的委托代销、分期收款发出商品等也属于企业的产成品。

（4）包装物，是指为了包装企业产品而储备的各种包装容器，如桶、箱、瓶、坛、袋等。

（5）低值易耗品，是指单项价值在规定的限额之内或使用期限不满1年，能多次使用而基本上保持其原有实物形态的劳动资料，如工具、管理用具、玻璃器皿等。

（6）库存商品，是指商业企业购入的不需要经过任何加工即可对外销售的商品。

三、存货与会计信息处理系统

在会计信息处理系统中，存货子系统不是一个独立的系统，它接收采购子系统提供的采购入库数据，在材料被领用之后，将相关的部门、用途与价值的数据传递给财务会计信息处理部门；在产品完工后，转入库存，作为库存商品，当库存商品和材料用于销售时，销售子系统需要存货子系统提供数据作为参照，而销售子系统处理的结果——销售出库单，也是存货子系统的一个重要数据来源；存货收发存的价值数据亦是账务处理子系统的重要输入内容。存货子系统的业务流程图如图 6－1 所示：

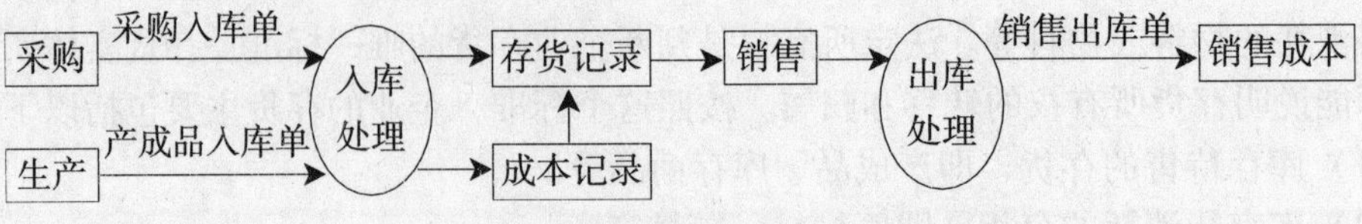

图 6－1　存货与会计信息处理系统

第二节　生产过程与存货的初始计量

一、生产过程的经济业务与会计处理

（一）生产过程的主要经济业务

产品的生产过程是劳动者利用劳动资料，对劳动对象进行加工或改制，使其成为具有某种新的使用价值、能够满足人们某种需要的商品的过程。在产品的生产过程中，一方面会发生各种生产耗费，另一方面又会创造出新的使用价值。生产过程的主要经济业务（或会计事项）包括以下三个方面：

（1）将材料物资投入生产过程。随着材料物资进入生产过程，其价值将随着实物形态的改变而一次性地全部转移到所生产的产品成本中去，构成产品的材料费用。因此，会计既要反映储备材料数量和价值的减少情况，又要等量地反映在产品成本中材料费用的增加情况。

（2）劳动资料在生产过程中逐步发生磨损。劳动资料，如房屋及其他建筑物、机器设备等固定资产在生产过程中发生的磨损，包括有形磨损和无形磨损。固定资产的主要特点之一，就是它能够在较长的时期内加以使用，并参加企业的多个资金循环，其价值将随着固定资产的不断使用而逐渐转移到产品成本之中（制造费用）或作为期间费用（管理费用、销售费用等）处理。因此，会计既要反映固定资产价值的减少情况，又要等量地反映在产品成本和期间费用中固定资产折旧费用的增加情况。

（3）在生产过程中发生的人工成本。企业在生产过程中耗费的劳动，创造了产品的新价值，其中一部分以工资形式支付给劳动者个人，构成产品成本的工资费用。因此，会计既要反映企业货币资金的减少情况，又要等量地反映在产品成本中工资费用的增加情况。

上述材料费用、折旧费用和工资费用，构成制造企业生产费用的主要内容。除以上三项主要费用以外，在生产过程中还会发生按规定的工资总额计提的职工福利费、无形资产摊销和其他生产费用。

（二）生产过程核算的主要内容

产品生产过程的核算，主要包括以下五个方面的内容：

（1）生产领用原料及主要材料、辅助材料和燃料等；

（2）分厂、车间发生的职工工资费用和职工福利费；

（3）分厂、车间发生的固定资产的折旧费用和修理费；

（4）生产过程中发生的其他费用（如长期待摊费用）；

（5）计算和结转完工产品成本。

（三）生产过程的会计处理

1. 应设置的主要会计科目

为了核算企业在生产过程中发生的各项经济业务，企业应设置“生产成本”、“制造费用”、“管理费用”、“财务费用”、“应付职工薪酬”、“累计折旧”、“产成品”、“长期待摊费用”等会计科目。

（1）“生产成本”。它是成本类科目，用来核算企业在产品生产过程中一切产品费用的发生及其结转情况。该账户的基本结构如下：

生产成本

借方：登记企业在产品生产过程中所发生的一切产品费用，包括生产领用的直接材料、生产工人的薪酬、月末转入的制造费用等	贷方：登记企业已完工入库的产品的实际制造成本，即完工产品成本
余额：表示尚未完工的在产品的实际生产成本	

本科目应按成本计算对象，如产品品种、生产批别或生产步骤等设置成本计算单，以便归集和分配各项生产费用，计算各种完工产品的总成本和单位成本。

通常，生产车间或分厂发生的直接材料费用和直接人工费用，直接计入有关产品成本。有时，也需要采用某种分配方法，将其分配后计入有关产品成本。

（2）“制造费用”。它是成本类科目，用来核算企业的生产车间或分厂为生产产品和提供劳务而发生的除直接材料费用、直接人工费用等以外的各项间接费用。具体来说，制造费用项目主要包括：工资和福利费、折旧费、修理费、办公费、水电费、物料消耗、劳动保护费、季节性和修理期间的停工损失等。该账户的基本结构如下：

制造费用

借方：登记车间或分厂日常发生的各项制造费用	贷方：登记于月末分配转入“生产成本”账户的制造费用

除季节性生产企业外，本账户的本期发生额应分配计入有关产品成本。月末结账后，本账户一般无余额。本科目应按车间或分厂等部门设置明细账。

(3)“管理费用”。它是损益类科目，用来核算企业行政管理部门为组织和管理企业生产经营活动而发生的各项管理费用。具体来说，管理费用项目主要包括：公司经费（包括行政管理部门职工工资和福利费、折旧费、修理费、办公费、水电费、差旅费、物料消耗和低值易耗品摊销费等）、工会经费、待业保险费、劳动保护费、董事会费（包括董事会成员津贴、会议费和差旅费等）、聘请中介机构费、咨询费（含顾问费）、诉讼费、业务招待费、房产税、车船使用税、土地使用税、印花税、技术转让费、矿产资源补偿费、无形资产摊销费、职工教育经费、研究与开发费、排污费、存货盘亏损失（减盘盈收益）。但是，不包括应计入营业外支出的存货损失、计提的坏账准备和存货跌价准备等。该账户的基本结构如下：

管理费用

借方：登记企业日常发生的各项管理费用	贷方：登记企业期末转入“本年利润”账户的管理费用

在期末，本账户的余额应转入“本年利润”账户，结转后本科目应无余额。本科目应按费用项目设置明细账。

(4)“财务费用”。它是损益类科目，用来核算企业为筹集生产经营所需资金等而发生的费用。包括：利息支出（减利息收入）、汇兑损失（减汇兑收益）以及相关的手续费等。该账户的基本结构如下：

财务费用

借方：登记企业本期为生产经营活动借款而发生的财务费用	贷方：登记企业的利息收入和汇兑收益，以及期末转入“本年利润”账户的财务费用

在期末，本账户的余额应转入“本年利润”账户，结转后本科目应无余额。本科目应按费用项目设置明细账。

(5)“应付职工薪酬”。它是负债类科目，用来核算企业应付给职工的工资和各种福利的计提和支付情况。该账户的基本结构如下：

应付职工薪酬

借方：登记企业实际支付给职工的各种薪酬	贷方：登记计算企业应付给职工的各种薪酬
	余额：表示应付而未付的职工薪酬

企业应根据具体情况，按工资和各种福利分别设置明细账，进行明细核算。

(6)“累计折旧”。它是“固定资产”科目的调整科目，用来核算企业固定资产的累计折旧数额（即固定资产因磨损而减少的价值）。该账户的基本结构如下：

累计折旧

借方：登记企业注销固定资产原值相应转销的累计已提折旧额	贷方：登记企业各期提取的固定资产折旧额
	余额：表示企业现有固定资产累计已提折旧额

通常，本科目不设置明细账。需要查明某项固定资产的已提折旧额，可以根据固定资产卡片所记载的该项固定资产原价、折旧率和实际使用年数等资料进行计算。

(7)“产成品”或“库存商品”。它是资产类科目，用来核算制造企业生产完工并验收入库产品的实际成本、因销售或其他原因转出产品的实际成本及期末结存的库存产成品的实际成本。该账户的基本结构如下：

产成品（或库存商品）

借方：登记企业入库产品的实际成本	贷方：登记企业转出（销售）产品的实际成本
余额：表示企业库存产品的实际成本	

本科目应按产品的种类、品种或规格设置明细账。

(8)“长期待摊费用”。它是资产类科目，用来核算企业已经支付，但应分期摊入当期和以后各期产品成本或期间费用的，并且摊销期在 1 年以上的各项费用。长期待摊费用项目主要包括：经营租赁方式租入固定资产发生的改良支出、开办费、摊销期限超过 1 年以上的固定资产修理支出，以及摊销期限在 1 年以上的其他费用。长期待摊费用应按受益期限的长短，分期进行摊销。该账户的基本结构如下：

长期待摊费用

借方：登记企业实际支付（预付）的各项长期待摊费用	贷方：登记企业分期摊入相关科目的摊销额
余额：表示企业已经支付尚未摊销完毕的长期待摊费用数额	

本科目应按费用项目或种类设置明细账。

2. 生产过程的账务处理

例 6－1：仓库发出甲材料一批，金额为 10 000 元。其中用于：A 产品生产 5 000 元，B 产品生产 4 000 元，车间一般消耗 600 元，企业行政管理部门一般消耗 400 元。

分析：这笔经济业务发生后，一方面，反映企业为生产 A、B 产品耗用的材料费用、制造费用和管理费用分别增加了 5 000 元、4 000 元、600 元、400 元，应分别记入“生产成本”、“制造费用”和“管理费用”科目的借方（凡成本费用的增加，应记入有关科目的借方）。另一方面，企业的库存材料减少了10 000元，应记入“原材料”科目的贷方（凡资产的减少，应记入有关科目的贷方）。

借：生产成本——A产品	5 000
——B产品	4 000
制造费用	600
管理费用	400
贷：原材料——甲材料	10 000

例6-2：结算本月应付给职工的工资总额为1 000 000元。其中：生产A产品的生产工人的工资500 000元，生产B产品的生产工人的工资400 000元，车间管理人员的工资50 000元，企业行政部门人员的工资50 000元。

分析：这是工资费用的分配事项。通过工资费用的分配，一方面，企业的在产品成本和期间费用共增加了1 000 000元，应分别记入“生产成本”、“制造费用”和“管理费用”科目的借方。其中，生产工人的工资应记入“生产成本”科目的借方，车间和分厂管理人员的工资应记入“制造费用”科目的借方，企业行政管理部门人员的工资应记入“管理费用”科目的借方。另一方面，企业对职工的负债也增加了1 000 000元，应记入“应付职工薪酬——工资”科目的贷方（凡负债的增加，应记入有关科目的贷方）。

借：生产成本——A产品	500 000
——B产品	400 000
制造费用	50 000
管理费用	50 000
贷：应付职工薪酬——工资	1 000 000

支付给离退休人员的各种离退休金，应记入“管理费用”科目的借方，直接贷记“现金”或“银行存款”科目，不通过“应付职工薪酬”科目核算。

例6-3：按工资总额的14%计提本月的应付职工福利费（其他“五险一金”及工会经费等的计提作相同的处理）。

分析：这是职工福利费的计提和分配事项。通过职工福利费的分配，一方面，企业的在产品成本和期间费用共增加了70 000元，应分别记入“生产成本”、“制造费用”和“管理费用”科目的借方。其中，根据生产工人的工资计提的职工福利费应记入“生产成本”科目的借方，根据车间和分厂管理人员的工资计提的职工福利费应记入“制造费用”科目的借方，根据企业行政管理部门人员的工资计提的职工福利费应记入“管理费用”科目的借方。另一方面，企业的应付职工薪酬也增加了140 000元，应记入“应付职工薪酬——福利”科目的贷方（凡负债的增加，应记入有关科目的贷方）。

借：生产成本——A产品	70 000
——B产品	56 000
制造费用	7 000
管理费用	7 000

贷：应付职工薪酬——福利　　140 000

例6－4：开出转账支票，支付企业行政管理部门办公费、水电费等管理费用1 000元和车间水电费500元。

分析：这笔经济业务发生后，一方面，企业行政管理部门的管理费用和车间经费共增加了1 500元，应分别记入“管理费用”和“制造费用”科目的借方。另一方面，企业的银行存款也减少了1 500元，应记入“银行存款”科目的贷方。

借：管理费用　　1 000
　　制造费用　　500
　贷：银行存款　　1 500

例6－5：开出转账支票，支付经营租赁方式租入的机器设备改良支出1 800元。设备的租赁期限为3年，而改良支出预计在以后4年内提高生产率。

分析：这笔经济业务发生后，一方面，企业的预付费用增加了1 800元，应借记“长期待摊费用”科目。该笔改良支出，预计在以后4年内大大提高生产率，因此不应在支付时全部计入当月的成本和费用，而应该按租赁期限与租赁资产尚可使用年限孰短确定受益期限，在受益期限内平均分摊。因此，它属于已经支付，但应分期摊入当月和以后各月成本或费用的，并且摊销期在1年以上的长期待摊费用。另一方面，企业的银行存款也减少了1 800元，应贷记“银行存款”科目。

借：长期待摊费用　　1 800
　贷：银行存款　　1 800

例6－6：月末，摊销应由本月制造费用负担的固定资产改良支出共50元。

分析：这笔经济业务发生后，一方面，企业本月制造费用增加50元，应借记“制造费用”科目。另一方面，企业的长期待摊费用减少了50元，应贷记“长期待摊费用”科目。

借：制造费用　　50
　贷：长期待摊费用　　50

例6－7：按规定的固定资产折旧率计算本月应计提固定资产的折旧额10 000元，其中行政管理部门应提取折旧2 000元，基本生产车间应提取折旧8 000元。

分析：这是固定资产折旧费用的计算和分配事项。通过折旧费用的分配，一方面，企业本月管理费用和制造费用应负担的折旧费用增加了10 000元。其中，根据行政管理部门的固定资产计提的折旧额应记入“管理费用”科目的借方2 000元，根据基本生产车间和分厂的固定资产计提的折旧额应记入“制造费用”科目的借方8 000元。另一方面，企业固定资产的折旧额增加了10 000元，应贷记“累计折旧”科目。

借：管理费用　　2 000
　　制造费用　　8 000

贷：累计折旧　　10 000

例 6－8：将本月生产车间发生的制造费用 66 150 元分配计入各种产品成本。本月生产 A、B 两种产品，共消耗生产工时 13 230 小时，其中 A 产品消耗 8 000 工时，B 产品消耗 5 230 工时，以生产工人工时为标准，将本月发生的制造费用分配给 A、B 两种产品。

制造费用是本期进行产品生产所发生的共同性费用，它最终要转化为产品的生产成本，由本月生产的产品来负担。所以，期末时应将本月制造费用总额按照一定的标准分配给各有关产品，以便计算各种产品的成本。至于分配标准的选择，可在生产工人工资、生产工人工时（工作时间）、机器工时之间选择。分配标准不同，则各种产品所负担的制造费用也不相同。选择的分配标准合理与否，直接影响各种产品所负担的制造费用的多少，从而影响产品成本计算的正确性。因此，应选择合理的分配标准分配制造费用。

本例选择生产工人工时为标准分配制造费用。本月共发生制造费用 66 150 元。当选用生产工人工时为标准分配制造费用时，可通过下述公式来进行计算：

$$\text{制造费用分配率}=\frac{\text{制造费用总额}}{\text{各产品所耗生产工时总数}}$$

$$\text{某产品应分摊制造费用}=\text{该产品生产工人工时}\times\text{制造费用分配率}$$

根据有关资料，编制“制造费用分配表”（表 6－1）。

表 6－1　　制造费用分配表

产品名称	生产工时	分配率	分配额
A 产品	8 000		40 000
B 产品	5 230		26 150
合计	13 230	5	66 150

分析：企业于月末将应由产品生产成本负担的制造费用按一定的分配标准计算分配给 A、B 产品，一方面，企业 A、B 产品的生产成本增加了，应借记“生产成本”科目。另一方面，企业生产车间（或分厂）的制造费用通过分配转出而减少了 66 150 元，应贷记“制造费用”科目。

借：生产成本——A 产品　　40 000
　　　　　　——B 产品　　26 150
　贷：制造费用　　66 150

例 6－9：本月完工 A、B 产品的产量分别为 200 件、500 件。假设 A、B 产品的产量资料和成本资料如表 6－2 和表 6－3 所示。

表 6－2　　产量资料　　单位：元

产品	计量单位	月初在产品数量	本月投产数量	本月完工产品数量	月末在产品数量
A	件	40	160	200	0
B	件	150	450	500	100

表 6－3　　成本资料　　单位：元

成本项目		直接材料	直接人工	制造费用	合计
A 产品	月初在产品成本	4 500	220 000	30 000	254 500
	本月发生费用	5 000	570 000	40 000	615 000
	月末在产品成本	0	0	0	0
B 产品	月初在产品成本	4 344	680 000	36 000	720 344
	本月发生费用	4 000	456 000	26 150	486 150
	月末在产品成本	3 014	440 000	24 000	467 014

如前所述，平时我们已将直接对象化的费用分别计入了“生产成本”总账及其所属明细账，如直接材料、工资及福利。期末又将制造费用按照生产工人工时分配计入 A、B 两种产品的生产成本。所以，生产 A、B 两种产品发生的所有费用，包括直接费用和间接费用，均已记入“生产成本”及其所属的明细账。完工产品制造成本与相关指标的关系可用如下公式表示：

月初在产品成本＋本月发生生产费用＝本月完工产品成本＋月末在产品成本

此例中，我们假定本月 A 产品全部完工，B 产品尚有一部分没有完工，这一部分在产品的成本按照定额成本来确定。实际工作中，完工产品成本的确定是通过“产品成本计算单”来进行的。根据前述资料，登记产品生产成本明细账，并编制产品成本计算单（表 6－4、表 6－5）。

表 6－4　　A 产品成本计算单

产品名称：A 产品　　完工产量：200 件　　单位：元

成本项目	直接材料	直接人工	制造费用	合计
月初在产品成本	4 500	220 000	30 000	254 500
本月生产费用	5 000	570 000	40 000	615 000
合计	9 500	790 000	70 000	869 500
月末在产品成本	0	0	0	0
完工产品总成本	9 500	790 000	70 000	869 500
完工产品单位成本	47.5	3 950	350	4 347.5

表6-5 B产品成本计算单

产品名称：B产品　　完工产量：500件　　单位：元

成本项目	直接材料	直接人工	制造费用	合计
月初在产品成本	4 344	680 000	36 000	720 344
本月生产费用	4 000	456 000	26 150	486 150
合计	8 344	1 136 000	62 150	1 206 494
月末在产品成本	3 014	440 000	24 000	467 014
完工产品总成本	5 330	696 000	38 150	739 480
完工产品单位成本	10.66	1 392	76.3	1 478.96

分析：根据上述产品成本计算可知，完工A产品200件的总成本为869 500元，完工B产品500件的总成本为739 480元。产品完工验收入库，库存产成品增加，应记入“产成品”总账及其所属明细分类账户的借方；产品完工，表示产品的生产过程已经结束，可根据有关资料计算出完工产品的成本，应计入“生产成本”总账及其所属明细分类账户的贷方。所以，对于完工的A产品和B产品，应根据有关资料作如下会计分录：

借：库存商品——A产品　　869 500
　　　　　　——B产品　　739 480
　贷：生产成本——A产品　　869 500
　　　　　　　——B产品　　739 480

二、存货的初始计量与存货的流转

（一）存货的初始计量

《企业会计准则第1号——存货》规定，存货应当按照成本进行初始计量。存货成本包括采购成本、加工成本和其他成本。

1. 购入的存货

购入的存货，按买价加运输费、装卸费、保险费、包装费、仓储费等费用、运输途中的合理损耗、入库前的挑选整理费用和按规定应计入成本的税金以及其他费用，作为实际成本。

商品流通企业购入的商品，按照进价和按规定应计入商品成本的税金，作为实际成本，采购过程中发生的运输费、装卸费、保险费、包装费、仓储费等费用、运输途中的合理损耗、入库前的挑选整理费用等，直接计入期间费用。

2. 自制存货

自制存货或加工存货，按制造过程中的各项实际支出，作为实际成本，包括自制存货过程中耗用的材料和加工成本。加工成本包括直接人工以及按一定方法分配的制造费用。

注意，应当计入当期损益，不能计入存货成本的有：

（1）非正常消耗的直接材料、直接人工和制造费用（属于非正常损失）；

（2）仓储费用（不包括在生产过程中为达到下一个生产阶段所必需的费用）；

(3) 不能归属于使存货达到目前使用状态的其他支出。

3. 委托外单位加工的存货

委托外单位加工完成的存货，以实际耗用的原材料或半成品以及加工费、运输费、装卸费和保险费等费用及按规定应计入成本的税金，作为实际成本。

商品流通企业加工的商品，以商品的进货原价、加工费用和按规定应计入成本的税金，作为实际成本。

(二) 存货的流转

产成品，是指企业已经完成全部生产过程并已验收入库合乎标准规格和技术条件，可以按照合同规定的条件送交订货单位，或可以作为商品对外销售的产品。对于已售产品，企业应负担其在生产经营过程中所发生的生产成本，将其成本结转为当期损益，设置“主营业务成本”科目进行会计核算。已售产品的生产成本又叫销售成本。

“主营业务成本”是损益类科目，用来核算企业因销售商品、提供劳务和让渡资产使用权等日常活动所发生的实际成本。该账户的基本结构如下：

主营业务成本

借方：登记企业结转本期销售商品、提供劳务等的实际成本	贷方：登记企业因销货退回而冲减的主营业务成本和期末转入“本年利润”账户的金额

在期末，本账户的余额应全部转入“本年利润”账户，结转后本科目应无余额。本科目应按主营业务的种类设置明细账，进行明细核算。

例6-10：4月30日，结转本月已售A产品的实际成本100 000元。

分析：这是一笔月末转账会计事项。一方面，应反映企业本月主营业务的成本增加了100 000元，借记“主营业务成本”科目；另一方面，应反映企业产成品减少了100 000元，贷记“产成品”科目。

借：主营业务成本　　100 000

　贷：库存商品　　100 000

第三节　永续盘存制与定期盘存制

一、永续盘存制与定期盘存制

存货核算的关键是如何正确确定存货的数量和合理选择存货的计价方法。确定存货的数量主要有以下两种方法。

(一) 永续盘存制

永续盘存制（The perpetual inventory system）又称账面盘存制，是指对存货的收入、发出按种类、品名等在平时逐笔或逐日在明细账中进行连续登记，并随时结出结存数量的方法。在永续盘存制下要以账面记录为依据，计算本期发出成本和期末结存成本。

这种盘存制度能够通过账面记录及时反映存货的增减变动及结存情况，并有利于对存货的控制，其缺点是核算工作量较大。在永续盘存制下，也需要对存货进行定期或不定期的实地盘存，以保证账实相符。我国企业对存货数量核算，一般应采用永续盘存制。与定期盘存制相比较，永续盘存制为存货设置了一整套完整的明细分类科目，因而可以随时反映存货的收入、发出、结存情况，有利于反映计量、收发、保管中产生的差错，有利于揭示任意挥霍浪费、非法盗用等情况，能如实反映存货的数量和金额，为正确计算生产成本和销售成本提供了保证。

（二）定期盘存制

定期盘存制（The periodic inventory system）又称实地盘存制，是指平时只记录存货的增加，不记录存货的发出，在每一个会计期间结束时，对存货进行实地盘点以取得存货数量，再乘以其单位价格，计算出期末存货价值的方法。在定期盘存制下，平时只记录存货购进的数量和金额，不记录减少的数量和金额，期末通过实地盘点，确定存货的实际结存数量并据以计算期末存货成本。再以“期初结存＋本期购入－期末结存＝本期发出”的公式倒挤出本期该项存货耗用或销售数量及成本。

这种盘存制度的优点是核算工作比较简单，但由于企业销售或耗用成本是倒算出来的，容易把在计量、收发、保管中产生的差错，甚至任意挥霍浪费、非法盗用等，全部计入销售成本或耗用成本。同时，不便于随时掌握库存存货的数量和占用的资金，不便于对存货进行随时控制。定期盘存制更多地适用于那些单位价值低、收发频繁的存货，如建筑施工单位的砖、瓦、灰、沙、石等。

二、存货盘存的会计处理

（一）存货盘盈的会计处理

企业在期末对存货进行实地盘存后，当实际盘点的存货量大于账面的结存量时，出现存货盘盈。企业应按实际盘盈的货物数量入账，按照同类或类似存货的市场价格（重置成本）作为实际成本，通过“待处理财产损溢”科目核算，查明原因后，记入相关的科目中。

例6－11：W公司期末进行存货盘点，盘盈库存商品一批，其数量为1 000个，该类商品的市场价格为5元/个。

借：库存商品　　5 000

　贷：待处理财产损溢——流动资产损溢　　5 000

如果经查明存货盘盈是由于计量原因造成的：

借：待处理财产损溢——流动资产损溢　　5 000

　贷：营业外收入　　5 000

（二）存货盘亏、毁损的会计处理

企业由于管理或其他原因导致存货发生盘亏或损失，在发生时应通过“待处理财产损溢”账户处理，待批准处理后，再作相应的会计处理。

例 6-12：W 公司进行仓库盘点发现盘亏材料 1 000 千克，该材料的加权平均单位成本为 50 元，增值税率为 17%。

借：待处理财产损溢　　58 500
　贷：原材料　　50 000
　　　应交税费——应交增值税（进项税额转出）　　8 500

如果管理层批准计入管理费用（一般纳税人企业的成本、费用中不能含增值税）：

借：管理费用　　50 000
　　应交税费——应交增值税（进项税额）　　8 500
　贷：待处理财产损溢——流动资产损溢　　58 500

如果查清原因，由责任人或责任部门赔偿：

借：其他应收款——责任人　　58 500
　贷：待处理财产损溢——流动资产损溢　　58 500

第四节　发出存货计价与期末存货计价

一、发出存货的计价

按实际成本计价时，发出存货可以采用个别计价法、先进先出法、后进先出法、移动加权平均法、全月一次加权平均法等多种计价方法确定发出存货的实际成本。① 对于性质和用途相似的存货，应当采用相同的成本计算方法确定发出存货的成本。对于不能替代使用的存货、为特定项目专门购入或制造的存货以及提供的劳务，通常采用个别计价法确定发出存货的成本。

1. 个别计价法

个别计价法（specific identification）又称“具体辨认法”、“分批实际法”，这种方法是假设存货的实物流转与成本流转相一致，以每一批次存货的实际成本（采购成本或生产成本）作为该批次存货发出成本计价依据的方法。

例 6-13：W 公司 2008 年 5 月初结存 A 材料 1 200 千克，单位成本为 45 元，本月收发资料如表 6-6 所示。

---

① 我国《企业会计准则第 1 号——存货》规定，企业应当采用先进先出法、加权平均法（包括移动加权平均法和月末一次加权平均法）、个别计价法确定发出存货的成本。“后进先出法”已经被取消。

表 6-6 A 材料收发资料 单位：元

2008 年		摘要	收入			发出			结存		
月	日		数量	单价	金额	数量	单价	金额	数量	单价	金额
5	1	期初							1 200	45	54 000
	2	购入	800	48	38 400				2 000		
	3	发出			1 500				500		
	18	购入	1 000	50	50 000				1 500		
	23	发出				1 200			300		
	28	购入	1 400	51	71 400				1 700		
	31	合计	3 200		159 800	2 700			1 700		

假设经具体确认，确定发出材料的批次如下：

3 日发出的 1 500 千克材料中，有 1 000 千克为期初存货，有 500 千克为 2 日购入的存货：

发出存货成本 = $1000 \times 45 + 500 \times 48 = 69\ 000$（元）

23 日发出的 1 200 千克材料中，有 200 千克为期初存货，有 100 千克为 2 日购入的存货，有 900 千克为 18 日购入的存货：

发出存货成本 = $200 \times 45 + 100 \times 48 + 900 \times 50 = 58\ 800$（元）

期末结存的存货 1 700 千克包含 2 日购入的 200 千克，18 日购入的 100 千克，28 日购入的 1 400 千克：

期末存货成本 = $200 \times 48 + 100 \times 50 + 1400 \times 51 = 86\ 000$（元）

个别计价法确定的发出存货成本与期末存货成本如表 6-7 所示。

表 6-7 A 材料明细账 单位：元

2008 年		摘要	收入			发出			结存		
月	日		数量	单价	金额	数量	单价	金额	数量	单价	金额
5	1	期初							1 200	45	54 000
	2	购入	800	48	38 400				2 000		92 400
	3	发出				1 500		69 000	500		23 400
	18	购入	1 000	50	50 000				1 500		73 400
	23	发出				1 200		58 800	300		14 600
	28	购入	1 400	51	71 400				1 700		86 000
	31	合计	3 200		159 800	2 700		127 800	1 700		86 000

个别计价法反映发出存货的实际成本最为准确，且可以随时结转发出材料的成本，在理论上是最为可取的。但其缺陷也显而易见，其应用的条件是必须正确认定存货的批次、单价，因而，核算的工作量比较大，应用成本高，在一些材料种类多、存货量大、收发较频繁的企业，很难适用。这种方法适用于品种数量不多、单位价值较高、容易识别的存货

或一般不能互换使用及为特定项目专门购入或制造，并单独存放的存货。

2. 先进先出法

先进先出法（first in first out，简称 FIFO）是指依照“先入库的存货先发出”的假定确定成本流转顺序，并据以对发出存货和期末存货计价的方法。这种方法要求在收入存货时，必须按照收入存货的先后顺序，逐笔登记存货的数量、单价、金额；发出存货时，则必须按先后顺序，依次确定发出存货的实际成本。

例 6－14：承例 6－13。采用先进先出法计算该企业当月发出存货和期末结存存货实际成本（表 6－8）。

3 日发出存货成本 = 1 200 × 45 + 300 × 48 = 68 400（元）

23 日发出存货成本 = 500 × 48 + 700 × 50 = 59 000（元）

期末存货成本 = 300 × 50 + 1 400 × 51 = 86 400（元）

表 6－8　　A 材料明细账　　单位：元

2008 年		摘要	收入			发出			结存		
月	日		数量	单价	金额	数量	单价	金额	数量	单价	金额
5	1	期初							1 200	45	54 000
	2	购入	800	48	38 400				1 200	45	
									800	48	92 400
	3	发出				1 200	45	54 000			
						300	48	14 400	500	48	24 000
	18	购入	1 000	50	50 000				500	48	
									1 000	50	74 000
	23	发出				500	48	24 000			
						700	50	35 000	300	50	15 000
	28	购入	1 400	51	71 400				300	50	
	31	合计	3 200		159 800	2 700		127 400	1 400	51	86 400

以上是在永续盘存制下运用先进先出法确定存货发出成本和期末存货成本的过程。如果存货未出现盘盈盘亏的情况，在实地盘存制下运用先进先出法确定的发出存货成本和期末存货成本与永续盘存制确定的结果一样。根据实地盘点制，先确定期末存货成本 1 400 × 51 + 300 × 50 = 86 400（元），再计算发出存货成本 = 54 000 + 159 800 − 86 400 = 127 400（元）。

先进先出法顺应存货流动规律，符合历史成本原则，期末库存金额也比较接近市价，能较准确地反映存货资金的占用情况，随时结转发出存货的实际成本。但这种方法核算工作量较繁重，在通货膨胀率不断提高时，会高估期末存货价值、低估发出存货成本，从而高估企业当期利润，不符合稳健性原则。一般适应于收发次数不多，且存货价格稳定的存货。

3. *后进先出法*

后进先出法（last in first out，简称LIFO）是指依照"后入库的存货先发出"的假定确定成本流转顺序，并据以对发出存货和期末存货计价的方法。按照这种方法，每次发出存货，其实际成本的确定都要按最后收入的那批存货的实际成本计价，最后一批的存货发完后再发前一批，以此类推。在永续盘存制和实地盘存制下，采用后进先出法计算的发出存货成本是不一样的。在永续盘存制下，分批（次）采用后进先出法与月末一次采用后进先出法计算的发出存货成本是不一致的。商业企业可以采用分次计算，也可以采用月末一次计算；而制造业只能采用月末一次计算。

例6－15：承例6－13。采用后进先出法计算该企业当月发出材料和期末结存材料实际成本。

在永续盘存制下，运用分次后进先出法确定存货成本如表6－9所示。

表6－9　　A材料明细账　　单位：元

年		摘要	收入			发出			结存		
月	日		数量	单价	金额	数量	单价	金额	数量	单价	金额
5	1	期初							1 200	45	54 000
	2	购入	800	48	38 400				1 200	45	
									800	48	92 400
	3	发出				800	48	38 400			
						700	45	31 500	500	45	22 500
	18	购入	1 000	50	50 000				500	45	
									1 000	50	72 500
	23	发出				1 000	50	50 000			
						200	45	9 000	300	45	13 500
	28	购入	1 400	51	71 400				300	50	
	31	合计	3 200		159 800	2 700		128 900	1 400	51	84 900

3日发出存货成本＝800×48＋700×45＝69 900（元）

23日发出存货成本＝1 000×50＋200×45＝59 000（元）

期末存货成本＝300×45＋1 400×51＝84 900（元）

运用分次后进先出法确定存货成本不够稳健，因为最后一次购入的存货（高成本）并未计入本期发出存货成本中。要真正达到稳健的目的，应采用月末一次后进先出法，即本期发出存货2 700千克为28日购入的1 400千克，18日购入的1 000千克及2日购入的300千克，期末结存的1 700千克为期初结存的1 200千克和2日购入的500千克。

本月发出存货成本＝1 400×51＋1 000×50＋300×48＝135 800（元）

期末存货成本＝1 200×45＋500×48＝78 000（元）

根据实地盘点制，先确定期末存货成本 1 200 × 45 + 500 × 48 = 78 000（元），再计算发出存货成本 = 54 000 + 159 800 − 78 000 = 135 800（元）。计算结果表明，在实地盘存制下运用后进先出法确定发出存货成本和期末存货成本，与在永续盘存制下运用月末一次后进先出法确定的结果一样，与在永续盘存制下运用分次后进先出法确定的存货成本不一样。

运用后进先出法，在物价持续上涨时期，本期发出存货按照最近收货的单位成本计算，会使当期成本升高，利润降低，可以减少通货膨胀对企业带来的不利影响，符合稳健性原则，在一定程度上避免虚盈实亏的危险，对流动资本起到保全作用，并能随时结转发出存货的实际成本。但该方法使得资产负债表中的存货价值脱离现实，并同先进先出法一样，核算工作量繁重，一般适用于收发次数不多的存货。

4. 移动加权平均法

移动加权平均法（moving average）是指每当收入存货，即根据当前的存货数量及总成本计算出新的平均单位成本，再将随后发出存货数量按这种移动式的平均单位成本计算发出和结存存货成本的计价方法。按照这种方法，每次收入存货后，即以本次收入存货的实际成本加上以前结存存货的实际成本，除以本次收入存货数量和以前结存存货数量之和，计算出新的加权平均单位成本，作为下次发出材料的单位成本。其计算公式为：

移动加权平均单价 =（本次存货入库前结存存货的实际成本 + 本次入库存货实际成本）／（本次存货入库前结存存货数量 + 本次入库存货数量）

例 6 − 16：承例 6 − 13。采用移动加权平均法计算该企业当月发出存货和期末结存存货实际成本如表 6 − 10 所示。

$$第一次加权平均单位成本 = \frac{54\,000 + 38\,400}{1\,200 + 800} = 46.2\ （元）$$

$$第二次加权平均单位成本 = \frac{23\,100 + 50\,000}{500 + 1\,000} = 48.7\ （元）$$

表 6 − 10　　**A 材料明细账**　　单位：元

2008 年		摘要	收入			发出			结存		
月	日		数量	单价	金额	数量	单价	金额	数量	单价	金额
5	1	期初							1 200	45	54 000
	2	购入	800	48	38 400				2 000	46.2	92 400
	3	发出				1 500	46.2	69 300	500	46.2	23 100
	18	购入	1 000	50	50 000				1 500	48.7	73 100
	23	发出				1 200	48.7	58 400	300	48.7	14 620
	28	购入	1 400	51	71 400				1 700	50.6	86 020
	31	合计	3 200		159 800	2 700		127 800	1 700	50.6	86 020

移动加权平均法可以将不同批次不同单价的存货成本差异均衡化，由于平均的范围较小，有利于存货成本的客观计算，能随时结出发出存货的成本，便于存货的日常管理。但

每次存货入库后几乎都要重新计算平均单价，会计核算工作量较大，一般适用于前后单价相差幅度较大的存货。

5. 全月一次加权平均法

全月一次加权平均法（weighted average）是指计算存货单位成本时，以期初存货数量和本期各批收入存货的数量作为权数的计价方法。其计算公式为：

全月一次加权平均单价 =（期初结存存货实际成本＋本期收入存货实际成本）/（期初结存存货数量＋本期收入存货数量）

本期发出存货成本 = 本期发出存货数量×全月一次加权平均单价

期末结存存货成本 = 期末结存存货数量×全月一次加权平均单价

例6－17：承例6－13。采用全月一次加权平均法计算该企业当月发出存货和期末结存存货实际成本如表6－11所示。

表6－11　**A材料明细账**　单位：元

2008年		摘要	收入			发出			结存		
月	日		数量	单价	金额	数量	单价	金额	数量	单价	金额
5	1	期初							1 200	45	54 000
	2	购入	800	48	38 400				2 000		
	3	发出				1 500			500		
	18	购入	1 000	50	50 000				1 500		
	23	发出				1 200			300		
	28	购入	1 400	51	71 400				1 700		
	31	合计	3 200		159 800	2 700	48.59	131 193	1 700	48.59	82 607

$$\text{全月一次加权平均单价} = \frac{54\ 000 + 159\ 800}{1\ 200 + 3\ 200} = 48.59\text{（元）}$$

本期发出材料成本 = 2 700×48.59 = 131 193（元）

期末结存材料成本 =（54 000＋159 800）－131 193 = 82 607（元）

采用全月一次加权平均法，存货发出的日常核算只登记发出数量，月末根据求得的平均单价计算出月份内发出存货的实际总成本，从而使得发出存货的成本较为均衡，会计核算工作量也相对较轻，且在物价波动时对存货成本的分摊较为折中。但这种方法由于计算加权平均单价并确定存货的发出成本和结存成本的工作集中在期末，所以平时无法从有关存货账簿中提供发出和结存存货的单价和金额，不利于对存货的日常管理。该方法一般适用于储存于同一地点，性能、形态相同，前后单价相差幅度较大的存货。

二、期末存货的计价

企业期末存货的价值通常是以历史成本确定的，但是除了用历史成本计价存货以外，还可以用“成本与市价孰低法”计量存货，以便符合稳健性原则的要求。

（一）成本与市价孰低法的含义

成本与市价孰低法（lower of cost or market，简称 LCM），也称为成本与可变现净值孰低法，是指期末存货按照成本与可变现净值两者之中较低者计价的方法。当存货的成本低于可变现净值时，期末存货按成本计价；当存货的成本高于可变现净值时，期末存货按可变现净值计价。这里所说的“成本”是指存货的历史成本，也即账面成本；“可变现净值”是指企业在正常经营过程中，以估计售价减去估计完工成本及销售所必需的估计费用和税金后的价值。在估计可变现净值时，还应当考虑持有存货的其他因素。例如，有合同约定的存货，通常以合同约定价格作为计算基础，如果企业持有存货的数量多于销售合同订购数量，存货超出部分的可变现净值应以一般销售价格为计算基础。

（二）成本与市价孰低法的运用

1. 成本与市价的比较方法

企业按成本与可变现净值孰低法对存货计价时，有三种不同的计算方法可供选择：

（1）单项比较法。单项比较法亦称逐项比较法或个别比较法，指对库存中每一种存货的成本和可变现净值逐项进行比较，每项存货均取较低数确定存货的期末成本。

（2）分类比较法。分类比较法亦称类比法，指按存货类别的成本与可变现净值进行比较，每类存货取其较低数确定存货的期末成本。

（3）总额比较法。总额比较法亦称综合比较法，指按全部存货的总成本与可变现净值总额相比较，以较低数作为期末全部存货的成本。

例 6－18：某企业有甲、乙两大类 A、B、C、D 4 种存货，各种存货分别按 3 种计算方法确定的期末存货成本如表 6－12 所示。

表 6－12 **成本与可变现净值孰低规则的具体运用** 单位：元

项目	数量	成本		可变现净值		单项比较法	分类比较法	综合比较法
		单价	金额	单价	金额			
甲类存货								
A	50	60	3 000	55	2 750	2 750		
B	30	120	3 600	122	3 660	3 600		
合计			6 600		6 410		6 410	
乙类存货								
C	40	150	6 000	155	6 200	6 000		
D	60	90	5 400	88	5 280	5 280		
合计			11 400		11 480		11 400	
总计			18 000		17 890	17 630	17 810	17 890

由表内计算可见，单项比较法计算的期末成本总计最低，17 630 元；分类比较法次

之，17 810 元；总额比较法最高，17 890 元。原因是单项比较法所确定的均为各项存货的最低价，据此计算的结果比较准确，但这种方法的工作量大，存货品种繁多的企业更是如此；总额比较法虽然比其他两种方法均简单，但过于粗糙，不够准确；分类比较法介于两者之间，具有较强的操作性。根据国际会计准则规定，应当采用单项比较法或分类比较法，在成本与可变现净值之间比较确定期末存货的价值。我国《企业会计准则第 1 号——存货》中规定，企业通常应当按照单个存货项目计提存货跌价准备。但无论采用何种方法，都要遵循一致性的原则。

2. 市价或可变现净值的确定方法

（1）有合同的存货，以合同价作为存货的可变现净值，企业期末持有超过合同数量的存货，按市价减去相关税费作为可变现净值。

例 6－19：2008 年 8 月 10 日，甲公司与乙公司签订了一份不可撤销的销售合同。双方约定，2009 年 2 月 15 日，甲公司应按每台 12 万元的价格向乙公司提供商品一批 50 台。至 2008 年 12 月 31 日，甲公司期末有该种存货 60 台，每台账面成本 11 万元，市场的价格每台为 10 万元。

由于该商品的市价为每台 10 万元，已低于该商品的账面成本，商品已经发生了减值。但有 50 台是已经签订了销售合同的，也就是说甲公司期末存货 60 台中有 50 台的可变现净值为每台 12 万元，与其账面成本 10 万元比较，未发生减值；超过销售合同的 10 台商品的可变现净值为每台 10 万元，比其账面成本 11 万元低，这 10 台发生了减值。

计算发生的减值 = 10 ×（11 − 10）= 10（万元）

（2）材料市价低于其成本，但用该种材料生产出来的商品的市价高于该种商品的成本（商品未发生减值），则该种材料未发生减值，不计提存货跌价准备。

例 6－20：2008 年 12 月 31 日，甲公司期末存货中有 A 材料 1 000 千克，账面单位成本为每千克 5 万元，该种材料的市价已降至每千克 4. 8 万元，但用 A 材料生产出来的甲产品的成本为每台 10 万元，市场售价为每台 12 万元。

虽然材料发生了减值，但用 A 材料生产出来的甲产品并未发生减值，对 A 材料不确认减值，不计提存货跌价准备。

（3）材料市价低于其成本，用该种材料生产出来的商品的市价也低于该种商品的成本（商品已发生减值），则该种材料已发生减值，应该按材料的市价作为可变现净值，计提存货跌价准备。

（三）成本与市价孰低法的会计处理

企业在确定了期末存货的价值之后，应视情况进行有关的账务处理。如果期末存货的成本低于可变现净值时，则不需作账务处理，资产负债表中的存货仍按期末账面价值列示。如果期末存货的可变现净值低于成本时，则必须在当期确定存货跌价损失，并进行有关的账务处理。具体账务处理方法有直接转销法和备抵法两种。

（1）直接转销法，即在确认存货跌价损失时，将可变现净值低于成本的损失直接冲销有关存货科目，同时将存货成本调整为可变现净值。在这种方法下，企业应设置“资产减值损失”科目。确认损失时，借记“资产减值损失”科目，贷记有关存货（如原材料、产成品或库存商品）科目。

采用这种方法，要直接冲销有关存货的账簿记录，即要冲减有关的明细账记录，工作量较大，而且若已作调整的存货以后可变现净值又得以恢复，再恢复有关存货的成本记录也十分麻烦，与坏账损失的直接转销法一样，不符合权责发生制的要求，因此，这一方法不常用。

（2）备抵法，即对于存货可变现净值低于成本的损失不直接冲减有关存货科目，而是另设“存货跌价准备”科目反映。我国《企业会计准则——应用指南》规定：“企业的存货应当在期末时按成本与可变现净值孰低计量，对可变现净值低于存货成本的差额，计提存货跌价准备。”存货跌价损失准备的具体做法是：每一会计期末，比较成本与可变现净值计算出应计提的准备，然后与“存货跌价准备”科目的余额进行比较，若应提数大于已提数，应予补提；反之，应冲销部分已提数。提取和补提存货跌价损失准备时，借记“资产减值损失”科目，贷记“存货跌价准备”科目；冲回或转销存货跌价损失，作相反的会计分录。这一做法的优点是不需对有关存货的明细账进行调整，保持账面已录的原貌，工作量也较小。这一方法运用得比较普遍。

例6－21：某企业采用“成本与可变现净值孰低法”进行存货的计价核算，并运用“备抵法”进行相应的账务处理。假设，2008年年末存货的账面成本为1 200 000元，预计可变现净值为1 050 000元，应计提的存货跌价准备为150 000元。应作如下处理：

借：资产减值损失	150 000	
贷：存货跌价准备		150 000

假设2009年年末存货的预计可变现净值比成本低200 000元，则本年应补提存货跌价准备为50 000（200 000－150 000）元。

借：资产减值损失	50 000	
贷：存货跌价准备		50 000

假设2010年年末存货的可变现净值有所恢复，存货预计可变现净值比成本只低90 000元，则应冲减计提的存货跌价准备110 000元（200 000－ 90 000）。

借：存货跌价准备	110 000	
贷：资产减值损失		110 000

当企业存货价值完全恢复，甚至高于成本时，最多只能将“存货跌价准备”科目冲至为0。升值部分不确认收益。

第五节 存货的管理评价与控制

一、存货的管理评价

在资产负债表中，“存货”项目反映企业期末在库、在途和在加工的各项存货的可变现净值，包括各种材料、在产品、产成品和库存商品等。企业应根据各个明细账目的期末余额进行加总处理后填列。按照《企业会计准则第 1 号——存货》规定，企业还应当在附注中披露与存货有关的下列信息：①各类存货的期初和期末账面价值；②确定发出存货所采用的方法；③存货可变现净值的依据，存货跌价准备的计提方法，当期计提的存货跌价准备金额，当期转回的存货跌价准备金额，以及计提转回的有关情况；④用于担保的存货账面价值。

存货是企业的一项重要流动资产，往往占用企业较多的资金，常常成为企业陷入困境的“元凶”，其管理水平的好坏，关系到企业成败，所以除了进行恰当的披露外，还应该加强对存货的管理。对存货的评价，实务中主要通过比较分析、结构分析、比率分析三种方法进行判断。

比较分析，是将存货的变化与营业收入的变化加以比较。一般说来，存货与营业收入规模存在一定的正相关。正常情况下，企业的营业收入规模越大，存货的规模越大；反之，存货的规模越小。因此，如果存货的增长率明显大于营业收入的增长率，则说明存货过多，需要进一步查明原因并进行存货调整。

结构分析，是将企业的存货占总资产的比例与同行业其他企业的情况加以比较。一般说来，每一个行业都有其独特的存货结构。如果企业的存货占总资产的比例显著高于同行业的一般水平，则往往说明存货过多，应适当减少以达到存货平均水平。

比率分析，是将企业的存货周转率与同行业其他企业的情况加以比较。存货周转率，是用一段时间内的营业成本除以同期内存货的平均余额。计算公式为：

$$存货周转率=营业成本/存货平均余额$$

同样的关系也可以用存货周转天数来表达：

$$存货周转天数=365/存货周转率$$

销售的提高和存货水平的下降都会使存货流转速度加快。如果企业的存货周转率显著低于同行业的一般水平，或企业的存货周转天数明显高于其他企业，这时企业应找出事实的原因，在与企业自身的历史水平进行比较后考虑是否需要调整销售量或存货数量。

此外，存货核算方式的选择对于反映企业的财务状况和经营成果具有直接的影响。因此，企业在进行分析时，应重点关注这个要素，从而判断企业业绩的变化究竟是实际经营状况发生的变化还是由于存货核算方式的变化引起的。

二、存货的控制

一方面，维持一定量的原材料、产成品以及其他类型的存货，从严格意义上讲并不是必要的，因为闲置的存货要占用一定量的资金，并且会增加包括仓储费、保险费、维护费、管理人员工资等各项支出，所有这些成本称为存货成本。但一定量的存货能给企业的生产经营增加弹性，并能充分地满足顾客的需要，当某种材料暂时出现缺货，可能会延误企业正常的生产，导致时间及人工成本的浪费；另一方面，当某种产品出现暂时的缺货，将影响企业产品的销售，可能导致现有顾客及潜在顾客的丢失，所有这些损失称为缺货损失。存货控制的目标，就是要尽力在各种存货成本与缺货损失之间做出权衡，以使企业的利润最大化或企业价值最大化。缺货损失随着存货的增加而下降，随着存货的减少而上升；而存货成本随着存货的增加而上升，随着存货的减少而下降。因此，最佳的存货持有量应该是在缺货损失与存货成本之和最小时的存货持有量。

本章相关的法规、制度及主要阅读文献

1. 罗绍德．中级财务会计．成都：西南财经大学出版社，2008

2. 罗绍德，罗其安．初级财务会计（第4版）．广州：暨南大学出版社，2009

3. 石本仁，谭小平．会计学原理．北京：中国人民大学出版社，2010

4. 中华人民共和国财政部．企业会计准则．北京：经济科学出版社，2006

5. 中华人民共和国财政部．企业会计准则——应用指南．北京：中国财政经济出版社，2006

思考题

一、问答题

1. 存货的内容有哪些？
2. 企业产品生产过程的核算应设置哪些主要账户，这些账户的结构如何？
3. 存货如何进行初始计量？
4. 发出存货成本计价方法有哪些，各有何优缺点？
5. 何为成本与市价孰低法，怎样进行会计处理？
6. 存在销售合同的情况下，商品存货的可变现净值如何确定？
7. 如何确定材料存货的可变现净值？

二、选择题

1. 管理费用账户期末应（　　）。

A. 有借方余额　　B. 有贷方余额

C. 有借方余额或贷方余额　　D. 无余额

2. 企业结转入库材料的实际采购成本时，应借记（　　）账户。

A. 材料采购　　B. 原材料　　C. 生产成本　　D. 制造费用

3. 期末计提固定资产折旧时，应贷记（　　）账户。

A. 管理费用　　B. 制造费用　　C. 生产成本　　D. 累计折旧

4. 计提职工福利费，在会计处理上应贷记（　　）账户。

A. 盈余公积　　B. 应付职工薪酬

C. 专用基金　　D. 实收资本

5. 能够及时反映各种存货的收入、发出和结存的情况，便于及时查明存货盘点盘亏原因的制度是（　　）。

A. 收付实现制　　B. 权责发生制　　C. 永续盘存制　　D. 实地盘存制

6. “生产成本”账户的借方登记（　　）。

A. 直接材料　　B. 直接工资

C. 折旧费用　　D. 分配计入的制造费用

7. 在下列各项费用中，属于“管理费用”项目的有（　　）。

A. 公司经费　　B. 保险费

C. 劳动保护费　　D. 劳动保险费

E. 车间管理费　　F. 业务招待费

8. 长期待摊费用的项目主要包括（　　）。

A. 开办费

B. 摊销期限超过1年以上的固定资产修理支出

C. 经营租赁方式租入固定资产发生的改良支出

D. 融资租赁方式租入的固定资产

9. 下列各种方法适用于实物盘点的有（　　）。

A. 实地盘存　　B. 先进先出　　C. 永续盘存　　D. 后进先出

E. 最后进价　　F. 加权平均

10. 对存货的评价，实务中主要通过（　　）方法进行判断。

A. 比较分析法　　B. 结构分析法　　C. 指标分析法　　D. 比率分析法

三、判断题

1. “生产成本”账户的借方余额，表示期末结存产成品的数额。（　　）

2. “制造费用”账户的借方发生额应于期末转入“本年利润”账户，结转后该账户无余额。（　　）

3. 财务费用是一种期间费用，按期归集，期末全部转入“本年利润”账户。（　　）

4. 盘亏的固定资产和毁损的固定资产，经批准作为企业损失时均作为营业外支出处理。（　　）

5. 基本生产车间管理人员的工资及福利费不属于直接人工费。（　　）

6. 我国《企业会计准则第1号——存货》规定，企业应当采用先进先出法、加权平均法（包括移动加权平均法和月末一次加权平均法）、个别计价法、后进先出法确定存货的成本。（　　）

7. 成本与市价孰低法，是指期末存货按照成本与当期市场价格两者之中较低者计价

的方法。(　　)

8. 先进先出法反映发出存货的实际成本最为准确，且可以随时结转发出材料的成本，在理论上是最为可取的。(　　)

9. 永续盘存制对企业各项财产物资的增减变动，平时只登记增加数，不登记减少数。(　　)

10. 存货核算方式的选择对于反映企业的财务状况和经营成果具有直接的影响。(　　)

练习题

一、(制造企业产品生产业务的核算）华景公司2008年10月发生的有关经济业务如下：

1. 生产车间为了生产甲产品，到仓库领用A材料1 000公斤、B材料2 000公斤；为了生产乙产品，到仓库领用A材料700公斤、B材料800公斤、C材料900公斤。同时，生产车间一般耗用C材料800公斤；企业管理部门耗用C材料300公斤。A、B、C 3种材料的实际单位成本分别为每公斤20元、30元、10元。

2. 生产车间机器设备日常维修和厂部办公用房日常修理分别领用D材料3 000元、5 000元。

3. 摊销本月固定资产大修理费用，其中摊销生产车间和厂部用固定资产大修理费分别为20 000元、2 000元。

4. 本月应付生产甲、乙两种产品的生产工人工资分别为96 000元、84 000元；应付生产车间管理人员和厂部管理人员工资分别为8 000元、12 000元。

5. 根据上述应付工资额的14%计提本月职工福利费。

6. 计提本月固定资产折旧，其中应提生产车间和厂部用固定资产折旧费分别为40 000元、10 000元。

7. 以银行存款支付水电费3 000元。其中甲产品耗用1 300元，乙产品耗用1 200元，车间管理部门耗用200元和厂部办公耗用300元。

8. 将本月制造费用按工时比例分配法分配给甲产品与乙产品，两种产品消耗工时分别为8 600工时、11 400工时。

9. 本月完工甲产品700件，乙产品1 800件，产品本月生产本月完工，没有期初在产品和期末在产品。

要求：根据上述资料编制会计分录。

二、(先进先出法、加权平均法——移动加权平均法和全月一次加权平均法——计算本期发出和期末结存存货的成本）某企业8月份材料收发结存情况如表1所示：

表1 材料收发结存情况表

日期	期初结存		本期收入		本期发出		期末结存	
	数量	单价	数量	单价	数量	单价	数量	单价
1日	200	10						
8日			300	10.5				
12日					300			
18日			200	11				
28日					100			
合计	200		500		400		300	

要求：分别用先进先出法、移动加权平均法（移动加权平均法和全月一次加权平均法）计算8月份发出材料和结存材料的实际成本。

案例分析

中外上市公司中，涉嫌存货舞弊的案例为数众多，其中比较著名的有麦克森 & 罗宾斯公司、斯温道色拉油公司、权益基金、ZZZZ百斯特公司，法尔莫公司以及中国的红光实业公司、天津广夏（集团）有限公司等。这些公司所策划的舞弊方案给注册会计师带来了很大的审计风险。下面选择其中较为典型的美国法尔莫公司案予以介绍。

从孩提时代开始，米奇·莫纳斯就喜欢几乎所有的运动，尤其是篮球。但是因天资及身高所限，他没有机会到职业球队打球。然而，莫纳斯确实拥有一个所有顶级球员共有的特征，那就是他有一种无法抑制的求胜欲望。

莫纳斯把他无穷的精力从球场上转移到他的董事长办公室里。他首先设法获得了位于俄亥俄州阳土敦市的一家药店，在随后的10年中他又收购了另外299家药店，从而组建了全国连锁的法尔莫公司。不幸的是，这一切辉煌都是建立在资产造假——未检查出来的存货高估和虚假利润的基础上的，这些舞弊行为最终导致了莫纳斯及其公司的破产。同时也使为其提供审计服务的"五大"事务所损失了数百万美元。下面是这起案件的经过：

自获得第一家药店开始，莫纳斯就梦想着把他的小店发展成一个庞大的药品帝国。其所实施的策略就是他所谓的"强力购买"，即通过提供大比例折扣来销售商品。莫纳斯首先做的就是把实际上并不盈利且未经审计的药店报表拿来，用自己的笔为其加上并不存在的存货和利润，然后凭着自己空谈的天份及一套夸大了的报表，在1年之内骗得了足够的投资用以收购了8家药店，奠定了他的小型药品帝国的基础。这个帝国后来发展到了拥有300家连锁店的规模。一时间，莫纳斯成为金融领域的风云人物，他的公司则在阳土敦市赢得了令人崇拜的地位。

在一次偶然的机会导致这个精心设计的、至少引起5亿美元损失的财务舞弊事件浮出水面之时，莫纳斯和他的公司炮制虚假利润已达10年之久，这实在并非一件容易的事。当时法尔莫公司的财务总监认为因公司以低于成本出售商品而招致了严重的损失，但是莫纳斯认为通过“强力购买”，公司完全可以发展得足够大以使得它能顺利地坚持它的销售方式。最终在莫纳斯的强大压力下，这位财务总监卷入了这起舞弊案件。在随后的数年之中，他和他的几位下属保持了两套账簿，一套用以应付注册会计师的审计，一套反映糟糕的现实。

他们先将所有的损失归入一个所谓的“水桶账户”，然后再将该账户的金额通过虚增存货的方式重新分配到公司的数百家成员药店中。他们仿造购货发票、制造增加存货并减少销售成本的虚假记账凭证、确认购货却不同时确认负债、多计或加倍计算存货的数量。财务部门之所以可以隐瞒存货短缺是因为注册会计师只对300家药店中的4家进行存货监盘，而且他们会提前数月通知法尔莫公司他们将检查哪些药店。管理人员随之将那4家药店堆满实物存货，而把那些虚增的部分分配到其余的296家药店。如果不考虑其会计造假，法尔莫公司实际已濒临破产。在最近一次审计中，其现金已紧缺到供应商因其未能及时支付购货款而威胁取消对其供货的地步。

注册会计师们一直未能发现这起舞弊，他们为此付出了昂贵的代价。这项审计失败使会计师事务所在民事诉讼中损失了3亿美元。那位财务总监被判33个月的监禁，莫纳斯本人则被判入狱5年。

问题：

1. 上述案例中，莫纳斯进行存货价值操纵的手法具体有哪些？

2. 并非所有的公司都可以存货造假、虚增利润并瞒过注册会计师的盘点程序。事实上，对于有些公司，如那些规模很小、业务较简单的公司，要想瞒过注册会计师而在存货上做手脚是非常困难的。仔细思考下，具有什么特点的公司或行业管理当局进行存货舞弊的可能性会增加？

第七章　长期资产及投资

导言

在2006年《企业会计准则》颁布之前，我国对于证券投资主要分为两类：短期投资和长期投资（长期投资又分为长期债券投资和长期股权投资）。短期投资是指企业准备随时变现并且持有时间不超过1年（含1年）的投资。对于短期投资，期末按成本与市价孰低的原则进行核算。长期投资则按历史成本进行核算。而在2006年颁布的《企业会计准则》中，对金融工具的分类及核算采取了一种全新的方法（具体内容见本章的讨论）。这种新分类法和新核算方法，最初是从美国财务会计准则委员会（FASB）开始的，美国财务会计准则委员会（FASB）制定第115号财务会计准则公告的历程，很好地说明了会计政策所导致的经济后果，以及准则制定中的冲突与妥协。

20世纪90年代初期，迫于美国证券交易委员会（SEC）的压力，美国财务会计准则委员会（FASB）着手制定新的会计准则以对企业手中的证券按公允价值进行核算。原因是在许多企业，特别是金融企业中普遍存在"利得交易"现象，俗称"摘樱桃"。该现象是指当企业拥有相类似的证券投资组合时，通过出售价值已经上升的证券来实现利得，而价值下跌的证券则继续留在手中，由于不需要按市价进行调整，这些账面损失就反映不出来，一直到出售时才确认。这种现象使得企业把证券投资的风险掩盖或推迟了，使投资者无法及时了解企业持有证券所面临的风险。所以，美国证券交易委员会（SEC）要求美国财务会计准则委员会（FASB）尽快解决这一问题。

美国财务会计准则委员会（FASB）最初的设想是对所有的证券均按公允价值进行核算，所有账面价值的调整都计入当期损益。但这一做法遭到实务界特别是金融企业的强烈反对，反对的理由，一是这一做法给企业的净利润带来很大的波动，这种波动是管理层无法控制的；二是金融资产可以按公允价值计量，但某些金融负债的公允价值计量技术无法解决（如对银行核心存款的计量）。后经过审慎考虑后，美国财务会计准则委员会（FASB）采取了一种折中的办法：将所有证券投资分为持有至到期（held-to-maturity）、交易性（trading securities）和可供出售（available-for-sale）证券三类；同时，对于持有至到期证券和某些金融负债，不要求按公允价值进行后续计量；另外，可供出售证券账面价值调整不直接进入当期损益，而是直接进入所有者权益或综合收益。

1993年，美国财务会计准则委员会（FASB）正式通过第115号财务会计准则公告"特定债券和权益投资的会计处理"。2000年，国际会计准则委员会（IASC）颁布第39号国际会计准则"金融工具：确认和计量"，采用类似美国的分类和核算原则，但将这一核算对象从证券投资扩充到所有金融工具，从三类扩充到四类，增加的一类为"贷款和应收款"。我国2006年颁布的第22号准则"金融工具：确认和计量"与第39号国际会计准则的分类与核算原则相同。

本章结构

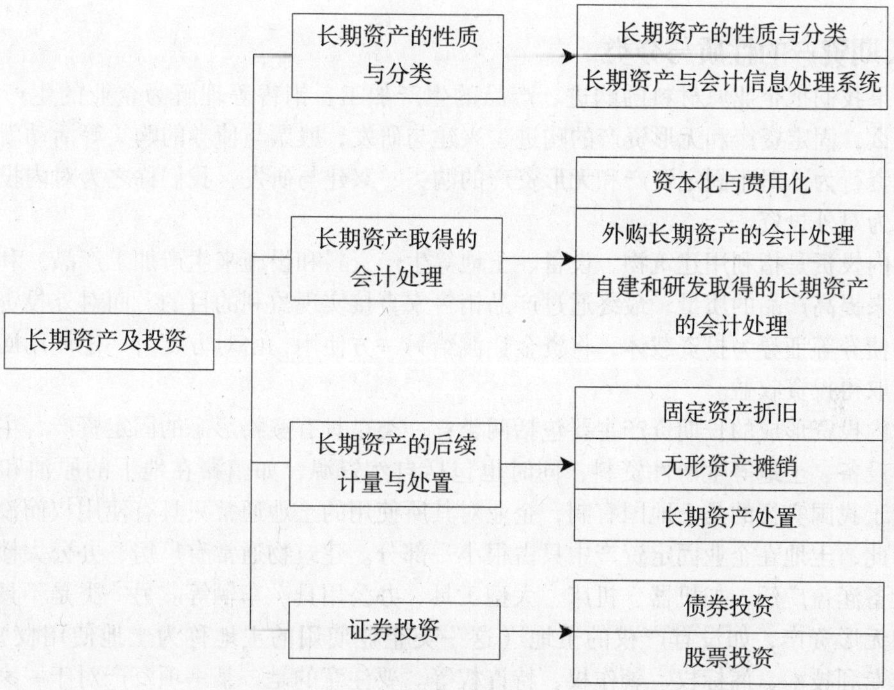

本章要点

- 掌握长期资产的性质与分类
- 了解固定资产、无形资产与投资的会计处理流程
- 认清折旧的实质和影响因素
- 了解债券投资与股票投资的性质与分类
- 掌握债券投资的会计处理
- 掌握长期股权投资的成本法与权益法

上两章我们讨论了与经营活动相关的会计处理。本章我们讨论的主题为与投资活动有关的会计处理。长期资产中的固定资产是指企业生产经营活动中的主要劳动资料，如建筑物、设备、土地等是生产、加工产品的主要设施，以及为了提高产品的品质而使用的专利、专有技术等无形资产，这些设施和无形资产只用于生产而不用来销售。与存货销售一次结转成本不同，长期资产的成本是通过多次摊销的方式计入所生产的产品成本或当期的期间费用的。本章先厘清长期资产的性质与分类以及长期资产与会计信息处理系统之间的关联，然后讨论长期资产的取得、摊销及处置各环节的会计处理，最后讨论投资的分类及会计处理。

第一节　长期资产的性质与分类

一、长期资产的性质与分类

如果我们把企业原材料的购进、产品的生产加工、销售等理解为企业的生产经营活动，那么，固定资产和无形资产的购进、兴建与研发，股票与债券的购买等活动就属于企业的投资行为。对于固定资产和无形资产的购买、兴建与研发，我们称之为对内投资；后者则称为对外投资。

对内投资是指利用建筑物、设备、土地等生产资料和设施来生产加工产品，利用专利和技术来提高产品的质量，最终通过产品销售来直接实现盈利的目的。而对外投资是指以股票和债券等证券为投资载体，将资金让渡给另一方使用，由对方支付一定使用回报的方式间接取得投资收益。

对内投资形成的长期资产主要包括两类：一类是具有实物形态的固定资产，主要有建筑物、设备、土地等生产性资料，同时也包括自然资源，如蕴藏在地下的原油和天然气等。由于我国实行的是土地国有制，企业对其所使用的土地通常只具有使用权而没有所有权，因此，土地在企业固定资产中只占很小一部分。建筑物通常有厂房、办公大楼、仓库等；设备涵盖广泛，如机器、机床、大型工具、办公用具、车辆等。另一类是不具有实物形态的无形资产，如没有产权的土地（这一类企业使用的土地称为土地使用权）、专利权、非专利技术、商标权、著作权、特许权等。要注意的是，某一项资产对于一家企业而言是固定资产，但对另一家而言则可能是一项存货（流动资产），比如汽车和房子对一般企业而言归类为固定资产，而商品房对于房地产企业、汽车对于汽车生产厂家而言则归类为一项存货（流动资产）。

对内投资形成的长期资产的一个共性是其价值的转移需要经过较长时期，而不是一次性使用就能消耗其全部价值，通常的标准是其价值的转移需要超过 1 年或一个营业周期。无形资产同固定资产的区别除了其看不到实物形态外，还有一个重要特点就是其产生的预期价值带有非常大的不确定性，由此，无形资产的寿命周期比固定资产的寿命周期更难预计。

对外投资按品种分为股票投资和债券投资。如果根据持有投资的时间来分，除准备随时出售（准备在 1 年内或一个营业周期内出售）的纳入流动资产（称为交易性金融资产）外，其余对外投资都归为长期资产（或非流动资产）。长期投资根据管理目的，可再分为可供出售的金融资产和持有至到期投资。持有至到期投资只针对所投资的债券，股票投资则称为长期股权投资；可供出售的金融资产是介于持有至到期投资和交易性金融资产之间的资产。

股票投资与债券投资的共性都是将资金让渡给另一方使用而间接取得投资收益。两者之间的区别是，债券投资的收益基本上是约定好的一种固定回报，并且本金是可以收回的（当然也可以通过市场交易转让而提前收回投资）；而股票投资的收益是不确定的，并且股票投资款不能退回但可以通过市场进行转让收回投资。与债券投资不同的是，股票投资虽然投资收益不固定，但可以取得一种影响或控制对方经营决策的权力，这种影响或控制的权力可以间接转化成一种经济利益。

二、长期资产与会计信息处理系统

关于企业投资活动与会计信息处理系统的联系，我们分固定资产、无形资产和对外投资（以下简称投资）三个方面来论述。

1. 固定资产与会计信息处理系统

固定资产通常由两个途径取得：一是向外购买，一是企业自身兴建制造。购进的价款（买价）、相关费用（如运输费、安装费）和税金（如增值税）一般全部计入固定资产初始成本。而自身兴建制造的固定资产，首先通过“在建工程”将兴建中的人工费用、材料费用及其他相关费用归集起来，工程完成后，再将“在建工程”转入固定资产成本中。

固定资产入账投入使用后，根据对其预计的寿命周期，将其全部价值在一定时期内进行分摊，即折旧。用于产品生产的固定资产，其折旧计入制造费用，然后转入产品成本，最后构成产品价值的一部分；用于非生产性的固定资产，其折旧计入期间费用。

固定资产报废和提前变卖时，将扣除累计折旧后的固定资产净值从变卖收入中扣除，从而形成一定的收入（变卖收入大于其净值）或支出（变卖收入小于其净值）。

固定资产的相关活动属于企业的投资活动。购买和兴建影响的是投资活动的现金流出，而固定资产的变卖和处置影响的是投资活动的现金流入。折旧本身并不改变现金流量。

2. 无形资产与会计信息处理系统

同固定资产类似，无形资产也是通过两个途径取得：一是向外购买，一是企业自身研究与开发取得。购进的价款（买价）、相关费用（如培训费、律师费）和税金（如营业税）一般全部进入无形资产初始成本。而自身研发的无形资产，首先将研发过程分为研究与开发两个阶段，前一个阶段的人工费用、材料费用及其他相关费用直接计入当期费用。后一阶段的相关成本和费用首先归集在“开发成本”中，当形成一项专利或相应的知识产权（即研发成功）后，符合资本化条件的，将计入“开发成本”的金额转入无形资产初始成本中；不符合资本化条件的，将计入“开发成本”的金额转入期间费用。

无形资产入账投入使用后，根据预计的寿命周期，将其全部价值在一定时期内进行分摊，又称摊销。用于产品生产的无形资产，其摊销额计入制造费用，形成产品价值的一部分；其余的无形资产的摊销额计入期间费用。如果无形资产的使用寿命无法预计，就不进行摊销，只是在每年年末进行一次减值测试。

无形资产报废和提前变卖时，将扣除累计摊销后的无形资产净值从变卖收入中扣除，从而形成一定的收入或支出。

无形资产的相关活动属于企业的投资活动。购买和研发影响的是投资活动的现金流出，而无形资产的变卖和处置影响的是投资活动的现金流入。摊销本身并不改变现金流量。

3. 投资与会计信息处理系统

企业购买股票和债券是间接获取收益的一种方式。这里“间接”的含义是资金的使用（生产经营活动的过程）不是由投资企业自身完成的，而是由被投资方完成的，通过被投资方取得盈利后分配给投资方实现盈利。

对外投资主要通过股票投资和债券投资进行。交易性金融资产是准备随时出售的，其买价计入初始成本，相关费用直接计入当期损益。长期股票和债券投资（包括可供出售金融资产、持有至到期投资和长期股权投资）的买价和相关费用全部计入初始投资成本。持有期间所有类型的投资回报全部计入“投资收益”，长期股权投资的回报可能会出现损失。

对外投资的购买影响的是企业投资活动的现金流出，而持有期间收到的现金回报和投资变卖取得的现金收入，影响的是投资活动的现金流入。

第二节　长期资产取得的会计处理

一、资本化与费用化

所谓资本化，是指在长期资产（包括固定资产、无形资产和自然资源）计价中，对符合确认标准（即符合资本化条件）的与长期资产相关的成本和费用计入长期资产成本中的方法。这里，资本化的条件（基本标准）为：一是与长期资产有关的经济利益很可能流入企业；二是所发生的相关支出的成本能够可靠计量。

与资本化对应的方法就是费用化，是指在长期资产计价中，对不符合确认标准的与长期资产相关的成本和费用计入当期费用的方法。比如，企业正在制造一台特型设备，有关部门反馈的信息表明，由于新型产品的推出，以该设备生产的产品已不具备任何市场前景。这时，归集在该设备上的所有支出就不能资本化。再有，研究阶段的支出，由于所研发的无形资产具有极大的不确定性以及成本支出在基础研究阶段计量的不可靠性，所以这一阶段的支出一律费用化。

长期资产取得的途径多种多样，如购买、自建、交换、接受投资、租赁等，最典型的是购买和自建。接下来主要讨论这两种方式下的长期资产获得的会计处理。

二、外购长期资产的会计处理

企业外购的固定资产成本，包括买价、相关税费以及使固定资产达到预定可使用状态前所发生的可归属于该项资产的运输费、装卸费、安装费等必要支出。这里的必要支出不包括固定资产购置中的浪费和无效支出。相关税费中的税金包括进口关税、增值税等，但企业已经收到税务机关退还的与固定资产相关的增值税款，应当冲减固定资产成本。

例 7 – 1：珠江公司 2008 年 1 月购买一台专用生产设备，买价为 450 000 元，增值税 76 500 元，运输与装卸费计 4 500 元，安装费 5 800 元，保险费 2 000 元。运输途中由于交通事故，造成更换一部件支出 8 000 元。上述款项均已支出，保险赔偿其中 5 000 元，款未收到。

会计处理如下：

借：固定资产　462 300
　应交税费——应交增值税（进项税额）　76 500
　管理费用　3 000
　其他应收款——保险赔偿　5 000
　贷：银行存款　546 800

上述支出中，计入固定资产成本中的支出有买价、运输与装卸费、安装费和保险费共计462 300元。更换部件支出的8 000元中，5 000元由保险公司赔付，另外3 000元由于属于不必要的支出，不能资本化，而直接计入管理费用，增值税按消费型增值税的做法可以抵扣。

企业外购的无形资产成本，包括买价、相关税费以及直接归属于使该项资产达到预定用途前所发生的其他支出，这些支出包括专业服务费用、测试无形资产是否能够正常发挥作用的费用等，如律师费、法律登记费、无形资产评估费用等。

例7-2：珠江公司2008年购入一项专利，转让费278 000元，另支付的相关营业税、律师费、公证费、评估费等共计48 500元。

会计处理如下：

借：无形资产——专利权　326 500
　贷：银行存款　326 500

三、自建和研发取得的长期资产的会计处理

企业自行建造的固定资产，其资本化成本支出包括材料成本、人工成本及其他费用。其他费用包括相关税费、应予资本化的借款费用以及应分摊的间接费用等。

企业自建固定资产发生的材料费用、人工费用和其他费用支出，先通过“在建工程”进行核算，工程达到预定可使用状态后，再从“在建工程”科目转入“固定资产”科目。

例7-3：2008年1月，珠江公司兴建一新厂房，工期1年。以下是与厂房兴建相关的经济业务：

（1）1月1日，购买工程专用物资800 000元，增值税率17%，税款936 000元已支付。

（2）1月1日，借入用于工程建设的1年期专项款1 500 000元，年利率6.5%。

（3）全年领用工程物资748 800元。

（4）全年领用库存材料500 000元，该材料购进时支付的增值税为85 000元。

（5）工程建设期间发生的工程人员职工薪酬600 000元。

（6）分摊1年的水电等辅助费用支出58 000元。

（7）12月31日，归还到期的专用借款和利息。

（8）厂房兴建完毕，经验收，已经达到预定可使用状态。同时将工程材料转入原材料。

会计处理如下：

（1）购买工程专用物资：

借：工程物资　　936 000

　贷：银行存款　　936 000

（2）借入工程专项款：

借：银行存款　　1 500 000

　贷：短期借款　　1 500 000

（3）领用工程物资：

借：在建工程——厂房　　748 800

　贷：工程物资　　748 800

（4）领用库存材料：

借：在建工程——厂房　　585 000

　贷：原材料　　500 000

　　应交税费——应交增值税（进项税额转出）　　85 000

（5）计提工程人员职工薪酬：

借：在建工程——厂房　　600 000

　贷：应付职工薪酬　　600 000

（6）分摊辅助费用：

借：在建工程——厂房　　58 000

　贷：制造费用　　58 000

（7）归还专用借款：

借：短期借款　　1 500 000

　　在建工程——厂房　　97 500

　贷：银行存款　　1 597 500

（8）将工程物资转入原材料，并结转在建工程：

借：原材料　　160 000

　　应交税费——应交增值税（进项税额）　　27 200

　贷：工程物资　　187 200

借：固定资产——厂房　　2 089 300

　贷：在建工程——厂房　　2 089 300

自行研究与开发的无形资产，所有支出分为研究阶段与开发阶段，由于研究阶段无法确定所开发的项目（无形资产，如一项专有技术）能否成功，研究阶段的支出一律费用化。而在开发阶段，又分两种情形：如果在此阶段能够确定所开发的项目符合资本化的条件，就将这一阶段的支出计入无形资产成本；否则，与研究阶段的处理一样，所有支出全部费用化。

例7－4：珠江公司研究开发一项节能新技术，已经完成研究阶段。2008年开始进入开发阶段，2008 年年末，向有关部门申请专利获得批准，预计有较广泛的市场应用前景。本年与该技术开发相关的各项支出为：材料 400 000 元，增值税 68 000 元，职工薪酬 1 000 000 元，其他支出 500 000 元。

相关费用发生时，会计处理为：

借：研发支出　　1 968 000
　贷：原材料　　400 000
　　应交税费——应交增值税（进项税额转出）　　68 000
　　应付职工薪酬　　1 000 000
　　银行存款　　500 000

专利研发成功后，将开发支出资产化：

借：无形资产——专利权　　1 968 000
　贷：研发支出　　1 968 000

由于自行开发的无形资产不包括研究阶段的支出，我们可以发现这样一个现象：同一无形资产，外购获得和内部开发取得在价值计量上是不一致的。为什么会出现这样的现象呢？

前面已经提到，我国的土地主要属于国有，企业通常只拥有使用权，土地使用权按"无形资产——土地使用权"进行核算。土地使用权用于自行开发建造厂房等地上建筑物时，土地使用权的账面价值不与地上建筑物合并计算其成本，而仍然作为无形资产进行核算。但房地产企业建造用于对外出售的商品房时，商品房的成本中包括土地使用权的成本；如果外购的建筑物支付的价款中包括土地使用权成本，则按合理的比例进行分配，单独计量和列示"无形资产——土地使用权"，如果找不到合理的分配办法，则所有支出全部计入"固定资产——建筑物"的成本中。

对长期资产其他取得途径如交换、接受投资、租赁等的会计处理，请参见中级财务会计相关章节的讲述。

第三节　长期资产的后续计量与处置

存货在使用或销售后，其成本是一次性进行结转的。而长期资产可以在较长时间内连续使用，其价值是逐步转移到生产产品的成本中或使用各期的期间费用的，这种将长期资产的价值逐步转移到生产产品的成本中或使用各期的期间费用的做法，固定资产称为折旧，无形资产称为摊销，自然资源称为折耗。为了延长长期资产的使用寿命，在长期资产使用一段时间后，可能会进行改良和维修。另外，由于长期资产存续时间较长，还要定期对其价值进行评估和测试。因此，长期资产的后续计量包括固定资产折旧、无形资产摊销的会计处理和长期资产后续支出的会计处理。长期资产价值重估则不在初级会计中展开讨论。最后，简要讨论一下长期资产处置的会计处理。

一、固定资产折旧

折旧就是将固定资产成本系统地分配到各个会计期间，所分配的金额根据受益对象和期间分别计入生产成本或期间费用。虽然说折旧的一个重要原因是固定资产使用后价值不断降低，但实际上折旧的金额与固定资产价值的下降或损耗从严格意义来讲是不相匹配的。固定资产折旧从本质上讲，是一种成本分摊的过程，而不是一个计价的过程。经过一定时期，固定资产的价值通过折旧最终都发生转移。但是，土地的使用与一般固定资产不同，其价值不会因为使用或时间的推移而消逝，所以，土地是不计提折旧的。

既然是一种价值分摊，每期分摊金额的计算就是折旧的核心。影响折旧的因素主要有三个：一是折旧基础；二是折旧年限；三是折旧方法。

折旧基础是固定资产应分摊的金额，等于固定资产原始成本减去预计的净残值。固定资产原始成本就是我们前面讲到的初始确认的金额。净残值是指固定资产报废时的变卖收入减去清理费用后的净额。由于这部分价值没有发生转移，所以要从折旧基础中扣除。

折旧年限是一个估计数。这种估计既基于固定资产的物理寿命，更重要的是考虑其经济寿命。因为从经济学的角度讲，固定资产的价值不是由其经久耐用决定的，而是由其边际效用和市场需求决定的。正是因为这一点，当以某一固定资产生产的产品的市场销路发生变化（如滞销）时，我们会进一步调减折旧年限。

当折旧基础和折旧年限确定后，每期折旧额的多少还取决于特定的折旧方法。同一折旧基础和折旧年限，用不同的折旧方法所得出的折旧额不同。现行的折旧方法主要有两类：一类是产量法；一类是加速折旧法。如果假定固定资产是均衡使用的，折旧就根据所使用的年限平均分摊，这样就产生第三种方法，叫直线折旧法。直线法是所有折旧方法的基础。下面就简要介绍这三种方法，我们首先从直线法开始。

1. 直线折旧法

按直线法计算每期折旧额的公式如下：

年折旧额＝（原始成本－预计净残值）/预计折旧年限

月折旧额＝年折旧额÷12

如果利用折旧率来计算每年的折旧额，其公式如下：

年折旧率＝（1－预计净残值率）/预计使用年限×100%

预计净残值率＝预计净残值÷固定资产原值×100%

年折旧额＝固定资产原值×年折旧率

例7－5：珠江公司2007年12月购买一台大型机床，原价500 000元，估计使用年限为10年，预计寿命期末净残值为20 000元。该设备的折旧额计算如下：

年折旧额＝（500 000－20 000）/10＝48 000（元）

月折旧额＝48 000÷12＝4 000（元）

我国现行制度规定，本月投入使用的固定资产下月开始计提折旧，本月报废或处置的固定资产本月仍需计提折旧。因此，珠江公司此台机床从 2008 年 1 月开始计提折旧。如果该机床同时用于多种产品生产，则先登记为“制造费用”，然后再分配到各产品的“生产成本”；如果只用于一种产品生产，则直接登记到该产品的“生产成本”账户中。管理部门使用的设备或建筑物计提折旧，折旧费用登记为“管理费用”。

由于在所有折旧方法中，这种方法最简单明了，所以也成为实务中最流行的方法。

2. 作业量法（或产量法）

对比直线法，作业量法似乎更准确与合理，因为这种方法是根据固定资产生产数量来分摊成本的。

作业量法的折旧计算公式是：

单位工作量折旧额 = （固定资产成本 − 预计净残值）/估计总作业量
年折旧额 = 当年实际作业量 × 单位工作量折旧额

这里的作业量基础既可以是机器工时，也可以是实物产量。如果是以机器工时为作业量基础，则应该计算出单位机器工时折旧额，按各期实际发生的机器工时数确定应计提折旧额；如果是以实物产量为作业量基础，则应该计算出单位实物产量折旧额，按各期实际生产的实物产量确定应计提折旧额。

例 7－6：承例 7－5。珠江公司 2007 年 12 月购入的机床，预计在整个寿命期内运转 20 000 小时，寿命期末估计残值为 20 000 元。假定珠江公司前 5 年该设备实际运转小时数为 1 500 小时、1 800 小时、1 900 小时、2 200 小时和 2 000 小时。采用作业量折旧法计提折旧，则珠江公司 2008 年起前五年应计提的折旧额计算如下：

每小时折旧额 = （500 000 − 20 000）/20 000 = 24（元/小时）
第一年应计提的折旧额 = 1 500 × 24 = 36 000（元）
第二年应计提的折旧额 = 1 800 × 24 = 43 200（元）
第三年应计提的折旧额 = 1 900 × 24 = 45 600（元）
第四年应计提的折旧额 = 2 200 × 24 = 52 800（元）
第五年应计提的折旧额 = 2 000 × 24 = 48 000（元）

从逻辑上讲，作业量法比直线法更准确，但在实务中运用并不广泛。一个原因是，要准确估计固定资产的作业总量比较困难；另一个原因是，要做好每个期间的实际作业量的统计工作，也增加了会计处理的工作量。

3. 加速折旧法

加速折旧法是基于这样一个理论假定：新投放的固定资产使用效率是最高的，并且使用初期的维修次数少、维修和维护成本低，所提供的经济效益明显高于后期。所以基于这样一种假定，固定资产使用初期应多计提折旧，后期则逐渐减少折旧的计提额度。

加速折旧法的实际计算方法有多种，应用较多的有双倍余额递减法、年数总和法等。这里只对双倍余额递减法进行举例说明。使用这种方法时，用不扣除净残值的固定资产原值除以折旧年限，其结果为直线法的折旧率，在此折旧率的基础上加倍。以后每年用此折旧率去乘每年年初的账面净值，一直到固定资产账面净值等于净残值为止。

例7-7：承例7-5。珠江公司2007年12月购入的机床采用双倍余额递减法计提每年的折旧，该机床每一年的折旧额如表7-1所示。

表7-1　　　**折旧计算表（双倍余额递减法）**　　　单位：元

年份	期初账面净值	折旧率	折旧额	累计折旧	期末账面余额
2008	500 000	20% *	100 000	100 000	400 000
2009	400 000	20%	80 000	180 000	320 000
2010	320 000	20%	64 000	244 000	256 000
2011	256 000	20%	51 200	295 200	204 800
2012	204 800	20%	40 960	336 160	163 840
2013	163 840	20%	32 768	368 928	131 072
2014	131 072	20%	26 214	395 142	104 858
2015	104 858	20%	20 972	416 114	83 886
2016	83 886	20%	16 777	432 891	67 109
2017	67 109		47 109 **	480 000	20 000
合计					

* 双倍直线折旧率 = 2 × 1/10 × 100% = 20%

* * 最后一年折旧额 = 67 109 - 20 000 = 47 109（元）

在上述计算中，最后一期的折旧是用固定资产账面净值减净残值后得出的。大家会发现一个现象，就是最后一期的折旧大于前面几个年度的折旧额。因此，为了保证每期计提的折旧额呈递减趋势，在按余额递减法计提的折旧额小于按直线折旧法计算的折旧额时，改用直线折旧法进行折旧方式的转换。

在本例中，2012年的折旧额40 960元已经小于直线法的48 000元，这时，从2012年开始，按直线法计提折旧，每年的折旧额计算如下：

2012至2017年期的折旧额 =（204 800 - 20 000）/6

= 30 800（元）

二、无形资产摊销

无形资产一般按预计的使用年限进行摊销，但使用寿命不能确定的无形资产则不进行摊销。与固定资产折旧原理一样，无形资产摊销也受摊销基础、摊销年限和摊销方法的影响。但与固定资产折旧不同，无形资产一般没有残值。另外，摊销年限的确定比固定资产单纯由预计使用年限来决定要复杂一些，一项无形资产的摊销年限要考虑的因素有：法定年限（如专利法的保护年限）、合同年限（一项特许经营权的许可经营年限）和预计使用年限等。无形资产的摊销方法只使用直线法。摊销费计入的项目与固定资产相同，但大多计入期间费用，直接用于产品生产的，则计入产品成本。

例7-8：珠江公司2008年年初取得一项特许经营权，共支付600 000元，合同约定的使用期限为15年。其取得和每年摊销的会计处理如下：

借：无形资产——特许权　　600 000
　贷：银行存款　　600 000
借：管理费用　　40 000（600 000/15）
　贷：累计摊销　　40 000

长期资产特别是固定资产，为了提高其使用效率和延长其使用寿命，在使用中，还会发生一些改良、维修和维护的支出。这些支出按照资本化与费用化的标准，对符合资本化条件的，计入固定资产成本；对不符合资本化条件的，计入当期费用。

三、长期资产处置

关于长期资产处置的账务处理，我们主要以固定资产处置为例进行讲述，无形资产的处置比照固定资产处置进行。固定资产处置又称固定资产清理，包括报废、毁损和提前出售等。报废和毁损是针对没有服务能力的固定资产的处置清理，提前出售是对还有服务潜力的固定资产的变卖。无论是报废、毁损还是提前出售，其处置的会计处理是相同的。

固定资产处置通过"固定资产清理"科目进行，先将固定资产原值和累计折旧进行结转，两者之间的差额表现为固定资产账面净值。如果折旧计提完毕，这一净值为期初预计的净残值；如果折旧未计提完毕，这一净值为期初预计的净残值加未提折旧额。固定资产净值结转到"固定资产清理"的借方，同时登记到借方的还有固定资产清理中的应交税费和清理中发生的相关清理费用。清理中发生的收入，以及从保险公司获得的赔偿，或由事故人承担的赔偿都登记到"固定资产清理"的贷方。最后，将"固定资产清理"的余额转入"营业外收入"或"营业外支出"账户。

例7-9：承例7-5。假定珠江公司购买的500 000元的机床期满后报废，变卖取得的收入为30 000元，相应的清理费用为5 000元。会计处理如下：

结转报废固定资产账面净值：
借：固定资产清理　　20 000
　　累计折旧　　480 000
　贷：固定资产　　500 000
登记清理收入：
借：银行存款　　30 000
　贷：固定资产清理　　30 000
记录清理费用：
借：固定资产清理　　5 000
　贷：银行存款　　5 000
最后，将"固定资产清理"的余额转入"营业外收入"：
借：固定资产清理　　5 000

贷：营业外收入　　5 000

例 7－10：承例 7－8。珠江公司 2008 年签订的特许经营合约 10 年后因某种原因将特许权转让，获得收入 150 000 元，支付相关税费 10 000 元。

会计处理如下：

借：累计摊销　　400 000

　　营业外支出　　60 000

　　银行存款　　140 000

　贷：无形资产——特许权　　600 000

长期资产处置的现金收入净额反映的是投资活动的现金流入。这一金额表现为变卖的现金收入减去清理中付现的相关支出。在例 7－9 中这一金额为 25 000 元，在例 7－10 中则为 140 000 元。

第四节　证券投资

当家庭越来越富裕时，人们手中的货币就会增多，早期唯一的选择就是存入银行，后来有了国债，就去排队购买国债；当资本市场建立后，人们又开始去购买股票；再后来是基金、权证，现在还有股票指数期货等。精明家庭的选择是让闲置的资金尽可能增值，上述这些做法套用一个新名词就叫理财。对于以追求利润最大化为目标的企业而言，当有了多余的资金时，更会精打细算，当企业自身没有更好的项目，或目前还没有足够的资金去投资一个新项目时，将暂时闲置的资金对外投资就成为一种明智的选择。对外投资的载体是证券。就成熟的市场而言，这些证券包括存款单、商业票据、国债、市政债券、公司债券、股票和更高级的权证类的衍生工具等。这些基本的证券主要可分为债券证券和权益证券（股票）。本节我们就讨论这两种投资的基本会计处理问题。

一、债券投资

债券与股票的最大区别体现在收益的风险上。债券到期可收回本金，并且每期的收益是固定的；股票的收益随被投资企业盈利情况而定，并且投资成本只可在市场转让，而不能从被投资企业收回。债券投资的会计处理是分类进行的，即不同类别的债券投资，其会计处理不同。下面先讨论债券投资的分类。

1. 债券投资的分类

传统上对债券和股票投资统一分为短期投资和长期投资。持有期在 1 年内的被归为短期投资，否则就归为长期投资，每一类再细分为债券投资和股票投资。随着证券投资的比重越来越大，风险越来越高，投资者对证券投资的风险揭示程度也提出了更高的要求。为了满足这种需要，现在对证券投资的分类更加细化，对风险的揭示程度更高。债券投资按新的分类标准列示如表 7－2 所示。

表 7-2 债券投资的分类、会计计量与披露表

分类	分类标准	计量方法	列示
交易性金融资产	随时准备出售	市价法	流动资产*
可供出售金融资产	无明确目的	市价法	非流动资产
持有至到期投资	持有至到期	成本法	非流动资产

*准备在下一年出售的可供出售金融资产和在下一个年度到期的持有至到期投资在本年年末列为流动资产

从表 7-2 可以看出，交易性金融资产是指随时准备出售的债券投资，对这类债券投资的计量按市价法进行：购进时，买价计入成本，交易时的相关费用、收到的利息计入当期损益（投资收益），期末市价的变动也计入当期损益。由于交易性金融资产是准备随时买卖的，将市价的变动计入当期损益，就是为了更好地揭示其风险变动信息。

持有至到期投资是指打算将购买的债券一直持有至到期日而不提前出售。对这类债券投资的计量按成本法进行：购进时，买价和交易时的相关费用计入成本，收到的利息计入当期损益，期末市价的变动不反映。由于持有至到期投资是准备长期持有并能收回本金的，市价的变动对它不会产生太大的影响。

可供出售金融资产介于交易性金融资产和持有至到期投资之间，当一种债券既不打算持有至到期，又不准备随时出售时，就把它列入这一类。它的核算也就是上述两种债券处理的结合：购进时，买价和交易时的相关费用计入成本，收到的利息计入当期损益，期末市价的变动计入所有者权益（“资本公积”科目）。由于可供出售金融资产不准备持有至到期，市价的变动对它有影响但影响又没有对交易性金融资产那么明显，所以债券期末价格变动不直接计入利润表，而是计入资产负债表，这是一种折衷的做法。

下面通过举例来讨论三类债券投资的会计处理。

2. 交易性金融资产

交易性金融资产购进时，买价计入成本，交易时的相关费用计入投资收益；收到的利息计入当期损益（投资收益）；期末市价的变动也计入当期损益（公允价值变动损益）；出售时，将售价与账面价值之间的差额登记为投资收益。

例 7-11：珠江公司 2008 年 1 月 2 日利用闲置的资金购买 A 公司债券 355 000 元，相关税费 1 500 元。珠江公司打算随时出售该债券。该债券每半年支付一次利息。6 月 30 日，市价为 355 800 元（不含利息）。7 月 1 日，收到支付的利息 9 625 元。8 月 1 日，以 355 100 元出售。

相应的会计处理如下：

2008 年 1 月 2 日，购进债券：

借：交易性金融资产	355 000	
投资收益	1 500	
贷：银行存款		356 500

6 月 30 日，市价调整：

借：交易性金融资产　　800

　贷：公允价值变动损益　　800

7月1日，收到利息：

借：银行存款　　9 625

　贷：投资收益　　9 625

8月1日，出售：

借：银行存款　　355 100

　　投资收益*　　700

　贷：交易性金融资产　　355 800

*按《企业会计准则——应用指南》的规定，出售时应将前期已确认的“公允价值变动损益”转销，这样本期的“投资收益”就为贷方的100元，但是贷方“投资收益”与借方“公允价值变动损益”相抵后，对本期净利润的影响仍为投资损失700元。之所以如此处理，是为了区分已实现和未实现收益。在所得税会计的处理中，这一区分很重要，请参见第九章“流转税与所得税”

3. 可供出售金融资产

可供出售金融资产购进时，买价和交易时的相关费用计入成本；收到的利息计入当期损益；期末市价的变动计入“资本公积”科目；出售时，将售价与可供金融资产的账面价值及转销的计入资本公积额之间的差额，确认为投资损益。

例7－12：珠江公司2008年1月2日购买A公司发行的债券355 000元（票面价值350 000元，年利率为5.5%，债券期限6年），相关税费1 500元。对该债券，珠江公司不打算随时出售，但也不准备持有至到期日。该债券每年支付一次利息。12月31日，该债券市价为356 100元。2009年1月1日，收到支付的利息19 250元。2009年7月1日，以364 725元出售。

相应的会计处理如下：

2008年1月2日，购进债券：

借：可供出售金融资产　　356 500

　贷：银行存款　　356 500

12月31日，计提利息收益、摊销溢价和市价调整：

借：应收利息　　19 250

　贷：投资收益　　19 250

借：投资收益　　1 083*（6500÷6）

　贷：可供出售金融资产　　1 083

*按现行规定，溢折价的摊销要采用实际利率法，我们采取的是简化的直线法

借：可供出售金融资产　　683

　贷：资本公积　　683

2009年1月1日，收到利息：

借：银行存款　　19 250

贷：应收利息 19 250

2009 年 6 月 30 日，计提利息收益和摊销溢价：

借：应收利息 9 625

贷：投资收益 9 625

借：投资收益 541.5（6500 ÷ 6/2）

贷：可供出售金融资产 541.5

7 月 1 日，出售：

借：银行存款 364 725

资本公积 683

贷：可供出售金融资产 355 558.5*

应收利息 9 625

投资收益 224.5

*355 558.5 = 356 100 − 541.5

4. 持有至到期投资

持有至到期投资购进时，买价和交易时的相关费用计入成本，收到的利息计入当期损益，期末市价的变动不反映，到期记录收回本金。

例 7 − 13：珠江公司 2008 年 1 月 2 日购买 A 公司发行的债券 355 000 元（票面价值 350 000 元，年利率为 5.5%，债券期限 6 年），相关税费 1 500 元。对该债券，珠江公司准备持有至到期日。该债券每年支付一次利息。2009 年 1 月 1 日，收到支付的利息 19 250 元。

相应的会计处理如下：

2008 年 1 月 2 日，购进债券：

借：持有至到期投资 356 500

贷：银行存款 356 500

12 月 31 日，计提利息收益、摊销溢价：

借：应收利息 19 250

贷：投资收益 19 250

借：投资收益 1 083

贷：持有至到期投资 1 083

2009 年 1 月 1 日，收到利息：

借：银行存款 19 250

贷：应收利息 19 250

以后每年的会计处理同上。

到期日，收回本金：

借：银行存款 350 000

贷：持有至到期投资 350 000

二、股票投资

上面提到，股票与债券的最大区别体现在收益的风险上，这种风险表现在：如果被投资企业无盈利，投资股票就无回报；但是，如果被投资企业收益很高，投资股票的收益就会高于债券投资。另外，投资股票还可以获得影响和控制被投资方经营决策的控制收益。这也是股票投资虽然风险高，但仍然有许多企业选择股票投资的原因。股票投资所产生的对被投资方经营决策的影响程度，取决于持有对方股票的比例。股票投资的会计处理受投资目的和投资比例两方面的影响。下面先讨论股票投资的分类。

1. 股票投资的分类

股票投资的会计处理受投资目的和投资比例两方面的影响。股票投资的分类列示如表7－3所示。

表7－3　　股票投资的分类、会计计量与披露表

分类	分类标准	计量方法	列示
交易性金融资产 可供出售金融资产 长期股权投资	随时准备出售 无明确目的 持股比例 < 20% 持股比例 > 20%	市价法 市价法 成本法 权益法	流动资产* 非流动资产 非流动资产 非流动资产

*准备在下一年出售的可供出售金融资产和长期股权投资在本年年末列为流动资产

列为交易性金融资产和可供出售金融资产的股票与同类的债券投资的会计处理原则大体一致；持股比例小于20%的无法找到市价的股票投资，与持有至到期投资的会计处理原则大体一致。而股票投资的权益法是一种股票投资特有的方法。

下面通过举例来讨论几类股票投资的会计处理。

2. 交易性金融资产

分类为交易性金融资产的股票的会计处理与此类债券的处理相同：购进时，买价计入成本，交易时的相关费用计入投资收益；收到的股利计入投资收益；期末市价的变动也计入公允价值变动损益；出售时，将售价与账面价值之间的差额登记为投资收益。

例7－14：珠江公司2008年11月2日利用闲置的资金购买B公司的股票100手，每股市价20.3元，相关税费4 500元。珠江公司打算随时出售该股票。12月31日，该股票市价为18.5元。2009年6月1日，每股收到现金股利0.2元。8月1日，以每股21.5元出售。

相应的会计处理如下：

2008年11月2日，购进股票：

借：交易性金融资产	203 000	
投资收益	4 500	
贷：银行存款		207 500

12月31日，市价调整：

借：公允价值变动损益 18 000

贷：交易性金融资产 18 000

2009 年 6 月 1 日，收到股利：

借：银行存款 2 000

贷：投资收益 2 000

8 月 1 日，出售：

借：银行存款 215 000

贷：交易性金融资产 185 000

投资收益 30 000

3. 可供出售金融资产

分类为可供出售金融资产的股票的会计处理与此类债券的处理相同：购进时，买价和交易时的相关费用计入成本；收到的股利计入当期损益；期末市价的变动计入“资本公积”科目；出售时，将售价与可供出售金融资产的账面价值及转销的计入资本公积额之间的差额，确认为投资损益。

例 7 - 15：珠江公司 2008 年 11 月 2 日利用闲置的资金购买 B 公司的股票 100 手，每股市价 20.3 元，相关税费 4 500 元。对该股票，珠江公司不打算随时出售，但也不准备长期持有。12 月 31 日，该股票市价为 18.5 元。2009 年 6 月 1 日，每股收到现金股利 0.2 元。2009 年 12 月 31 日，股票市价为 22.6 元。2010 年 2 月 1 日，以每股 21.8 元出售。

相应的会计处理如下：

2008 年 11 月 2 日，购进股票：

借：可供出售金融资产 207 500

贷：银行存款 207 500

12 月 31 日，市价调整：

借：资本公积 22 500

贷：可供出售金融资产 22 500

2009 年 6 月 1 日，收到股利：

借：银行存款 2 000

贷：投资收益 2 000

12 月 31 日，市价调整：

借：可供出售金融资产 41 000

贷：资本公积 41 000

2010 年 2 月 1 日，出售：

借：银行存款 218 000

资本公积 18 500

贷：可供出售金融资产 226 000

投资收益 10 500

4. 长期股权投资

企业持股比例在20%以上的股票投资，使用权益法进行核算。持股比例小于20%的，无法找到市场报价并且公允价值不能确定的股票投资，使用成本法进行核算。其成本法与可供出售股票核算的区别是期末不对账面价值进行调整，其他方面基本相同。权益法与成本法比，初始投资成本的确认是相同的，不同的是：成本法下，投资者只有收到或确定收到股利时确认投资收益；而权益法下，投资者按比例享有（或承担）被投资者的盈利（或亏损），根据被投资者的盈亏，一方面调整股权投资的账面价值，另一方面确认投资损益，股利的分配则冲减长期股权投资成本。

例7－16：2008年3月1日，珠江公司购买非上市C公司15%的股票，计4 500 000元，相关税费70 000元。2008年12月，C公司实现净利润500 000元。2009年3月1日，C公司宣布发放股利300 000元。4月1日，实际支付。

相关会计处理如下（成本法）：

2008年3月1日，购进：

借：长期股权投资　　4 570 000

　贷：银行存款　　4 570 000

2009年3月1日：

借：应收股利　　45 000

　贷：投资收益　　45 000

4月1日：

借：银行存款　　45 000

　贷：应收股利　　45 000

例7－17：2008年1月1日，珠江公司购买D公司25%的股票，计8 500 000元，相关税费120 000元。2008年12月，C公司实现净利润800 000元。2009年5月1日，D公司宣布发放现金股利500 000元。6月1日，实际支付。

相关会计处理如下（权益法）：

2008年1月1日，购进：

借：长期股权投资　　8 620 000

　贷：银行存款　　8 620 000

12月31日：

借：长期股权投资　　200 000

　贷：投资收益　　200 000

2009年5月1日：

借：应收股利　　125 000

　贷：长期股权投资　　125 000

6月1日：

借：银行存款　　125 000

贷：应收股利　　　　　　　　　　　　　　　　　　　　　　　125 000

持股比例超过50%后，将会控制被投资方的经营决策。这时，投资方平时按成本法对长期股权投资进行核算，同时，还要合并被投资方的报表。在编制合并报表时，再将长期股权投资调整到权益法的基础上。合并报表的编制又称合并会计，合并会计在高级财务会计中讲述。

本章相关的法规、制度及主要阅读文献

1. 石本仁，谭小平．会计学原理．北京：中国人民大学出版社，2010

2. 中华人民共和国财政部．企业会计准则——应用指南．北京：中国财政经济出版社，2006

思考题

一、多选题

1. 下列属于固定资产的项目有（　　）。

A. 土地　　B. 土地使用权　　C. 周转材料　　D. 设备

2. 下列属于无形资产的项目有（　　）。

A. 土地　　B. 土地使用权　　C. 专利权　　D. 非专利技术

3. 购入固定资产的初始成本中包括（　　）。

A. 买价　　B. 关税　　C. 安装费用　　D. 途中坏损

4. 自制固定资产的成本项目中包括（　　）。

A. 人工费用　　B. 材料费用　　C. 管理费用　　D. 制造费用

5. 影响固定资产折旧的因素有（　　）。

A. 折旧基础　　B. 折旧年限

C. 折旧方法　　D. 预计清理费用

6. 影响固定资产折旧年限的因素包括（　　）。

A. 固定资产物理寿命

B. 固定资产经济寿命

C. 固定资产生产产品的市场销路发生变化

D. 折旧方法

7. 影响无形资产摊销年限的因素有（　　）。

A. 无形资产法定保护年限　　B. 合同约定年限

C. 经济寿命年限　　D. 摊销方法

8. 对外投资主要基于以下目的（　　）。

A. 理财　　B. 影响对方经营决策

C. 控制对方经营决策　　D. 规避对内投资风险

9. 按持有证券的目的可将对外投资分为（　　）。

A. 交易性金融资产　　B. 持有至到期投资

C. 短期投资　　D. 长期投资

10. 交易性金融资产与持有至到期投资会计处理的主要区别体现在（　　）。

A. 持有时间长短不同　　B. 计量标准不同

C. 交易费用的处理不同　　D. 会计报表中的列示不同

二、判断题

1. 自行研发的无形资产中的研究支出之所以费用化，是因为所发生的相关支出的成本不能够可靠计量。（　　）

2. 累计折旧是出于重新购买固定资产的目的而累积的一笔现金。（　　）

3. 折旧是某一特定时期内固定资产价值发生的损失。（　　）

4. 加速折旧是为了少交纳税金。（　　）

5. 土地之所以不计提折旧是因为无法确定其使用年限。（　　）

6. 固定资产清理的借方发生额表示清理中支付的清理费用、税金和结转的净值；贷方表示清理中收到的变卖收入；贷方余额表示变卖产生的盈余，借方余额表示变动产生的亏损。（　　）

7. 交易性金融资产按公允价值计价，并将市价与其账面价值的差额计入当期损益，是为了更好地揭示其流动风险。（　　）

8. 对外投资所发生的交易费用是指证券交易中支付的相关税费，如印花税和佣金，交易费用计入证券投资的初始成本中。（　　）

9. 持股小于20%，无法找到市价并且其公允价值不能确定的股票投资，使用成本法进行核算。（　　）

10. 权益法之所以按比例享有或承担被投资方的盈亏，是由于持股比例超过20%后，能对被投资方的经营决策产生重大影响。（　　）

11. 土地使用权用于自行开发建造厂房等地上建筑物时，土地使用权的账面价值与地上建筑物合并计算其成本，计入建筑物成本中。（　　）

三、简答题

1. 简述企业为何进行对外投资。

2. 分别阐述固定资产、无形资产、对外投资的业务流程与会计信息处理系统。

3. 区分资本化与收益化，并简要举例说明。

4. 区分折旧、摊销和折耗。

5. 说出3种无形资产的名称，并对这些无形资产进行描述。

6. 主要的折旧方法有哪些？这些折旧方法与企业的净利润、现金流量的关系如何？

7. 债券投资分为交易性金融资产、可供出售金融资产和持有至到期投资的标准是什么？阐述每类投资的核算要求。

8. 区分长期股权投资核算的成本法与权益法。

练习题

一、(固定资产的购置) 南方公司 2008 年 3 月购进一台国产机床，买价为 680 000 元，增值税率为 17%，运输、装卸费 5 800 元，安装费 4 750 元。途中由于运输公司的原因造成局部损坏，重新购置一零部件 2 000 元，从支付的运输费中扣减。由于国家鼓励购买国产设备，增值税已全额退还。该设备已调试完毕。

要求：登记固定资产购置的会计分录。

二、(长期资产的兴建与研发) 南方公司 2008 年全年发生如下与固定资产兴建、无形资产研发的经济业务：

1. 1 月，研发部门购入某项专用设备一台 780 000 元（含增值税），预计无残值，使用期为 5 年，从下月起开始计提折旧。同时购进实验用材料 50 000 元（含增值税）。上述货款均已支付。设备与材料全部用于某项新产品专利技术的研究开发。

2. 1 月，公司正式启动一条新产品生产线的建设工程，该生产线主要由 3 台主要设备组成。前期基础工程建设期为 10 个月，设备安装调试期为 2 个月。当即购买专用物资 450 000 元，增值税率为 17%。货税款未付。

3. 1 月，借入工程专项款 2 000 000 元，借期 1 年，年利率 5.8%。随即支付工程物资价税款。

4. 6 月底，实验共领用材料 30 000 元。6 月底后，该产品专利技术研发进入开发阶段。

5. 7 月，研发部门领用材料 20 000 元。

6. 交纳 3 台设备定金 150 000 元。

7. 10 月，生产线基础工程全部完工，本年所购专用物资全部投入使用。

8. 11 月初，3 台设备全部验收合格，支付设备余款 1 050 000 元，另外按 17% 支付增值税。设备进入安装调试阶段。

9. 共支付安装费 40 000 元。

10. 产品生产设备调试完毕，共支付相关费用 15 000 元。新产品技术经有关专家审核后，向专利部门申请专利获得批准，共支付相关费用 48 000 元。

11. 登记全年应付工程人员工资 420 000 元，研究人员工资 250 000 元，管理人员工资 150 000 元。

12. 全年共发生辅助费用 580 000 元，由生产、工程和研发 3 个部门共同分担，分摊的比例为 50%、40% 和 10%。

要求：

1. 登记上述业务的会计分录。

2. 计算并登记固定资产和无形资产的成本。

三、(折旧) 南方公司 2008 年年初购买一台设备。总价值 800 000 元（含增值税），预计净残值率为 5%，预计使用年限为 8 年，该设备预计加工的产品总量为 76 000 件，并假定设备投入使用的前三年的实际产量分别为8 000件、8 500件和9 000件。

要求：运用直线法和加速折旧法（双倍余额递减法）求各年应计提折旧；运用产量法计算前三年的折旧额。

四、（固定资产处置）承上题。假定南方公司购买的设备五年半后由于产品销路问题进行变卖，变卖的收入为120 000元，相关税费为8 000元。

要求：

1. 假定南方公司按直线法计提折旧，登记该设备处置的会计分录。

2. 假定南方公司按双倍余额递减法计提折旧，登记该设备处置的会计分录。

五、（无形资产取得、摊销与处置）南方公司与某公司签订一项非专利技术转让合同，取得该项技术使用权，预计该技术有效使用寿命为10年，转让费285 000元，另支付相关税费44 650元。五年后，将该专利技术以180 000元转让。

要求：登记该无形资产相关会计分录。

六、（交易性金融资产）南方公司2008年1月1日以闲置资金购买万盛公司债券288 000元，相关税费576元；购买兴达公司股票1 000手，每股市价11.8元，相关税费2 360元，6月1日，收到兴达公司每股0.1元的现金股利。6月30日，万盛公司债券市价为278 000元，兴达公司股票为每股12.5元。7月31日，南方公司由于急需资金，将手中的债券与股票全部出售，债券售价为286 000元，交易费用为572元，股票售价为每股11.6元，交易费用为2 320元。

要求：登记相关会计分录。

七、（可供出售金融资产）南方公司2008年1月1日购买青山公司发行的债券2 560 000元（该债券账面价值为2 500 000元，票面利率6.8%，发行期为5年，到期一次还本付息）。相关税费5 000元。对该债券，南方公司不打算随时出售，也不打算持有至到期日。2008年、2009年年末，该债券市价分别为2 726 000元和2 881 000元。2010年6月30日，南方公司以2 952 000元出售，交易费用为5 900元。

要求：登记购进、年末计息、摊销和市价调整、出售等环节的会计分录。

（提示：一次还本付息债券的应收利息计入可供出售金融资产成本。期末账面价值包括应计利息。摊销采用直线法）

八、（持有至到期投资）承上题。假定南方公司计划持有该债券至到期日。到期日，南方公司收回本金和利息。

要求：登记购进、年末计息、摊销、到期收回本息等环节的会计分录。

九、（成本法与权益法）南方公司2008年4月1日以7 500 000元购买江陵公司20%的股票（不考虑相关税费），2008年12月，江陵公司宣布本年实现净利润1 500 000元，

2009 年 4 月 1 日，宣布发放现金股利 700 000 元，5 月 1 日，实际支付股利。2009 年末，江陵公司宣布亏损 1 000 000 元。

要求：同时用成本法和权益法核算南方公司对江陵公司的长期股权投资。

（提示：按权益法，投资方分享或承担对方实现的盈亏确认投资损益，应以实际持有对方股权的期间为基础进行计算）

案例分析

厦航利润之谜

两个不同的股东对同一被投资者净利润和净资产的认定应该是同样的数据，但是，南方航空（600029）和厦门建发（600153）两大股东对同一被投资方——厦门航空有限公司上述两个指标的披露却差异悬殊。

厦门航空有限公司（以下简称“厦航”）成立于1984 年7 月25 日，是我国改革开放初期成立的第一家股份制航空公司（非上市公司），现股东为中国南方航空股份有限公司（以下简称“南航”），占60%股权；厦门建发股份有限公司（以下简称“厦门建发”），股权为40%。南航与厦门建发均为上市公司。根据南航2003 年 7 月公布的招股说明书，厦航2002 年实现净利润4.4 亿元，截至2002 年 12 月 31 日的净资产为28.7 亿元。2003年6 月，厦门建发以5.76 亿元将其拥有股权特让给其大股东厦门建发集团（以下简称“建发集团”）。根据厦门建发公布的财务数据，厦航2002 年实现净利润0.78 亿元，截至2002 年 12 月 31 日的净资产为12 亿元。如同变魔术一样，两大股东披露的同一子公司同一会计年度的净利润竟相差3.62 亿元，而截至同一时点的净资产相差达16.7 亿元。

南航是一家香港上市公司，2003 年又成功在国内 A 股上市。根据相关规定，在国内上市必须满足上市前连续三年盈利的条件。2003 年中国遭遇“非典”，航空业整体业绩下滑，南航上市后，迫切希望上市后的第一年的业绩有个开门红。而同一年，厦门建发却将厦航转手，出让给自己的大股东建发集团。因此，就出现了两大股东对同一被投资方披露的净利润和净资产一高一低的现象，正所谓各取所需。问题是，同一公司，如何产生两个结果?

南航编制会计报表所采用的会计政策，是依据当时执行的财政部发布的《企业会计准则》（即2006 年前颁布的准则）、《企业会计制度》（2000）及其补充规定和相关具体会计准则规定，即飞机折旧的核算是以其原值减去 28.75% 预计残值后，按 10 ~15 年的预计可使用年限以直线法计提折旧，年折旧率为 4.75%。而厦航编制会计报表所采用的主要会计政策，是依据《企业会计准则》及《运输（民用航空）企业会计制度》，采取加速折旧法，折旧年限为 8 ~10 年，残值率为 3%，年折旧率为 9.7% ~12.1%，比南航现行计提的折旧要高得多。显然，南航在编制合并会计报表时已按其编制会计报表的会计政策对厦航的财务报表进行了调整，使得厦航 2002 年净利润从 0.78 亿元变更为 4.4 亿元，年末净资产从 12 亿元变更为 28.7 亿元，2003 年的净利润及年末净资产依此同样进行了大幅度上调。

然而，依照厦门建发的解释，厦航是从稳健经营的角度出发，采取加速折旧法，选择飞机折旧年限为 10 年，遵循的是民航总局和财政部的折旧政策。同时指出，厦门建发当时并非厦航控股股东，仅按权益法计算对厦航的投资收益；但厦门建发并不从事航空业，没有充分理由调整厦航的会计政策，也不可能对厦航数据进行再判断，因此基本尊重厦航管理当局对财务数据的判断。

（崔学刚，岳虹．“会计魔术”挑战会计规范的有效性——来自厦航利润之争案的启示．财务与会计，2005（6）：18～20）

问题：

1. 南航、厦门建发、厦航三家的会计处理存在什么问题？正确的做法是什么？
2. 南航和厦门建发对厦航会计利润的核算一高一低，各自的动机是什么？
3. 根据最新的会计准则，还会出现这样的情况吗？

第八章　负　债

导言

1993年7月12日，重庆渝港钛白粉股份有限公司（简称“渝钛白”）在深交所挂牌上市。钛白粉项目为国家重点项目，公司上市时正值钛白粉项目建设期，该项目当时预计所需工程建设资金达10亿元，选择在此时上市的目的之一便是通过发挥我国股票资本市场作用，筹集部分建设资金，而上市仅融资7 000万元，远远不能满足近10亿元的工程建设资金的需要。钛白粉项目选择了通过银行贷款方式筹集资金，以满足该项目筹建近10亿元的工程建设资金的需要，该项目银行贷款筹资金额巨大，平均每年负担银行利息高达8 000多万元。仅就1997年而言，为该项工程发生的借款利息及应付债券利息就有8 064万元。

渝钛白的目标是建成年产1.5万吨硫酸法金红石型钛白粉工程，工程于1992年1月破土动工，1995年6月完成主体工程建设，8月18日投料试生产，11月20日生产出金红石型高档钛白粉产品，并经国家指定检验部门检测，质量达到国家标准。通过负债筹资，重庆渝港钛白粉股份有限公司及时满足了钛白粉项目建设的需要。

本章结构

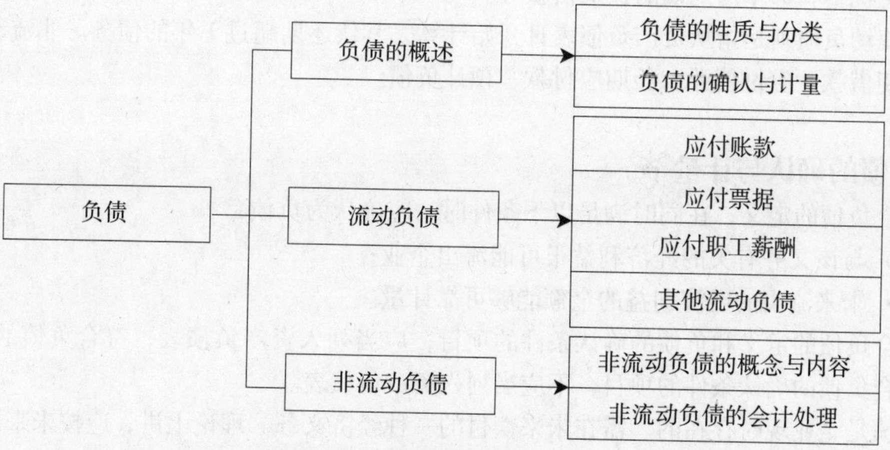

本章要点

掌握负债的性质和分类

掌握有关流动负债的分类以及相应会计处理

掌握有关非流动负债的分类以及相关会计处理

本章讨论的是与企业筹资活动有关的会计处理——负债。市场经济从本质上讲是一种信用经济，企业通过这种信用机制，掌握和捕捉经营机会，同时承担一定的经营和财务风险。用别人的资金为自己谋利，就会形成负债，从而承担支付使用资金的成本（利息），并承诺到期偿还本金。本章主要讨论负债的有关概念和会计处理。

第一节　负债的概述

一、负债的性质与分类

负债是企业过去的交易或事项形成的、预期会导致经济利益流出企业的现时义务，即在现行条件下已承担的义务。未来发生的交易或事项形成的义务，不属于现时义务，不应当确认为负债。

一般而言，会计上的负债较法律上的负债含义更为广泛，内容更丰富。不仅包括企业必须履行的各种法定义务，还包括一些并不具有法律约束的内容，如递延所得税贷项。

负债的法律义务表现在如果企业不能到期偿还责任，债权人可以向法院提出申请，让债务人进入破产程序，以债务人的资产来偿还债权人的债务，保证债权人的利益不会遭受更大的损失。因此，要明确每类债务的偿还期限，将企业所有债务分为流动负债和非流动负债（又叫长期负债）。

企业的流动负债是指1年内或超过1年的一个经营周期内必须偿还的债务。流动负债主要包括以下项目：短期借款、应付票据、应付账款、预收账款、应付职工薪酬、应付股利、应交税费和1年内到期的长期借款等。

非流动负债则是指从资产负债表日开始计算，其偿还期超过1年的债务。非流动负债包括长期借款、应付债券、长期应付款、预计负债。

二、负债的确认与计量

符合负债的定义，在同时满足以下条件时，应确认为负债：

（1）与该义务有关的经济利益很可能流出企业；

（2）未来流出的经济利益的金额能够可靠计量。

符合负债的定义和负债的确认条件的项目，应当列入资产负债表；符合负债的定义、但不符合负债的确认条件的项目，不应当列入资产负债表。

负债是企业现时存在的、需在未来偿付的一种经济义务。理论上讲，应按未来应偿付的金额或现金等价物的现值计量。但会计实务中，考虑到流动负债偿还期短，到期值与其现值相差很小，故一般直接以负债发生时的实际金额作为到期应付金额记账，不考虑贴现值。

按照历史成本原则，我国《企业会计制度》规定：各项流动负债，应按实际发生额入账。短期借款、带息应付票据、短期应付债券应当按照借款本金或债券面值，按照确定的利率按期计提利息，计入损益。

第二节　流动负债

流动负债的产生与企业的经营活动密切相关。它主要包括以下项目：短期借款、应付票据、应付账款、预收账款、应付职工薪酬、应付股利、应交税费和1年内到期的长期借款等。

一、应付账款

企业在正常生产经营过程中，因购买商品、材料或接受劳务供应等而应付给供应单位的款项，称为应付账款。这是一种最常见、最普遍的负债，主要是由于企业取得资产的时间与结算付款的时间不一致而产生的。

应付账款一般按实际发生额入账。如果购入的资产在形成一笔应付账款时是带有现金折扣的，应付账款入账金额的确定按发票上记载的应付金额的总值（即不扣除折扣）记账。

接下来我们具体讨论有关应付账款的会计核算内容。

为了核算企业因购买材料、商品和接受劳务供应等而应付给供应单位的款项，企业需设置“应付账款”账户，该账户属于负债类账户。贷方登记企业购入材料、商品等已验收入库，但尚未支付的应付款项或企业接受劳务供应而发生的应付未付款项；借方登记应付账款减少（偿还）额；期末余额在贷方，反映企业尚未偿还的应付账款。本账户应按供应单位设置明细账，进行明细核算。

例8－1：W公司从宇通股份有限公司购入某批材料117 000元（含税），材料已验收入库，货款暂欠。假设在第10天付款。

(1) 收到发票账单时：

借：原材料	100 000	
应交税费——应交增值税（进项税额）	17 000	
贷：应付账款——宇通公司		117 000

(2) 第10天付款时：

借：应付账款——宇通公司	117 000	
贷：银行存款		117 000

二、应付票据

应付票据是由出票人出票，承兑人承兑，付款人在指定日期无条件支付确定的金额给收款人或持票人的商业汇票。商业汇票可分为商业承兑汇票和银行承兑汇票；应付票据按票面是否注明利率，分为带息票据与不带息票据两种。

（一）不带息应付票据

不带息应付票据，其面值就是票据到期时的应付金额。不带息应付票据的开出或偿付，会计上均按面值核算。

例8-2：W公司从宇通公司购入A商品一批，价款400 000元，增值税为68 000元，购销合同规定采用商业汇票结算。企业开出并承兑一张面值为468 000元、期限6个月的商业汇票给宇通公司，商品尚未运到。

（1）W公司开出商业汇票时：

借：在途物资——A商品	400 000
应交税费——应交增值税（进项税额）	68 000
贷：应付票据——宇通公司	468 000

（2）票据到期付款时：

借：应付票据——宇通公司	468 000
贷：银行存款	468 000

（3）票据到期企业无力支付时：

借：应付票据——宇通公司	468 000
贷：应付账款——宇通公司	468 000

（二）带息应付票据

带息应付票据的开出、承兑核算与上述不带息应付票据的开出、承兑的会计处理相同。

应付票据利息的核算，会计上有两种做法：一种做法是按期预提，即按照票据面值及约定的票面利率，在期末计算应付的票据利息，计入“财务费用”与“应付票据”账户。支付利息时，再冲减“应付票据”账户所记金额。另一种做法是于票据到期付款时，将全部应付利息直接计入当期财务费用。

第一种做法核算比较麻烦，但符合权责发生制原则，能正确反映企业当期盈亏及实际的负债金额。我国企业会计制度规定企业采用这种做法。当然，如果票据期限不长、利息金额不大，也可采用第二种做法，以简化核算。

应付票据有规定的偿付日期，到期时，付款单位应将票款备足并交存开户银行，以备支付。不带息票据的到期值就是其面值，带息票据的到期值为票据面值与利息之和。票据到期付款时，借记“应付票据”、“财务费用”账户，贷记“银行存款”账户。

带息应付票据到期无力清偿的核算，属于商业承兑汇票的，企业应将应付票据的账面价值从“应付票据”账户转入“应付账款”账户，并与收款单位重新协议清偿的日期与方式。如果属于银行承兑汇票，此时银行作为第一付款人代为付款，再向付款企业（即承兑申请人）执行扣款，尚未扣回的金额转作付款企业的短期借款处理。

借：应付票据——××单位	（票据的账面价值）
贷：银行存款	（支付金额）
短期借款	（不足支付金额）

三、应付职工薪酬

职工薪酬是指企业为获得职工提供的服务而给予其各种形式的报酬以及其他相关支出。主要包括以下内容：

（1）职工工资、奖金、津贴和补贴；

（2）医疗保险费、养老保险费、失业保险费、工伤保险费和生育保险费等社保费；

（3）住房公积金；

（4）非货币性福利；

（5）因解除与职工的劳动关系而给予的补偿；

（6）其他与获得职工提供的服务相关的支出；

（7）工会经费和职工教育经费等。

企业应在职工为其提供服务的会计期间确认相应的职工薪酬负债，并根据具体的受益对象将职工薪酬分别计入相关的成本和费用。如应由生产产品、提供劳务负担的职工薪酬，计入产品成本或劳务成本；应由在建工程、无形资产负担的职工薪酬，计入固定资产或无形资产成本；其他的职工薪酬，应计入当期损益。

应付职工薪酬有货币性薪酬和非货币性薪酬两种形式。

1. 货币性职工薪酬的计量

对于货币性薪酬，在确定应付职工薪酬金额和应当计入成本费用的职工薪酬金额时，企业应当区分两种情况：

（1）具有明确计提标准的货币性薪酬。对于国务院有关部门、省、自治区、直辖市人民政府或经批准的企业年金计划规定了计提基础和计提比例的职工薪酬项目，企业应当按照规定的标准计提。

（2）没有明确计提标准的货币性薪酬。对于国家（包括省、市、自治区、直辖市政府）相关法律法规没有明确规定计提基础和计提比例的职工薪酬，企业应当根据历史经验数据和自身实际情况，计算确定应付职工薪酬金额和应计入成本费用的薪酬金额。

例8－3：W公司本月应付给职工的工资总额1 000 000元，其中应付给生产工人工资500 000元，车间管理人员工资100 000元，行政管理人员工资400 000元。然后将应付给职工的工资通过银行转入职工的工资存折。

计算应付给职工的工资为计提工资或分配工资，按支付对象计入相关成本费用，并确认应付职工薪酬负债。其会计分录为：

借：生产成本　500 000
　　制造费用　100 000
　　管理费用　400 000
　贷：应付职工薪酬——工资　1 000 000

通过银行将应付给职工的工资转入职工个人存折，为发放职工工资。其会计分录为：

借：应付职工薪酬——工资　1 000 000
　贷：银行存款　1 000 000

2. 非货币性职工薪酬的计量

企业向职工发放的非货币性职工薪酬，常见的形式与相关处理方法为：

（1）以自产产品或外购商品发放给职工作为福利。企业应按照公允价值以及相关税费作为计税基础，一方面登记应付职工薪酬，另一方面登记相关的成本费用。

（2）将拥有的房地产等资产无偿提供给职工使用，或租赁住房等资产供职工无偿使用。企业应根据收益的对象，将住房每期应计提折旧或应付租金确认为应付职工薪酬，同时计入相关资产的成本或当期损益。

例 8－4：W 公司为总部部门经理级别以上职工每人提供一辆桑塔纳汽车免费使用，该公司总部共有部门经理以上职工 20 名，假定每辆桑塔纳汽车每月计提折旧 1 000 元。该公司还为其 5 名副总裁以上高级管理人员每人租赁一套公寓免费使用，月租为每套 8 000 元（假定上述人员发生的费用无法认定受益对象）。

要求：编制 W 公司上述与薪酬有关业务的会计分录。

（1）确认负债，并计入相关费用：

借：管理费用	60 000	
贷：应付职工薪酬		60 000

（2）计提折旧和支付租金了结应付职工薪酬：

借：应付职工薪酬	60 000	
贷：累计折旧		20 000
其他应付款		40 000

四、其他流动负债

1. 短期借款

短期借款是指企业向银行或其他金融机构等借入的、偿还期在 1 年以内（含 1 年）的各种借款。短期借款一般是企业为维持正常的生产经营所需资金或为偿付某项短期债务而借入的。企业取得的借款无论用于哪个方面，均构成企业的一项负债。企业除按规定用途使用外，还应按期还本付息。短期借款的核算包括三个方面的内容：

（1）取得借款。根据借入的本金，借记“银行存款”、贷记“短期借款”账户。

（2）核算借款利息。这是短期借款核算的重点。掌握三个要点：一是利息的支付时间。企业从银行借入短期借款的利息，一般按季定期支付；若从其他金融机构或有关企业借入，借款利息一般于到期日同本金一起支付。二是利息的入账时间。为了正确反映各月借款利息的实际情况，会计上应根据权责发生制原则，按月计提利息；如果数额不大，也可于实际支付月份一次计入当期损益。三是利息的核算账户。短期借款利息一律计入财务费用，预提利息的，应付利息在“预提费用”账户中核算，不通过“短期借款”账户；直接支付利息的，于付款时增加财务费用，并减少银行存款。

（3）归还借款。短期借款到期时，应及时归还。对偿付的本金借记“短期借款”账户，对同时偿付的利息借记“预提费用”或“财务费用”账户，按偿付的本息和贷记

“银行存款”账户。

例8－5：W公司从银行取得短期借款1 500 000元存入银行作为流动资金备用。

借：银行存款 1 500 000
　贷：短期借款 1 500 000

例8－6：银行从W公司的银行存款中扣除本季度短期借款利息1 000元。以银行存款偿还以前的短期借款500 000元。

（1）支付利息：

借：财务费用 1 000
　贷：银行存款 1 000

（2）偿还短期借款：

借：短期借款 500 000
　贷：银行存款 500 000

2. 预收账款

预收账款是买卖双方协议商定，由购货方预先支付一部分货款给供货方而发生的一项负债。预收账款的核算，应视企业的具体情况而定。对于预收账款比较多的，可以设置“预收账款”科目；预收账款不多的，也可以不设置“预收账款”科目，直接计入“应收账款”科目的贷方。单独设置“预收账款”科目核算的，其“预收账款”科目的贷方，反映预收的货款和补付的货款；借方反映应收的货款和退回多收的货款；期末贷方余额反映尚未结清的预收款项，借方余额反映应收的款项。

例8－7：W公司预收甲公司的购货款220 000元（预收购货单位的款项形成了对购货单位的负债）存入银行。

借：银行存款 220 000
　贷：预收账款——甲公司 220 000

例8－8：W公司发出一批货给甲公司，货款200 000元，增值税款34 000元，抵减预收款外，差额收到银行汇票存入银行。

借：银行存款 14 000
　　预收账款——甲公司 220 000
　贷：主营业务收入 200 000
　　应交税费——应交增值税（销项税额） 34 000

3. 其他应付款

企业除了应付账款、应付票据、应付职工薪酬等应付应交款项以外，还会发生一些应付、暂收其他单位或个人的款项，如：应付经营租入固定资产和包装物租金；职工未按期领取的工资；存入保证金（如收入包装物押金等）；应付、暂收所属单位、个人的款项；其他应付、暂收款项。

这些暂收应付款，构成了企业的一项流动负债，需设置“其他应付款”科目进行核算。注意，应付租入固定资产的租金，是指企业采用经营性租赁方式租入固定资产所应支付的租金，这项应交纳的租金，应计入企业的费用（制造费用或管理费用等）；而融资租入固定资产应付的租赁费，则作为长期负债，计入“长期应付款”科目。存入保证金是其他单位或个人由于使用企业的某项资产而交付的押金（如出租包装物押金），待以后资产归还后还需退还的暂收款项。

最后，流动负债还包括应付股利、应交税费、交易性金融负债等。应付股利为已宣布发放但还没有支付的利润；应交税费以及交易性金融负债比较复杂，将在以后章节详细介绍。

第三节　非流动负债

一、非流动负债的概念与内容

非流动负债（又叫长期负债）是指偿还期在 1 年或者超过 1 年的一个营业周期以上的债务，它是企业向债权人筹集的、可供企业长期使用的资金。

非流动负债同流动负债一样都是企业的负债，但非流动负债有其自己的特点，主要表现为：①偿还期限较长，只有偿还期超过 1 年的债务才是非流动负债，低于这一界限的债务是流动负债；②举借非流动债务的目的是为了购置大型设备和房地产、增建和扩建厂房等，而流动负债的举借目的主要是为了满足生产周转的需要；③为了实现企业购置大型设备和房地产、增建和扩建厂房这一目的，企业需要的资金较多，因此非流动负债的数额一般都比较大；④非流动负债的利息费用构成企业长期的固定性支出，加重了企业的负担；⑤非流动负债到期之前就需要提前准备偿债。

根据负债的筹措方式不同，非流动负债可分为长期借款、应付债券和长期应付款等。

1. 长期借款

长期借款是指企业从银行或其他金融机构借入的期限在 1 年以上的各种借款。

长期借款的使用关系到企业的生产经营规模，因此，企业除了要遵守借款规定，编制借款计划、保证按期还本付息外，还要对借款项目认真审核，如新建项目投产后，所生产的产品质量如何，是否适销对路，有无发展前途等。

长期借款可以按不同的分类标准进行分类，一般有以下两种划分方法：

（1）按借款的偿还期，可划分为到期一次偿还的长期借款和分次偿还的长期借款。到期一次偿还的长期借款是指在合同规定的借款到期日一次偿还全部金额的长期借款；分次偿还的长期借款则是指在合同规定的借款期限内，分若干次偿还借款本金的长期借款。

（2）按长期借款有无担保，可划分为担保借款和无担保借款。担保借款是企业以提供担保为基础取得的借款；无担保借款也叫信用借款，指企业无需担保人或抵押物，而是以企业自己的信誉为基础取得的借款。

凡是借入长期借款的企业都应按照规定办理借入手续，支付长期借款的利息，并按规定的期限归还借款。因此，长期借款核算的基本要求是反映和监督长期借款的借入、借款利息的结算和借款本息的归还情况，促使企业遵守信贷纪律。企业会计制度规定，长期借款的利息费用等，应当按照权责发生制原则的要求，按期预提计入所购建固定资产的成本（即予以资本化）或直接计入当期财务费用。

2. 应付债券

应付债券是指企业为筹集长期使用资金而实际发行的一种书面凭证，是指发行期限在1年以上（不含1年）的应付长期债券，从而构成了企业的一项非流动负债。

公司债券的特征为：①我国《公司法》规定，公司债券的发行主体只限于股份有限公司、国有独资公司和两个以上的国有企业或两个以上的国有投资主体设立的有限责任公司，其他任何人都不能发行债券。②公司债券是一种有价证券。有价证券是指标明了一定票面金额，证明持有人拥有一定财产权的一种凭证。有价证券的种类很多，如股票、票据、货物提单等。③公司债券注有还本付息日期。这一点与股票是不一样的。④公司债券须依照法定程序发行。企业或公司举债一般有两种形式：一种是向特定主体借贷；一种是向不特定主体发行债券。向特定主体借贷程序比较简单。向不特定主体发行债券程序要复杂些，须依法进行。⑤发行公司债券筹集的资金，必须用于审批机关批准的用途，不得用于弥补亏损和非生产性支出。公司债券一般可分为有担保债券和无担保债券；一次还本债券和分期还本债券；记名债券和不记名债券；可转换债券和不可转换债券等。

企业发行债券的利率通常是以年利率表示的，一般固定不变，称为“票面利率”或“名义利率”。债券发行企业实际负担的利率（也是债券持有人实际获得的利率）称为“实际利率”。实际利率是债券发行当时的市场利率，也就是金融市场上风险和期限与所发行的债券类似的借贷资本的利率。企业债券的发行价格受同期银行存款利率（相当于市场利率）的影响较大，经常会出现市场利率大于或小于票面利率，或者说实际利率大于或小于名义利率的情况。在这种情况下，债券发行企业就要按高于或低于市场利率的票面利率支付债券利息，即按高于或低于债券面值的价格出售。当债券的票面利率高于同期银行存款利率时，可按超过债券票面价值的价格发行，称为溢价发行。溢价发行表明企业以后各期需多付利息而事先得到的补偿。如果债券的票面利率低于同期银行存款利率，可按低于债券票面价值的价格发行，称为折价发行。折价发行表明企业以后各期将少付利息而预先给投资者补偿。如果债券的票面利率与同期银行存款利率一致，可按票面价值发行，称为面值发行。

3. 长期应付款

长期应付款是指企业除长期借款和应付债券以外的其他各种长期应付款项，包括采用补偿贸易方式下引进国外设备价款、应付融资租入固定资产的租赁费等。通常情况下，补偿贸易方式引进国外设备和融资租入固定资产是资产使用在前，款项支付在后。因此，补偿贸易方式引进国外设备和融资租入固定资产，在尚未偿还价款或尚未支付租赁费之前，构成了企业的一项非流动负债。

二、非流动负债的会计处理

（一）长期借款的会计处理

企业借入各种长期借款时，按实际收到的款项，借记“银行存款”科目，贷记“长期借款——本金”科目。

如果是分期计息，一次还本付息的借款，在资产负债表日，企业应按长期借款的本金和合同利率计算确定的长期借款的利息费用，按借款的用途，借记“在建工程”、“财务费用”、“制造费用”等科目，贷记“长期借款——应付利息”科目。如果是分期支付利息，一次还本的借款，则贷记“银行存款”科目。

企业归还一次还本付息的长期借款，按归还的长期借款本金和应付利息，借记“长期借款——本金”、“长期借款——应付利息”科目，贷记“银行存款”科目。

例 8－9：W 公司从银行借入长期借款 700 000 元存入银行，用于生产经营，借款期限 3 年，利率为 8%，分年计息并付息，到期一次还本。

（1）取得借款时：

借：银行存款	700 000
贷：长期借款	700 000

（2）前 2 年分年计算利息并支付时：

借：财务费用	56 000
贷：银行存款	56 000

（3）第 3 年到期还本和一年的利息：

借：长期借款	700 000
财务费用	56 000
贷：银行存款	756 000

（二）应付债券的会计处理

1. 公司债券的发行

企业发行的超过 1 年期以上的债券，构成了企业的长期负债。如前所述，公司债券的发行方式有三种，即面值发行、溢价发行、折价发行。溢价或折价是发行债券企业在债券存续期间内对利息费用的一种调整。无论是按面值发行，还是溢价发行或折价发行，均按债券面值记入“应付债券”科目的“面值”明细科目，实际收到的款项与面值的差额，记入“利息调整”明细科目。企业发行债券时，按实际收到的款项，借记“银行存款”、“库存现金”等科目，按债券票面价值，贷记“应付债券——面值”科目，按实际收到的款项与票面价值之间的差额，贷记或借记“应付债券——利息调整”科目。

2. 涉及利息调整的摊销

利息调整应在债券存续期间内采用实际利率法进行摊销。实际利率法是指按照应付债券的实际利率计算其摊余成本及各期利息费用的方法。实际利率是指将应付债券在债券存续期间的未来现金流量，折现为该债券当前账面价值所使用的利率。

在资产负债表日，对于分期付息、一次还本的债券，企业应按应付债券的摊余成本和实际利率计算确定的债券利息费用，借记“在建工程”、“制造费用”、“财务费用”等科目，按票面利率计算确定的应付未付利息，贷记“应付利息”科目；按其差额，借记或贷记“应付债券——利息调整”科目。

对于一次还本付息的债券，应于资产负债表日按摊余成本和实际利率计算确定的债券利息费用，借记“在建工程”、“制造费用”、“财务费用”等科目；按票面利率计算确定的应付未付利息，贷记“应付债券——应计利息”科目，按其差额，借记或贷记“应付债券——利息调整”科目。

3. 债券的偿还

企业发行的债券通常分为到期一次还本付息和一次还本、分期付息两种。采用一次还本付息方式的，企业应于债券到期支付债券本息时，借记“应付债券——面值”、“应付债券——应计利息”科目，贷记“银行存款”科目。采用一次还本、分期付息方式的，在每期支付利息时，借记“应付利息”科目，贷记“银行存款”科目；债券到期偿还本金并支付最后一期利息时，借记“应付债券——面值”、“在建工程”、“财务费用”、“制造费用”等科目，贷记“银行存款”科目，按借贷双方之间的差额，借记或贷记“应付债券——利息调整”科目。

例 8 - 10：W 公司 2006 年 1 月 1 日通过法定程序，拟定对外公开发行公司债券面值 100 万元，期限 3 年，票面利率为 8%，分年计息，到期一次还本付息。假设市场利率为 8%，公司按面值 100 万元发行债券，款项已收到并存入银行。其会计处理为：

(1) 债券发行：

借：银行存款 1 000 000

贷：应付债券——面值 1 000 000

(2) 计提利息。年末根据票面利率计算当年的应计利息为 8 万元（100 × 8%），其会计处理为：

借：财务费用 80 000

贷：应付债券——应计利息 80 000

(3) 以后每年年末重复一次，每年计提利息金额为 80 000 元，按单利进行计算。

(4) 到期还本付息：

借：应付债券——面值 1 000 000

——应计利息 240 000

贷：银行存款 1 240 000

（三）长期应付款的会计处理

长期应付款是指企业除长期借款和应付债券以外的其他各种长期应付款项，包括应付融资租赁款、以分期付款方式购入固定资产发生的应付款项等。这里主要介绍应付融资租赁款。

租赁是指在约定期限内，出租人将财产的使用权让渡给承租人，以获取租金的协议。我国《企业会计准则第21号——租赁》规定，融资租入的固定资产，按租赁开始日租赁资产的账面价值与最低租赁付款额的现值两者中较低者作为入账价值，将最低租赁付款额确认为长期应付款，并将两者的差额作为未确认融资费用。

最低租赁付款额是指在租赁期内，企业（承租人）应支付或可能被要求支付的各种款项（不包括或有租金和履约成本），加上由企业（承租人）或与其有关的第三方担保的资产余值。但是，如果企业（承租人）有购买租赁资产的选择权，所订立的购价预计将远低于行使选择权时租赁资产的公允价值，因而在租赁开始日就可以合理确定企业（承租人）将会行使这种选择权，则购买价格也应包括在内。资产余值是指租赁开始日估计的租赁期届满时租赁资产的公允价值。

对于融资性租赁，承租人应将应付的租金予以资本化。相应地，在会计处理上，一方面将融资租入的固定资产视同自有的固定资产加以确认；另一方面要确认长期负债，支付租金时减少长期负债。

例8－11：W公司融资租入流水线一条，租期为8年，合同规定的租金共计1 600万元，每年年底分别支付200万元，租赁合同规定的利率为6%。

该设备的发票价值为1 600万元，设备最低租赁付款额的现值为：

200×6.21＝1 242（万元）（注：6.21为8年期，利率为6%的一元年金现值系数）

显然，租赁开始时租赁资产的原账面价值即发票价值与最低租赁付款的现值相比，最低租赁付款的现值较低，故应作为固定资产的入账价值。

（1）租入时：

借：固定资产——融资租入固定资产	12 420 000	
未确认融资费用	3 580 000	
贷：长期应付款——应付融资租赁款		16 000 000

（2）每年支付租金时：

借：长期应付款——应付融资租赁款	2 000 000	
贷：银行存款		2 000 000

摊销未确认融资费用可用实际利率法，也可以用直线法。假设采用直线法摊销，每年摊销额为447 500元（3 580 000÷8），其会计分录为：

借：财务费用	447 500	
贷：未确认融资费用		447 500

本章相关的法规、制度及主要阅读文献

1. 罗绍德. 中级财务会计. 成都：西南财经大学出版社，2003

2. 罗绍德，罗其安. 初级财务会计（第4版）. 广州：暨南大学出版社，2009

3. 石本仁，谭小平. 会计学原理. 北京：中国人民大学出版社，2010

4. 中华人民共和国财政部. 企业会计准则. 北京：经济科学出版社，2006

5. 中华人民共和国财政部. 企业会计准则——应用指南. 北京：中国财政经济出版社，2006

思考题

一、单项选择题

1. 按照《企业会计准则第9号——职工薪酬》的规定，职工薪酬不包括的内容有(　　)。

A. 医疗保险费等社会保险费　　B. 住房公积金

C. 工会经费和职工教育经费　　D. 以股份为基础的薪酬

2. 非货币性薪酬主要为非货币性福利，通常不包括的内容有(　　)。

A. 企业以自己的产品发放给职工作为福利

B. 向职工无偿提供自己拥有的住房等固定资产使用

C. 为职工无偿提供类似医疗保健等服务

D. 向社会保险经办机构交纳的养老保险费

3. 企业从应付职工薪酬中扣还的个人所得税，贷记的会计科目是(　　)。

A. 其他应收款　　B. 应交税费——应交个人所得税

C. 银行存款　　D. 其他应付款

4. 企业支付工会经费和职工教育经费用于工会活动和职工培训，应借记的会计科目是(　　)。

A. 管理费用　　B. 其他应收款

C. 应付职工薪酬　　D. 其他应交款

5. 因解除与生产工人的劳动关系给予的补偿，借记的会计科目是(　　)。

A. 管理费用　　B. 生产成本

C. 应付职工薪酬　　D. 制造费用

二、多项选择题

1. 应通过“应付职工薪酬”科目核算的内容包括(　　)。

A. 职工福利费

B. 工伤保险费和生育保险费等社会保险费

C. 住房公积金

D. 工会经费和职工教育经费

E. 因解除与职工的劳动关系给予的补偿

2. 对于预收账款的核算，下列正确的是（ ）。

A. 计入“预收账款”的借方　B. 计入“预收账款”的贷方

C. 计入“应收账款”的借方　D. 计入“应收账款”的贷方

3. 下列关于公司债券的说法，正确的是（ ）。

A. 公司债券与股票一样，都是标明票面金额，还未付息日期的有价证券

B. 经公司董事会批准，公司发行债券募集的资金可用于弥补亏损

C. 折价发行债券表明企业以后各期将少付利息而预先给投资者补偿

D. 溢价发行债券表明企业以后各期需多付利息而事先得到的补偿

4. 下列通过“其他应付款”核算的业务包括（ ）。

A. 应付分期付息债券利息　B. 存入保证金

C. 应付租入包装物租金　D. 售后回购方式融入资金

E. 应付经营性租入固定资产的租金

5. 应通过“长期应付款”科目核算的经济业务有（ ）。

A. 以分期付款方式购入固定资产发生的应付款

B. 以分期付款方式购入无形资产发生的应付款

C. 以分期付款方式购入存货发生的应付款

D. 应付融资租入固定资产的租赁费

E. 应付经营租入固定资产的租赁费

三、判断题

1. 职工薪酬，是指企业在职工在职期间和离职后提供给职工的全部货币性薪酬和非货币性薪酬，既包括提供给职工本人的薪酬，也包括提供给职工配偶、子女或其他被赡养人的福利等。（ ）

2. 企业如有将应付账款划转出去或者确实无法支付的应付账款，将其账面余额转入“资本公积——其他资本公积”科目。（ ）

3. 非货币性福利属于《企业会计准则第9号——职工薪酬》规范的内容，因此核算时应通过“应付职工薪酬”科目核算。（ ）

4. 企业为职工交纳的医疗保险费、养老保险费、失业保险费、工伤保险费、生育保险费等社会保险费和住房公积金，应当在职工为其提供服务的会计期间，根据工资总额的一定比例计算，计入资产成本或当期损益。（ ）

5. 非货币性薪酬主要为非货币性福利，通常包括企业以自己的产品或其他有形资产发放给职工作为福利，但不包括向职工无偿提供自己拥有的资产供其使用、为职工无偿提供类似医疗保健服务等。（ ）

6. 因解除与职工的劳动关系而给予的补偿，借记“管理费用”科目，贷记“应付职工薪酬”科目。（ ）

7. 企业在采购材料物资时，对于先收到材料物资而月末尚未收到发票账单的情况，按会计制度规定在月度终了将所购物资的应付债务估价记入“应付账款”科目，下月初红字冲回。（ ）

四、简答题

1. 简述企业负债形成的主要原因。

2. 什么叫短期负债？其特点及分类是什么？

3. 简述非流动负债的概念和特点，以及非流动负债与权益的区别。

4. 如何对一个企业的财务风险进行合理的评价？

练习题

一、W公司2007年有关职工薪酬业务如下：

1. 按照工资总额的标准分配工资费用，其中生产工人薪酬为50万元，总部管理人员薪酬为16万元。已通过银行支付。

2. 按照国家规定的标准计提应向社会保险经办机构交纳的医疗保险费、养老保险费、失业保险费、工伤保险费、生育保险费等社会保险费，其中生产工人负担8万元，总部管理人员负担2万元。以银行存款应向社会保险经办机构缴纳社会保险费10万元。

3. 按照规定标准计提应向住房公积金管理中心缴存的住房公积金，其中生产工人负担3万元，总部管理人员负担0.2万元。

4. 按照工资总额的2%计提应向工会部门缴纳的工会经费。

5. 将自己生产的笔记本电脑产品用于发放给职工作为福利，每件产品成本为1.8万元，计税价格（售价）每件产品为2万元，其中生产工人为100人，总部管理人员20人。

6. 为总部部门经理级别以上职工每人提供一辆桑塔纳汽车免费使用，该公司总部共有部门经理以上职工10名，假定每辆桑塔纳汽车每月计提折旧0.2万元。

7. 该公司为6名副总裁以上高级管理人员每人租赁一套公寓免费使用，每套月租金为2万元，按月以银行存款支付。

8. W公司管理层2007年1月1日决定停产某车间的生产任务，提出职工没有选择权的辞退计划，规定拟辞退生产工人2人、总部管理人员1人，并于2007年10月31日执行。已经通知本人，并经董事会批准，辞退补偿为生产工人每人20万元、总部管理人员每人50万元。

要求：根据以上资料编制会计分录。

二、A公司于2007年4月1日发行公司债券一批，面值为1 000万元，发行价格为1 060万元，3年期，票面利率为5%，每年付息一次，到期一次还本并支付最后一期利息，付息日为4月1日。另，发行费用为3.43万元，实际收到发行价款1 056.57万元存入银行。A公司12月31日计息并摊销。

要求：

1. 计算A公司债券实际利率。

2. 编制发行日的会计分录。

3. 采用实际利率法计算有关应付债券的利息费用，并编制会计分录。

三、W企业2008年1月1日向银行借入120 000元，期限9个月，年利率8%。该借款到期后按期如数归还，利息分月预提，按季支付。

要求：编制借入款项、按月预提利息、按季支付利息和到期时归还本金的会计分录。

案例分析

承导言。由于钛白粉装置还不够完善和当时缺乏流动资金及与英国ICI公司合资谈判的需要，重庆渝港钛白粉股份有限公司（以下简称“渝钛白”）自1996年3月起停产整改，直至1997年9月开始批量生产。1997年度共生产出1 680吨钛白粉。

注册会计师在审计中发现并认为，从该事项的经济实质来看，工程既已投入使用，而且能够生产合格产品，创造效益，说明该工程已经达到预定可使用状态；而1997年发生的借款利息及应付债券利息8 064万元，渝钛白将其资本化计入了钛白粉工程成本，应调整计入财务费用。而渝钛白则认为，钛白粉工程项目不同于一般的基建项目。一方面，钛白粉这种基础化工产品不同于普通商品，对各项技术指标的要求非常严格，需要通过反复试生产，逐步调整质量、消耗等指标，直到生产出合格的产品才能投放市场，而试生产期间的试产品性能不稳定，是不能投放市场的；另一方面，原料的腐蚀性很强，如生产钛白粉的主要原料是硫酸，一旦停工，就会淤积于管道、容器中，再次开产前，就必须进行彻底的清洗、维护，并调试设备。因此，钛白粉项目交付使用进入投资回报期、产生效益前，还有一个过渡期，即整改和试生产期间，这仍属于工程在建期。因此，项目建设期的借款利息及应付债券利息8 064万元理应资本化计入钛白粉工程成本。

问题：

1. 公司筹集资金的主要渠道有哪些？各有什么优缺点？

2. 注册会计师为何认为8 064万元利息不能计入钛白粉工程成本，而应该计入财务费用？

第九章　流转税与所得税

导言

2008年我国税收总收入完成54 219.62亿元（包括税务部门征收的各项税收、海关征收的进出口关税和船舶吨税、海关代征的进口货物增值税和消费税、财政及地税部门征收的耕地占用税和契税，以及办理的各种退税等），比上年同期增长18.8%，同比增收8 597.65亿元。各项税收收入结构如下：

表9-1

单位：亿元

税种	收入额	比2007年增收	增长率（%）	占税收总收入的比重（%）	增收占税收总增收额的比重（%）
税收总收入	54 219.62	8 597.65	18.8	—	—
国内增值税（扣出口退税）	12 140.21	2 295.79	23.3	22.4	26.7
国内消费税（扣出口退税）	2 558.59	361	16.4	4.7	4.2
营业税	7 626.33	1 044.16	15.9	14.1	12.1
企业所得税	11 173.05	2 393.8	27.3	20.6	27.8
个人所得税	3 722.19	536.61	16.8	6.9	6.2
关税	1 769.95	337.38	23.6	3.3	3.9
进口环节增值税和消费税	7 391.07	1 237.66	20.1	13.6	14.4
资源税	301.76	40.61	15.6	0.6	0.5
契税	1 307.18	100.93	8.4	2.4	1.2
证券交易印花税	979.16	-1 026.15	-51.2	1.8	-11.9
车辆购置税	989.75	112.85	12.9	1.8	1.3
城镇土地使用税	816.95	431.46	111.9	1.5	5.0
土地增值税	537.1	134	33.2	1.0	1.6
耕地占用税	313.97	128.93	69.7	0.6	1.5
上述税种收入合计	51 627.26	8 129.03	15.75	95.3	94.5

本章结构

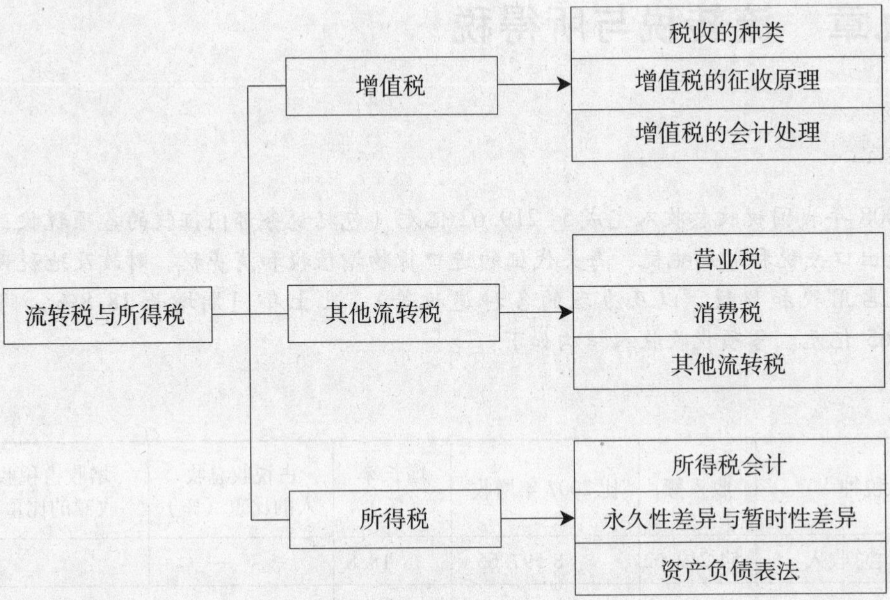

本章要点

理解增值税的征收原理
掌握增值税的会计处理
掌握其他流转税的会计处理
理解所得税会计的实质
掌握永久性差异与暂时性差异的性质
理解资产负债表法
掌握所得税会计的基本处理流程

本章主要讨论税收形成的负债，主要包括流转税和所得税。流转税分两个方面展开讨论：一是增值税；二是其他流转税。税收属于企业的经营活动。

第一节　增值税

一、税收的种类

上一章，我们讨论的负债形成的原因是企业取得款项、商品或劳务等尚未支付而形成的义务，如银行借款、应付账款和应付职工薪酬等。税收是企业取得经营权从事经营以及经营取得收入而形成的一项向国家缴纳税收的义务。企业之所以从事经营以及经营取得收入向国家缴纳一定数额的税收，是因为国家为企业经营提供了一个安全、公平的经营环境和秩序。

企业缴纳的税收大体可以分为两类：流转税和所得税。流转税是按商品（包括劳务）购进或销售的金额征收的，包括增值税、营业税、消费税等，主要针对按税法规定需要征收的商品与劳务的品种进行课税；所得税是按企业经营净利润征收的，针对按税法规定计算有盈利的企业进行征收。

税收形成的负债主要通过“应交税费”科目进行核算，这一科目中的“费”是指除税收以外的其他应缴纳的项目，如“教育费附加”、“矿产资源补偿费”等。应交税费中的营业税、消费税等流转税项目，主要计入“营业税金及附加”等科目；除了计入“营业税金及附加”科目外，购进中发生的相关税收，则直接计入长期资产或存货成本。增值税属于价外税收，除长期资产的增值税计入成本外，其他增值税属于代收代缴性质，不计入资产负债表与利润表的相关项目。税收导致的现金流动主要属于经营活动。

二、增值税的征收原理

流转税通常是根据销售金额乘以适用税率来确定应纳税额的。而增值税不同于一般流转税之处，在于其只对每个环节的增值额征税。表9－2列出了两种征税方法的区别。

表9－2 增值税的征收原理

两种征税方法	第一环节	第二环节	第三环节	合计
销售额（万元）	100	200	300	300
税率	17%	17%	17%	17%
流转税额（万元）	17	34	51	102
销售额（万元）	100	200	300	300
外购原料（万元）	—	100	200	—
加工费用（增值额）（万元）	100	100	100	300
税率	17%	17%	17%	17%
流转税额（万元）	17	17	17	51

在表9－2中，按全额征税，总的征税额为102万元，这样就造成在第二环节和第三环节的流转税的征收上，对第一环节已经征税的100万元和第二环节已经征税的200万元重复课征，最后的结果是全额征税比起按增值额征收流转税多征收了51万元的流转税。对增值额征收流转税，主要是避免重复征税。基于这一原理，征税设计上，每期企业应缴纳的增值税就等于按货物销售额计算的应缴纳的税收（销项税额）扣除当期从外购进货物中已经缴纳的增值税（进项税额），即每期企业要缴纳的增值税的计算公式如下：

企业应交增值税＝销售额×增值税率（销项税额）－购货额×增值税率（进项税额）

依据实行增值税的各个国家允许抵扣已纳税款的扣除项目范围的大小，增值税主要有两种类型：生产型增值税和消费型增值税。生产型增值税对纳税人外购的货物和应税劳务已纳的税金允许抵扣，而对固定资产所含的税金不予扣除。其征税对象，相当于国民生产总值。消费型增值税则对当期购入的包括固定资产在内的全部货物和应税劳务所含税金都予以抵扣。其征税对象，相当于消费资料。我国目前实行的是消费型增值税，但对自建固定资产中包含的外购货物和应税劳务中已纳的增值税暂不允许抵扣，即只针对动产实行增值税抵扣。

增值税除了对增值额计税这一特点外，价外税是增值税的第二个特点，即商品价款与税款是分开的，价款中不包括增值税款。增值税的第三个特点为代收代缴性质，在销售环节，销货方从购货方手中收取税款，抵扣企业在购货环节缴纳的增值税后向国家缴纳。

三、增值税的会计处理

上面提到，企业每期应缴纳的增值税计算公式为：

企业每期应交增值税＝销项税额－进项税额

由于企业在实际增值税的计算与缴纳中，还要考虑税收的优惠、减免、已缴金额、进项税不允许抵扣等情况。因此，企业每期应缴纳的增值税的计算公式就要考虑上述因素：

企业每期应交增值税＝（销项税额＋出口退税＋进项税额转出）－（进项税额＋已交税金＋减免税款＋出口抵减内销产品应纳税额）

增值税的缴纳同一般流转税按每笔经济业务缴纳不同，它是综合计算后定期（每月）缴纳的。这样，企业发生的增值税进项税额、销项税额等在每月末综合结转到“转出多交增值税”或“转出未交增值税”①。当企业月末计算的应交增值税为正时，即销项税额等项目的金额大于进项税额等项目的金额时，将该余额转入“转出未交增值税”。否则，就转入“转出多交增值税”。

对于增值税的会计核算，一般在“应交税费”科目下设置“应交增值税”和“未交增值税”两个明细科目进行核算。“应交增值税”明细科目的借方发生额，反映企业购进货物或接受劳务支付的进项税额、实际已交纳的增值税和月末转出的当月应交未交的增值税额；贷方发生额，反映销售货物或提供应税劳务收取的销项税额、出口企业收到的出口退税、进项税额转出和转出多交增值税额。“未交增值税”明细科目的借方发生额，反映企业月末转入的多交的增值税；贷方发生额，反映企业月末转入的当月发生的应交未交增值税；期末借方余额反映多交的增值税，贷方余额反映未交的增值税。

为了详细核算企业应交增值税的计算和解缴、抵扣等情况，企业应在“应交增值税”明细科目下分别设置“进项税额”、“销项税额”、“已交税金”、“进项税额转出”、“转出未交增值税”、“转出多交增值税”等专栏。下面分别对这些专栏项目的核算进行说明。

（1）进项税额与销项税额。购进业务中，根据货物价款计算的已经支付的增值税款，记入“进项税额”专栏；销售业务中，根据货物价款计算的已经收取的增值税款，记入“销项税额”专栏。

---

① 我们会发现同一般核算不同，“应交税费——应交增值税（进项税额）”只有借方发生额，而“应交税费——应交增值税（销项税额）”只有贷方发生额。

企业购进免税产品，一般情况下不能扣税。但对于购入的免税农产品、收购废旧物资等可以按买价（或收购金额）和规定的扣除率计算进项税额，并准予从销项税额中扣除。在会计核算上，一是按购进免税农产品有关凭证上确定的金额（买价）扣除按规定的扣除率计算的进项税额，作为购进农产品（或收购废旧物资）的成本；二是扣除的部分作为进项税额。

（2）进项税额转出。购入货物时不能直接认定其进项税额能否抵扣的，其增值税专用发票上注明的增值税额，按照增值税会计处理方法记入“应交税费——应交增值税（进项税额）”科目，如果这部分购入货物以后用于按规定不得抵扣进项税额项目的，应将原已记入进项税额并已支付的增值税转入有关的承担者予以承担，通过“应交税费——应交增值税（进项税额转出）”科目转入有关的“在建工程”、“应付福利费”、“待处理财产损溢”等科目。

购入货物时可直接认定其进项税额不能抵扣的，如购进固定资产，购入货物直接用于免税项目，或直接用于非应税项目，或直接用于集体福利和个人消费的，其增值税专用发票上注明的进项税额，计入购入货物或接受劳务的成本。

（3）已交税金。企业按规定期限申报交纳的增值税，应借记“应交税费——应交增值税（已交税金）”科目，贷记“银行存款”科目。否则，就登记为借记“应交税费——未交增值税”科目，贷记“银行存款”科目。

月份终了，企业应将当月发生的应交未交增值税额，借记“应交税费——应交增值税（转出未交增值税）”科目，贷记“应交税费——未交增值税”科目；或将当月多交的增值税额，借记“应交税费——未交增值税”科目，贷记“应交税费——应交增值税（转出多交增值税）”科目。未交增值税在以后月份上交时，借记“应交税费——未交增值税”科目，贷记“银行存款”科目；多交的增值税在以后月份退回或抵交当月应交增值税时，借记“银行存款”科目或“应交增值税（已交税金）”科目，贷记“应交税费——未交增值税”科目。

上述所有讨论都是针对增值税一般纳税人而言的，税率一般为17%。对于不具备一般纳税人条件的企业，即所谓小规模纳税人，则按全额征收商品流转税，税率一般为3%。

下面通过例子说明一般纳税人增值税的核算过程。

例9－1：珠江公司2008年7月初“应交税费——未交增值税”余额为28 000元，增值税率为17%。与增值税相关的经济业务如下：

（1）购进原材料一批，价款800 000元，价税款未付。

（2）以银行存款支付月初未交增值税。

（3）购进工程用物资一批，价税款共计1 170 000元，货款已付。

（4）购置设备一台，价款500 000元，增值税85 000元，款未付。

（5）工程建设领用专用物资936 000元和原材料500 000元。

（6）本月销售商品一批，发票价格2 000 000元，款未收回。

（7）购买农业产品一批100 000元，免税农产品的抵扣率为13%，货款已付。

（8）缴纳本月增值税200 000元。

（9）本月工程完工，剩余工程物资转为原材料。

（10）月末将当月发生的应交未交增值税额转出。

相关会计处理如下：

（1）借：原材料　800 000
　　　　应交税费——应交增值税（进项税额）　136 000
　　贷：应付账款　936 000

（2）借：应交税费——未交增值税　28 000
　　贷：银行存款　28 000

（3）借：工程物资　1 170 000
　　贷：银行存款　1 170 000

（4）借：固定资产　500 000
　　　　应交税费——应交增值税（进项税额）　85 000
　　贷：应付账款　585 000

（5）借：在建工程　1 521 000
　　贷：工程物资　936 000
　　　　原材料　500 000
　　　　应交税费——应交增值税（进项税额转出）　85 000

（6）借：应收账款　2 340 000
　　贷：主营业务收入　2 000 000
　　　　应交税费——应交增值税（销项税额）　340 000

（7）借：原材料　87 000
　　　　应交税费——应交增值税（进项税额）　13 000
　　贷：银行存款　100 000

（8）借：应交税费——应交增值税（已交税金）　200 000
　　贷：银行存款　200 000

（9）借：原材料　200 000
　　　　应交税费——应交增值税（进项税额）　34 000
　　贷：工程物资　234 000

（10）月末将当月发生的应交未交增值税额转出：

应交税费——应交增值税

（1）136 000（进项税额）	（5）85 000（进项税额转出）
（4）85 000（进项税额）	（6）340 000（销项税额）
（7）13 000（免税农产品抵扣）	
（8）200 000（已交税金）	
（9）34 000（进项税额）	
468 000（可抵扣合计）	425 000（应交税金合计）
（10）43 000（多交增值税）	43 000（转出多交增值税）

借：应交税费——未交增值税　　43 000
　贷：应交税费——未交增值税（转出多交增值税）　　43 000

第二节　其他流转税

与增值税相比，其他流转税大多属于价内税，即营业额和商品销售额中包括相应的税款。计税基础为整个营业额或销售额。在确认应交营业税等税收义务时，一方面登记资产负债表项目"应交税费——应交营业税"等，另一方面登记利润表项目"营业税金及附加"、"其他业务支出"、"营业外支出"和"管理费用"等项目。

一、营业税

营业税是对提供劳务、转让无形资产或销售不动产的单位和个人征收的税种。其中应税劳务是指属于交通运输业、建筑业、金融保险业、邮电通信业、文化体育业、娱乐业、服务业税目征收范围的劳务。加工和修理、修配劳务属于增值税征收范围，不属于营业税的应税劳务。营业税按照营业额和规定的税率计算应纳税额，其计算公式为：

$$应纳税额 = 营业额 \times 税率$$

这里的营业额是指企业提供的应税劳务、转让无形资产或销售不动产向对方收取的全部价款和价外费用。价外费用包括向对方收取的手续费、基金、代收款项、代垫款项及其他各种性质的价外收费。

企业按规定应交的营业税，在"应交税费"科目下设置"应交营业税"明细科目。"应交营业税"明细科目的借方发生额，反映企业已交纳的营业税；贷方发生额，反映应交的营业税；期末借方余额，反映多交的营业税；贷方余额，反映尚未交纳的营业税。企业上交营业税时，借记"应交税费——应交营业税"，贷记"银行存款"科目。

对于服务业等企业，其主营业务收入均属于计算营业税的基础。核算时，借记"营业税金及附加"科目，贷记"应交税费——应交营业税"科目。对于企业非主营业务如销售不动产、转让无形资产以及工业企业提供非工业性劳务等取得的收入，按规定应交的营业税，借记"固定资产清理"、"其他业务支出"科目，贷记"应交税费——应交营业税"科目。

例9-2：某运输公司对外提供运输劳务，收入580 000元存入银行，营业税率为3%，营业税随后以银行存款缴纳。

相关会计处理如下：

借：银行存款　　580 000
　贷：主营业务收入　　580 000
借：营业税金及附加　　17 400
　贷：应交税费——应交营业税　　17 400

借：应交税费——应交营业税　　17 400

　贷：银行存款　　17 400

二、消费税

为了调节消费结构，正确引导消费方向，国家在普遍征收增值税的基础上，选择部分消费品，如烟、酒、鞭炮、化妆品、贵重首饰、汽油、柴油、小轿车、摩托车等，再征收一道消费税。消费税的征收方法采取从价定率和从量定额两种方法。实行从价定率办法计算的应纳税额的税基为销售额，这里的销售额包括向购买方收取的全部价款和价外费用，但不包括应向购买方收取的增值税税款。

消费税实行价内征收，企业按规定应交的消费税，在“应交税费”科目下设置“应交消费税”明细科目核算。企业销售需要交纳消费税的产品时，按照应交消费税额，借记“营业税金及附加”，贷记“应交税费——应交消费税”科目。企业以生产的商品对外投资，用于在建工程、非生产机构等其他方面，按规定交纳的消费税，借记“长期股权投资”、“固定资产”、“在建工程”、“营业外支出”等科目，贷记“应交税费——应交消费税”科目。

例9-3：珠江公司对外出售应税消费品800 000元（不含增值税），该产品增值税率为17%，消费税率为10%，产品已经发出，符合收入确认条件，款项尚未收到。产品成本为650 000元。

相关会计处理如下：

借：应收账款　　936 000

　贷：主营业务收入　　800 000

　　应交税费——应交增值税（销项税额）　　136 000

借：营业税金及附加　　80 000

　贷：应交税费——应交消费税　　80 000

借：主营业务成本　　650 000

　贷：库存商品　　650 000

三、其他流转税

1. 资源税

资源税是以各种自然资源为课税对象、为了调节资源级差收入并体现国有资源有偿使用而向在我国境内开采矿产品或生产盐的单位和个人征收的一种税。资源税的征收范围包括原油、天然气、煤炭、其他非金属矿原矿、黑色矿原矿、有色金属矿原矿和盐。资源税属价内税，实行从量定额征收的方法，按照应税产品的课税数量和规定的单位税额计算，其计算公式为：

应纳税额 = 课税数量 × 单位税额

其中，对于纳税人将开采或生产的应税产品销售的，以销售数量作为课税数量；对于纳税人将开采或生产的应税产品自用或捐赠的，以自用数量或捐赠数量作为课税数量；对于收购未完税产品，于收购环节代扣代缴资源税的，课税数量为收购数量。单位税额则按照不同产区的产品分别规定差别税额。

企业应纳资源税在"应交税费——应交资源税"科目核算，该科目贷方反映按规定应缴纳的资源税，借方反映实际缴纳的资源税；期末贷方余额反映未交的资源税，借方余额反映多交的资源税。

（1）销售产品或自产自用的会计处理。企业销售应税产品，应按规定计算出销售的应税产品应交纳的资源税，列入营业税金及附加，即借记"营业税金及附加"科目，贷记"应交税费——应交资源税"科目；纳税人自产自用应税产品应交纳的资源税在生产成本或制造费用科目列支，即借记"生产成本"或"制造费用"科目，贷记"应交税费——应交资源税"科目。

（2）收购未税矿产品代收代缴资源税的会计处理。收购未税矿产品的单位为资源税的扣缴义务人。企业应将收购未税矿产品实际支付的价款以及代扣代缴的资源税，作为收购矿产品的采购成本，即借记"物资采购"或"原材料"等科目，贷记"应交税费——应交资源税"科目。

（3）外购液体盐加工成固体盐应纳资源税的会计处理。纳税人以自产的液体盐（卤水）加工成固体盐，按固体盐税额征税，以加工的固体盐数量为课税数量，对自产自用的液体盐不再征税。如果纳税人只以外购的液体盐加工固体盐，加工固体盐所耗用液体盐的已纳资源税准予抵扣。由于资源税属价内税，对外购液体盐所含的资源税税额，应作为液体盐的采购成本，不再进行分离；待生产耗用加工固体盐时计算准予抵扣的资源税税额，确定固体盐应纳的资源税。

2. 土地增值税

土地增值税是对有偿转让国有土地使用权及地上建筑物和其他附着物产权、取得增值性收入的单位和个人征收的一种税。

土地增值税实行超率累进税率，不超过50%的部分的税率为30%，超过200%的部分其征收税率为60%。企业转让房地产的增值额，是纳税人转让房地产的收入减去税法规定的扣除项目金额后的余额。计算增值额的扣除项目有：①取得土地使用权所支付的金额；②开发土地的成本、费用；③新建房及配套设施的成本、费用，或旧房及建筑物的评估价格；④与转让房地产有关的税金；⑤财政部规定的其他扣除项目。

交纳土地增值税的企业应在"应交税费"科目下增设"应交土地增值税"明细科目进行核算。主营房地产业务的企业，应由当期营业收入负担的土地增值税，借记"营业税金及附加"科目，贷记"应交税费——应交土地增值税"科目。兼营房地产业务的企业，应由当期营业收入负担的土地增值税，借记"其他业务支出"科目，贷记"应交税费——应交土地增值税"科目。企业转让的国有土地使用权连同地上建筑物及其附着物一并在"固定资产"或"在建工程"科目核算的，转让时应交纳的土地增值税，借记"固定资产清理"、"在建工程"科目，贷记"应交税费——应交土地增值税"科目。企业交纳土地增值税时，借记"应交税费——应交土地增值税"科目，贷记"银行存款"科目。

3. 房产税、土地使用税、车船使用税

房产税是以房屋为征税对象，以房屋的计税余值或租金收入为计税依据，向产权所有人征收的一种财产税。房产税具有如下特点：①房产税征收范围限于城镇的经营性房屋；②区别房屋的经营使用方式规定征税办法，对于自用的房屋按房产计税余值征收，对于出租、出典的房屋按租金收入征税，其中计税余值是指按房产原值一次减除10%～30%后的余额，相应地实行两档税率。

城镇土地使用税是以征收范围内的土地为征税对象，按规定税额对拥有土地使用权的单位和个人征收的一种税。城镇土地使用税的征收范围是城市、县城、建制镇、工矿区，以实际占用的土地面积为计税依据，实行差别幅度税额，即：

$$应纳税额 = 计税土地面积 \times 适用税额$$

车船使用税是对拥有并使用车船的单位和个人征收的一种税，按照行驶车船的种类、大小、使用性质实行定额征收。车船使用税就行驶的车船征税，对不行驶的车船不征税。

企业按规定计算应交的房产税、土地使用税、车船使用税，借记“管理费用”或“其他业务支出”[①] 科目，贷记“应交税费——应交房产税”、“应交税费——土地使用税”、“应交税费——车船使用税”科目。实际交纳时，借记“应交税费”，贷记“银行存款”科目。

4. 城市维护建设税、教育费附加

城市维护建设税是对从事工商经营，缴纳增值税、消费税、营业税的单位和个人征收的一种税。城市维护建设税根据城镇规模设计税率，以企业实际缴纳的增值税、消费税、营业税为纳税依据。纳税人所在地为市区的，税率为7%；纳税人所在地为县城、镇的，税率为5%；纳税人所在地不在市区、县城或镇的，税率为1%。在会计核算上，企业按规定计算出的城市维护建设税，借记“营业税金及附加”、“其他业务支出”等科目，贷记“应交税费——应交城市维护建设税”科目；实际上交时，借记“应交税费——应交城市维护建设税”，贷记“银行存款”科目。

教育费附加是为发展教育事业而征收的一项费用，以各单位和个人实际缴纳的增值税、消费税、营业税的税额为计征依据，分别与增值税、消费税、营业税同时缴纳。教育费附加费率具体由省、自治区、直辖市人民政府确定执行。在会计核算上，企业按规定计算出的教育费附加，借记“营业税金及附加”、“其他业务支出”科目，贷记“应交税费——应交教育费附加”科目。

城市维护建设税和教育费附加的计税都是以企业实际缴纳的增值税、营业税和消费税为基础的，而不是以实际的流转与交易额作为计税基础。以教育费附加为例，其计算公式为：

$$教育费附加额 = （增值税税额 + 消费税税额 + 营业税税额）\times 教育费附加费率$$

例9－4：2008年3月，珠江公司发生的销项税额为850 000元，进项税额和进项税额

① 出租房产应交纳的房产税，计入“其他业务支出”科目。

转出分别为680 000元和170 000元，应交营业税和消费税分别为50 000元和180 000元。月末会计人员按7%和3%分别登记应交城市维护建设税和应交教育费附加。

本月应交增值税＝850 000＋170 000－680 000
＝340 000（元）

本月城市维护建设税和教育费附加征收基础＝340 000＋50 000＋180 000
＝570 000（元）

本月应交城市维护建设税＝570 000×7%
＝39 900（元）

本月应交教育费附加＝570 000×3%
＝17 100（元）

会计分录为：

借：营业税金及附加　57 000
　贷：应交税费——应交城市维护建设税　39 900
　　　　　　——应交教育费附加　17 100

第三节　所得税

一、所得税会计

对于获利的企业而言，还产生另外一项纳税义务——所得税。这里的所得就是企业的盈利，或利润额。税法对企业所得的计算与会计对企业所得的计算的不同，导致所得税会计的产生。所得税会计的基本内容就是对两者之间的差异进行调整和分摊。

会计所计算的所得就是利润表中的利润总额（简称会计所得），会计所得主要是依据权责发生制原则来计算的，如权益法下投资收益的确认、减值准备的计提、产品保修准备的预提等。税法所计算的应纳税所得额（简称应税所得），基本上是依据收付实现制来计算的，如投资收益的确认、坏账的认定、产品修理费用的登记等。

如果收入与费用项目确认的时间不一致，会导致会计所得与应税所得不同。如果两者是一致的，所得税会计处理就十分简单，会计分录如下：

借：所得税费用　会计或应税所得×税率
　贷：应交税费——应交所得税　应税所得×税率

如果两者不一致，所得税会计处理就出现两种方法：一是应付税款法；一是纳税影响会计法。应付税款法是不对两者之间的差异进行调整或分摊，所得税费用就按实际应纳税进行登记，会计处理如下：

借：所得税费用　应税所得×税率
　贷：应交税费——应交所得税　应税所得×税率

纳税影响会计法则要对应交所得税与所得税费用之间的差额进行确认与进行调整，其会计处理为：

借：所得税费用　会计所得×税率

递延所得税资产

贷：应交税费——应交所得税　　应税所得×税率

递延所得税负债

这一分录中，递延所得税资产与递延所得税负债就是会计所得与应税所得之间的差额与税率的乘积。递延所得税资产与递延所得税负债的形成与计算接下来将专门讨论。

二、永久性差异与暂时性差异

会计所得与应税所得的差异可以分为两种：永久性差异与暂时性差异。在所得税会计中，对永久性差异不进行调整，只对暂时性差异进行调整。

1. 永久性差异

永久性差异是指某一会计期间，由于会计准则和税法在计算收益、费用或损失时的口径不同，所产生的税前会计利润与应纳税所得额之间的差异。这种差异在本期发生，不会在以后各期转回。永久性差异有以下四种类型：

（1）按会计准则规定核算时作为收益计入会计报表，在计算应纳税所得额时不确认为收益。如购买国债取得的利息收入等。

（2）按会计准则规定核算时未作为收益计入会计报表，在计算应纳税所得额时作为收益，需要缴纳所得税。如企业以自己生产的产品用于在建工程，企业按成本计入在建工程，不计算产品的收入，而税法上要求产品的售价和成本之间的差额作为应税收益。

（3）按会计准则规定核算时确认为费用或损失计入会计报表，在计算应纳税所得额时则不允许扣减，实际支付的工资超过计税工资的差额就属于这种类型。这一类例子较多，如非公益性捐赠、滞纳金和超过标准的公益性捐赠等。

（4）按会计准则规定核算时不确认为费用或损失，在计算应纳税所得额时则允许扣减。这种例子在我国比较少见。

2. 暂时性差异

暂时性差异是指由于税法与会计准则在确认收益、费用或损失的时间不同而产生的税前会计利润与应纳税所得额的差异。这一差异发生于某一会计期间，但在以后一期或若干期内能够转回，因而称为暂时性差异。暂时性差异主要有以下四种类型：

（1）企业获得的某项收益，按照会计准则规定应当确认为当期收益，但按照税法规定需待以后期间确认为应纳税所得额，从而形成应纳税暂时性差异。这里的应纳税暂时性差异是指未来应增加应纳税所得额的暂时性差异。如在投资方所得税率大于被投资方所得税率时，投资方按权益法在年末登记投资收益，而在税法规定必须在投资方实际收到股利或被投资方宣告支付股利时，才登记按所得税率差额缴纳的税收。

（2）企业发生的某项费用或损失，按照会计准则规定应当确认为当期费用或损失，但按照税法规定待以后期间从应纳税所得额中扣减，从而形成可抵扣暂时性差异。这里的可抵扣暂时性差异是指未来可以从应纳税所得额中扣除的暂时性差异。如因产品质量担保或法律诉讼计提的预计负债，各项资产因减值损失计提的准备等。

（3）企业获得的某项收益，按照会计准则规定应当于以后期间确认收益，但按照税法规定需在实际收到现金时计入当期应纳税所得额，从而形成可抵扣暂时性差异。如预收租金或其他预收款项等。

（4）企业发生的某项费用或损失，按照会计准则规定应当于以后期间确认为费用或损失，但按照税法规定可以从当期应纳税所得额中扣减，从而形成应纳税暂时性差异。如税法规定可按加速折旧法计提折旧，而会计上按直线法计提折旧形成的差异。

在两种计税差异中，由于永久性差异是单向的、不可逆转的，故其会计处理原则应以税法的规定为基础，将会计所得调整为应税所得，而暂时性差异是暂时的、可逆转的，因而所得税会计的核心就集中在对这种差异的会计处理上。

三、资产负债表法

传统所得税会计的处理是将应交所得税与所得税费用之间的差额登记为递 延税款——递延税款借项和递延税款贷项。这种方法称为利润表法，也称收入费用法。见如下分录：

借：所得税费用　　会计所得×税率
　　递延税款借项
　贷：应交税费——应交所得税　　应税所得×税率

或

借：所得税费用　　会计所得×税率
　贷：应交税费——应交所得税　　应税所得×税率
　　　递延税款贷项

第一个分录表明应交所得税大于所得税费用，第二个分录反映的是应交所得税小于所得税费用。但由于递延税款借项或递延税款贷项均不符合资产与负债的定义，因此，现行的所得税会计改为资产负债法或资产负债表法。所得税会计的处理也变为：

借：所得税费用　　会计所得×税率
　　递延所得税资产
　贷：应交税费——应交所得税　　应税所得×税率
　　　递延所得税负债

资产负债表法的一个最大特点是将原来税法和会计在收入与费用之间的差异比较改为税法和会计在资产与负债之间的差异比较。资产与负债在会计和税法上的差异分为应纳税暂时性差异和可抵扣暂时性差异。应纳税暂时性差异，是指在确定未来收回资产或清偿负债期间的应纳税所得额时，将导致产生应税金额的暂时性差异，应纳税暂时性差异形成递延所得税负债；可抵扣暂时性差异，是指在确定未来收回资产或清偿负债期间的应纳税所得额时，将导致可抵扣金额的暂时性差异，可抵扣暂时性差异形成递延所得税资产。

资产与负债在会计和税法上的差异有四种情形：

情形一，资产的账面价值（会计）>计税基础（税法）时，就会产生应纳税暂时性差异，形成递延所得税负债。

情形二，资产的账面价值<计税基础时，就会产生可抵扣暂时性差异，形成递延所得税资产。

情形三，负债的账面价值>计税基础时，就会产生可抵扣暂时性差异，形成递延所得税资产。

情形四，负债的账面价值<计税基础时，就会产生应纳税暂时性差异，形成递延所得税负债。

资产负债表法一般在资产负债表日进行相应的所得税会计处理，资产负债表法的基本核算程序如下：

(1) 确定资产、负债的账面价值；

(2) 确定资产、负债的计税基础；

(3) 比较资产、负债账面价值与计税基础，确定暂时性差异；

(4) 确认本期递延所得税资产与负债（先根据期末资产、负债账面价值与计税基础比较形成的暂时性差异乘税率，然后减去期初相应递延所得税资产与负债的金额，即为本期递延所得税资产与负债）；

(5) 计算应交所得税；

(6) 计算所得税费用。

下面通过实例来讲解资产负债表法在所得税会计中的应用。

例9-5：珠江公司2008年、2009年税前会计利润均为1 000 000元。其中2008年会计利润包括企业持有的一项国债的利息收入50 000元。2007年12月购入一台机床500 000元，残值率为4%，使用年限10年，会计上按直线法计提折旧，2008年和2009年，该设备的账面净值分别为452 000元和404 000元，折旧额为每年48 000元。税法允许按加速折旧法（珠江公司使用双倍余额法）计提折旧，2008年和2009年，该设备的账面净值分别为400 000元和320 000元，折旧额前两年分别为100 000元和80 000元（有关计算参见例7-5、例7-7）。此外，2008年公司购入一批交易性股票，账面成本为100 000元，2008年市价为80 000元，2009年该批股票已出售。公司所得税率为25%，2008年年初递延所得税资产与递延所得税负债的余额为零。

我们分两个年度来进行讨论。

(1) 2008年度：

首先我们分析2008年会计利润与应税所得存在的差异之处有三个方面：一是国债收入，应税所得不计此收入，而会计要确认；二是折旧的计提，会计上按直线法，而纳税时按双倍余额法计提；三是交易性金融资产，会计上按市价调整并确认当期损益，税法上不做调整。

在这三个方面的差异中，国债利息为永久性差异，所得税会计处理不做调整；另外两个差异则会形成递延所得税资产或递延所得税负债。

固定资产账面价值（直线法）-计税基础（加速法）=452 000-400 000

=52 000（元）

资产的账面价值（会计）>计税基础（税法）时，就会产生应纳税暂时性差异，形成递延所得税负债。

固定资产形成的递延所得税负债=应纳税暂时性差异×所得税率-期初递延所得税负债余额

=52 000×25%-0

=13 000（元）

交易性金融资产账面价值－计税基础=80 000－100 000

=－20 000（元）

资产的账面价值<计税基础时，就会产生可抵扣暂时性差异，形成递延所得税资产。

交易性金融资产形成的递延所得税资产=可抵扣暂时性差异×所得税率－期初递延所得税资产余额

=20 000×25%－0

=5 000（元）

本期应交税金在会计利润的基础上调整计算出：

会计利润	1 000 000
减：免税的国债利息	（50 000）
超过直线法的加速折旧额	（52 000）
加：未实现的交易性金融资产损失	20 000
应税所得	918 000

本期应交所得税=918 000×25%

=229 500（元）

所得税费用=应交所得税+递延所得税负债（减减少）－递延所得税资产（加减少）

=229 500+13 000－5 000

=237 500（元）

验证：所得税费用=（会计利润－永久性差异）×税率

=（1 000 000－50 000）×25%

=237 500（元）

本期所得税会计处理如下：

借：所得税费用	237 500	
递延所得税资产	5 000	
贷：应交税费——应交所得税		229 500
递延所得税负债		13 000

（2）2009 年度：

固定资产账面价值（直线法）－计税基础（加速法）=404 000－320 000

=84 000（元）

固定资产形成的递延所得税负债=应纳税暂时性差异×所得税率－期初递延所得税负债余额

=84 000×25%－13 000

=8 000（元）

交易性金融资产账面价值－计税基础=0

交易性金融资产形成的递延所得税资产 = 0 - 5 000 = - 5 000（元）

本期应交税金在会计利润的基础上调整计算出：

会计利润	1 000 000
减：已实现的交易性金融资产损失	（20 000）
超过直线法的加速折旧额	（32 000）
应税所得	948 000

本期应交所得税 = 948 000 × 25%

= 237 000（元）

所得税费用 = 应交所得税 + 递延所得税负债（减减少） - 递延所得税资产（加减少）

= 237 000 + 8 000 + 5 000

= 250 000（元）

本期所得税会计处理如下：

借：所得税费用　　250 000

　贷：应交税费——应交所得税　　237 000

　　递延所得税资产　　5 000

　　递延所得税负债　　8 000

以上我们只是简单介绍了资产负债表法的基本原理，对于该方法中所涉及的税率的变动、亏损的结转、其他项目差异的计算，本章未展开讨论。系统的阐述参见本系列教材《中级财务会计》有关章节。

本章相关的法规、制度及主要阅读文献

1. 石本仁，谭小平．会计学原理．北京：中国人民大学出版社，2010

2. 中华人民共和国财政部．企业会计准则——应用指南．北京：中国财政经济出版社，2006

思考题

一、多选题

1. 不通过“营业税金及附加”核算的税金是（　　）。

A. 增值税　　B. 营业税　　C. 所得税　　D. 土地使用税

2. 下列属于价外征收的税收有（　　）。

A. 增值税　　B. 营业税　　C. 消费税　　D. 所得税

3. 以下属于增加当期应交增值税的项目有（　　）。

A. 进项税额　　B. 已交税金

C. 减免税额　　D. 进项税额转出

4. 税收一方面形成企业的负债，另一方面可登记为（　　）。

A. 长期资产　　B. 存货

C. 所得税费用　　D. 管理费用

5. 应交增值税月末实行综合结转，从“应交增值税”明细账转入“未交增值税”明细账，转出时，对应的会计科目为（　　）。

A. 已交税金　　B. 进项税额转出

C. 转出多交增值税　　D. 转出未交增值税

6. 下列属于永久性差异的项目有（　　）。

A. 国债利息收入　　B. 非公益性捐赠

C. 预计负债登记的费用项目　　D. 按权益法登记的投资收益

二、判断题

1. 某产品销售价款为 100 000 元，增值税为 17 000 元，购买方应支付的金额为 117 000 元。(　　)

2. 某产品销售价款为 100 000 元，增值税为 17 000 元，消费税为 10 000 元，购买方应支付的金额为 127 000 元。(　　)

3. 企业发生销售业务时，登记“应交税费——应交增值税（销项税额）”的贷方，企业实际缴纳增值税时，则登记该账户的借方。(　　)

4. 营业税是以企业提供劳务、转让无形资产或销售不动产向对方收取的全部价款为征税基础的，其中不包括向对方收取的价外费用，如手续费。(　　)

5. 征收消费税的产品免征增值税。(　　)

6. 城市维护建设税和教育费附加是根据企业当期实际应交的增值税、营业税和消费税为基础征收的。(　　)

7. 资产的账面价值大于其计税基础时，就会产生应纳税暂时性差异，这一差异与税率的乘积形成递延所得税负债。(　　)

三、问答题

1. 简述税收的种类及会计信息处理过程。

2. 增值税的特点有哪些？指出增值税会计核算的特点。

3. 阐述营业税、消费税的征税基础及会计核算科目的运用。

4. 何谓所得税会计的资产负债表法？简述这一方法的核算程序。

5. 区分应付税款法与纳税影响会计法。

练习题

一、（流转税）南方公司 2008 年 7 月初“应交税费——未交增值税”余额为 50 000 元，增值税率为 17%，城市维护建设税和教育费附加征收率分别为 7% 和 3%。与流转税相关的经济业务如下：

1. 购进原材料一批，价款500 000元，价税款未付。

2. 以银行存款支付月初未交增值税。

3. 购进工程用物资一批，价税款共计2 340 000元，货款已付。

4. 购置设备一台，价款1 000 000元，增值税170 000元，款未付。

5. 工程建设领用专用物资1 404 000元和原材料300 000元。

6. 本月销售商品一批，发票价格2 500 000元，款未收回。

7. 购买农业产品一批500 000元，免税农产品的抵扣率为13%，货款已付。

8. 本月销售应税消费商品一批，发票价格500 000元，消费税率为13%，款未收回。

9. 本月工程完工，剩余工程物资转为原材料。

10. 本月向某公司提供劳务取得收入650 000元，另收到手续费50 000元，款已存入银行，营业税率为5%。

要求：

1. 登记上述经济业务会计分录。

2. 登记“应交税费”和“应交税费——应交增值税”T形账。

3. 计算并登记城市维护建设税和教育费附加。

二、(所得税) 南方公司2008年、2009年税前会计利润均为2 000 000元。其中2008年会计利润包括企业因延迟纳税的罚金20 000元。2007年12月购入一台设备（设备原价1 000 000元，使用期5年，无残值），会计上按双倍余额法计提折旧，税法规定企业只能按直线法计提折旧。此外，2008年公司购入一批交易性股票，账面成本为100 000元，2008年市价为120 000元，2009年该批股票已出售。公司所得税率为25%，2008年年初递延所得税资产与递延所得税负债的余额为零。

要求：按应付税款法和资产负债表法登记南方公司2008年、2009年所得税的会计处理。

案例分析

营业利润还是特许使用费
——ABC卫星公司税收诉讼案

本案例涉及三方当事人：美国ABC卫星公司、某电视台及主管税务稽查局。

1996年4月3日，该电视台与美国ABC卫星公司签订数字压缩电视全时卫星传送服务协议，该协议有效期至2006年6月30日。1997年10月19日双方对协议的部分条款进行了修改并签订修正案。根据协议及修正案规定，ABC卫星公司向该电视台提供全时的、固定期限的、不可再转让（除优先单独决定权外）的压缩数字视频服务，提供27MHz带宽和由相关功率所组成的转发器包括地面设备。ABC卫星公司只传送该电视台的电视信号，该电视台可以自己使用，也可以允许中国省级以上的广播电视台使用其未使用的部分。在ABC提前许可下，该电视台也可以允许非中国法人的广播电视台使用其未使用的部分来传送电视信号。

协议还规定：①电视台支付季度服务费和设备费；②订金（此订金用于支付服务期

限的头三个月和最后一个月的服务费）；③为确保电视台向ABC卫星公司支付服务费和设备费，电视台将于1996年5月3日向ABC卫星公司支付近200万美元的保证金，保证金将在协议最后服务费到期时使用。

协议签订后，电视台按约定向ABC卫星公司支付了订金和保证金，此后定期向ABC卫星公司支付季度服务费和设备费，总计约2 200万美元。1999年1月，主管税务稽查局向该电视台发出001号通知，要求该电视台对上述费用缴纳相应税款。ABC卫星公司对此不服，向税务局对外分局提出复议申请，并按包括订金和保证金在内的收入总额的7%缴纳了税款，合计约150万美元。

同年8月，对外分局作出维持001号通知的行政复议决定。ABC卫星公司据此向当地中级人民法院提起行政诉讼。2001年12月20日，中级人民法院判定维持税务局对外分局对该电视台发出的319号“关于对电视台与ABC卫星公司签署‘数字压缩电视全时卫星传送服务协议’所支付的费用代扣代缴预提所得税的通知”，同时驳回ABC卫星公司的诉讼请求。

双方的争端焦点在于是否该由我国税务当局向ABC卫星公司征收预提所得税。这一分歧源于双方对电视台向ABC支付的费用性质的认定不同。ABC卫星公司认为该收入属于营业利润，我国税务当局认为该收入属于特许权使用费。

后来，ABC卫星公司向当地高级人民法院提起诉讼，高级人民法院经过审理后，最终维持原判。

[刘怡，林劼.ABC卫星公司税收案例分析.涉外税务，2003（1）：51~54]

问题：

1. 一国在其他国家或地区从事跨国经营，相关税务是依据所在国的税务规定还是依据母国的税务规定？

2. 指出特许经营和主营业务的区别，ABC卫星公司的收费是特许经营费还是营业利润？请说明理由。

3. 如果企业出现了税务纠纷，应该如何进行处理？

第十章 所有者权益

导言

企业按国际通行的组织形式分类，一般分为独资企业、合伙企业和股份公司，股份公司又分为有限责任公司和股份有限公司（还有两合公司和无限公司，但不常见）。我国在改革开放前对企业的分类是以所有制为标准来分的，分为国有企业、集体企业和私营企业等三类；20 世纪 80 年代开始引进外资后，又增加了外商投资企业；推行现代企业制度后，股份公司开始出现。因此，我国企业的分类具有很强的中国特色，表 10－1 是我国 2006 年各类企业的登记情况。

表 10－1　　单位：户

内资								外资	
一般企业*（含公司）		公司法人		个体工商户		私营企业		外商投资	
总户数	3 372 592	公司法人	812 989	合计	25 956 066	合计	4 980 774	外商投资	274 863
（法人数）	（1 840 322）			其中：		其中：			
其中：		其中：		城镇（户）	15 620 189	城镇（户）	3 300 349	其中：	
国有	716 913	有限责任	804 798					中外合资	93 367
（法人数）	（293 309）			从业人员（人）	51 596 773	投资者人数	12 716 513		
集体	1 094 245	国有独资	13 208					中外合作	16 119
（法人数）	（568 877）			其中：		其中：			
股份合作	186 773	股份有限**	8 191	城镇（人）	30 124 858	城镇（人）	8 529 923	外资企业	164 895
（法人数）	（140 564）								
公司	1 329 379					雇工人数	53 146 450	中外股份公司	482
（法人数）	（812 989）					其中：			
其他	45 282					城镇（人）	31 013 571		
（法人数）	（24 584）								

*一般企业中，实有企业集团 6 027 户，国有企业改制公司 22 360 户，集体企业改制公司 19 799 户

**2006 年末股份有限公司中，上市公司为 1 041 户

资料来源：本社编委会．2007 中国工商行政管理年鉴．北京：中国工商出版社，2007

本章结构

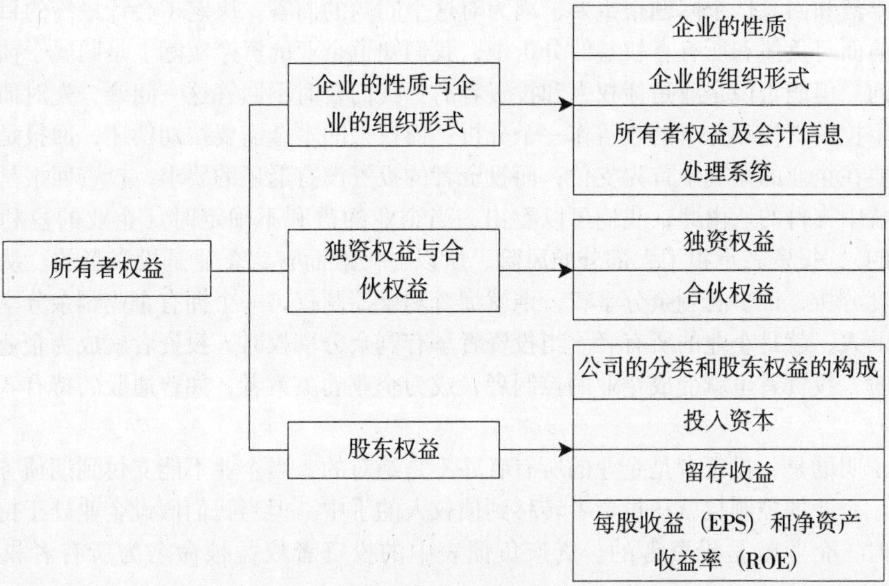

本章要点

理解企业的性质
了解企业的组织形式及特点
掌握独资权益的会计核算
掌握合伙权益的会计核算
了解公司的分类和股东权益的构成
掌握股东权益的会计核算
理解每股收益与净资产收益率的含义与作用

第八章我们讲述了企业筹资三个渠道中的一个——负债，本章我们继续讨论另外两个筹资来源——所有者投入和留存收益，以及与此紧密相关的对所有者的回报——利润分配。这就是本章要阐述的主题——所有者权益。所有者权益依据组织形式的不同，在会计上的体现有所区别，首先我们将讨论企业的性质与企业的组织形式，接下来分别讨论三种企业形式的权益处理：独资权益、合伙权益和股东权益。

第一节　企业的性质与企业的组织形式

一、企业的性质

会计有一个基本假设——会计主体假设。这一假设确定了会计的核算对象和核算范围。一般而言，会计主体就是作为市场经济基本单位的企业。在会计等式中，资产是企业的资产，负债是企业的负债，所有者权益也是企业所有者的权益。现在的问题是：企业是谁的？弄清和回答这个问题很重要，因为对这个问题的回答，决定了会计最终的目标。

在前面对负债和所有者权益的分析中，我们知道企业的资产实际上是归属于债权人和投资者的。但能否说企业是债权人和投资者的？我们暂时不回答这一问题，先对债权人和投资者承担的责任和分享的收益作一个分析：债权人的本金需要按期偿还，回报是固定的并且需要在企业的盈利中首先支付；而投资者的投资没有退还的要求，投资回报是在企业剩余收益中支付的。由此，我们可以看出，当企业的盈利不确定时（企业的盈利通常是不确定的），投资者承担了大部分的风险，所以，一般而言，企业是投资者的。从企业理论的角度分析，谁享有剩余分享权，谁就拥有剩余控制权，一个拥有企业剩余分享和剩余控制权的人，就是企业的所有者。当投资者享有剩余分享权时，投资者就成为企业的所有者，同时，投资者也就变成企业的控制者，成为企业的决策者，如普通股的持有者同时拥有投票权。

要说明的是，投资者是企业的所有者并不是绝对的，当企业不能支付到期债务、面临破产时，企业的控制权就从投资者转移到债权人的手中。但当我们假设企业处于持续经营的状态时，企业就是投资者的。资产负债表中的投资者权益被命名为所有者权益由此而来。

经济主体的概念是会计上的，相应地，法律上有法人的概念。但这两个概念不完全等同。下面我们通过不同的企业组织形式来对两者进行辨析。

二、企业的组织形式

现代企业主要的组织形式有三种：独资企业、合伙企业以及法人企业。不同组织形式的企业具有不同的特点。

1. 独资企业

独资企业是指只有一个所有者的企业。业主对企业进行单独投资经营，对企业的盈亏负完全责任。同时，业主拥有企业的全部资产，对企业的债务负连带责任。当企业的资产不足以清偿企业对外债务时，业主需要动用其私有财产偿还企业负债，负有无限责任。企业破产解散时，债权人不仅对企业的资产拥有要求权，对独资企业业主的私有资产也有要求权。独资企业可以通过向银行或其他个人取得借款，但不能对外发行债券或股票。企业不需缴纳企业所得税，但业主需就企业利润（无论是否实际提取或分配）与个人其他所得一起交纳个人所得税。

2. 合伙企业

合伙企业的业主通常被称为合伙人，人数应在两人以上，人数的多少视企业的性质和规模而定。合伙人对企业共同进行投资经营，对于企业的盈亏按照各合伙人的投资比例或合伙契约中规定的比例进行分配。当企业资不抵债时，各合伙人对企业的债务同样负有无限连带责任。无论企业利润是否已经以现金形式分配给合伙人，合伙人都要缴纳个人所得税，但不必以合伙企业的名义缴纳企业所得税。

合伙企业有三种形式：最普遍的是普通合伙企业，其余两种是有限合伙企业和有限责任合伙企业。有限合伙企业由一个合伙人进行管理并承担无限责任，获得最高的收入；其他合伙人主要提供资金，几乎不参与公司经营，承担有限责任。这种合伙形式在石油勘探和房地产开发等高风险行业比较常见。有限责任合伙是承揽和从事项目的合伙人承担该项目带来的所有后果，其余合伙人承担有限责任，这种合伙企业在会计事务所中较多。我国目前不存在有限合伙企业。

3. 法人企业

法人企业是指具有永久存续权的法人实体。公司制企业是法人企业的主要形式。公司制的业主称为股东。公司制企业又分为股份有限公司和有限责任公司。股份有限公司的资本被划分成若干等份，每一份为一股。股东对企业的投资形式是购买公司的股票，股票是股东对公司进行投资的凭证。每股股票金额相等，持有等份股票的股东在公司内享有同等的权益，即同股同权。公司的利润分配以股为单位，持有等份股票的股东在公司内享有同等的收益，即同股同利。股东对公司的债务责任以其投资的股份为限，即股东对公司的债务只负有限责任。

与独资企业和合伙企业相比，股份制企业除具有承担有限责任、永续存在的特点外，还可以通过对外发行股票和债券筹集大量资金，便于迅速扩大规模，把握市场机会。同时，公司要缴纳公司所得税，而股东个人还要按个人所得缴纳个人所得税。

总体而言，独资企业与合伙企业会占到一个国家企业总量的80%以上，但它们提供的销售额只占10%左右；销售额的90%是由法人企业提供的。

从法律角度来看，独资企业、合伙企业均不具备法人资格[①]，在法律上不独立具有权利能力和行为能力，故企业在业务处理上的行为仍被视为自然人行为，企业所拥有的财产及所负的债务，在法律上等同于业主、合伙人的个人财产和债务。公司则具有法人资格，可以独立进行法律上的有效行为，如法律起诉与应诉，此外，能以法人的名义签订合同、缴纳税款，以法人的名义占有资产、享有权益。独资企业、合伙企业的经营收入无需缴纳企业所得税，只是业主、合伙人以其个人名义缴纳个人所得税，以个人的名义签订合同、进行相应的法律行为等。

从会计的角度来看，无论哪一种类型的企业均可视为独立的会计主体，成为会计核算的对象。根据会计主体假设，企业是独立于其所有者的实体，企业的财产、债务及业务行为应独立于所有者的财产、债务及业务行为，在会计上进行单独处理。企业经营获得的收益或发生的损失，也需要经过独立的会计核算后，再转记为所有者的收益或损失。这样，企业所有的资产、所负的债务、获得的经营收益及发生的损失才可以得到正确、清晰的反映，有助于向信息使用人提供有用的信息。

三、所有者权益及会计信息处理系统

任何企业成立之初，资金的基本来源就是企业投资者投入的资本。在会计信息处理上，一方面体现为资产的增加（或负债的减少），另一方面体现为实收资本（或股本）的

---

① 根据我国《公司法》（2005）的规定，有限责任公司可设立一人有限责任公司和国有独资公司，这两类企业虽然股东只有一人（独资），但法律形式为法人企业。

增加。资本投资经过一段时期的经营后，取得的经营成果，一方面，以利润分配的形式分配给投资者，另一方面，未分配的利润作为企业的留存收益，不断增加企业的净资产或所有者权益。当然，企业的经营成果可能表现为亏损，这时，对企业的影响就表现为企业的净资产或所有者权益的减少。与借款一样，所有者投入是企业最基本的筹资活动。

第二节　独资权益与合伙权益

独资企业、合伙企业与法人企业在经济业务上没有本质上的区别，前两类企业除了不能对外发行股票和债券筹集资金、不缴纳企业所得税外，所从事的经济活动与法人企业一样，因此，从会计的角度来看，在经济业务的核算上不存在差别。但是，在所有者权益的会计处理上，三类企业却存在较大差别。可以说，三类企业会计处理的主要不同就是体现在所有者权益的核算上。所以本节和下节就是从所有者权益的角度来讨论三类企业的会计处理。

一、独资权益

由于独资企业业主独自生产和销售产品，不具备对外发行股票和债券筹集资金的资格，也没有合作者共同承担债务责任和分享利润，除了业主个人需要提交个人纳税申报外，也不需要提交其他相应的证明文件。即使可以向银行取得借款，大多是通过资产抵押取得而不是取得信用贷款。因此，企业财务报表的编制和信息的披露无严格的规定和限制。另外，独资企业经济活动与业主家庭事务之间的分割也没有严格要求。

从理论上讲，独资企业的收入与费用等同于业主个人的收入与费用，净利润直接表现为业主资本的增加，亏损则体现为业主净资产的减少。在所有者权益的核算中，使用资本一个科目就可以完成所有核算工作。但是为了使企业经营成果的影响能独立反映出来，使企业经营与家庭事务分离开来，在独资会计的核算中，需要在资本账户下设置“业主投资”、“业主提款”、“利润（亏损）结转”三个明细账户。下面通过一个实例说明独资企业所有者权益的核算过程。

例 10－1：海珠实业为一家生产灯具的私营独资企业，2008 年初资本账户余额为 258 000 元。2008 年发生的与资本账户相关的经济业务如下：

（1）业主投入 65 000 元，购置一台新设备；

（2）从私人账户转账支付企业一笔到期债务 8 000 元；

（3）家庭成员突然发病紧急往院，企业出纳带款 10 000 元交纳住院费；

（4）年终结算，本年盈利 320 000 元，结转至资本账户；

（5）业主从企业提款 100 000 元。

会计处理如下：

（1）借：固定资产　　　　65 000

　　贷：资本——业主投资　　　　65 000

（2）借：应付账款　　　　8 000

　　贷：资本——业主投资　　　　8 000

（3）借：资本——业主提款　　　　10 000

　　贷：银行存款　　　　10 000

（4）借：本年利润　　　　320 000

　　贷：资本——利润结转　　　　320 000

（5）借：资本——业主提款　　　　100 000

　　贷：银行存款　　　　100 000

开设资本 T 形账，反映海珠企业资本变动全过程：

资本

		期初	258 000
（3）提款	10 000	（1）投入	65 000
（5）提款	100 000	（2）投入	8 000
		（4）利润转入	320 000
本期	110 000	本期	393 000
		期末	541 000

从资本 T 形账可以看出，期末业主资本为 541 000 元，比期初净增 283 000 元。其中，经营盈利增加 320 000 元，投入增加 73 000 元，业主提款导致减少 110 000 元。

二、合伙权益

与独资企业相比，合伙企业经济活动与家庭事务有明确的分界，资本账户要按合伙人分别设置，增加了损益分配的账务处理。另外，合伙企业的清算也是合伙会计特有的内容，我们不在这里讨论这一问题，而将在高级财务会计中讲述。

合伙企业的财务报告主要是满足三类人的需要：合伙人、合伙债权人和税务部门。合伙人一般可随时查询企业的账簿和报表；合伙企业向银行或其他金融部门申请贷款时，需要提供相关财务报表；税务部门在检查每一个合伙人的个人所得时，也需要查阅合伙企业的财务资料。除这三类使用者外，合伙企业的财务信息不需对外公开，也不需编制通用的财务报告。

通常合伙企业权益账户除了按合伙人设置资本账户外，在每一个合伙人名下再设置三个明细账：合伙人投资、合伙人提款和利润（或亏损）结转。下面我们分别从合伙企业的设立、合伙权益的变动和合伙损益的分配三方面进行讲述。

（一）合伙企业的设立

合伙企业成立时，各合伙人可以用现金投资入伙，也可以用技术、专利、专业特长和管理经验进行投资，以此代替现金进行投资。

例10-2：甲和乙两人合伙开业，成立一家名为盛记的汽车修理厂，甲以现金100 000元投资入伙，乙以自己经营的修理厂投资，其中现金3 000元，材料及半成品80 000元，设备50 000元，应付账款33 000元，存货和设备均为公允市价。开业的会计处理如下：

借：现金　　100 000

　贷：资本——甲（合伙人投资）　　100 000

借：现金　　3 000

　　存货　　80 000

　　设备　　50 000

　贷：应付账款　　33 000

　　　资本——乙（合伙人投资）　　100 000

（二）合伙权益的变动

合伙权益的变动包括增资与减资（提款）、入伙与退伙、经营利润（或亏损）的转入等方面。

1. 增资与减资（提款）

增资、减资或提款的会计处理与开业时相似，但由于开业后增资与减资会影响分配比例与经营等问题，如何进行增资与减资的处理必须在合伙协议中有明确的规定。增资与减资的会计处理如下：

借：现金

　贷：资本——××（合伙人投资）

借：资本——××（合伙人投资）

　贷：现金

要注意的是，在独资企业中，由于不存在利润在多人之间分配的问题，业主的增资和提款是直接按账面登记的。但在合伙企业中，当合伙企业经营一段时间形成企业商誉后，增资额就不能简单地按账面价值登记合伙人的资本增加额。具体处理在下面的入伙与退伙中讨论。

2. 入伙与退伙

新合伙人入伙，首先需要征得原合伙人的同意。入伙的方法之一是向原合伙人购买部分合伙权益，方法之二是直接向合伙企业投资。

在征得全体合伙人同意后，一个人可以直接向现任合伙人购买其部分合伙权益，从而成为新的合伙人，由于这种转让主要是两个转让人之间的事，合伙企业的资本不会产生变化，因而在会计处理上，只需对资本账户进行过户登记即可。如上例中，甲将自己一半的合伙权益转让给丙（转让价格与合伙企业无关），这时，只需登记过户记录：

借：资本——甲（合伙人投资）　　50 000

　贷：资本——丙（合伙人投资）　　50 000

如果是向现有的合伙企业投资入伙，会计处理则复杂得多。如果新合伙人入伙时，企业资产并无高估或低估的情况，新合伙人则按其实际投资额，取得合伙的份额。投资入伙时，只需按实际投入借记现金，贷记资本。

例 10－3：承例 10－2。盛记汽车修理厂重新吸收丁为合伙人，丁投资 100 000 元，取得三分之一的合伙权益。应投资的金额可计算如下：

甲和乙原有资本总额＝100 000＋100 000

＝200 000（元）

丁加入后，合伙企业总资本应为（100 000＋100 000）÷2/3＝300 000（元）

资本总额的三分之一即丁的投资，应为 300 000×1/3＝100 000（元）

会计处理如下：

借：现金　　100 000

　贷：资本——丁（合伙人投资）　　100 000

如果盛记汽车修理厂开办一段时间后，产生了较好的声誉，虽然资本额仍为 200 000 元，但企业的声誉并未登记在企业账面上，如果丁仍然想取得三分之一的合伙权益，出资 100 000 元则不能使甲和乙满意。

例 10－4：承例 10－3。三人共同协商后，认为企业的声誉值 100 000 元，这时，丁取得三分之一的合伙权益，应投资的金额可计算如下：

盛记汽车修理厂重估后的资本总额＝100 000＋100 000＋100 000（商誉）

＝300 000（元）

丁加入后，合伙企业资本总额应为 300 000÷2/3＝450 000（元）

资本总额的三分之一即丁的投资，应为 450 000×1/3＝150 000（元）

丁加入后，合伙企业账面资本应为 200 000＋150 000＝350 000（元）

账面资本总额的三分之一即丁的投资，应为 350 000×1/3＝116 667（元）

多出的 33 333 元（150 000－116 667）作为红利分配给甲和乙，分别增加至甲和乙的资本账户。这就是所谓"红利法"。

会计处理如下：

借：现金　　150 000

　贷：资本——甲（合伙人投资*）　　16 666.5

　　　资本——乙（合伙人投资*）　　16 666.5

　　　资本——丁（合伙人投资）　　116 667

* 也可以写成红利分配

合伙企业中，因合伙人死亡和其他原因要求退伙的，需要解决退伙合伙人或已故合伙人的财产问题。退伙的会计处理分三种情况：一是退伙金额正好等于其资本账户的最后余额；二是退伙金额高于其资本账户的最后余额；三是退伙金额低于其资本账户的最后余额。对于第一种情况，只需借记资本，贷记现金即可。第二、三种情况则需运用红利法。

例 10－5：假定盛记汽车修理厂经过一段时间的经营后，合伙资本及损益分配情况如下：

这类公司一般股东人数较少；资本无须划分为等额的股份；不对外发行股票，且股份的转让有一定限制并需征得其他股东的同意；两权分离程度较低；其成立、歇业、解散的程序比较简单，其账目无须公开披露。

股份有限公司（以下简称股份公司），是按照《公司法》的规定注册成立，将全部资本划分为等额股份，通过发行股票筹措资本的企业组织形式。如果公司股票全部为内部股东持有，则为非上市公司；如果公司股票公开向社会发行，股票可以自由流通转让，则为公开公司或上市公司（股票在一国或全球范围内自由买卖为上市交易，在某一地区范围内自由买卖则为上柜交易）。

与独资、合伙企业不同，公司的有限责任和永久资本的特点，使得股东权益分为投入资本与留存收益进行核算。1600 年，第一个股份制公司东印度公司在英国成立。1657 年，英国国会颁布《新公司成立的特许条例》，确立了永久性投资资本的原则。1661 年，东印度公司总裁在声明中提出，在利润中支付“股息”。① 为了从法律上承认有限责任，保护投资人等相关利害关系人的利益，确保投资资本的完整性和企业持续经营的能力，英美两国的立法机关都制定了公司只能从本期收益和累计收益中发放股利的法规。②

因此，股份制企业的所有者权益就被分成两大部分：投入资本和留存收益。投入资本又被分为股本（非股份有限公司则称为实收资本）和资本公积；留存收益又分为盈余公积和未分配利润。因而股份有限公司的股东权益就由股本、资本公积、盈余公积和未分配利润等四个部分组成（图 10－1）。

- 股东权益
  - 投入资本
    - 法定资本（股本）
      - 普通股
      - 优先股
    - 资本公积
      - 股本溢价
      - 其他资本公积
  - 留存收益
    - 盈余公积
    - 未分配利润

图 10－1　股东权益的结构

下面讨论这四个方面的会计处理问题。

二、投入资本

投入资本是指公司所有者原始投资和增加的投资额。投入资本又分为股本（或法定资本）和资本公积。

1. 股本

股本是公司的法定资本和最小出资额，是进行利润分配和财产清算的计算标准和确定投票决策权大小的依据。股本的载体是股票。股票是股份公司签发的证明股东持有股份的

① ［美］查特菲尔德．会计思想史．文硕等译．北京：中国商业出版社，1989.121

② ［美］查特菲尔德．会计思想史．文硕等译．北京：中国商业出版社，1989.125

凭证，也是股东拥有公司所有权的书面产权凭证。企业发行股份，必须遵守同股同权、同股同利的原则。股票按利益分配与表决权的不同，可分为普通股与优先股。

优先股股东在利润分配时享有优先权，对企业资产的要求权仅次于债权人。当公司进行破产清算时，优先股股东有权先于普通股股东从企业的净资产中收回其投资的全部股本。但是，在股利分配和财产分配上获得的优先权需要以失去表决权为代价，优先股股东通常对公司的经营决策无表决投票权。

普通股股东在利润分配上没有优先权，对企业资产的要求权排在最后。需要注意的是，一方面，优先权只是强调利润分配顺序的先后。无论企业定期拟分配利润的总额是多少，优先股股东在企业的利润分配中只能按照约定的股利率优先分得股利，普通股股东则在拟分配利润中扣除了优先股股利以后按所持股份额分得股利。因此，尽管普通股分配的顺序在优先股之后，股利收入不稳定，但如果企业当期的拟分配利润数额较大，普通股股利可能远远高于优先股股利。另一方面，由普通股股东或股东代表组成的股东大会，是公司的最高权力机构，股东按其持有股份的比例享有投票权，可直接或间接参与并控制企业的经营管理。由于普通股代表对企业经营的控制权，所以掌握了一家公司的普通股也就掌握了对这家公司的控制权。

股票发行一般会规定面值，面值形成公司的股本。我国上市公司股票面值均为 1 元。股票面值对投资决策的意义不大，一份股票实质的经济含义是一个份额——一个分配与清算单位、一个表决权单位。有鉴于此，国外发行股票时在票面上不载明面值，以免误导投资者。

2. 资本公积

企业实际发行股票时，按面值发行的情况很少，一般会超面值发行，超面值的金额就会形成资本公积（股本溢价）。另外，直接计入所有者权益的利得或损失也形成资本公积。

由此可以看出，资本公积不作为股东分配和表决的依据，但由全体股东分享。另外，直接计入所有者权益的利得或损失形成的资本公积，反映的是企业未实现的利得或损失。

下面通过几个实例说明投入资本的核算。

例 10－8：海江有限责任公司于 2006 年初成立，发起股东为甲、乙两人，每人投入资本为 100 万元。2008 年 1 月，另一投资者丙加入该公司成为公司第三个股东，并与前两位股东分享同等的收益和表决权。2007 年末，公司留存收益 100 万元，公司形成的商誉估值为 100 万元。

2006 年 1 月：

借：银行存款	2 000 000	
贷：实收资本——甲		1 000 000
——乙		1 000 000

2008 年 1 月：

丙加入后公司总的净资产 ＝400 ÷2/3 ＝600（万元）

丙占三分之一的表决权的出资额 ＝600 ×1/3 ＝200（万元）

资本溢价 = 200 - 100 = 100（万元）

借：银行存款　　2 000 000

　贷：实收资本——丙　　1 000 000

　　　资本公积——资本溢价　　1 000 000

同有限责任公司一样，股份有限公司对外发行股票之所以溢价发行，也是因为公司形成商誉和留存收益积累后，企业不可能按面值吸收新的投资者。公司对外发行股票需要支付发行费及相关税费，这些交易费用从溢价收入中扣除。

例 10 - 9：珠江公司为股份有限公司，2008 年 6 月对外发行新股 5 000 000 份，每股发行价 8.5 元，交易费用 850 000 元。

借：银行存款　　41 650 000

　贷：股本　　5 000 000

　　　资本公积——股本溢价　　36 650 000

直接计入所有者权益的利得或损失形成的资本公积，反映的是企业未实现的利得或损失。典型的例子如公司持有的可供出售的金融资产期末市价发生变动后对账面价值的调整。

例 10 - 10：珠江公司 2008 年 1 月 1 日持有一笔可供出售的债券，账面价值 580 000 元，2008 年 6 月 30 日，市价为 564 000 元。

6 月 30 日的调整分录为：

借：资本公积——其他资本公积　　16 000

　贷：可供出售金融资产——债券　　16 000

三、留存收益

企业的盈利扣除税法规定的应上缴的所得税后的剩余部分，称为税后利润或净利润（又称线下项目）。净利润应根据有关的规定、协议、合同、公司章程、股东会议决议进行分配，包括弥补以前年度的亏损，不予分配的部分留在企业内部形成资金积累，即留存收益。

留存收益是企业从历年实现的利润中提取或形成的留存于企业内部的积累，来源于企业的生产经营活动所实现的利润。留存收益是所有者权益的组成部分，是投资者的原始投资在企业内部滋生并留存下来的资本。这部分资本将重新投入生产经营，参与周转，以便使企业扩大生产经营规模，创造更大的利润，或留待以后年度进行分配。留存收益由盈余公积和未分配利润组成。其中盈余公积已被法律指定了用途，属于拨定用途的留存收益，只有未分配利润是未拨定用途的留存收益。

1. 盈余公积

盈余公积是企业按照规定从净利润中提取的各种积累资金，其性质是对公司留存收益的用途进行拨定，保证公司留有一定的积累，限制过量分配，以维护债权人的权益，有利于企业的持续经营和发展。

一般盈余公积按其提取的方式分为法定盈余公积和任意盈余公积两种。我国《公司法》规定，股份有限公司应按税后利润10%的比例提取法定公积金，直至其累计金额达到公司注册资本的50%以上，可不再提取。任意盈余公积的提取比例则由股份制企业的股东大会决定。可见，法定盈余公积与任意盈余公积的区别在于：前者的强制性较强，提取时以国家的法律和行政规章为依据；后者的随意性较强，由企业自行决定。《公司法》还规定，盈余公积提取后主要用于弥补以前年度的亏损，扩大生产经营的规模或转增资本。无论盈余公积是用于弥补亏损或转增资本，均属于所有者权益组成部分之间的转换，不会导致所有者权益总额的变动。

2. 利润分配与未分配利润

公司在经营获得盈余时，通常会向股东发放股利。从广义来讲，公司的税后利润用于弥补亏损、提取法定盈余公积和任意盈余公积、分配现金股利（包括股票股利）等，都称为利润分配，通过“利润分配”账户进行登记和反映。分配后的余额以未分配利润列示。

现金股利是公司发放股利的基本形式。现金股利的发放一般经历四个时点：①股利宣布日。公司董事会正式宣布将于未来某特定日期向股东发放股利，通常是在股利宣布日4~6周以后。②除息日。从该日起，当期股利不得自动由卖方转给买方。③股权登记日。公司登记股东的相关资料，只有登记日当日在册的股东才可获得发放的股利。④股利支付日。公司向股东发放股利。

例10-11：珠江公司2008年初未分配利润为3 500万元，2008年度实现税后利润2 000万元。2009年2月5日，经股东大会批准，提取10%作为法定盈余公积，5%作为任意盈余公积，本年实现利润的余额再按50%支付现金股利。由于法定盈余公积达到超过注册资本50%以上的标准，公司决定将其中1 000万元转增资本，转增资本后的盈余公积数额不少于企业注册资本的25%。3月5日，正式发放股利。

珠江公司有关利润分配的会计处理如下：

（1）2008年12月31日，将净利润转入利润分配：

借：本年利润	20 000 000	
贷：利润分配——未分配利润		20 000 000

（2）2009年2月5日，提取盈余公积：

借：利润分配——提取法定盈余公积	2 000 000	
——提取任意盈余公积	1 000 000	
贷：盈余公积——法定盈余公积		2 000 000
——任意盈余公积		1 000 000

（3）宣布发放现金股利，结转利润分配，转增资本：

借：利润分配——应付股利	8 500 000	
贷：应付股利		8 500 000

借：利润分配——未分配利润　11 500 000
　贷：利润分配——提取法定盈余公积　2 000 000
　　　　　　——提取任意盈余公积　1 000 000
　　　　　　——应付股利　8 500 000
借：盈余公积　10 000 000
　贷：股本　10 000 000
(4) 2009 年 3 月 5 日，发放股利：
借：应付股利　8 500 000
　贷：银行存款　8 500 000
期末未分配利润如下：

利润分配——未分配利润（万元）

(3) 分配	1 150	期初	3 500
		(1) 转入	2 000
本期	1 150	本期	2 000
		期末	4 350

四、每股收益（EPS）和净资产收益率（ROE）

本章我们讨论了企业的所有者权益、利润分配、净利润与净资产的转换过程。如何评价一个企业，一直是所有企业利益相关者关心的一个问题。前面章节中我们使用过应收账款周转率、存货周转率、流动比率、资产负债率等指标，但这些指标都是对一个企业的局部考察，并且与企业的规模、行业等因素密切相关。如何既能综合考察一个企业全面的业绩，又能使不同行业、不同规模的企业得到一个客观的比较，这是一个十分重要的问题。每股收益和净资产收益率这两个指标担当了这一重任，成为世界各国流行的评价公司业绩的核心指标。

每股收益（earnings per share，缩写 EPS）最集中地反映了一个公司的经营业绩和价值。每股收益是指当期的盈利除以当期流通在外的普通股的加权平均股数即每股普通股所赚取的盈利，是用于评价一个公司盈利能力的基本指标之一，也是公司的财务报告中必须披露的几个核心指标之一。在现行利润表中，EPS 也是公司必须列示的基本内容。

EPS 的计算分基本 EPS 和稀释 EPS 两种。基本 EPS 是指公司的资本结构为简单资本结构，公司的资本结构中不包含稀释性证券。稀释性 EPS 是指公司的资本结构为复杂资本结构，复杂资本结构中包括稀释性证券。稀释性证券是指可能导致公司普通股增加的证券，如可转换债券、可转换优先股和认股权证等。稀释 EPS 的计算在中级财务会计中讨论。

简单资本结构下的 EPS 计算比较简单，其计算公式如下：

$$\text{基本 EPS}=\frac{\text{当期应归属于普通股的净收益}}{\text{当期流通在外的普通股加权平均股数}}=\frac{\text{净收益}-\text{优先股股利}}{\text{当期流通在外的普通股加权平均股数}}$$

另一个综合反映公司业绩的指标是净资产收益率（rate of return on equity，缩写ROE）。ROE 的计算公式为：

ROE = 净利润 ÷ 平均股东权益

每股收益的特点是：它是面向普通股股东的，反映的是每一个股份基本单位的回报；而净资产收益率反映的是所有净资产的回报，体现的是净资产的使用效率。

例 10 - 12：珠江公司2008 年初和年末股东权益分别为1.5 亿和1.68 亿，股本（普通股）为1 亿股和1.1 亿股，当年实现净利润2 000 万元，公司未发行优先股。

EPS 和 ROE 计算如下：

EPS =2 000（万元）÷｛［10 000（万股）+11 000（万股）］/2｝
=0.19（元/股）

ROE =2 000（万元）÷｛［15 000（万元）+16 800（万元）］/2｝
=12.58%

表 10 - 5 是 2008 年我国主要行业上市公司的 EPS 和 ROE 基本情况一览表，表 10 - 6 是 2008 年我国主要行业上市公司的各项指标基本情况一览表。从这两个表中，我们可以看出，不同行业在其他指标上的差异十分明显，但每股收益尤其是净资产收益率是最接近的，这两个指标就成为衡量和比较不同行业业绩的最恰当的指标。

表 10 - 5　　我国主要行业上市公司每股收益和净资产收益率一览表（2008 年度）

企业名称	证券代码	行业分布	每股收益（元）	净资产收益率（%）
万科	000002	房地产业	0.37	12.65
粤电力	000539	电力煤气水的生产和供应业	0.01	-1.18
武汉中商	000785	批发及零售贸易	0.15	6.97
五粮液	000858	食品饮料	0.48	15.97
宝钢股份	600019	制造（金属、非金属）	0.37	7.02
南方航空	600029	交通运输	-0.74	-68.98
中视传媒	600088	传播与文化产业	0.229	6.43
上海建工	600170	建筑业	0.42	8.00
国旅联合	600385	社会服务业	0.05	3.86
金龙汽车	600686	机械仪表设备	0.44	14.27
同济科技	600846	综合类	0.094 3	4.75
上海医药	600849	医药生物制品	0.144	4.85
华东电脑	600850	信息技术	0.038 3	2.75
新五丰	601875	农林牧渔业	0.05	1.84
中国神华	601088	采掘业	1.337	17.85
工商银行	601398	金融、保险	0.33	18.31
中国石油	601875	采掘业	0.62	14.40

表 10 - 6　　　　我国主要行业上市公司各类指标一览表（2008 年度）

证券代码	行业分布	应收账款周转率(%)	存货周转率(%)	销售毛利率(%)	流动比率	速动比率	资产负债率(%)	已获利息倍数	每股收益(元)	净资产收益率(%)
万科	房地产业	45.86	0.33	39.00	1.76	0.43	67.44	10.62	0.37	12.65
粤电力	电力煤气水的生产和供应业	8.31	14.40	5.36	0.81	0.66	54.84	0.52	0.01	-1.18
武汉中商	批发及零售贸易	130.93	10.03	18.51	0.61	0.43	74.66	1.85	0.15	6.97
五粮液	食品饮料	1 326.22	1.86	54.39	4.28	3.27	15.12	-14.00	0.48	15.97
宝钢股份	制造（金属、非金属）	34.65	4.66	12.20	0.82	0.32	55.15	3.78	0.37	7.02
南方航空	交通运输	34.18	44.43	3.86	0.22	0.19	88.62	8.99	-0.74	-68.98
中视传媒	传播与文化产业	34.90	3.07	14.20	1.42	1.08	51.60	-4.06	0.229	6.43
上海建工	建筑业	10.39	7.85	5.35	1.12	0.81	77.95	-34.74	0.42	8.00
国旅联合	社会服务业	18.67	1.5	59.03	0.97	0.94	38.15	17.84	0.05	3.86
金龙汽车	机械仪表设备	9.24	7.21	10.80	1.15	0.83	71.30	36.25	0.44	14.27
同济科技	综合类	15.66	0.58	30.69	1.20	0.27	68.03	2.74	0.094 3	4.75
上海医药	医药生物制品	6.85	10.11	8.74	0.99	0.70	73.05	2.16	0.144	4.85
华东电脑	信息技术	4.94	9.95	15.62	1.58	1.32	58.25	7.90	0.038 3	2.75
新五丰	农林牧渔业	38.36	10.46	8.76	2.24	1.62	24.23	3.16	0.05	1.84
中国神华	采掘业	15.98	7.63	52.39	1.83	1.64	37.45	33.98	1.337	17.85
工商银行	金融、保险	—	—	—	—	—	93.78	—	0.33	18.31
中国石油	采掘业	60.65	7.63	36.17	0.86	0.52	29.06	72.76	0.62	14.40

本章相关的法规、制度及主要阅读文献

1. 石本仁，谭小平．会计学原理．北京：中国人民大学出版社，2010

2. 中华人民共和国财政部．企业会计准则——应用指南．北京：中国财政经济出版社，2006

思考题

一、多选题

1. 负债和所有者权益的区别主要体现在（　　）。

A. 负债有明确的偿还期限　　B. 负债有固定的回报
C. 负债有优先偿还权　　D. 负债无偿还风险

2. 合伙企业的合伙形式有（　　）。

A. 普通合伙　　B. 法人合伙　　C. 有限责任合伙　　D. 有限合伙

3. 股东权益的构成有（　　）。

A. 实收资本　　B. 公益金　　C. 未分配利润　　D. 资本公积

4. 股份有限公司的特征有（　　）。

A. 全部资本划分为等额股份　　B. 以发行股票的方式筹集资金
C. 股东出资可以转让　　D. 股东承担有限责任

5. 资本公积的形成是由于（　　）。

A. 发行股票的价格超过面值
B. 企业实现的利润提存
C. 不通过利润表而直接计入所有者权益的利得与损失
D. 指定专门用途的款项

6. 普通股与优先股的区别主要体现在（　　）。

A. 表决权不同　　B. 股利大小不同
C. 价格不同　　D. 发行方式不同

二、判断题

1. 投资者承担企业的剩余风险，所以拥有企业的所有权，因此，任何时候企业都是投资者的。（　　）

2. 我国目前不存在有限责任合伙这种形式的合伙企业。（　　）

3. 提取盈余公积是将利润留存用作专门用途，但不能再以股利形式分配给股东。（　　）

4. 新的合伙人入伙，按账面资本额的比例以及入伙后所拥有的利润分配权来确定入伙所需要缴纳的资本额。（　　）

5. 股票面值无太大的实际意义，因此，可不设股票面值。（　　）

6. 合伙企业的合伙人损益分配应根据资本投资比例而定。（　　）

7. 复杂资本结构下的公司，既需要计算和披露基本的 EPS，也需要计算和披露稀释的 EPS。（　　）

8. 基本 EPS 等于税后利润除以当期流通在外的普通股加权平均股数。（　　）

三、问答题

1. 企业的组织形式有哪些，每类企业组织的特点是什么？

2. 何谓企业所有权，为何是企业投资者而不是债权人拥有企业所有权？

3. 阐述独资企业、合伙企业、法人企业会计核算的主要区别。

4. 为何将股东权益分为投入资本和留存收益两部分?

5. 为何 EPS 和 ROE 是综合评价企业业绩的最佳指标?

练习题

一、(独资权益)南沙实业为一家生产家具的私营独资企业,为小规模纳税企业。2008 年初,资本账户余额为 156 000 元。2008 年发生的与资本账户相关的经济业务如下:

1. 业主投入 96 000 元,购置一台新设备。

2. 收回一笔应收款 40 000 元,由于家庭急用,20 000 元打入企业存款户,20 000 元业主领用。

3. 购买原材料,价款 200 000 元,增值税 34 000 元,业主从私人账户中垫付 34 000 元。

4. 本年销售商品 1 060 000 元,增值税率 6%,产品成本 650 000 元。

5. 年终结算,本年支付各类费用 150 000 元。

6. 业主从企业提款 80 000 元。

要求:

1. 登记上述业务会计分录。

2. 计算本年利润并结转至资本账户。

3. 计算并说明业主权益变动及变动原因。

二、(合伙权益——权益变动)2005 年初,王明与李华合资成立一家合伙企业,每人出资 150 000 元。经过两年经营后,2007 年初,企业账面总资产 600 000 元,债务 200 000 元,估计企业的商誉为 200 000 元。此时,张洋加入,经王明与李华协商后,三人各占三分之一的权益(并按投资比例进行损益分配),张洋投资的资本为 300 000 元。2008 年初,企业净资产为 1 000 000 元,商誉为 500 000 元。王明因为身体原因不适合继续干下去,提出退伙,李华与张洋协商后同意王明的请求,答应并支付 420 000 元,王明无奈接受。

要求:

1. 登记合伙企业成立、入伙和退伙的会计分录。

2. 你认为支付王明 420 000 元合理吗?请说明理由。

3. 假定王明、李华和张洋的损益分配比例分别为 30%、30%、40%,请重新登记退伙的会计处理。

(提示:2006 年末,王明与李华的账面资本各为 200 000 元)

三、(合伙权益——损益分配)承上题。2007 年,张洋加入后,三方约定,合伙权益的分配顺序为:企业如果盈利,先支付王明、李华和张洋的工资 50 000 元、50 000 元和 30 000 元,然后按 6% 支付平均投资利息,最后按损益分配比例王明、李华和张洋 30%:30%:40% 分配剩余损益。7 月 1 日,王明又投入资金 200 000 元。2007 年,全年净利润为500 000元。利润分配后，三人全额提款。2008年，企业实现利润150 000元。

要求：

1. 计算2007年、2008年合伙损益计算分配表。
2. 登记相应的会计分录。
3. 假定2008年三合伙人不提取利润分配额，计算各合伙人资本账户余额。

四、（股东权益）南方公司2008年初股东权益为8 500万元，其中股本400万元（每股面值1元），资本公积5 000万元，盈余公积1 900万元，未分配利润为1 200万元。2008年度实现税后利润1 000万元。2008年7月1日发行股票100万份，面值1元，股价10.5元，发行费用200 000元。年内无其他股东权益变动事项。2009年3月8日，经股东大会批准，提取10%作为法定盈余公积，5%作为任意盈余公积，余额再按40%支付现金股利。4月2日，正式发放股利。

要求：

1. 登记相关会计分录。
2. 计算利润分配后南方公司的股东权益额及其构成。

五、（业绩评价）承上题。计算南方公司2008年度的每股收益和净资产收益率。

案例分析

郑百文

郑州百文股份有限公司（集团）（以下简称郑百文）的前身郑州市百货文化用品公司，是经郑州市编制委员会郑编（1987）第87号文批准于1987年6月在郑州市百货公司和郑州市钟表文化用品公司合并的基础上组建成立的。

1988年12月经郑州市深化改革领导小组郑深改字（88）第16号文批准，郑州市百货文化用品公司改组为股份制企业。经当时郑州市深化改革领导小组、市体改委、市财政局、市商管委和市一商局等部门对公司的经营性资产进行清查和评估，确定公司国有资产为1 133.4万元，企业资产为462.2万元。为使改制后公司的股份进一步分散，在将国有资产中的200万元有偿转让给社会个人后（有偿转让收入暂留企业使用），分别折为国家股金933.4万元，企业股金462.2万元。1988年12月经郑州市人民银行（88）郑人银管字第103号文批准，公司向社会公开平价发行股票400万元，每股面值200元，计20 000股，股票实行保息分红的方式，年红息率为25%。公司成立时，注册资金为1 795.6万元，每股面值200元，计89 780股。其中，国家持股933.4万元，计46 670股；企业持股462.2万元，计23 110股；社会公众持优先股400万元，计20 000股。上述股权结构得到郑州市财政局郑财商字（89）第16号文确认。1992年7月经公司第一届股东大会第九次会议通过并经郑州市体改委郑体改字（1992）第39号文批准，公司将每股股票面值拆细为1元，并将社会公众优先股转为普通股，同时报经郑州市国有资产管理局郑国资字（1992）第39号文批准，将462.2万元企业股转让给社会法人，转让价格为每股1.2元，变成法人股。

1992年12月，根据第一届股东大会第九次会议的授权，公司董事会经研究决定进行增资扩股。1992年12月8日，郑州市体改委郑体改字（92）第118号文批准公司增资扩股。此次增资扩股中，经郑州市国有资产管理局郑国资字（1992）第62号文批准国有土地使用权评估值279.91万元、1988年公司改组时国有资产有偿转让暂留企业使用的200万元以及截至1992年10月31日国家股应分尚未上交的红利147.7万元，共计627.61万元，折为国家股627.61万股（鉴于这部分资产长期为公司无偿使用，故按1：1的价格折为国家股）；法人股和社会公众股按每股2.5元的价格发行了3 175.8万股和4 649万股。另外，社会公众股将1992年度应分红利送红股100万股。1993年经郑州市国有资产管理局郑国资字（1993）第18号文确认，公司的股本总额为10 348.01万股。其中，国家持股1 561.01万股，法人持股3 638万股，社会公众持股5 149万股。

1996年4月，郑百文在上海证券交易所公开上市（代号：600898，发行价格：2.50元）。

郑百文从1986年到1996年批准上市的10年间，其销售收入增长45倍，利润增长36倍；1996年实现销售收入41亿元。按照郑百文公布的数字，1997年其主营规模和资产收益率等指标在深沪上市的所有商业公司中均名列第一，成为国内上市企业100强之一。而且，郑百文还是郑州市首家上市企业和河南省首家商业股票上市公司。这些数字和这些第一，使郑百文在当时的证券市场声名大噪，股价也从刚上市时的6.50元左右上涨至1997年5月12日的22.70元。不仅如此，当时的郑百文还被树为当地企业界耀眼的改革新星和率先建立现代企业制度的典型。1997年7月，郑州市委、市政府召开全市大会，把郑百文树为全市国有企业改革的一面红旗。河南省有关部门把它定为全省商业企业学习的榜样。同年10月，郑百文经验被大张旗鼓地推向全国。

继1997年郑百文宣称每股盈利0.448元以后的第二年，1998年郑百文在中国创下净亏2.54亿元的最高纪录。根据公司年报，1999年郑百文一年亏损达9.6亿元，每股收益（摊薄）-4.843 5元，再创深沪股市亏损之最，审计事务所出具的审计意见是“拒绝发表意见”。中国信达资产管理公司于1999年12月与中国建设银行签订债权转让协议，受让193 558.4万元的郑百文债权。中国信达此次申请债权共计人民币213 021万元。2000年2月23日，郑百文临时股东大会通过决议，改聘天健会计师事务所为公司的审计机构。

2000年3月，中国信达资产管理公司向郑州市中级人民法院申请郑百文破产还债，被法院驳回。法院以申请材料不齐为由拒绝受理此案。这是中国第一例由债权人提起上市公司破产的案件。

2000年6月7日至9日，在公司出现如此重大的持续经营问题之后，郑百文在上交所的股票价格连续3天涨停，公司不得不于2000年6月15日发布警示性公告，提醒投资者注意风险。但是股票继续涨停，鉴于以上原因，公司申请从6月16日至董事会关于资产重组的工作情况的报告公告之日（6月23日），公司挂牌证券停牌。在这段时间，公司连续发布公告，提醒投资者公司已经严重亏损，并于2000年8月21日公布2000年中期报告，主要财务指标为每股收益（摊薄）-0.307 1元，每股净资产-6.885 6元（参见下表）。中报审计意见类型仍然是拒绝表示意见。

1996 年至 2000 年郑百文各项指标　　　　单位：千元

	2000 年末	1999 年末	1998 年末	1997 年末	1996 年末
总股本（万股）	19 758. 21	19 758. 21	19 758. 21	17 488. 14	13 452. 41
国家股（万股）	2 887. 79	2 887. 79	2 887. 79	2 638. 1	2 029. 31
法人股（万股）	6 160. 51	6 160. 51	6 160. 51	6 148. 22	4 729. 4
流通股（万股）	10 709. 92	10 709. 92	10 709. 92	8 701. 81	6 693. 7
股本变动原因			每 10 股配 2.037 股，配售价 7 元	每 10 股配 3 股，配售价 5 ~ 7 元	每 10 股送 3 股
总资产	1 140 983. 36	1 277 715. 14	2 366 069. 08	3 529 758	2 034 399
股东权益	－1 372 248. 73	－1 299 419. 53	43 746. 93	392 650. 15	314 314. 4
主营业务收入	399 992. 33	1 307 730. 52	3 355 018. 16	7 677 843. 55	3 482 254. 2
净利润	－88 783. 32	－956 979. 89	－502 414. 55	81 294. 93	49 899. 5
每股收益（元）	－0. 45	－4. 84	－2. 54	0. 47	0. 37
每股净资产（元）	－6. 94	－6. 58	0. 22	2. 25	2. 34

此后，郑百文走上重组之路。2001 年 2 月 22 日，郑百文召开临时股东大会，通过了“关于资产、债务重组的议案”、“关于修改公司章程的议案”、“关于股东采取默示同意和明示反对的意思表达方式的议案”等九项议案。其中，资产、债务重组议案的主要内容是：三联以 3 亿元的价格取得信达资产管理公司对郑百文的 14. 47 亿元债权；三联向信达购买上述债权后，将其对郑百文的债权全部豁免，同时，郑百文全体股东，包括非流通股和流通股股东，需将所持郑百文股份的 50% 过户给三联；对于不同意过户的股东，将由公司按“公平价格”收购其所持全部股份，流通股为每股 1. 84 元，非流通股为每股 0. 18 元。李香铃等 38 名股东在规定期限 3 月 19 日之前作出“股东声明”，明确表示既不同意将所持的郑百文股份的 50% 过户给三联，也不同意所持股份按“公平价格”被回购。4 月18 日，证券登记结算公司认为股份变动手续申请所附材料不完备，拒绝执行股份过户。12 月 3 日，证券登记结算公司发布公告宣布，11 月 29 日收到了郑州市中级人民法院发出的协助执行通知书，被要求协助办理郑百文股份过户手续。证券登记结算公司按照郑百文 2001 年度第一次临时股东大会作出的有关决议，将郑百文相关股东持有股份的 50% 过户到山东三联集团公司名下。同时，证监会批准三联集团“要约收购豁免”的申请。

2003 年 7 月 18 日，郑百文复市。同日，李香铃等 6 名股东发现，尽管已明确声明，但自己所持有的原郑百文的股权的 50% 仍被强制划转给了三联商社这个新股东。于是，他们将郑百文和证券登记结算公司告上法庭，请求法院判决两被告返还原告所持有的郑百文所发行的流通股1 000股。理由是原告于2001年2月23日以每股5.98元的价格买入的郑百文1 000股流通股，在原告明确表示不同意的情况下，被郑百文强制回购。2004年6月12日，郑州市金水区人民法院对此作出一审判决，判处被告返还6名投资者已被回购股份的50%。2005年4月13日，郑州市中院进行终审判决，撤销了金水法院的一审判决，驳回李香铃等6人的诉讼请求。法院认为：过户是在执行法院判决。

［本案例根据郑百文公开披露的资料整理而成，同时参考：周洋等．对会计要素股东权益的法律思考——兼评三联商社重组案中的会计法律问题．财务与会计，2005（11）：13～15］

问题：

1. 法院最终判决驳回李香铃等6人的诉讼请求，执行过户，你认为合理吗？对照《公司法》，股东的权益有哪些？如何保护中小股东的权益？

2. 郑百文1998年收益大跳水的原因是什么？为什么在2000年6月7日至9日，在公司出现如此重大的持续经营问题之后，郑百文在上交所的股票价格连续三天涨停？股东如何自保？

3. 继续追踪重组后三联商社的经营情况。重组后三联商社的经营总状况给你带来哪些启示或思考？

第十一章 财务报表

导言

1984 年 11 月 18 日，中国第一只公开发行的股票——飞乐音响，向社会发行 1 万股（每股票面价值 50 元）。1986 年 9 月 26 日，中国第一个证券交易柜台——静安证券业务部开张，交易的股票只有两只：飞乐音响和延中实业。1990 年 11 月 26 日，上海证券交易所正式成立，同年 12 月 1 日，深交所开业。此后，中国股票市场逐步发展壮大。从 1993 年的 13 家上市公司，发展到 2007 年底的 1 635 家。

能够上市的公司，无论是规模还是竞争力，无疑是同类中的佼佼者。但由于历史的原因，我国最初上市的公司质量参差不齐。为了保护投资者利益，增强投资者的信心，2001 年 2 月，中国证券监督管理委员会颁布了《亏损上市公司暂停上市和终止上市实施办法》。同年 3 月，第一家上市公司郑百文退市。按照该规定（及后来的修订），业绩连续亏损的上市公司首先纳入特别处理，没有改观的暂停上市，连续三年仍然无法扭亏的，作退市处理。然而，从这一制度颁布至 2007 年 7 月，有 412 只股票特别处理，真正退市的却只有 61 只股票。这一比例不足整个上市公司总数的 1%，而美国纽约三大市场退市比例约为 8% ~15%。

从 1993 年至 2007 年底，我国上市公司每年的亏损公司数及亏损金额和盈利公司数及盈利金额如表 11 -1 所示。

表 11 -1

年份	上市公司数	亏损公司数	亏损金额（亿元）	盈利公司数	盈利金额（亿元）	亏损公司比（%）	亏盈金额比（%）
1993	13	0	0	13	13.23	0	0
1994	282	2	0.32	280	206.77	0.71	0.15
1995	307	17	6.9	290	205.46	5.54	3.36
1996	510	31	20.6	479	280.53	6.1	7.34
1997	715	40	47.83	675	480.75	5.59	9.95
1998	821	85	134	736	570	10.35	23.51
1999	1 018	81	97	937	684.52	7.96	14.17
2000	1 054	96	136.95	958	861.28	9.11	15.9
2001	1 130	147	72.32	983	965.36	13.01	7.49
2002	1 192	164	50.44	1 028	1 056.49	13.76	4.77
2003	1 252	148	255.9	1 104	1 429.18	11.82	17.91
2004	1 343	177	363.77	1 166	1 963.54	13.18	18.53
2005	1 342	251	327.28	1 091	2 009.73	18.7	16.28

（续上表）

年份	上市公司数	亏损公司数	亏损金额（亿元）	盈利公司数	盈利金额（亿元）	亏损公司比（%）	亏盈金额比（%）
2006	1 399	170	386. 27	1 229	2 672. 74	12. 15	14. 45
2007	1 635	136	231. 34	1 499	10 509. 8	8. 32	2. 2

本章结构

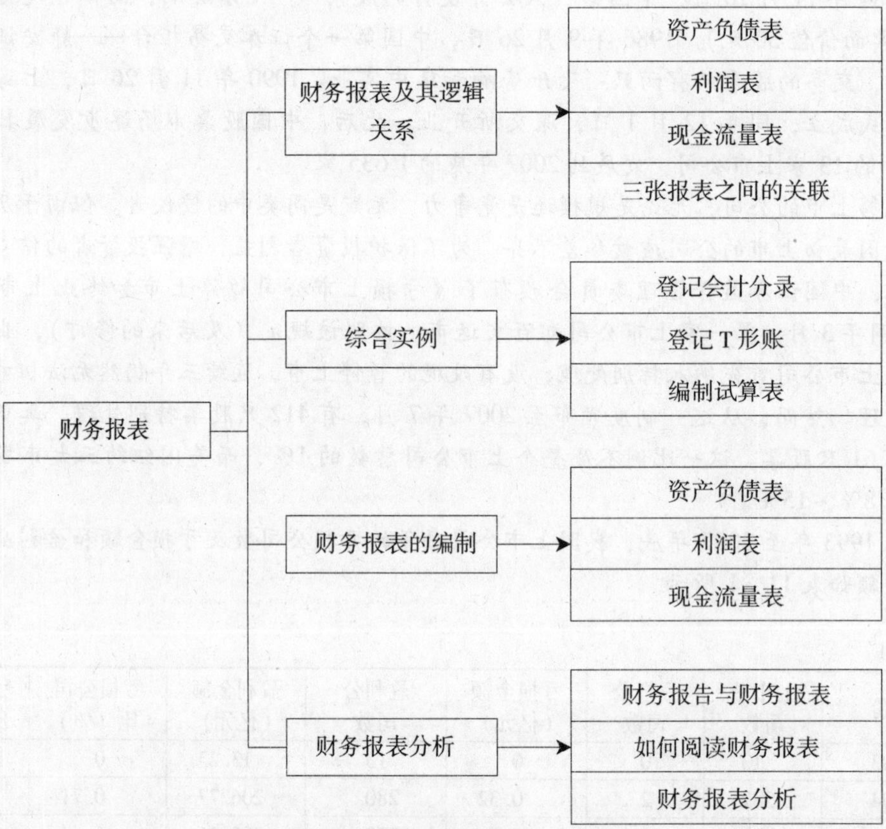

本章要点

理清财务报表之间的逻辑关系
掌握资产负债表的性质与编制
掌握利润表的性质与编制
掌握现金流量表的性质与编制
掌握财务报表分析的基本原理

会计工作的最终产品就是对外提供的财务报告，而财务报告的核心是财务报表。构成财务报告的除了财务报表外，还包括报表附注和其他财务报告等。本章主要讨论财务报表的编制、财务报表本身的意义和财务报表的分析。在讨论财务报表编制前，我们先阐述财务报表及其逻辑关系。

第一节 财务报表及其逻辑关系

财务报表的编制是对企业经济活动的高度提炼、分类和汇总，是综合反映企业某一特定日期财务状况、某一会计期间的经营成果和现金流量的信息文件。从经济活动到财务报表，经过了会计的确认、计量、记录和报告等一系列会计信息处理过程（图 11－1）。了解财务报表及其逻辑关系，对我们深刻认识和正确编制财务报表有很重要的意义。

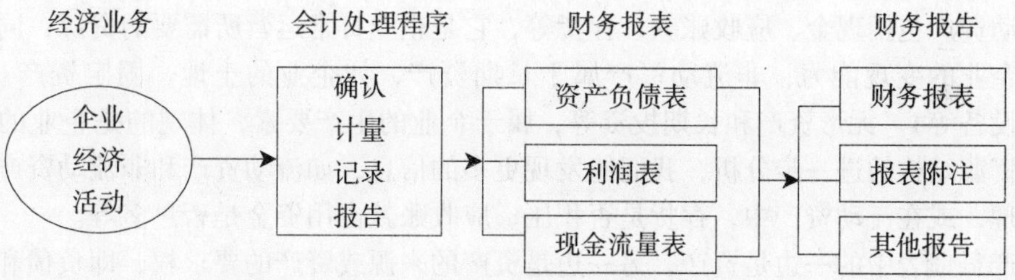

图 11－1 经济业务与财务报告

在图 11－1 中，我们看到，企业经济活动最后通过加工转换成三张基本的财务报表：资产负债表、利润表和现金流量表。三张报表一起综合揭示特定企业财务状况的相关信息：资产负债表反映的是企业某个时点的财务状况信息，利润表是反映企业某一时期财务状况变动的结果，现金流量表反映的是一个时期财务状况变动过程的信息。三张报表互相关联，互相配合（图 11－2）。

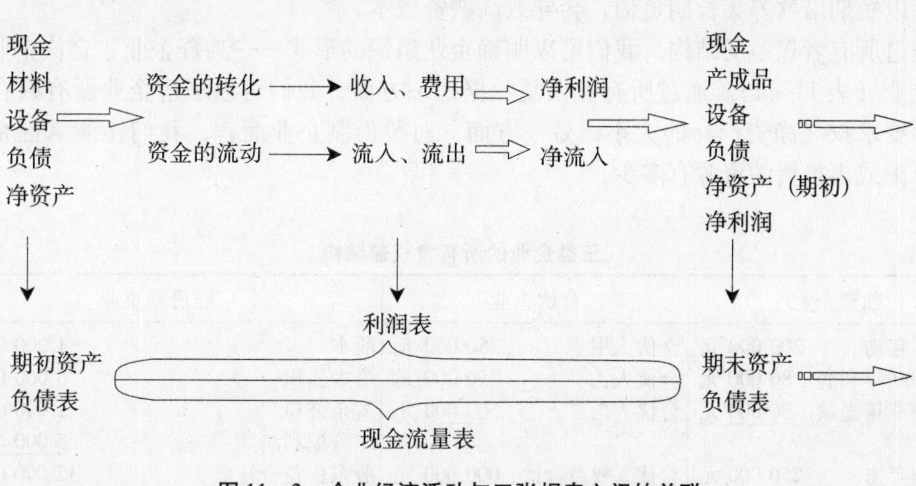

图 11－2 企业经济活动与三张报表之间的关联

一、资产负债表

第四章我们曾提到，资产负债表是反映企业某一特定时点的财务状况信息的报表，它揭示了企业的资产和权益（负债和所有者权益）状况，所以又称为财务状况表。由于所反映的财务状况是某一特定时点的，资产负债表又称为静态报表。

资产负债表是企业的第一报表。它之所以重要，是因为这一报表反映了一个企业所拥有的全部资源。我们要了解一个企业，了解一个企业的经济实力，其所掌握或拥有的资源是最重要的一个方面。一个拥有100万元资产总额的企业，与一个拥有1亿或100亿资产的企业是无法相提并论的，我们将第一家企业称为小型企业，后两者我们将其称为中型和大型企业。

除了规模这一信息外，资产负债表另一个重要的功能是揭示企业所拥有的资源的结构。一般而言，资产是按流动性的大小进行排序的：首先是流动资产，其次是非流动资产。流动资产包括现金、应收账款、存货等，它是企业日常运营所需要的资源，同时反映了一个企业的变现能力；非流动资产属于长期资产，如企业的土地、固定资产（厂房、机器和设备等）、无形资产和长期投资等，属于企业的生产要素，体现的是企业的生产能力。对资源结构的进一步分析，我们能发现更多的信息，如流动资产和非流动资产的布局是否合理，或在流动资产中，存货是否积压、应收账款占用资金是否过多等。

资产负债表中的一边是资产，另一边是资产的来源或资产的要求权，即负债和所有者权益，资产负债表的两边犹如一枚硬币的两面。揭示资产的来源或要求权之所以重要，是因为在现代信用经济中，杠杆经营是基本的经营手法，但杠杆经营同时又蕴涵风险。揭示权益（负债和所有权益）信息，一方面能揭示一个企业的所有者对该企业总资产的净要求权的大小，另一方面也能反映企业经营的财务风险。

对负债结构的进一步分析，如对流动负债的分析，我们可以知道企业所面临的短期现金支付压力；对流动与非流动负债的比重进行分析，还可以弄清企业融资渠道及融资成本的合理性。比如流动负债占总负债的比重过高，一方面说明企业的融资渠道存在问题，另一方面以短期借款筹集长期负债，会导致高融资成本。

通过所有者权益的结构，我们可以明确企业组织的形式——独资企业、合伙企业和股份制企业（表11-2）。通过所有者权益数据，一方面，我们可以了解企业所有权在企业中的净要求权（净资产）的大小；另一方面，对股份制企业而言，我们还能掌握企业可用于分配或再投资的资源有多少。

表11-2　　三类企业的所有者权益结构

独资企业		合伙企业		股份制企业	
2009年年初	200 000元	合伙人甲	250 000元	股本	1 000 000元
加：2009年利润	80 000元	合伙人乙	250 000元	资本公积	5 000 000元
减：2009年提款	30 000元	合伙人丙	500 000元	盈余公积	1 000 000元
				未分配利润	5 000 000元
2009年年末	250 000元	合伙人权益合计	1 000 000元	股东权益合计	12 000 000元

需要指出的是，资产负债表并没有体现一个企业所拥有的全部资源。因为在报表中我们只能反映那些可以用货币计量的经济业务，而企业所拥有的高素质人才、企业已经开发的非专利技术、企业长期经营形成的自创商誉等不能用货币计量的资源，都无法体现在资产负债表中。此外，由于多种资产的计量属性不同，也导致资产负债表在资产计量上不一致。最后，要注意的是，由于资产负债表反映的是企业某一时点的状况，也造成了容易粉饰的缺点，如在报告期期末大量偿还负债来减少负债率、大量赊销来降低存货比例等。

二、利润表

资产负债表揭示的是企业财务状况的信息，可能信息使用者更感兴趣的是财务状况的变化结果。利润表则提供了企业财务状况变动结果的信息。

企业的目标是追求利润最大化，当企业以独资（或合伙）的形式出现时，利润直接转记成业主（包括合伙人）的资本，有一张资产负债表就足够了，通过期初、期末的净资产变化，就可以揭示利润的多少。这时，企业的资本与个人的资本在法律上是没有区分的，因为业主对企业的债务承担无限连带责任。所以，在早期当经济业务比较简单、企业组织形式以独资与合伙为主时，利润表并未出现。

然而，随着股份制企业的出现，经济业务的日趋复杂和生产规模的大型化，对利润的产生过程、生产成本的结构与费用的类型等信息的了解越来越必要，联结两张资产负债表的利润表就出现了。这是由于当股份出现后，众多的利益相关者利益联系的纽带就是企业的利润。对经营者和员工而言，利润的高低决定了他们的薪酬水平；对债权人而言，盈利是保证其债权偿付的基础；对投资者来说，利润是其分配红利的前提；对国家而言，企业的利润是征收所得税的依据；对潜在的投资者和债权人等信息使用者来说，当前的利润是预测企业未来盈利能力的基准。因此，对利润信息的揭示成为利益相关者关注的焦点，最初以两期资产负债表的净资产的差额来提供利润信息的方式已经不能满足这些需求者的要求了。另外，当企业规模扩大后，内部经营决策也需要掌握收入的来源、费用的种类、成本的结构等信息，以便科学地进行生产经营决策。

利润表揭示的是企业收入的来源、成本费用的结构和企业最终的盈利结果。在单一利润表的结构中，只有收入和成本费用两部分。而在多步式利润表中，则能提供更多的相关信息：首先是毛利（营业收入与营业成本之差），这一指标反映一个企业（或行业）的盈利空间；其次是营业利润（毛利减去管理费用、销售费用、财务费用，再加上投资收益或减去投资损失），它反映了企业正常经营的利润，这一指标具有很重要的意义，它是企业持续的、正常经营下的盈利能力的体现，具有可持续性和预测价值；接下来的指标是利润总额（在营业利润的基础上加上营业外收入或减去营业外损失），这一指标反映的是一个企业在一个时期总的盈利水平，在减去应缴纳的所得税后，最后就是企业净利润——企业经营的最终成果。如果是股份制企业，利润表还要提供每股收益信息，该指标披露的是每一股份的盈利水平或投资回报，它高度浓缩地反映了企业的盈利能力，成为评价一个企业经营能力的最重要的指标。

会计分期是我们能够每期计算利润的前提，这一分期又催生了权责发生制的产生。利润表中收入和费用的确认与计量都是建立在权责发生制基础上的。由于权责发生制需要人为的估计和判断，这就导致了利润结果的不一致，从而为盈余管理带来了空间。这既是利润表编制的一个特色，又是利润表的一个局限和不足。

需要说明的是，传统利润表中的利润是建立在已实现的原则上的。而随着公允价值会计的推行，这一原则也被突破。在企业最终利润中，包含了部分未实现的损益，如交易性金融资产或交易性金融负债期末市价调整部分，再如各种资产减值损失的计提直接进入当期损益。

三、现金流量表

资产负债表提供的是企业财务状况的信息，利润表提供了企业财务状况变动结果的信息，这中间缺乏一个财务状况变动过程的信息。这一信息的提供是由现金流量表来完成的。

早期，企业信息的使用者更关心的是企业流动负债的偿还能力，而偿债的基础则是企业的流动资产。于是，就出现了以流动资本（流动资产减流动负债）为基础编制的“财务状况变动表”，该表揭示了企业流动资本的使用和来源情况，即企业流动资本是如何从期初的水平转变为期末金额的。

后来，使用者发现企业流动资产的保值变现能力并不一定都很好，如100万的应收账款并不一定能全额收回；账面存货在历史成本计价模式上，与市价存在相当差距。因此，要偿还企业的短期债务，最可靠的基础就是现金（或现金等价物）。即便企业拥有的非现金流动资产再多，在现有法律框架下，无法偿还到期债务也只能选择破产（这时，企业的流动资产与非流动资产只能按清算价值计价，与账面价值没有太大的关系）。这就使得“现金为王”成为现代财务管理的基本原则。此外，流动资本又称为营运资本，它是通过流动资产减流动负债计算出的，在理解上也不直截了当。随后，财务状况变动表的编制基础就从流动资本改为现金或现金等价物（以下简称现金），这一报表的名称也变为“现金流量表”。

现金流量表有两种编制方法：一是按直接法编制提供经营活动、投资活动与筹资活动等三类经济业务的现金使用和来源情况；二是按间接法将利润表中的净利润调整为经营活动的现金净流入金额。现金流量表告诉我们期初现金是如何转化为期末现金余额的，同时，它也为我们提供了预测未来现金流动变动状况的基础。

四、三张报表之间的关联

从经济意义上讲，资产负债表体现的是一种企业所有权。在企业持续经营的状态下，所有者拥有企业的产权；而在清算状态下，债权人则拥有企业的产权。在理想计价的情形下（即所有资产都公允地被计量），资产负债表是企业未来价值的体现，或者说是这些资产未来现金流量的折现值，反映的是企业的整体市价或预测价值。这时资产负债表就会成为名副其实的第一报表。

资产负债表提供的是企业财务状况的信息，利润表提供了企业财务状况变动结果的信息，现金流量表则提供了一个企业财务状况（现金）变动过程的信息。更重要的是，现金流量表为我们分析收益的质量提供了依据，是检验企业利润“含金量”的测试剂。从长远来看，权责发生制下的净收入（或净利润）与收付实现制下的相同，但从短期来看，两者是不一致的。高的经营活动现金流保证了高质量的收入或高质量的净利润，而反过来，净利润与经营活动现金净流动的过度不匹配是造成现金短缺甚至企业破产的一个重要原因。同时，高质量的资产也是以低的应收项目金额（或高的应收项目周转率）为基础的。

在永远把追求利益放在第一位的现实世界中，对利润或利润表的重视从20世纪起一直超越资产负债表，即使是在对公允价值会计日益推行的今天。利润表虽然部分地解释了一个会计期间（通常为1年）净资产的变化原因，但随着公允价值会计的日益推行，资产的市价与账面价值的变动，一方面，以未实现的形式体现在利润表中；另一方面，又以利得和损失的形式出现在资产负债表中，如可供出售金融资产的市价变动调整。再加上所有者本身的资本投入（或退出）和股利分配等，单以利润表已经无法解释企业一个会计期间的净资产变动的来龙去脉，因此，以所有者权益变动来详细说明净资产变动的报表就出现了，这就是今天所谓的第四报表。也有国家将未实现损益的变动或不计入当期损益的变动一起放入利润表，不过这时的利润表已改称为“综合收益表”。在本书中我们不讨论所有者权益变动表的编制及相关问题，有关所有者权益变动表的内容请参见中级财务会计。接下来的两节通过一个综合实例讨论财务报表的编制。

第二节　综合实例

为了讲解财务报表的编制，我们通过一个较大型的实例来进行。在本节中，我们先完成实例企业主要经济活动的会计分录、登账和试算工作，下一节集中讨论三张会计报表的编制工作。

例11－1：以下是珠江公司2007年12月31日资产负债表（表11－3）和2008年全年的主要经济活动。

表11－3　　**珠江公司2007年12月31日资产负债表**

资产负债表

会企01表

编制单位：珠江公司　　2007年12月31日　　单位：元

资产	年末余额	负债及所有者权益	年末余额
流动资产：		流动负债：	
货币资金	180 508 400	短期借款	150 000 000
交易性金融资产	0	应付票据	
应收票据		应付账款	180 000 000
应收账款	120 000 000	应付职工薪酬	15 000 000
减：坏账准备	（600 000）	应交税费	0
其他应收款	580 000	应付利息	

（续上表）

资产	年末余额	负债及所有者权益	年末余额
存货	368 300 000	其他应付款	860 000
其他流动资产	0	其他流动负债	
流动资产合计	668 788 400	流动负债合计	345 860 000
非流动资产：		非流动负债：	
可供出售金融资产	0	长期借款	450 000 000
持有至到期投资	0	应付债券	
长期股权投资		预计负债	
固定资产	820 000 000	递延所得税负债	
减：累计折旧	（200 000 000）	非流动负债合计	450 000 000
工程物资	23 400 000	负债合计	795 860 000
在建工程	200 000 000	所有者权益：	
无形资产		股本（每股面值1元）	100 000 000
长期待摊费用		资本公积	250 000 000
递延所得税资产		盈余公积	150 000 000
非流动资产合计	843 400 000	未分配利润	216 328 400
		所有者权益合计	716 328 400
资产总计	1 512 188 400	负债及所有者权益总计	1 512 188 400

货币资金180 508 400元由现金55 000元、银行存款175 453 400元、其他货币资金（银行汇票）5 000 000元组成。存货368 300 000元由原材料120 000 000元、产成品128 000 000元、半成品115 300 000元和周转材料5 000 000元组成。

珠江公司2008年全年发生的经济业务如下：

（1）2007年珠江公司实现净利润8 500万元，董事会决定按上年净利润的10%和20%提取法定盈余公积和分配现金股利，并以银行存款支付股利（提示：上年利润已转入未分配利润账户）。

（2）购买原材料，价款5 000万元，增值税率17%，款未付；购买周转材料，价款400万元，增值税率17%，价税款以银行汇票支付；购买工程物资1 170万元，已通过银行转账。

（3）2008年7月1日发行五年期债券用于工程建设，票面利率6%，市场利率8%，面值2 000万元，发行费用30万元，扣除发行费用后实际收入1 810万元。利息每年支付一次，本金到期一次偿还。

（4）工程领用专用物资1 872万元，领用原材料1 000万元。

（5）生产领用原材料1.2亿元，周转材料500万元。

（6）本期销售商品收入3亿元，增值税率17%。该商品成本为2.2亿元，货款已收。

（7）本期提供劳务收入5 000万元，营业税率5%，货款未收。

（8）10月1日，购买股票作为短期投资，股价500万元，交易费用1万元；购买三年期国债1 000万元，年利率5%，国债到期一次还本付息。

（9）本年水电、煤气等费用支出2 500万元，其中生产部门、生产管理部门、工程部门和管理部门分配比例为1 000万元、200万元、800万元和500万元，以银行存款支付。

（10）登记本年工资费用1.5亿元，其中生产部门、生产管理部门、工程部门、管理部门和销售部门分别为7 000万元、1 000万元、4 000万元、2 000万元和1 000万元。同时，按6%、12%、2%和10%分别计提医疗保险费、养老保险费、失业保险费和住房公积金。另按职工工资总额的2%和1%计提工会经费和职工教育经费。

（11）本期收回应收账款8 000万元，归还应付账款1亿元和长期借款2亿元。下一年年内到期的长期借款1.8亿元。

（12）本期共支付利息4 000万元，其中2 000万元为工程专用款利息。

（13）支付应付工资1.4亿元（其中工程人员工资4 000万元）。

（14）登记债券应计利息与摊销债券折价（使用直线摊销法），登记国债利息收入，股票期末市价为450万元。

（15）计提固定资产折旧，会计上使用直线法，本年计提5 000万元，其中工程部门1 000万元，生产部门3 000万元，生产管理部门500万元，管理部门500万元。税收允许使用加速折旧法，按加速折旧法计提额为7 000万元。

（16）按应收账款余额的5‰计提坏账准备，本年发生一笔坏账10万元。

（17）变卖一固定资产，账面原值1 000万元，累计折旧800万元，变卖净收入150万元。

（18）期末在产品完工率90%，结转产成品成本。

（19）工程全部完工，验收检测费500万元。未使用工程物资转为原材料。

（20）登记应交所得税（25%），结转本期未交增值税，缴纳所得税、增值税、营业税、城市维护建设税（7%）和教育费附加（3%）。

（21）结转本年利润。

以下讲解珠江公司2008年上述主要经济业务的会计处理、登账和试算表的编制。

一、登记会计分录

（1）a. 借：利润分配——提取法定盈余公积	8 500 000	
——应付现金股利	17 000 000	
贷：盈余公积——法定盈余公积		8 500 000
应付股利		17 000 000
b. 借：利润分配——未分配利润	25 500 000	
贷：利润分配——提取法定盈余公积		8 500 000
——应付现金股利		17 000 000
c. 借：应付股利	17 000 000	
贷：银行存款		17 000 000
（2）a. 借：原材料	50 000 000	
应交税费——应交增值税（进项税额）	8 500 000	
贷：应付账款		58 500 000

b. 借：周转材料　　4 000 000
　　应交税费——应交增值税（进项税额）　　680 000
　贷：其他货币资金——银行汇票　　4 680 000

c. 借：工程物资　　11 700 000
　贷：银行存款　　11 700 000

（3）借：银行存款　　18 100 000
　　应付债券——利息调整　　1 900 000
　贷：应付债券——面值　　20 000 000

（4）借：在建工程　　30 420 000
　贷：工程物资　　18 720 000
　　原材料　　10 000 000
　　应交税费——应交增值税（进项税额转出）　　1 700 000

（5）借：生产成本　　125 000 000
　贷：原材料　　120 000 000
　　周转材料　　5 000 000

（6）a. 借：银行存款　　351 000 000
　贷：主营业务收入　　300 000 000
　　应交税费——应交增值税（销项税额）　　51 000 000

b. 借：主营业务成本　　220 000 000
　贷：库存商品　　220 000 000

（7）a. 借：应收账款　　50 000 000
　贷：其他业务收入　　50 000 000

b. 借：营业税金及附加　　2 500 000
　贷：应交税费——应交营业税　　2 500 000

（8）a. 借：交易性金融资产——股票　　5 000 000
　　投资收益　　10 000
　贷：银行存款　　5 010 000

b. 借：持有至到期投资——债券　　10 000 000
　贷：银行存款　　10 000 000

（9）借：生产成本　　10 000 000
　　制造费用　　2 000 000
　　在建工程　　8 000 000
　　管理费用　　5 000 000
　贷：银行存款　　25 000 000

（10）借：生产成本　　93 100 000［70 000 000 ×（1 +33%）］
　　制造费用　　13 300 000［10 000 000 ×（1 +33%）］
　　在建工程　　53 200 000［40 000 000 ×（1 +33%）］
　　管理费用　　26 600 000［20 000 000 ×（1 +33%）］

销售费用　　13 300 000［10 000 000×（1+33%）］
贷：应付职工薪酬——工资　　150 000 000
——社会保险费　　30 000 000（150 000 000×20%）
——住房公积金　　15 000 000（150 000 000×10%）
——工会经费　　3 000 000（150 000 000×2%）
——职工教育经费　　1 500 000（150 000 000×1%）

（11）a. 借：银行存款　　80 000 000
贷：应收账款　　80 000 000
b. 借：应付账款　　100 000 000
贷：银行存款　　100 000 000
c. 借：长期借款　　200 000 000
贷：银行存款　　200 000 000

（12）借：财务费用　　20 000 000
在建工程　　20 000 000
贷：银行存款　　40 000 000

（13）借：应付职工薪酬　　140 000 000
贷：银行存款　　140 000 000

（14）a. 借：在建工程　　790 000
贷：应付利息　　600 000（20 000 000×6%×6/12）
应付债券——利息调整　　190 000（1 900 000÷5×6/12）
b. 借：持有至到期投资——债券　　125 000（10 000 000×5%×3/12）
贷：投资收益　　125 000
c. 借：公允价值变动损益　　500 000
贷：交易性金融资产——股票　　500 000

（15）借：在建工程　　10 000 000
生产成本　　30 000 000
制造费用　　5 000 000
管理费用　　5 000 000
贷：累计折旧　　50 000 000

（16）a. 借：坏账准备　　100 000
贷：应收账款　　100 000

应收账款余额=120 000 000+50 000 000−80 000 000−100 000
=89 900 000（元）
应提坏账准备=89 900 000×5‰=449 500（元）
坏账准备余额=600 000−100 000=500 000（元）
应冲回坏账准备=500 000−449 500=50 500（元）

b. 借：坏账准备　　50 500
贷：资产减值损失　　50 500

（17）a. 借：固定资产清理　　2 000 000

累计折旧 8 000 000
贷：固定资产 10 000 000
b. 借：银行存款 1 500 000
贷：固定资产清理 1 500 000
c. 借：营业外支出 500 000
贷：固定资产清理 500 000
（18）a. 借：生产成本 20 300 000
贷：制造费用 20 300 000
b. 借：库存商品 354 330 000
贷：生产成本 354 330 000*

*生产成本 = 115 300 000 + 125 000 000 + 10 000 000 + 93 100 000 + 30 000 000 + 20 300 000
= 393 700 000（元）

完工产品 = 393 700 000 × 90% = 354 330 000（元）

（19）a. 借：在建工程 5 000 000
贷：银行存款 5 000 000
b. 借：固定资产 327 410 000
贷：在建工程 327 410 000*

*在建工程 = 200 000 000 + 30 420 000 + 8 000 000 + 53 200 000 + 20 000 000 + 790 000 + 10 000 000 + 5 000 000
= 327 410 000（元）

剩余工程物资 = 23 400 000 + 11 700 000 − 18 720 000 = 16 380 000（元）

c. 借：原材料 14 000 000（16 380 000 ÷ 1.17）
应交税费——应交增值税（进项税额） 2 380 000（14 000 000 × 17%）
贷：工程物资 16 380 000
（20）a. 借：所得税费用 13 069 125
递延所得税资产 125 000
贷：应交税费——应交所得税 8 181 500
递延所得税负债 5 012 625

应交税金 = ［52 401 500 − 125 000（国债利息） − 20 000 000（折旧） + 500 000（交易性金融资产） − 50 500（坏账准备）①］ × 25% = 8 181 500（元）

递延所得税资产 = ［4 500 000（交易性金融资产账面价值） − 5 000 000（交易性金融资产计税基础）］× 25% = 125 000（元）

递延所得税负债 = ［（1 137 410 000 − 242 000 000）（固定资产账面净值） − （1 137 410 000 − 262 000 000）（固定资产计税基础） + 50 500（坏账准备）］ × 25% = 5 012 625（元）

---

① 根据旧税法，按应收账款5‰计提的坏账损失可以税前扣除，超过部分则不能扣税。根据新税法，任何比例的坏账损失的计提都不允许扣税。

b. 借：应交税费——应交增值税（转出未交增值税） 41 140 000

贷：应交税费——未交增值税 41 140 000*

*应交未交增值税 = 51 000 000 + 1 700 000 - （8 500 000 + 680 000 + 2 380 000） = 41 140 000（元）

c. 借：营业税金及附加 4 364 000

贷：应交税费——应交城市维护建设税 3 054 800*

——应交教育费附加 1 309 200*

*应交城市维护建设税 = （41 140 000 + 2 500 000） ×7% = 3 054 800

应交教育费附加 = （41 140 000 + 2 500 000） ×3% = 1 039 200

d. 借：应交税费——未交增值税 41 140 000

——应交营业税 2 500 000

——应交城市维护建设税 3 054 800

——应交教育费附加 1 309 200

——应交所得税 8 181 500

贷：银行存款 56 185 500

（21） a. 借：主营业务收入 300 000 000

其他业务收入 50 000 000

投资收益 115 000

贷：本年利润 349 615 000

公允价值变动损益 500 000

b. 借：本年利润 310 282 625

资产减值损失 50 500

贷：主营业务成本 220 000 000

营业税金及附加 6 864 000

销售费用 13 300 000

管理费用 36 600 000

财务费用 20 000 000

营业外支出 500 000

所得税费用 13 069 125

c. 借：本年利润 39 332 375

贷：利润分配——未分配利润 39 332 375

二、登记 T 形账

根据上述会计分录，登记各总分类账、应交税费——应交增值税和利润分配——未分配利润的明细账。

现金

期初余额	55 000.00		
本期发生额	0	本期发生额	0
期末余额	55 000.00		

银行存款

期初余额	175 453 400.00		
(3)	18 100 000.00	(1) c	17 000 000.00
(6) a	351 000 000.00	(2) c	11 700 000.00
(11) a	80 000 000.00	(8) a	5 010 000.00
(17) b	1 500 000.00	(8) b	10 000 000.00
		(9)	25 000 000.00
		(11) b	100 000 000.00
		(11) c	200 000 000.00
		(12)	40 000 000.00
		(13)	140 000 000.00
		(19) a	5 000 000.00
		(20) d	56 185 500.00
本期发生额	450 600 000.00	本期发生额	609 895 500.00
期末余额	16 157 900.00		

其他货币资金

期初余额	5 000 000.00		
		(2) b	4 680 000.00
本期发生额	0	本期发生额	4 680 000.00
期末余额	320 000.00		

交易性金融资产

期初余额	0		
(8) a	5 000 000.00	(14) c	500 000.00
本期发生额	5 000 000.00	本期发生额	500 000.00
期末余额	4 500 000.00		

应收账款

期初余额	120 000 000.00		
(7) a	50 000 000.00	(11) a	80 000 000.00
		(16) a	100 000.00
本期发生额	50 000 000.00	本期发生额	80 100 000.00
期末余额	89 900 000.00		

其他应收款

期初余额	580 000.00		
本期发生额	0	本期发生额	0
期末余额	580 000.00		

原材料

期初余额	120 000 000.00		
(2) a	50 000 000.00	(4)	10 000 000.00
(19) c	14 000 000.00	(5)	120 000 000.00
本期发生额	64 000 000.00	本期发生额	130 000 000.00
期末余额	54 000 000.00		

库存商品

期初余额	128 000 000.00		
(18) b	354 330 000.00	(6) b	220 000 000.00
本期发生额	354 330 000.00	本期发生额	220 000 000.00
期末余额	262 330 000.00		

生产成本

期初余额	115 300 000.00		
(5)	125 000 000.00	(18) b	354 330 000.00
(9)	10 000 000.00		
(10)	93 100 000.00		
(15)	30 000 000.00		
(18) a	20 300 000.00		
本期发生额	278 400 000.00	本期发生额	354 330 000.00
期末余额	39 370 000.00		

周转材料

期初余额	5 000 000.00		
(2) b	4 000 000.00	(5)	5 000 000.00
本期发生额	4 000 000.00	本期发生额	5 000 000.00
期末余额	4 000 000.00		

持有至到期投资

期初余额	0		
(8) b	10 000 000.00		
(14) b	125 000.00		
本期发生额	10 125 000.00	本期发生额	0
期末余额	10 125 000.00		

固定资产

期初余额	820 000 000.00		
(19) b	327 410 000.00	(17) a	10 000 000.00
本期发生额	327 410 000.00	本期发生额	10 000 000.00
期末余额	1 137 410 000.00		

工程物资

期初余额	23 400 000.00		
(2) c	11 700 000.00	(4)	18 720 000.00
		(19) c	16 380 000.00
本期发生额	11 700 000.00	本期发生额	35 100 000.00
期末余额	0		

在建工程

期初余额	200 000 000.00		
(4)	30 420 000.00	(19) b	327 410 000.00
(9)	8 000 000.00		
(10)	53 200 000.00		
(12)	20 000 000.00		
(14)	790 000.00		
(15)	10 000 000.00		
(19) a	5 000 000.00		
本期发生额	127 410 000.00	本期发生额	327 410 000.00
期末余额	0		

递延所得税资产

期初余额	0		
(20) a	125 000.00		
本期发生额	125 000.00	本期发生额	0
期末余额	125 000.00		

坏账准备

		期初余额	600 000.00
(16) a	100 000.00		
(16) b	50 500.00		
本期发生额	150 500.00	本期发生额	0
		期末余额	449 500.00

累计折旧

		期初余额	200 000 000.00
(17) a	8 000 000.00	(15)	50 000 0000.00
本期发生额	8 000 000.00	本期发生额	50 000 000.00
		期末余额	242 000 000.00

短期借款

		期初余额	150 000 000.00
本期发生额	0	本期发生额	0
		期末余额	150 000 000.00

应付账款

		期初余额	180 000 000.00
(11) b	100 000 000.00	(2) a	58 500 000.00
本期发生额	100 000 000.00	本期发生额	58 500 000.00
		期末余额	138 500 000.00

应付职工薪酬

		期初余额	15 000 000.00
(13)	140 000 000.00	(10)	199 500 000.00
本期发生额	140 000 000.00	本期发生额	199 500 000.00
		期末余额	74 500 000.00

应交税费——应交增值税

		期初余额	0
(2) a	8 500 000.00	(4)	1 700 000.00
(2) b	680 000.00	(6) a	51 000 000.00
(19) c	2 380 000.00		
(20) b	41 140 000.00		
本期发生额	52 700 000.00	本期发生额	52 700 000.00

应交税费

		期初余额	0
(2) a	8 500 000.00	(4)	1 700 000.00
(2) b	680 000.00	(6) a	51 000 000.00
(19) c	2 380 000.00	(7) b	2 500 000.00
(20) b	41 140 000.00	(20) b	41 140 000.00
(20) d	41 140 000.00	(20) c	3 054 800.00
(20) d	2 500 000.00	(20) c	1 309 200.00
(20) d	3 054 800.00	(20) d	8 181 500.00
(20) d	1 309 200.00		
(20) d	8 181 500.00		
本期发生额	108 885 500.00	本期发生额	108 885 500.00
		期末余额	0

其他应付款

		期初余额	860 000.00
本期发生额	0	本期发生额	0
		期末余额	860 000.00

递延所得税负债

		期初余额	0
		(20) a	5 012 625.00
本期发生额	0	本期发生额	5 012 625.00
		期末余额	5 012 625.00

长期借款

		期初余额	450 000 000.00
(11) c	200 000 000.00		
本期发生额	200 000 000.00	本期发生额	0
		期末余额	250 000 000.00

应付债券

		期初余额	0
(3)	1 900 000.00	(3)	20 000 000.00
		(14) a	190 000.00
本期发生额	1 900 000.00	本期发生额	20 190 000.00
		期末余额	18 290 000.00

应付利息

		期初余额	0
		(14) a	600 000.00
本期发生额	0	本期发生额	600 000.00
		期末余额	600 000.00

盈余公积

		期初余额	150 000 000.00
		(1) a	8 500 000.00
本期发生额	0	本期发生额	8 500 000.00
		期末余额	158 500 000.00

利润分配——未分配利润

		期初余额	216 328 400.00
(1) b	25 500 000.00	(21) c	39 332 375.00
本期发生额	25 500 000.00	本期发生额	39 332 375.00
		期末余额	230 160 775.00

制造费用

(9)	2 000 000.00	(18) a	20 300 000.00
(10)	13 300 000.00		
(15)	5 000 000.00		
本期发生额	20 300 000.00	本期发生额	20 300 000.00

固定资产清理

(17) a	2 000 000.00	(17) b	1 500 000.00
		(17) c	500 000.00
本期发生额	2 000 000.00	本期发生额	2 000 000.00

主营业务收入

(21) a	300 000 000.00	(6) a	300 000 000.00
本期发生额	300 000 000.00	本期发生额	300 000 000.00

其他业务收入

(21) a	50 000 000.00	(7) a	50 000 000.00
本期发生额	50 000 000.00	本期发生额	50 000 000.00

营业税金及附加

(7) b	2 500 000.00	(21) b	6 864 000.00
(20) c	4 364 000.00		
本期发生额	6 864 000.00	本期发生额	6 864 000.00

销售费用

(10)	13 300 000.00	(21) b	13 300 000.00
本期发生额	13 300 000.00	本期发生额	13 300 000.00

管理费用

(9)	5 000 000.00	(21) b	36 600 000.00
(10)	26 600 000.00		
(15)	5 000 000.00		
本期发生额	36 600 000.00	本期发生额	36 600 000.00

财务费用

(12)	20 000 000.00	(21) b	20 000 000.00
本期发生额	20 000 000.00	本期发生额	20 000 000.00

资产减值损失

(21) b	50 500.00	(16) b	50 500.00
本期发生额	50 500.00	本期发生额	50 500.00

投资收益

(8) a	10 000.00	(14) b	125 000.00
(21) a	115 000.00		
本期发生额	125 000.00	本期发生额	125 000.00

公允价值变动损益

(14) c	500 000.00	(21) a	500 000.00
本期发生额	500 000.00	本期发生额	500 000.00

营业外支出

(17) c	500 000.00	(21) b	500 000.00
本期发生额	500 000.00	本期发生额	500 000.00

所得税费用

(20) a	13 069 125.00	(21) b	13 069 125.00
本期发生额	13 069 125.00	本期发生额	13 069 125.00

本年利润

(21) b	310 282 625.00	(21) a	349 615 000.00
(21) c	39 332 375.00		
本期发生额	349 615 000.00	本期发生额	349 615 000.00

三、编制试算表

根据上述各实账户余额，我们编制珠江公司试算表如下（表11-4）：

表11-4 **珠江公司2008年试算表**

试算表

编制单位：珠江公司 2008年12月31日 单位：元

项目	借方金额	贷方金额
现金	55 000.00	
银行存款	16 157 900.00	
其他货币资金	320 000.00	
交易性金融资产	4 500 000.00	
应收账款	89 900 000.00	
减：坏账准备		449 500.00

（续上表）

项目	借方金额	贷方金额
其他应收款	580 000.00	
原材料	54 000 000.00	
库存商品	262 330 000.00	
生产成本	39 370 000.00	
周转材料	4 000 000.00	
持有至到期投资	10 125 000.00	
长期股权投资	0.00	
固定资产	1 137 410 000.00	
减：累计折旧		242 000 000.00
工程物资	0.00	
在建工程	0.00	
递延所得税资产	125 000.00	
短期借款		150 000 000.00
应付账款		138 500 000.00
应付职工薪酬		74 500 000.00
应交税费		0.00
应付利息		600 000.00
其他应付款		860 000.00
1 年内到期的非流动负债		180 000 000.00
长期借款		70 000 000.00
应付债券		18 290 000.00
递延所得税负债		5 012 625.00
实收资本（股本）		100 000 000.00
资本公积		250 000 000.00
盈余公积		158 500 000.00
未分配利润		230 160 775.00
合计	1 618 872 900.00	1 618 872 900.00

第三节 财务报表的编制

一、资产负债表

资产负债表是反映一个企业某一特定日期（通常为 12 月 31 日）财务状况的会计报表，这一天也称资产负债表日。在这张报表中，我们能了解一个企业的规模（资产总额），由此判断该企业在行业所处的位置和实力。另外，通过资产结构的分析，了解该企业资产分布是否合理以及资产的质量。而作为资产负债表的权益方，我们大体可以掌握企业的财务风险，通过资产负债率等指标则能更明确地掌握企业的偿债能力等。

根据上节试算结果，经过简单调整后，我们就可以编制出珠江公司2008年12月31日的资产负债表（表11-5）。

表11-5 珠江公司2008年12月31日资产负债表

资产负债表 会企01表

编制单位：珠江公司 2008年12月31日 单位：元

资产	年末余额	年初余额	负债及所有者权益	年末余额	年初余额
流动资产：			流动负债：		
货币资金	16 532 900.00	180 508 400.00	短期借款	150 000 000.00	150 000 000.00
交易性金融资产	4 500 000.00	0.00	应付票据	0.00	
应收票据	0.00	0.00	应付账款	138 500 000.00	180 000 000.00
应收账款	89 900 000.00	120 000 000.00	应付职工薪酬	74 500 000.00	15 000 000.00
减：坏账准备	(449 500.00)	(600 000.00)	应交税费	0.00	0.00
其他应收款	580 000.00	580 000.00	应付利息	600 000.00	
存货	359 700 000.00	368 300 000.00	其他应付款	860 000.00	860 000.00
1年内到期的非流动资产	0.00	0.00	1年内到期的非流动负债	180 000 000.00	0.00
其他流动资产	0.00	0.00	其他流动负债	0.00	0.00
流动资产合计	470 763 400.00	668 788 400.00	流动负债合计	544 460 000.00	345 860 000.00
非流动资产：			非流动负债：		
可供出售金融资产	0.00	0.00	长期借款	70 000 000.00	450 000 000.00
持有至到期投资	10 125 000.00	0.00	应付债券	18 290 000.00	
长期股权投资	0.00		预计负债	0.00	
固定资产	1 137 410 000.00	820 000 000.00	递延所得税负债	5 012 625.00	
减：累计折旧	(242 000 000.00)	(200 000 000.00)	非流动负债合计	93 302 625.00	450 000 000.00
工程物资	0.00	23 400 000.00	负债合计	637 762 625.00	795 860 000.00
在建工程	0.00	200 000 000.00	所有者权益：		
无形资产	0.00		实收资本（股本）	100 000 000.00	100 000 000.00
长期待摊费用	0.00		资本公积	250 000 000.00	250 000 000.00
递延所得税资产	125 000.00	0.00	盈余公积	158 500 000.00	150 000 000.00
非流动资产合计	905 660 000.00	843 400 000.00	未分配利润	230 160 775.00	216 328 400.00
			所有者权益合计	738 660 775.00	716 328 400.00
资产总计	1 376 423 400.00	1 512 188 400.00	负债及所有者权益总计	1 376 423 400.00	1 512 188 400.00

编制说明：资产负债表基本上是以实账户的期末余额为基础来编制的，大部分报表项目与实账户（一级会计科目）的期末余额对应。需要调整的项目说明如下：

（1）货币资金由现金、银行存款和其他货币资金组成。

（2）存货由原材料、产成品（或库存商品）、在产品（生产成本）、周转材料等组成。

（3）1年内到期的非流动资产是指从资产负债表日起，在下一个会计年度准备出售的长期资产，这一长期资产将从非流动资产栏下转入流动资产栏下。

（4）应收账款可以以净额列示，也可以先列总额，然后减去坏账准备。类似的项目有所有计提减值准备的项目，如存货、固定资产等。固定资产可以以净额列示，也可以先列原值，再减累计折旧。

（5）1年内到期的非流动负债是指从资产负债表日起，在下一个会计年度准备偿还的长期负债，这一长期负债将从非流动负债栏下转入流动负债栏下。

（6）未分配利润属于利润分配的明细科目。

二、利润表

利润表是反映企业一定时期内经营成果的会计报表。如果说资产负债表反映一个企业的经济实力的话，利润表则反映一个企业的经营能力。实力与能力的区别体现在，前者体现的是一种现实结果，后者反映的是一种可能性。因此，要全面了解一个企业，必须结合资产负债表与利润表。净资产收益率、每股收益等指标都是在结合两种报表的关键项目后，用来全面评价一个企业的综合业绩和综合能力。一个既有实力又有能力的企业才是真正的好企业。

表11－6是2008年度珠江公司的利润表。

表11－6　　**珠江公司2008年度利润表**

利润表　　会企02表

编制单位：珠江公司　　2008年度　　单位：元

项目	本期金额
一、营业收入	350 000 000.00
减：营业成本	220 000 000.00
营业税金及附加	6 864 000.00
销售费用	13 300 000.00
管理费用	36 600 000.00
财务费用	20 000 000.00
资产减值损失	(50 500.00)
加：公允价值变动收益	(500 000.00)
投资收益	115 000.00
其中：对联营企业和合营企业的投资收益	0.00
二、营业利润	52 901 500.00
加：营业外收入	0.00
减：营业外支出	500 000.00
其中：非流动资产处置损失	500 000.00
三、利润总额	52 401 500.00
减：所得税费用	13 069 125.00

（续上表）

项目	本期金额
四、净利润	39 332 375.00
五、每股收益	
基本每股收益（元/股）	0.393 3*
稀释每股收益（元/股）	0.393 3

* 基本每股收益 = 39 332 375 ÷ 100 000 000 = 0.393 3（元/股）

编制说明：利润表是以虚账户的本期发生额为基础来编制的。利润表通常分单步式或多步式，前者是用所有的收入减去所有成本与费用来计算企业净利润；后者则是一步一步计算企业净利润。表 11 - 6 就是按多步式编制的利润表。按多步式编制利润表可以提供更多的信息。净利润的另一个通俗说法是底线（bottom line），但底线项目包括了营业外的收支项目，容易混淆企业的实际经营能力。将营业利润单独列示，可以更准确地了解企业的经营能力。因此，相对净利润，营业利润的信息含量更高，预测价值更大，对决策者的作用也更大。

三、现金流量表

资产负债表让我们了解一个企业的经济实力，利润表让我们了解一个企业的经营能力，两张报表结合起来，我们还能了解企业资产运用的效率和资产回报的大小。为什么还需要现金流量表？

通俗来讲，资产负债表中反映的资产是企业经营的起点，利润表中的净利润是企业在特定期间的经营结果，或者说是一个暂时的终点。但如果我们要了解这中间的过程，这两张报表就无法提供这一答案。现金流量表就充当了两张报表之间的桥梁。现金流量表是反映企业在一定时期的现金及现金等价物流入、流出的会计报表。通过这一报表我们可以了解企业核心资产——现金的来源、使用情况，从而掌握企业经营的基本过程。需要说明的是，现金流量表中的“现金”是广义的现金概念，包括货币资产和现金等价物。所谓现金等价物，是指企业持有的期限短（3 个月内到期）、流动性强（可随时变现）、转换金额确定（如债券）、价值变动风险小的投资（有价证券）。3 个月内到期的债券投资可以视作现金等价物，但股票不能作为现金等价物，因为股票的价值波动大。

从本质上讲，现金流量表是企业经营活动、投资活动和筹资活动的现金流入与流出情况的综合反映，它的基础是收付实现制。日常的会计处理和资产负债表与利润表的编制依据的是权责发生制，因此，现金流量表的编制存在两种方法：一是按收付实现制重新调整所有的会计业务来编制现金流量表；二是根据涉及现金收付的经济业务，按现金流量的每个项目直接计算来编制现金流量表。如果企业的经济业务量少，可以选择后一种方法；如果业务量大，就要用调整法进行编制。

另外，在我国现行的现金流量表中，分主表和补充资料两个主要部分。主表是直接列示三类活动各主要项目的现金流入与流出额，补充资料部分则是将利润表的净利润调节为经营活动现金净流量。主表的列示方法又称直接法，前面提到，直接法既可根据经济业务按每个现金流量的项目直接计算出来，也可以将全部经济业务按收付实现制重新进行调整来编制现金流量表；补充资料的方法又称为间接法。本书只讲直接法中的第一种方法，调整法和现金流量表的补充资料（间接法）的编制在中级会计中讲述。

按直接法编制的现金流量表中，各项目的内容介绍如下：

1. 经营活动

（1）销售商品、提供劳务收到的现金为本期或前期销售商品、提供劳务收回的现金，包括向购买者收取的增值税销项税额。

（2）收到的税收返还包括收到的所得税、增值税、营业税、教育费附加和城市维护建设税等返还款。

（3）收到的其他与经营活动有关的现金是指除上述两个项目外收到的其他与经营活动有关的现金，如罚款收入、经营租赁固定资产收到的租金收入、个人赔款等。

（4）购买商品、接受劳务支付的现金包括为本期或前期购买存货支付的现金和增值税进项税额。

（5）支付给职工以及为职工支付的现金包括实际支付给职工的工资、社会保险费等，但支付给工程人员的工资、社会保险费等在“购建固定资产、无形资产和其他长期资产支付的现金”项目中反映。

（6）支付的各项税费为本期实际支付和预交的所得税、增值税、营业税、教育费附加和城市维护建设税等。

（7）支付其他与经营活动有关的现金是指除上述项目外支付的其他与经营活动有关的现金，如罚款支出、业务招待费、保险费等。

2. 投资活动

（1）收回投资收到的现金包括出售股票投资、债券投资和投资性房地产等收到的现金。

（2）取得投资收益收到的现金反映的是股票投资收到的股利收入和债券利息收入。

（3）处置固定资产、无形资产和其他长期资产收到的现金净额是指处置固定资产、无形资产和其他长期资产收到的收入净额。

（4）购建固定资产、无形资产和其他长期资产支付的现金包括企业购买、建造固定资产，取得无形资产和其他长期资产支付的现金，包括购买与购建支付的增值税和工程及相关人员的工资与社会保险费等。

（5）投资支付的现金是指进行股票和债券投资实际支付的现金，如企业购买债券中所含的利息以及溢价或折价均按实际支付的金额反映，包括支付的佣金与手续费等现金支出。

需要注意的是，企业购买股票和债券时，实际支付的价款中包含已宣告但尚未领取的现金股利或已到付息期但尚未领取的债券利息则在“支付的其他与投资活动有关的现金”项目中列示。

（6）支付的其他与投资活动有关的现金是指除以上各项目外支付的其他与投资活动有关的现金。

3. 筹资活动

（1）吸收投资收到的现金是指发行股票和债券收到的款项净额（即发行收入扣除佣金等发行费用）。

（2）取得借款收到的现金是指举借各种短期、长期借款而收到的现金。

（3）收到的其他与筹资活动有关的现金是指除上述项目外收到的其他与筹资活动有关的现金。

（4）偿还债务支付的现金是指本期归还各类债务的本金支付的现金。

（5）分配股利、利润或偿付利息支付的现金是指企业实际支付的利润、现金股利、借款利息等，包括为购建固定资产、无形资产和其他长期资产而发生的借款利息资本化部分。

（6）支付的其他与筹资活动有关的现金是指除上述项目外支付的其他与筹资活动有关的现金。

表 11－7 是珠江公司 2008 年度的现金流量表。

表 11－7　　珠江公司 2008 年度现金流量表

现金流量表　　会企 03 表

编制单位：珠江公司　　2008 年度　　单位：元

项目	本期金额
一、经营活动产生的现金流量：	
销售商品、提供劳务收到的现金	431 000 000.00
收到的税费返还	0.00
收到其他与经营活动有关的现金	
经营活动现金流入小计	431 000 000.00
购买商品、接受劳务支付的现金	116 680 000.00
支付给职工以及为职工支付的现金	100 000 000.00
支付的各项税费	56 185 500.00
支付其他与经营活动有关的现金	5 000 000.00
经营活动现金流出小计	277 865 500.00
经营活动产生的现金流量净额	（153 134 500.00）
二、投资活动产生的现金流量：	
收回投资收到的现金	
取得投资收益收到的现金	
处置固定资产、无形资产和其他长期资产收到的现金净额	1 500 000.00
处置子公司及其他营业单位收到的现金净额	
收到其他与投资活动有关的现金	
投资活动现金流入小计	1 500 000.00
购建固定资产、无形资产和其他长期资产支付的现金	64 700 000.00
投资支付的现金	15 010 000.00
取得子公司及其他营业单位支付的现金净额	
支付其他与投资活动有关的现金	

（续上表）

项目	本期金额
投资活动现金流出小计	79 710 000.00
投资活动产生的现金流量净额	（78 210 000.00）
三、筹资活动产生的现金流量：	
吸收投资收到的现金	18 100 000.00
取得借款收到的现金	
收到其他与筹资活动有关的现金	
筹资活动现金流入小计	18 100 000.00
偿还债务支付的现金	200 000 000.00
分配股利、利润或偿付利息支付的现金	57 000 000.00
支付其他与筹资活动有关的现金	
筹资活动现金流出小计	257 000 000.00
筹资活动产生的现金流量净额	（238 900 000.00）
四、汇率变动对现金及现金等价物的影响	0.00
五、现金及现金等价物净增加额	（163 975 500.00）
加：期初现金及现金等价物余额	180 508 400.00
六、期末现金及现金等价物余额	16 532 900.00

上述现金流量表（表11－7）编制说明如下：

（1）销售商品、提供劳务收到的现金为本期销售商品［业务（6）见例11－1，下同］、收回应收款［业务（11）］收到的现金。

（2）购买商品、接受劳务支付的现金包括购买周转材料［业务（2）］、生产与生产管理部门使用水电等［业务（9）］、归还应付款［业务（11）］所支付的现金。

（3）支付给职工以及为职工支付的现金是指偿付工资［业务（13）］所支付的现金（不包括支付给工程人员的工资）。

（4）支付的各项税费为本期支付的所得税、增值税、营业税、教育费附加和城市维护建设税［业务（20）］。

（5）支付其他与经营活动有关的现金包括管理部门使用水电［业务（9）］支付的现金。

（6）处置固定资产、无形资产和其他长期资产收到的现金净额是指固定资产处置的变卖净收入［业务（17）］。

（7）购建固定资产、无形资产和其他长期资产支付的现金包括本期工程建设支付的现金［业务（2）、（9）、（13）、（19）］。

（8）投资支付的现金是指购买国债和交易性金融证券支付的现金［业务（8）］。

（9）吸收投资收到的现金是指发行债券收到的净收入［业务（3）］。

（10）偿还债务支付的现金是指本期归还的长期借款［业务（11）］。

（11）分配股利、利润或偿付利息支付的现金是支付上年的股利［业务（1）］和借款利息［业务（12）］。

第四节　财务报表分析

财务人员完成财务报表的编制后，还有一项重要的工作，就是分析财务报表，并为管理层提供相应的决策支持。可以说，财务报表的编制只是手段，阅读和分析财务报表才是最终目的。

一、财务报告与财务报表

财务报表是财务报告的核心内容，财务报告除了财务报表外，还包括财务报表附注和其他相关内容。

附注是对资产负债表、利润表、现金流量表和所有者权益变动表等报表中列示项目的文字描述或明细资料，以及未能在这些报表中列示项目的说明等。附注一般包括：财务报表的编制基础，主要是指企业的核算要建立在持续经营的基础之上，同时遵循相关的企业会计准则（包括准则的应用指南、准则讲解）等；遵循企业会计准则的声明、重要会计政策的说明、重要会计估计的说明、重要报表项目的进一步说明，或有关承诺事项、资产负债表日后非调整事项、关联方关系及其交易等需要说明的事项。

例11－2：海南航空（600221）在其2008年年度报告中，披露其流动负债超过流动资产134亿元，但管理层认为，由于其可使用的信用额度为164亿元，能保证其偿还到期债务，所以将公司的核算前提建立在持续经营的基础上。

对上市公司而言，以年度报告为例，上市公司除了按上述要求提供财务报告外，还需要在年度报告中包括如下内容：重要提示及目录，公司基本情况简介，会计数据与业务数据摘要，股本变动及股东情况，董事、监事、高级管理人员和员工情况，公司治理结构，股东大会情况，董事会报告，监事会报告，重要事项，备查文件目录。当然，年度报告中最重要的一部分内容是财务报告，因此，在一般公司的年度报告中，财务报告要占50%以上的篇幅。

本节只讨论如何阅读财务报表并简要介绍分析财务报表的基本技巧。

二、如何阅读财务报表

1. *财务报表阅读要点*

要了解一个企业的基本状况，从阅读财务报表入手是最佳手段。在现有的三张报表中（所有者权益变动表在中级财务会计中讨论），每张报表的功能是不同的，但三张报表之间存在密切的逻辑关系。

（1）资产负债表。资产负债表给我们传递的信息是企业的资产规模、负债规模和权益规模，但更重要的是这张表所包含的资产质量和风险信息。我们可以通过分析资产结构，了解资产分布的合理程度；通过对资产计量属性的运用，了解资产的质量及蕴涵的风险；通过分析负债结构、负债与资产的配比情况及负债与权益的比率，可以掌握企业的财务风险和偿债能力等。

（2）利润表。资产负债表可以体现一个企业的实力，但并不代表一个企业的能力，即盈利能力。反映企业盈利能力是利润表的功能。

通过阅读利润表，我们最先了解的是企业的收入规模和最终的净利润的大小。但净利润的大小并不能说明企业真实的盈利能力，只有通过企业盈利质量的分析，我们才能真正掌握企业真实的盈利水平。

通过对收入结构、成本费用结构和其他收益的来源进行分析，我们可以了解企业的盈利质量。只有那些能持续的、企业主要的经营业务、企业的核心业务带来的净利润才是高质量收益的基础；而一些特殊项目、非常项目与终止经营项目产生的损益只能是短暂的、非持续的，不能反映企业的盈利能力。如果进一步分析，企业过度的盈余管理也会影响企业的收益质量。

（3）现金流量表。从表面上看，现金流量表提供的是一个企业现金流量的来源结构和使用情况，但更重要的是，现金流量表是资产负债表和利润表之间的一座桥梁。学会阅读和分析现金流量表是提升我们分析财务报表能力的最关键的一环。

从长远来看，权责发生制和收付实现制下的净收入（或净利润）是等于相应的现金流量的（即营业收入或净利润均以现金的形式存在）。但从短期来看，这两者又是不一致的。因此，一方面，高质量的收入或净利润是以较高的经营活动的现金流为基础的；另一方面，高质量的资产也是以低的应收项目（或者以高的应收项目的周转率）为基础的。

在“以现金为王”的现实世界中，现金流量的分析是至关重要的。从某种程度上说，净利润与经营活动的现金流量过度的不匹配，是造成企业经营紧张甚至破产的重要原因。一般而言，净利润与经营活动现金流量会呈现以下四种关系（表 11－8）：

表 11－8　**净利润与经营活动现金流量的四种关系**

模式	净利润	经营活动现金流量
模式一	+	+
模式二	−	+
模式三	+	−
模式四	−	−

在模式一和模式四中，净利润和经营活动现金流量的方向是一致的。第一种模式是大多数企业的正常经营状态；第四种模式表明企业盈利能力下降，只要不是持续出现这种状况，企业经营一般不会产生严重问题。

模式二在某些行业中非常普遍，如资本集中度高的行业和不动产行业，由于集中投资导致大规模折旧，或采用加速折旧方法导致折旧集中进行，都会导致经营活动现金流量为正但净利润为负的情况发生。

模式三则常常预示着企业困境的出现，或出现在高速成长的公司中。这种情况的出现，原因有二：一是通过信用销售促进收入的增长，产生大量的应收款项；二是大量的采购原材料或存货大批积压。这种状况如果持续出现，企业将很快陷入困境，因为现金流不足致使企业支付困难并最终导致企业破产。

2. 财务报表阅读基础

要读懂一个企业的财务报表，专业人士和非专业人士之间是存在很大差别的。只有具备财务报表的阅读基础，才能读懂财务报表数字背后的东西。

这些基础包括对财务报表编制过程的基本了解。除此之外，需要掌握的知识包括：基本会计假设；会计信息质量的基本要求，如可靠性与相关性、可理解性、一致性与可比性、谨慎性、及时性、实质重于形式、重要性等；会计的基本要素的理解，如资产、负债、所有者权益、收入、费用和利润等基本概念；会计确认原则和计量要求。

会计基本假设包括会计主体、货币计量、持续经营和会计分期四个。会计主体假设确定了会计记录的范围和边界，将企业的活动与个人及家庭的活动区别开来；同时，会计主体不同于法律主体，一个独资企业与合伙企业是一个独立的会计主体，但并非法律主体。类似地，一个集团公司，集团中的每个独立的企业都是会计主体，它们可能每个都是一个法律主体，但合并为一个集团后并不构成一个法律主体，而是一个会计主体。

货币计量假设从另一个方面限定了会计记录的范围，表明会计仅记录那些能够用货币进行计量的经营活动。然而，由于货币会因通货膨胀使而其单位购买力产生变化，以货币计量的结果就会发生扭曲，所以会计使用的货币单位并非价值稳定的购买力单位。

持续经营提供了正常会计核算的一个前提，它假定一个实体将持续经营下去，在可预见的未来不会被清算。这样会计核算得以按正常的价格进行，否则，一个即将终止经营的企业，就将以清算价格进行核算。

会计分期把会计核算人为地分割成特定的阶段，这个阶段一般为1年，以满足定期、随时提供信息的需要，否则，按一个企业的生命周期作为核算周期，期间就无法提供相应的财务信息。但会计分期的一个必然产物是，要人为地将收入与费用进行归属，不同的归属方法导致不同的结果，即按两种归属方法——权责发生制与收付实现制——计算的最终的资产、收入、费用、利润等结果是各不相同的。并且在权责发生制下，还会产生人为的判断与估计，从而使得同一经济业务，不同的会计师进行核算（判断），会出现不同的结果。

对会计假设的学习，使我们在阅读财务报表时，可以更充分地理解会计报表形成的特点、局限等。此外，对会计信息质量特征的要求、会计要素的基本定义，会计确认与计量基本原则的掌握，都有助于我们更好地理解财务报表所反映的企业经济实质。以资产定义为例，资产是指企业过去的交易或者事项形成的、由企业拥有或者控制的、预期给企业带来经济利益的资源。这一定义中，资产的核心要素是“预期能给企业带来经济利益”。因此，当一个企业的资产负债表中的某项资产无法给其带来预期的现金流量，就虚增了资产。

上述内容在本书中并未充分展开或深入，还需要我们进一步学习如中、高级财务会计和会计理论等相关课程。

最后，一个更重要的方面是，我们要了解会计方法的运用是有其经济后果的，在制度和法律的框架内，经理和财务人员是有会计政策选择的权力的。同样的经济事项，不同的会计方法或会计政策，结果是有差别的，有时甚至大相径庭，这是我们在进行财务分析时必须清醒认识到的。比如，一项固定资产的折旧采用加速折旧法或采用直线法，发出存货的计价采用先进先出法还是采用后进先出法，对资产、成本和利润的计量结果都有可能产生重大差异。因此，我们在阅读财务报表时，不能只看报表中提供的数据，还要结合附注中披露的会计政策来阅读。

三、财务报表分析

对企业财务报表的分析从基本阅读开始，但深入的分析，首先要借助于基本的分析工具，然后再进行横向、纵向、趋势和差异等方面的分析。

1. 基本工具

以下是对企业流动性、盈利能力、偿债能力等方面进行计算分析的基本指标及其所要考核的内容（表11－9）。

表11－9　　基本财务指标的计算与考核目的

考核内容	指标	公式	考核目的
流动性	流动比率	流动资产/流动负债	考核短期债务支付能力
	速动比率	[现金＋短期投资＋应收账款（净额）]/流动负债	考核短期债务支付能力
	应收账款周转率	信用销售净额/平均应收账款净额	考核应收账款的回收效率
	存货周转率	商品销售/平均成本存货	考核存货的流动性
盈利能力	销售利润率	净利润/销售净额	计量每元销售的盈利
	销售毛利润	毛利润/销售净额	计量每元销售的毛利
	资产周转率	销售净额/平均资产	计量资产的流动性
	总资产回报率	净利润/平均总资产	计量总资产的盈利能力
	普通股东权益回报率	（净利润－优先股股利）/平均普通股股东权益	计量股东投资的回报率
	每股账面净资产	普通股股东权益/流通在外普通股股数	计量每股普通股所拥有的净资产
	EPS	（净利润－优先股股利）/流通在外加权平均普通股股数	计量每股普通股的回报率
	市盈率	每股市价/EPS	考核股票价格与EPS的比率
	股利支付率	现金股利/净利润	计算股利支付率
偿债能力	资产负债率	总负债/总资产	计算负债占总资产的比重
	利息保障倍数	息税前利润/利息费用	计算支付利息的能力
	自由现金流量	经营活动现金净流量－日常资本性支出－现金股利	计量当年经营活动产生的可用于扩张或支付附加股利的现金

2. 分析目的与角度

对企业财务报表的分析存在不同的目的，一个为决策提供支持的报表分析和一个债权人对财务报表的分析，目的和侧重点是存在重大差异的。对一个企业可以从以下这些方面进行分析，如企业的盈利能力、现金支付能力、战略、资产质量、盈利质量、报表的真实性（审计）、现金流量等。

一个债权人对企业的财务分析，更多地侧重于流动性和偿债能力的分析；而一个短期的投资者，则着眼于盈利能力的分析。

从财务报表审计（外部审计）的角度，则重点分析企业会计处理是否遵从会计准则的核算要求；但从内部审计的角度，侧重点则在企业经济活动实施的有效性和对企业内部规范的遵从度。

如果要对一个企业进行预警，分析的视角是企业利润流与现金流是否匹配，企业的财务风险是否过高，存货是否积压过多等。

从短期投机的目的出发，近几年企业的盈利能力是分析的重点。但作为长期投资，则要从战略入手进行分析，如果从战略的眼光观察一个企业，则要看企业的研究与开发的投入、核心业务的持久性和人力资源的发展潜力等，而不能只看短期的盈利能力。

3. 分析方法

掌握了基本分析手段，明确了分析的方向（目的），接下来就是进行具体的分析。所谓分析，从某程度上讲，就是比较，通过比较来得出一个相对的结论。假如一个班上只有一个同学，他获得的分数无论是多少意义都不大，因为他既是第一名，也是最后一名。我们之所以对企业财务报表进行分析，就是为了进行比较，和自己的预算进行比较，去了解目标实现的程度；和历史进行比较，看企业的成长性；和同行进行比较，认清自己所处的位置。市场经济的竞争规律就是优胜劣汰，财务分析的目的之一就是认清自己所处的位置，不断寻找差距，随时进行改进，以免被淘汰。

（1）和预算进行比较。一个好的企业会通过预算将自己的目标数量化，分解到各个部门。和预算进行比较就是在期末通过已经实现的业绩与设定的目标进行比较，找出差异，分析原因，提出改进措施。

（2）和历史数据进行比较。这一分析方法也称趋势分析，即将几年的相关指标连续进行分析，找出企业的发展趋势。

（3）和同行进行比较。和预算与历史进行比较都存在一个重大不足，就是无法知道自身在整个行业的位置，市场竞争主要发生在不同的企业之间。与同行进行比较包括与行业平均标准、最佳标准或最差标准进行比较，准确地给自身定位。

在财务分析中，经验有时是非常重要的，这和临床医生有相似之处。我们平时看医生时，愿意选择年龄稍大、有经验的医生，这是有一定道理的。对企业越是熟悉，积累的经验越多，越容易看出企业存在的问题。经验的积累，可以使我们建立对一个行业和财务分析的敏感度。因此，好的财务分析既离不开基本分析技巧的学习，更少不了平时的观察与积累。

最后，我们要指出的是，财务分析还要注意以下这些因素：

（1）环境因素。这一因素是指一个国家和全球的经济发展形势对企业经营的影响。

当一个国家经济处于繁荣时期，大多数企业业绩都会表现良好。但当整个国家甚至全球经济处于萧条时，如从2007年开始的全球金融危机，就会使很多企业面临经营困难的局面。

(2) 行业特征。不同行业的财务结构、经营周期、产业特征等都存在很大的区别，财务分析一定要结合行业特点来进行。如果将一家金融企业和一家IT企业的资产负债率进行比较分析，就不可能得出太有用的结论。

(3) 企业生命周期。一个处于不同生命周期的企业，其经营特点存在明显的差异，企业发展战略的侧重点也会不一样。在企业初创时期，资本性支出会占较大比重；在成长时期，市场的开拓成为重点；在成熟时期，研究与开发的投入是一个重要的指标。

(4) 企业战略。即使同处一个行业同一生命周期，每个企业的生产、市场和竞争策略也是不相同的，低成本战略与差异化战略的财务结构会有重大差异。对一个企业的财务进行分析，首先要了解其发展战略。

(5) 审计报告。审计报告是审计专业人士提供的企业会计处理是否遵从会计准则的一个鉴证报告。一个可信度高的审计意见，是我们客观进行财务分析的前提。

本章相关的法规、制度及主要阅读文献

1. 石本仁，谭小平. 会计学原理. 北京：中国人民大学出版社，2010

2. 中华人民共和国财政部. 企业会计准则——应用指南. 北京：中国财政经济出版社，2006

思考题

一、多选题

1. 下列属于经营活动的项目有（　　）。

A. 收回前期应收账款　　B. 销售收到的增值税销项税

C. 支付所得税　　D. 支付借款利息

2. 下列属于投资活动的项目有（　　）。

A. 发行债券收到的现金　　B. 购买债券支付的手续费

C. 购买固定资产支付的增值税　　D. 销售固定资产取得的净收入

3. 下列属于筹资活动的项目有（　　）。

A. 国债利息收入　　B. 在建工程中的利息支出

C. 支付现金股利　　D. 归还借款

4. 以下属于现金流量表中的现金项目有（　　）。

A. 银行汇票

B. 从市场购进的将在3个月内到期的国库券

C. 银行承兑汇票

D. 已持有的3年期将在3个月内期的国库券

5. 以下可以通过“营业税金及附加”核算的税收种类为（　　）。

A. 增值税　　B. 营业税　　C. 消费税　　D. 土地使用税

6. 下列属于时期报表的是（　　）。

A. 资产负债表　　B. 利润表

C. 现金流量表　　D. 所有者权益变动表

7. 资产负债表可提供的信息有（　　）。

A. 偿债能力　　B. 资本结构　　C. 资产结构　　D. 资本回报率

二、判断题

1. 间接法就是将会计净利润调节为本期现金净流量额。（　　）
2. 营业利润具有更高的信息含量，是因为其预测价值更高。（　　）
3. 偿付应付账款属于筹资活动中的现金流出。（　　）
4. 会计的产品就是财务报告，也称财务报表。（　　）
5. 编制资产负债表时，各报表项目均可根据会计科目的金额直接或通过计算分析填列。（　　）
6. 经营活动、投资活动、筹资活动所产生的现金流量，既可以通过直接法，也可以通过间接法编制。（　　）
7. 发行债券所收到的现金属于投资活动产生的现金流量。（　　）

三、简答题

1. 阐述资产负债表、利润表和现金流量表三张报表之间的关系。
2. 某公司经营出现亏损，但经营活动产生的现金净流量为正。请解释哪些因素会导致这一情况出现。
3. 阐述经济活动与会计报告及会计信息处理系统的关系。
4. 简要说明为何利润表要按多步式编排。
5. 解释以生产为起点、通过销售实现企业的利润目标，与从企业目标开始、确定销售最后开始生产两者之间存在的观念、管理方式和会计核算上的区别。

练习题

（财务报表编制）以下是珠江公司2008年12月31日资产负债表。

资产负债表

会企01表

编制单位：珠江公司　　2008年12月31日

资产	年末余额	年初余额	负债及所有者权益	年末余额	年初余额
流动资产：			流动负债：		
货币资金	16 532 900.00	180 508 400.00	短期借款	150 000 000.00	150 000 000.00
交易性金融资产	4 500 000.00	0.00	应付票据	0.00	
应收票据	0.00	0.00	应付账款	138 500 000.00	180 000 000.00
应收账款	89 900 000.00	120 000 000.00	应付职工薪酬	74 500 000.00	15 000 000.00

（续上表）

资产	年末余额	年初余额	负债及所有者权益	年末余额	年初余额
减：坏账准备	(449 500.00)	(600 000.00)	应交税费	0.00	0.00
其他应收款	580 000.00	580 000.00	应付利息	600 000.00	
存货	359 700 000.00	368 300 000.00	其他应付款	860 000.00	860 000.00
1年内到期的非流动资产	0.00	0.00	1年内到期的非流动负债	180 000 000.00	0.00
其他流动资产	0.00	0.00	其他流动负债	0.00	0.00
流动资产合计	470 763 400.00	668 788 400.00	流动负债合计	544 460 000.00	345 860 000.00
非流动资产：			非流动负债：		
可供出售金融资产	0.00	0.00	长期借款	70 000 000.00	450 000 000.00
持有至到期投资	10 125 000.00	0.00	应付债券	18 290 000.00	
长期股权投资	0.00		预计负债	0.00	
固定资产	1 137 410 000.00	820 000 000.00	递延所得税负债	5 012 625.00	
减：累计折旧	(242 000 000.00)	(200 000 000.00)	非流动负债合计	93 302 625.00	450 000 000.00
工程物资	0.00	23 400 000.00	负债合计	637 762 625.00	795 860 000.00
在建工程	0.00	200 000 000.00	所有者权益：		
无形资产	0.00		实收资本（股本）	100 000 000.00	100 000 000.00
长期待摊费用	0.00		资本公积	250 000 000.00	250 000 000.00
递延所得税资产	125 000.00	0.00	盈余公积	158 500 000.00	150 000 000.00
非流动资产合计	905 660 000.00	843 400 000.00	未分配利润	230 160 775.00	216 328 400.00
			所有者权益合计	738 660 775.00	716 328 400.00
资产总计	1 376 423 400.00	1 512 188 400.00	负债及所有者权益总计	1 376 423 400.00	1 512 188 400.00

货币资金16 532 900元由现金55 000元、银行存款16 157 900元、其他货币资金（银行汇票）320 000元组成。存货359 700 000元由原材料54 000 000元、产成品262 330 000元、半成品39 370 000元和周转材料4 000 000元组成

珠江公司2009年全年发生的经济业务如下：

1. 2008年珠江公司实现净利润39 332 375元，董事会决定按净利润的10%和20%提取法定盈余公积和分配现金股利，股利已支付（提示：上年利润已转入未分配利润账户）。

2. 购买原材料，价款8 000万元，增值税率17%，款未付；购买周转材料，价款800万元，增值税率17%，价税款以银行存款支付。

3. 年内发行股票2 000万股，面值1元，每股售价5.8元，发行费用200万元。

4. 购买设备702万元（不考虑增值税），款未付。

5. 生产领用原材料1亿元，周转材料900万元。

6. 本期销售商品收入4亿元，增值税率17%，该商品成本为2.8亿元，货款已收。

7. 本期提供劳务收入6 500万元，营业税率5%，货款未收。

8. 销售上年购买的股票（购买价格500万元），上年末账面价值450万元，交易费用9 600元，售价480万元。

9. 本年水电、煤气等费用支出2 000万元，其中生产部门、生产管理部门和管理部门分配比例为1 200万元、300万元和500万元。

10. 登记本年工资费用1.4亿元，其中生产部门、生产管理部门、管理部门和销售部门分别为8 000万元、2 000万元、2 500万元和1 500万元。同时，按6%、12%、2%和10%分别计提医疗保险费、养老保险费、失业保险费和住房公积金。另按职工工资总额的2%和1%计提工会经费和职工教育经费。

11. 本期收回应收账款5 000万元，归还应付账款0.5亿元和长期借款1.8亿元。

12. 本期共支付利息2 280万元。

13. 支付应付工资1.3亿元（其中支付工程人员1 000万元）。

14. 6月30日发放第一年的利息，同时年末登记债券应计利息与摊销债券折价（使用直线摊销法），登记国债利息收入。（注：上年7月1日发行五年期债券用于工程建设，票面利率6%，市场利率8%，面值2 000万元，发行费用30万元，发行收入1 840万元。利息每年支付一次，本金到期一次偿还。上年购买三年期国债1 000万元，年利率5%，国债到期一次还本付息）

15. 计提固定资产折旧，会计上使用直线法，本年计提6 500万元，其中生产部门5 000万元，生产管理部门700万元，管理部门800万元。税收允许使用加速折旧法，按加速折旧法计提额为7 500万元。

16. 按5‰计提坏账准备，本年收回前期已确认的一笔坏账2万元。

17. 期末在产品完工率80%，结转产成品成本。

18. 登记应交所得税（25%），结转未交增值税，缴纳所得税、增值税、营业税、城市维护建设税（7%）和教育费附加（3%）。

19. 结转本年利润。

要求：

1. 登记会计分录。

2. 登记T形账（包括应交税费——应交增值税、利润分配——未分配利润明细账）。

3. 编制试算表。

4. 编制资产负债表、利润表和现金流量表（直接法）。

案例分析

扭亏为盈

从1978年开始，中国经济除了在1980年和1989—1990年两个时期的低谷外，经历了近三十年的高速增长。表1是我国1993年至2007年各年的GDP总值和年增长率。

表 1

年份	GDP（亿元）	增长率（%）
1993	35 333.9	13.4
1994	48 197.9	11.8
1995	60 793.7	10.2
1996	71 176.6	9.7
1997	78 973	8.8
1998	84 402.3	7.8
1999	89 677.1	7.1
2000	99 214.6	8.0
2001	109 655.2	7.3
2002	120 332.7	8.0
2003	135 822.8	10
2004	159 878.3	10.1
2005	183 084.8	10.4
2006	209 407	11.1
2007	246 619	11.4

由表 1 可以看出，2007 年是近几年来我国经济快速增长的一年。从导言我们也看到，这一年上市公司亏损比和亏盈金额比也是最低的，分别为 8.32% 和 2.2%。

在财政部的一份关于 2007 年上市公司执行新会计准则的分析报告［财政部会计司．关于上市公司 2007 年执行新会计准则情况的分析报告．会计研究，2008（6）］中指出：至 2008 年 4 月 30 日，已公开披露年度报告的 1 570 家上市公司 2007 年实现利润总额和利润净额分别为 13 634.02 亿元和 10 117.64 亿元，2006 年分别为 9 201.22 亿元和 6 765.08 亿元，利润总额增加了 4 432.8 亿元，净利润增加了 3 352.56 亿元，同比分别增加了 48.18% 和 49.56%。

其中营业利润合计为 13 148.16 亿元，比 2006 年增加了 4 091.9 亿元，增幅为 45.18%，占利润总额的 96.44%，扣除投资收益后占 74.8%；投资收益合计为 2 950.5 亿元，比 2006 年增加 1 780.45 亿元，增幅为 152.7%，占利润总额的 21.64%，引起投资收益的增长主要为出售投资实现的收益，为 2 547.57 亿元，占利润总额的 18.69%；营业外收支净额 485.86 亿元，比 2006 年增加 340.9 亿元，增幅为 235.17 亿元，占利润总额的 3.56%，营业外收入的主要来源为债务重组、捐赠、政府补助及处置长期资产利得。

2007 年是上市公司扭亏为盈最多的一个年份，下面是三家扭亏为盈的公司的会计数据和业务数据摘要。

1. ※ST 潜药（600568）

表 2

单位：千元

主要会计数据与财务指标	2007 年	2006 年		本年比上年增减（%）	2005 年
		调整前	调整后		
营业收入	1 860 169	1 485 423	1 485 423	25.23	811 210
利润总额	80 843	-49 008	-49 008	264.96	-30 008
归属于上市公司股东的利润	18 435	-86 717	-86 620	121.26	-37 927
归属于上市公司股东的扣除非经常性损益的利润	5 421	-90 294	-90 128	106	-38 917
基本每股收益	0.15	-0.69	-0.69	121.74	-0.35
扣除非经常性损益后的基本每股收益	0.04	-0.72	-0.72	105.56	-0.36
全面摊薄净资产收益率（%）	5.01	-24.30	-24.30	增加 29.31 个百分点	-8.54
加权平均净资产收益率（%）	5.14	-21.68	-21.68	增加 26.82 个百分点	-8.34
扣除非经常性损益后的全面摊薄净资产收益率（%）	1.47	-25.28	-25.28	增加 26.75 个百分点	-8.77
扣除非经常性损益后的加权平均净资产收益率（%）	1.51	-22.56	-22.56	增加 24.07 个百分点	-8.56
经营活动产生的现金流量净额	3 575	48 494	48 494	-92.63	57 267
每股经营活动产生的现金流量净额	0.03	0.39	0.39	-92.31	0.52
	2007 年末	2006 年末		本年比上年增减（%）	2005 年末
		调整前	调整后		
总资产	1 328 694	1 310 652	1 307 803	1.38	1 382 819
所有者权益（或股东权益）	368 168	349 827	356 466	5.24	443 990
归属于上市公司股东的每股净资产	2.93	2.79	2.84	5.02	4.06

表3 单位：千元

非经常性损益项目	金额
非流动资产处置损益	-2 207
计入当期损益的政府补助，但与公司业务密切相关、按照国家统一标准定额或定量享受的政府补助除外	14 500
除上述各项之外的其他营业外收支净额	978
少数股东权益和所得税影响数	-256
合计	13 015

2. 东风科技（600081）

表4 单位：千元

主要会计数据与财务指标	2007年	2006年		本年比上年增减（%）	2005年
		调整前	调整后		
营业收入	1 074 746	919 994	905 964	16.82	904 431
利润总额	10 377	3 856	4 800	169.06	-119 434
归属于上市公司股东的利润	4 603	1 604	2 646	186.98	-115 422
归属于上市公司股东的扣除非经常性损益的利润	3 984	-3 927	-2 885	201.44	-115 490
基本每股收益	0.014 7	0.005 1	0.01	188.24	-0.37
稀释每股收益	0.014 7	0.005 1	0.01	188.24	-0.37
扣除非经常性损益后的基本每股收益	0.012 7	-0.012 5	-0.01	201.60	-0.37
全面摊薄净资产收益率（%）	1.145 7	0.403 9	0.67	增加0.741 8个百分点	-29.74
加权平均净资产收益率（%）	1.152 3	0.408 5	0.68	增加0.743 8个百分点	-24.80
扣除非经常性损益后的全面摊薄净资产收益率（%）	0.991 6	-0.988 9	-0.73	增加1.980 5个百分点	-29.76
扣除非经常性损益后的加权平均净资产收益率（%）	0.997 4	-1.000 4	-0.74	增加1.997 8个百分点	-24.81

（续上表）　　单位：千元

主要会计数据与财务指标	2007 年	2006 年		本年比上年增减（%）	2005 年
		调整前	调整后		
经营活动产生的现金流量净额	6 023	−35 319	−35 847	117.05	−3 155
每股经营活动产生的现金流量净额	0.02	−0.11	−0.11	118.18	−0.01
	2007 年末	2006 年末		本年比上年增减（%）	2005 年末
		调整前	调整后		
总资产	1 222 174	1 157 635	1 153 948	5.58	1 093 785
所有者权益（或股东权益）	401 784	397 181	394 462	1.16	388 133
归属于上市公司股东的每股净资产	1.28	1.27	1.26	0.79	1.24

表 5　　单位：千元

非经常性损益项目	金额
非流动资产处置损益	−740
债务重组损益	−5 022
除上述各项之外的其他营业外收支净额	516
其他非经常性损益项目	5 864
合计	618

3. 尖峰集团（600688）

表 6　　单位：千元

主要会计数据与财务指标	2007 年	2006 年	本年比上年增减（%）	2005 年
营业收入	1 423 904	1 397 915	1.86	1 284 190
利润总额	50 089	−76 763		2 980
归属于上市公司股东的利润	42 070	−72 277		4 084
归属于上市公司股东的扣除非经常性损益的利润	−38 197	−74 254		−32 772

（续上表）

主要会计数据与财务指标	2007 年	2006 年	本年比上年增减（%）	2005 年
基本每股收益	0. 12	-0. 21	.	0. 01
稀释每股收益	0. 12	-0. 21		0. 01
扣除非经常性损益后的基本每股收益	-0. 11	-0. 21		-0. 10
全面摊薄净资产收益率（%）	4. 84	-8. 90	增加 13. 74 个百分点	0. 45
加权平均净资产收益率（%）	5. 05	-8. 65	增加 13. 70 个百分点	0. 45
扣除非经常性损益后的全面摊薄净资产收益率（%）	-4. 39	-9. 14	增加 4. 75 个百分点	-3. 63
扣除非经常性损益后的加权平均净资产收益率（%）	-4. 58	-8. 89	增加 4. 31 个百分点	-3. 64
经营活动产生的现金流量净额	98 990	136 284	-27. 36	99 262
每股经营活动产生的现金流量净额	0. 29	0. 40	-27. 50	0. 29
	2007 年末	2006 年末	本年比上年增减（%）	2005 年末
总资产	1 850 918	2 281 638	-18. 88	2 405 038
所有者权益（或股东权益）	869 294	812 102	7. 04	902 924
归属于上市公司股东的每股净资产	2. 53	2. 36	7. 20	2. 62

表 7　　　　单位：千元

非经常性损益项目	金额
非流动资产处置损益	4 040
计入当期损益的政府补助，但与公司业务密切相关、按照国家统一标准定额或定量享受的政府补助除外	8 645
非货币性资产交换损益	60 127
企业重组费用，如职工安置的支出、整合费用等	-10 762
除上述各项之外的其他营业外收支净额	13 925
其他非经常性损益项目	14 969
企业所得税影响数（所得税减少以“-”表示）	-6 387

（续上表）

非经常性损益项目	金额
少数股东权益	-4 289
合计	80 268

问题：

1. 2007年是上市公司执行新会计准则的第一年，你认为新会计准则对上市公司的盈利影响在哪里？影响有多大？

2. 上述三家上市公司都实现了扭亏为盈，你认为真是如此吗？这三家公司扭亏为盈有何区别？请提出你自己的看法（提示：结合有关退市规定考虑此问题）。

3. 报表分析中如何考虑环境的影响和会计政策的影响？结合本案例谈谈你自己的看法。

第十二章　经营环境与管理会计

导言

在中国，一提起“会计”（accounting），许多人马上就联想到“穿着长衫、戴着眼镜、夹着算盘、套着袖套”，替人家记账、算账的“账房先生”！

也许这样的观点并没有错，但是，时态搞错了。“账房先生”是“会计”的“过去时”，绝不是其“现在时”，更不是其“将来时”。

如今，奠基于现代企业制度（尤其是现代公司制度）与金融市场基础上的“会计”，早就告别了人们所熟悉的“账房先生”形象。

记得20世纪80年代中期，会计学专业已经成为中国的“热门专业”。这时，中国南方某个小县城流传这样一个真实而有趣的故事：一个本科学会计学专业，后来研究生学管理会计专业的学生假期回家，其家乡的人都以为他“升官”了，纷纷向他表示祝贺。这个学生感到莫名其妙，心想他还是一个尚未走出大学校门的学生，怎么就“升官”了呢？后来，经过交谈，他才明白家乡的人都以为他过去学的是“会计”，现在学的是“管理”会计。你想啊，从做“会计”的人到“管理”会计的人可不就是“升官”了！看来，家乡的人将“管理会计”这个名称的“管理”两个字看成“动词”了。

那么，究竟何谓“管理会计”呢？

本章结构

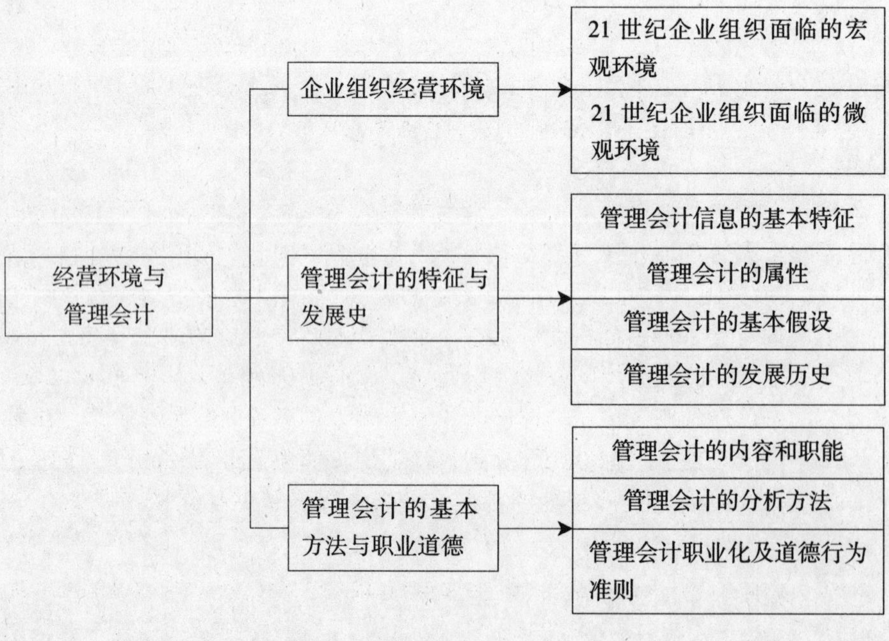

本章要点

- 了解企业经营环境
- 理解和掌握管理会计信息的基本特征
- 了解管理会计发展历史
- 理解管理会计与企业组织经营管理的关系
- 理解和掌握管理会计的框架体系
- 了解管理会计职业化及其道德行为准则

管理会计（management or managerial accounting）是现代管理与会计学相融合的一门综合性学科。现代会计以企业会计为主体。财务会计（financial accounting）与管理会计是企业会计的两个重要领域。本章立足21世纪企业组织面临的宏、微观经营环境，阐述管理会计的基本内容及其职业化等基本问题①。

第一节　企业组织经营环境

社会经济环境的变化必然导致企业组织结构或体制以及企业组织所面临的市场环境的变化。

一、21世纪企业组织面临的宏观环境

第二次世界大战之后，科学技术的发展和广泛运用，使生产的社会化超越国界并迅速扩展，资本以国际领域作为自己的活动舞台。生产和资本国际化趋势日益增强。同时，科学技术的发展，改变了人类生产和生活的空间与方式，人类进入了一个崭新的知识经济时代。21世纪是一个“知识化”了的国际化和金融化时代。

1. 国际化特征

第二次世界大战之后，世界政治经济格局发生重大变化。当代高新技术的蓬勃发展促进了社会经济的重大变革，并使整个世界经济日益朝着国际一体化的方向发展。这种新的国际经济环境，使各国经济再也不可能孤立地发展，而是越来越多地依赖国际的经济联系与合作。基于这种背景，各国都在促进本国企业组织的国际化，跨国公司由此应运而生。第二次世界大战以后，跨国公司的发展十分迅速，规模越来越大，影响范围也越来越广。当前，世界各国全球性的跨国公司群体已经主宰着当今世界各国的经济命脉，在很大程度上左右着世界经济的发展。全球性跨国公司群体的出现使现代市场经济跨越了国家和民族的界限，突破不同的政治与经济制度的限制，使各国的经济活动紧密地联系在一起。21

---

① 作为基础性会计入门教材，本章只能简要描述管理会计基本概念。对管理会计有兴趣的读者可以进一步阅读管理会计相关论著。

世纪正迎来一个跨国公司时代，跨国公司的发展使世界经济具有鲜明的“国际化”特征，从而进入了国际化时代。

2. 金融化特征

跨国公司的国际化经营促进了国际资本流动。第二次世界大战之后，国际金融市场的发展和成熟，不仅为跨国公司在全球范围内的投资和筹资活动提供了广阔空间，而且为跨国公司实现内部资金的国际转移创造了条件。跨国公司的这些活动促进了资本国际化，使资本在国际流动日益频繁，从而促进了金融的国际化进程。基于生产与资本日益国际化的环境，跨国公司的国际化经营活动通过金融市场完成。由此，人类社会进入了金融社会，具有显著的“金融化”特征，世界经济进入了金融化时代。

3. 知识化

科学与技术从未像现在这样，以巨大的威力和难以想象的速度，广泛而深刻地影响着人类社会经济的发展。当今的世界已经悄悄地从工业经济时代向知识经济时代转变，知识经济将成为21世纪世界经济发展的主流，21世纪将是知识经济的世纪。知识经济是“以知识为基础的经济”，“知识经济是建立在知识和信息的生产、分配和使用之上的经济”，“知识”成为最核心的生产要素。知识经济是在充分知识化的社会发展的经济。知识经济最基本的特征就在于经济具有鲜明的“知识化”特征。

综合上述，21世纪呈现在企业组织面前的是一个以国际化、金融化和知识化为其基本特征的现代市场经济。这就是认识企业组织所面临的国际大环境的基础。

二、21世纪企业组织面临的微观环境

21世纪人类逐步从工业社会转入信息社会。在这个转化过程中，企业组织面临的经营环境发生了巨大变化。企业组织经营环境的基本特征是顾客化（customers）、竞争化（competition）和变化（change），即所谓“3C”。

1. 顾客化特征

20世纪初期，整个社会的生产力相对低下，企业组织所能提供的供给严重不足，市场整体上呈现出卖方市场的典型特征。企业组织只要注重内部管理，通过大批量生产，提高劳动生产率，降低成本，生产出更多的产品，就能获得迅速发展。此时，顾客的需求处于被忽视的境地，企业组织生产出来的产品不愁没有销路。到20世纪70年代，由于企业组织生产效率得到极大的提高，市场上商品丰富，生产量的增长超过了需求量的增长，市场逐渐趋于饱和状态。同时，由于科学与技术的发展，产品质量不断提高，产品种类日益繁多，顾客的选择范围不断扩大。顾客不仅注重需求“量”的满足，而且开始注重需求“质”的满足。顾客更加关注产品的质量和性能，较低的价格已经不是吸引顾客的主要因素。市场的主导权开始由生产者向消费者（顾客）转移，市场逐步演化为买方市场。企业组织面对顾客需求层次不断提高和竞争日益激烈的环境，开始着手改变其固有的生产经营方式，力图通过提高产品质量、不断提供新优产品来吸引顾客，取得竞争优势。但是，企业组织关注产品质量与品种并不表明企业组织将充分满足顾客需求放在经营的重要位置。进入20世纪80年代和90年代以后，顾客需求向多样化、个性化发展，产品更新换代更加迅速，企业组织之间的竞争更加激烈，市场环境更加难以把握。由此，企业组织的

经营思想发生了巨大变化，以满足顾客需求为导向，求得自身生存发展的经营理念成为企业组织一切经营战略的核心思想。“顾客至上”、“顾客是朋友”的理念全面渗透到企业组织的经营管理实践之中。基于这种环境，企业组织不能一味地停留在满足顾客需求的层面上，企业组织必须转变观念，在满足顾客需求的同时不断创造和引导顾客的消费倾向，使得顾客的消费倾向与企业组织未来发展方向一致。唯有如此，企业组织才能拥有永久的顾客，从而才具备可持续发展的基础。

2. 竞争化特征

基于市场经济环境，竞争是一种不可避免的经济现象，而且随着经济的发展、新技术革命的推动以及市场从卖方市场向买方市场转变，企业组织之间竞争更加激烈。以往凭借物美价廉就能在竞争中获胜的简单模式，已经被多层面的竞争所取代，企业组织竞相投入大量资金更新技术、更新设备、更新产品、引进人才以及改变经营方式和改革内部组织结构。竞争的加剧，使企业组织的经营活动的不稳定性因素越来越多，风险越来越大。只有优秀的企业组织才能主导竞争的潮流。同时，企业组织经营活动的国际化趋势不断发展，世界范围内的经济一体化已成为必然趋势，更为重要的是竞争已经超越了国界，从国内市场的竞争转向国际市场的竞争。企业组织面临着更为严峻的挑战，“没有创新就没有生存和发展的空间”。竞争的压力迫使企业组织对其内部组织结构、生产经营方式与业务流程进行创新性的再造，对顾客化导向的现代市场经济环境的变化作出迅速、灵活的反应，从而在激烈的竞争中获得优势。

3. 变化特征

顾客和竞争在变化，更重要的是，变化本身的性质也在变化。变化不仅无所不在，而且还持续不断。变化已经成为常态。在变化的环境中，永恒的事物只有一件，那就是变化本身。现代企业组织的经营环境充满了倍速变化的威力。以新技术开发周期为例，一种比较精密的产品从技术原理发明、设计构思到产品投放市场的周期在18世纪需要100年，如蒸汽机；19世纪需要五十多年，如发电机；在20世纪40年代需要三十多年，如内燃机；在20世纪60年代需要二十多年，如喷气式飞机；在20世纪70年代需要十多年，如核电站，最快的只要5年；到了20世纪80年代以后，则只需要2~3年时间，如个人电子计算机。基于如此快速剧变的环境，企业组织要生存与发展，就必须不断求变，且要变得快、变得巧妙。只有这样，企业组织才能在变化的环境中取得竞争优势。

企业组织面临的上述宏、微观环境对管理会计的产生与发展具有重要的影响，这是学习与理解管理会计的基本立足点。

第二节 管理会计的特征与发展史

基于企业组织的所有权与经营权相分离即“两权分离”这个特征，适应企业组织的所有者与经营者的不同信息需求，会计发生了“同源分流”，逐步形成了财务会计与管理会计两个相对独立的领域。那么，何谓管理会计呢？

一、管理会计信息的基本特征

要理解管理会计信息特征，首先要了解会计信息的需求者。在当今的信息社会，“管理的重心在经营，经营的重心在决策”，“任何伟大战略的实施都离不开财务资源的支持，任何战略之所以伟大就在于最终必须能够创造财务资源”。因此，任何决策都离不开会计信息。有鉴于此，企业组织的会计信息需求者相当广泛。

（一）会计信息需求者

尽管会计信息的需求者相当广泛，但是，归纳起来不外乎以下内部和外部信息需求者两大类：

1. 会计信息的内部需求者

会计信息的内部需求者主要包括企业组织各层次的经理人（manager）。会计信息的内部需求者主要运用会计信息制定企业组织的战略和重大决策（如购置设备、产品或服务定价、生产能力运用等）、长短期经营计划（预算）和控制日常经营活动。这类会计信息需求者的信息需求主要是管理会计信息，由管理会计提供。

2. 会计信息的外部需求者

会计信息的外部需求者主要包括与企业组织存在密切经济利益关系的利益相关者（stakeholder），如股东、债权人、基金经理、证券分析师、工会组织、税务机关、立法和监管机构等。这类会计信息需求者的信息需求主要是财务会计信息，由财务会计提供。

为了顺利实现企业组织的战略目标，一个有效的会计系统，其所提供的会计信息必须有助于解决如下三个问题：

（1）记录与评价问题（scorekeeping and valuation）。主要回答企业组织做得好还是不好。也就是说，对企业组织经营过程的数据进行收集与归类，转化为会计这种“商业语言”，并结合企业组织的战略评价企业组织的经营绩效。这方面的工作需要财务会计信息与管理会计信息相结合。

（2）发现问题（attention directing）。主要回答企业组织存在哪些问题。也就是说，报告并解释会计信息，结合企业组织的战略目标和经营计划（预算），诊断企业组织在经营过程中存在的问题，从而发现企业组织面临的机遇与挑战。这方面的工作主要借助于管理会计信息。

（3）解决问题（problem solving）。“看不到问题是最大的问题”。如果企业组织看不到经营过程存在的问题，所谓分析问题和解决问题根本无从谈起。既然企业组织发现了其经营过程存在的问题或机会，接下来就是如何解决这些问题。在企业组织现实的经营实践中，通常存在多种解决问题的方案。如何从各种可能的解决问题方案中选择出合适的方案呢？这就需要借助于管理会计信息。

由此可见，尽管不同会计信息需求者的信息需求不同，财务会计信息与管理会计信息相结合有助于全面地满足会计信息需求者的信息需求。

（二）财务会计与管理会计的“同源分流”

如前所述，基于企业组织的所有权与经营权相分离即“两权分离”这个特征，适应企业组织的所有者与经营者的不同信息需求，会计发生了“同源分流”，逐步形成了财务会计与管理会计两个相对独立的领域。

财务会计主要是立足于企业组织，面向金融市场，通过定期地提供财务报表和其他财务报告，为企业组织的利益相关者服务，从而履行所有者与经营者的“受托责任”（accountability）。现代金融市场与现代公司制度的产生与发展，使得会计信息使用者多元化。财务会计正是从这些不同信息使用者的利益和要求出发，集中研究有关的会计问题，并着重通过定期提供各种财务报表和其他财务报告满足上述相关利益者的不同需要。由此产生了以财务报表为中心的“会计观”，从而形成“财务会计”这个概念。由于那些与企业组织存在经济利益关系的利益相关者都不直接参加企业组织的经营管理活动，他们只能从企业组织提供的财务报告中间接获得有关企业组织的经营成果和财务状况等信息。为了保障他们的经济利益，他们自然要求财务会计必须站在“公证人”的地位，客观地反映情况，以保证相关信息的可靠性。于是，财务会计从日常的账务处理到提供财务报表，都要严格遵循符合企业组织各利益相关者利益的“公认会计原则”（generally accepted accounting principles，缩写 GAAP）①。因此，从一定意义上说，财务会计是一种社会化的会计，其提供的信息是一种社会化的公共产品②。

管理会计则不同，它主要通过内部管理报表（internal managerial statement）或绩效报告（performance report）为企业组织的经理人服务，即为企业组织经理人的经营管理决策提供相关信息，从而履行企业组织内部各层次的“受托责任”。如果说财务会计是以财务报表为中心的“会计观”，那么，管理会计就是以经营管理为中心的“会计观”。如果说财务会计是社会化的会计，那么，管理会计就是企业化或个性化的会计。管理会计只为特定的信息使用者提供相关信息，即所谓“相关信息适时地提供给相关的人”（right information is provided to the right people at the right time）③。

尽管财务会计与管理会计侧重点有所不同，但它们属于会计的“同源分流”。

1. 会计的“同源”

之所以说财务会计与管理会计“同源”，是因为它们之间存在密切的联系。这主要表现在：

（1）财务会计与管理会计都是会计。财务会计与管理会计都是企业组织经营管理的基本组成部分。在企业组织现实的经营实践中，完全没有必要同时存在财务会计与管理会计这两个相对独立的系统。实际上，在会计核算部分，财务会计与管理会计具有共同的基础——原始资料相同。以此为基础，财务会计与管理会计基于不同信息使用者的不同信息

① 在中国，体现为企业会计准则和相关会计制度。

② 从另一个角度看，财务会计就是为融资服务的会计（financial accounting means accounting for financing）。如果企业组织都像独资或合伙企业那样很少或基本没有对外融资，那么，就难以产生现代意义的财务会计。

③ 从另一个角度看，管理会计就是为管理服务的会计（management accounting means accounting for management）。

需求，各自对原始资料进行加工、整理和扩展。同时，财务会计与管理会计的服务对象也有交叉，尽管财务会计侧重于为企业组织的外部利益相关者服务，但是，它也为企业组织的内部经营管理服务。例如，企业组织的经理人①也需要财务会计所提供的信息。同样地，管理会计虽然侧重于为企业组织的内部经营管理服务，它也同时为企业组织的外部利益相关者服务。例如，外部利益相关者也关注企业组织的投资决策。

（2）财务会计与管理会计都依存于“受托责任”。这里所说的“受托责任”只是过去较为简单的经管责任（stewardship）的发展。当今的社会可以说“受托责任”无处不在。只要存在委托代理关系，就存在“受托责任”。如果说当今的社会是构建在一个巨大的“受托责任”网络之上，丝毫不过分。然而，基于金融市场与现代企业制度，企业组织是一系列契约的连接点，发达的金融市场把许多“契约关系”连接在企业组织这个“连接点”上。金融市场与现代企业制度的发展，使得企业组织的外部“受托责任”变得模糊起来②，而企业组织的内部“受托责任”则变得复杂化和层次化。财务会计侧重于企业组织的外部“受托责任”，而管理会计侧重于企业组织的内部“受托责任”。从本质上说，财务会计与管理会计都是一种“受托责任”会计。

2. 会计的“分流”

之所以说财务会计与管理会计是会计的“分流”，是因为它们在提供信息的侧重点方面有所不同。由此，财务会计与管理会计又存在明显的差异。这主要表现在：

（1）财务会计侧重于为企业组织的外部利益相关者提供有助于决策的信息，而管理会计则侧重于为企业组织的内部经营管理提供相关信息。

（2）财务会计强调过去，而管理会计则强调现在与未来。

（3）财务会计受“公认会计原则”的制约，而管理会计则不受“公认会计原则”的制约。管理会计主要考虑经营管理决策的“成本效益”与管理行为问题。

（4）财务会计注重可证实性和货币性信息，而管理会计则较少强调可证实性，强调货币（财务）性信息与非货币（财务）性信息并重以及数量计算与经理人的综合判断相结合。

（5）财务会计以会计主体为核心，而管理会计则强调多维的主体观念，它不仅仅把企业组织看成一个整体，还强调企业组织的分部。管理会计根据企业组织的经营管理需要可以将企业组织的一个部门或一条生产线作为主体，也可以将一个人作为主体，甚至还可以将某项作业（activity）作为一个主体。

（6）财务会计是一种强制性会计，任何企业组织都必须按照相关要求定期地提供财务报表。而管理会计则是一种非强制性会计，根据企业组织的经营管理决策需要而提供相关信息。

（7）管理会计是一种综合性交叉学科。与财务会计相比，管理会计更多地涉及其他相关学科如管理学、决策科学、组织行为学、行为科学等。

---

① 这里用“经理人”泛指企业组织的各层次管理人员。

② 理论上说，股东就是委托人，经理人只是受托人。然而，如果企业组织的股权高度分散和不断转让，甚至连委托人是谁都难以明确。

企业组织的经理人通常扮演着投资者（investor）和经营者（manager）的双重角色。财务会计主要服务于企业组织经理人的投资者角色，管理会计则主要服务于企业组织经理人的经营者角色。其实，财务会计与管理会计的"同源分流"也就是企业组织的经理人作为投资者与经营者双重角色的综合体现。由此，财务会计与管理会计的"同源分流"在企业组织的经理人层面实现提供信息（即记账、算账和报账）与运用信息（即用账）的一体化①。

（三）管理会计信息的基本特征

如前所述，管理会计信息具有如下基本特征：

1. 强调财务性信息与非财务性信息并重

适应21世纪知识经济时代"智本管理"要求以及基于对管理特性的新认识，管理会计的方法论可归结为三个"重于"、三个"并重"。所谓三个"重于"是指：①"衡量"（measuring）重于"计算"（counting）或"多衡量，少计量"（measuring more，counting less）；②"认知性"（cognition）重于"精确性"（precision）；③"悟性"重于"理性"。而所谓三个"并重"是指：①量化与非量化并重；②量化的各种形式并重；③量化的各种形式中，货币计量与非货币计量并重。由此，管理会计信息强调财务性信息（financial information）与非财务性信息（non-financial information）并重。财务性信息通常属于结果导向的滞后性信息（lagging information），而非财务性信息通常属于过程（原因）导向的前置性信息（leading information）。财务性信息有助于企业组织发现问题（认识到存在问题），但未必有助于分析问题和解决问题（确定存在哪些问题及其解决方案）。这时，信息需求者"只知其然，不知其所以然"。管理会计强调财务性信息与非财务性信息并重，信息需求者"不仅知其然，更知其所以然"。

2. 强调信息的行为意义

管理会计绝非纯技术性的会计方法。从更深层次看，管理会计涉及企业组织经理人的价值观念和行为取向的问题。归根到底，管理会计职能属于行为职能（behavioral function），即能对人的行为施加积极影响的职能。任何管理会计程序的有效性归根到底取决于它如何影响企业组织经理人的行为。当然，企业组织经理人的行为也影响管理会计程序的选择与运用。现代企业组织是一个人力资本与非人力资本的特别合约。作为人力资本所有者的经理人具有思想、感情和行为动机。因此，在管理会计信息的产生、传递和运用过程中，如何解释、预测和引导企业组织经理人的行为，使管理会计信息的行为职能在企业组织得到有效的发挥就成为管理会计关注的重点。例如，如果企业组织的经理人知道哪些管理会计信息将成为预算或绩效评价的信息或指标，就会关注这些信息以及产生这些信息背后的经营活动，从而努力完成这些经营活动。这就是"评价什么，就得到什么"（You

---

① 有鉴于此，本书既然名为《基础会计学》，就理应将财务会计与管理会计融为一体，全面赋予经理人应有的"会计思维"。

got what you measured）的道理之所在①，即管理会计所强调的信息的行为意义（behavioral implications）。

3. 管理会计信息是一种近似值

有些会计信息如库存现金余额可以做到十分准确，而有些会计信息如未来现金流量数额只能是一种粗略的近似估计。如前所述，管理会计强调现在与未来。这样，绝大多数管理会计信息属于近似值，它只能是对现在或未来发生的事项的估计。

4. 管理会计信息来源与取值范围取决于信息需求者的目的

如前所述，管理会计只为特定的信息使用者提供相关信息，即所谓“相关信息适时地提供给相关的人”。某项管理会计信息是否相关取决于信息需求者是谁及其时间要求。以成本信息为例，管理会计提供的成本信息强调其决策的相关性，而不是精确性，奉行“不同目的，不同成本”（different costs for different purposes）的信条。②

二、管理会计的属性

管理会计的属性就是对管理会计包括的基本要素所作的定义，其目的在于划清各要素的界限。由于管理会计与财务会计在对象、目标、职能等方面均有较大的不同，必须根据管理会计的特点，建立相对独立的概念框架。

1. 管理会计是一种技术和方法

1966 年，美国会计学会（AAA）在其《基本会计理论说明书》（*Statement of Basic Accounting Theory*）中指出：所谓管理会计，就是运用适当的技术和观念，对经济主体的实际经济数据和预计经济数据进行处理，以帮助管理人员制定合理的经济目标，并为实现目标进行合理决策。

2. 管理会计是一种决策信息参考系统

1986 年，美国全美会计师协会管理会计实务委员会对管理会计所下的定义为：管理会计是向管理当局提供用于企业内部计划、评价、控制以及确保企业资源的合理使用和经济责任的履行所需财务信息的确认、计量、归集、分析、编报、解释和传递的过程。管理会计还包括编制供诸如股东、债权人、规章制定机构及税务当局等非管理集团使用的财务报表。

3. 管理会计是一种企业价值增值的持续服务体系

1997 年，美国管理会计师协会（institute of management accountants，缩写 IMA）新的定义为：管理会计是提供价值增值，为企业规划设计、计量和管理财务和非财务信息系统的持续改进过程，通过此过程指导管理行动、激励行为、支持和创造达到组织战略、战术和经营目标所必需的文化价值。

---

① 当然，如果经理人可以操纵这些信息，就有可能出现“评价什么，就失去什么或得不到什么”（You lost what you measured）。这也是管理会计信息的行为意义。

② 从这个意义上说，财务会计所提供的信息相当于“自助餐”，根据用餐者（信息需求者）的饮食习惯，提供众多的“菜”（信息）——通用的财务报表，用餐者（信息需求者）“按需取数”。而管理会计所提供的信息相当于“点菜”，用餐者（信息需求者）不同，上的“菜”（提供的信息）自然不同。

三、管理会计的基本假设

管理会计假设，是会计人员对那些未经确切认识和无法正面论证的经济事务和会计事项，根据客观的正常情况和趋势所作出的合乎情理的判断和解释，这对于构架管理会计的基本理论体系具有重要的意义。

作为现代会计的一个分支，管理会计的研究仍需采用一定的会计学的研究方法。会计基本假设是对会计时、空、量进行的限定，是对会计所赖以存在和发展的环境作出的合理判断，是会计活动的前提。此外，管理会计的基本假设还要充分考虑到其交叉学科的特征和知识经济的时代特征。

1. 管理会计的主体假设

管理会计的会计主体是对管理会计存在空间的假设。管理会计的主体必须服务于管理会计的目标：服从于企业的生存发展，为实现企业财富最大化而进行预决测、规划控制以及评价。因此，管理会计的主体是每个进行预决测、规划控制以及评价的责任中心。

随着知识经济的发展，传统的企业生产模式及经营模式将发生重大变革。由于信息传递顺畅，传统的大工厂、大车间流水作业的生产方式被分散在各个作业点的生产小组的"无实体公司"所代替。因此管理会计也将分化成战略管理会计和战术管理会计，公司的经营者负责企业的战略策划，而各个生产小组甚至个人负责战术策划。新的企业管理方式要求每个人都要参与企业的管理与决策，管理会计的会计主体有多个会计主体层次。

2. 管理会计的时间假设

由于知识经济对企业存在模式产生了很大影响，对于战略管理会计来说应有持续经营的假设，以保证管理会计方法的连续有效性。而对于战术管理会计，持续经营假设似乎没有存在的必要。因为企业的生产小组或个人随时可能被企业雇佣，他们为企业工作时是企业的责任中心，而一旦任务完成，其责任中心的工作也就结束了。

管理会计的会计期间受其灵活、机动的特征的影响，不会像财务会计那样按自然月、季、年来分期，而应该根据企业经营管理的实际情况来分期。

3. 管理会计的计量假设

由于管理会计具有十分重视非货币系统信息的特征，所以管理会计计量方法除利用财务会计中的货币计量方法之外，还利用其他非货币计量方法。尤其在知识经济时代，大量的非货币计量的信息充斥于社会经济生活中，企业的管理人员及其他各个责任中心需要从中选择对本企业有用的信息，即利用管理会计所提供的货币性和非货币性信息来满足其各方面的需求。

4. 成本性态可分假设

成本性态可分假设，是指一切成本都是可以按其性态划分为固定成本和变动成本。所谓成本性态是指成本总额与业务量变动之间的数量依存关系。管理会计运用的许多概念和方法都是建立在成本性态可分假设之上的，如固定成本、变动成本、边际贡献等概念，本—量—利分析方法、弹性预算编制方法、标准成本差异分析方法等。但是固定成本和变动成本的划分并不是绝对的，而是带有一定的假设性。

5. 目标利润最大化假设

目标利润最大化假设，是指企业在经营管理决策中，以目标利润最大化的方案为最优方案，并假定在实施最优方案时能够实现目标利润。当然，目标利润不等于现实利润，能否实现目标利润最大化，受到很多因素的制约。

6. 风险价值可计量假设

风险价值可计量假设，是指所有的不确定决策都可以转化为风险决策，不仅风险具有价值，而且风险价值可以计量。由于对未来的结果及其出现的概率无法把握，不确定性决策往往采用非数学计量方法进行。尽管投资决策中的风险价值是一种虚拟的报酬，并不存在一定的客体可以直接计量，但是这一假设却为管理会计解决现实问题提供了可能。

四、管理会计的发展历史

自从财务会计与管理会计"同源分流"之后，作为与财务会计相对独立的管理会计本身也得到发展。20世纪以来，管理会计的发展历程大致可以分为四个阶段：

1. 追求效率的管理会计时代（20世纪初至20世纪50年代）

20世纪管理会计的发展起源于1911年。当时，西方管理理论古典学派的代表人物泰罗（F. W. Taylor）发表了著名的《科学管理原理》（*Principles of Scientific Management*）。伴随着泰罗的科学管理理论在实践中广泛运用，管理会计如何为提高企业组织的生产和工作效率服务便开始提到议事日程。于是，"标准成本"（standard cost）、"预算控制"（budget control）和"差异分析"（variance analysis）等与泰罗的科学管理方法直接相联系的技术方法开始引入管理会计，成为管理会计方法体系的重要组成部分。

以标准成本、预算控制和差异分析为主要内容的管理会计，其基本点是在企业组织的战略、方向等重大问题已经确定的前提下，协助企业组织解决执行过程如何提高生产效率和经济效果问题。生产效率和经济效果的高低，通常可借助投入与产出的对比关系来体现。把标准成本和差异分析纳入管理会计体系，通过严密的事先计算与事后分析，促进企业组织用较少的材、工和费生产出较多的产品。其综合表现就是生产成本的降低，从而提高经济效果。可见，以泰罗的科学管理学说为基础的管理会计，对促进企业组织提高生产效率和经济效果具有积极的推动作用。尽管如此，同企业组织全局、企业组织与外界关系等有关问题还没有在管理会计体系得到应有的反映。因而，总体而言，这个时期的管理会计还只是一种局部性、执行性的管理会计，仍处于管理会计发展历程的初级阶段。这个时期的管理会计追求的是"效率"（efficiency），它强调的是把事情做好（doing thing right）。

2. 追求效益的管理会计时代（20世纪50年代至20世纪80年代）

尽管管理会计的发展起源于1911年泰罗《科学管理原理》的出版，然而，管理会计的真正发展却是以20世纪50年代之后现代管理科学的发展作为永久性推动力。

从20世纪50年代开始，西方市场经济国家进入了所谓战后期。一方面现代科学技术突飞猛进发展并大规模运用于生产领域，从而使社会生产得以迅速发展；另一方面西方市场经济国家的企业组织进一步集中，跨国公司大量涌现，企业组织的规模越来越大，生产经营日趋复杂，市场情况瞬息万变，企业组织之间的竞争更加剧烈。基于这些新的经营环境，曾风靡一时的泰罗的"科学管理学说"就显得非常被动，其重局部、轻整体的根本性的缺陷暴露无遗，不能与之相适应。大量实践表明，企业组织的盛衰、成败、生存与发展，首先取决于企业组织采取的战略、方针、决策是否正确，所定的目标是否与外界的客观经济环境相适应。如果战略、方针、决策错误，经营目标定错了，企业组织的个别环节效率再高也无济于事，甚至还会在激烈的竞争中被淘汰。因此，提高企业组织经营各个环节、各个方面的生产、工作效率固然重要，但更重要的是，要把正确的经营战略和决策放在首位。这个时期的管理会计追求的是“效益”（effective），它强调的是首先把事情做对（doing right thing），然后再把事情做好（doing thing right）。

3. 战略管理会计时代（20世纪80年代至21世纪）

进入20世纪80年代，由于“信息经济学”（information economics）和“代理理论”（agency theory）的引进，管理会计又有了新的发展。但是，面对世界范围内高新技术蓬勃发展并广泛运用于经济领域，管理会计又显得有些过时落伍。为此，西方市场经济国家致力于管理会计信息相关性的研究，由此迎来了一个以“作业”（activity）为核心的“作业成本管理会计”（activity-based management accounting）时代。与波特（Porter）提出的“价值链”（value chain）观念相呼应，管理会计借助于“作业管理”（activity-based management，缩写ABM），又致力于如何为企业组织“价值链”优化服务。管理会计在20世纪80年代取得的许多引人注目的新进展都是围绕着管理会计如何为企业组织“价值链”优化和价值增值提供相关信息而展开的。

进入20世纪90年代，变化是当今世界经济环境的主要特征。基于环境的变化，管理会计信息搜集的任务从职业化的管理会计师（management accountant）转移到使用这些信息的使用者，保证了企业组织能以一种“实时”（real time）的方式搜集相关信息，并据此作出反应。管理会计突破了管理会计师提供信息、经理人使用信息的旧框框，而由每一个信息使用者直接提供与使用各种信息。由此，管理会计信息提供者与使用者的界限将逐渐模糊。当然，管理会计也有助于促进企业组织适应环境的变化。例如，企业组织所面临的内部和外部环境变化导致“作业成本法”（activity-based costing，缩写ABC）与“作业管理”的产生，而“作业成本法”与“作业管理”的运用又有助于“公司再造工程”（corporation reengineering）的实施，从而推动了企业组织的变革，提高了企业组织的竞争能力。这时，管理会计的主题已经从单纯的价值增值转向企业组织对外部环境变化的适应。20世纪90年代是一个以战略管理为中心的新时代，强调“事事战略定位，时时战略定位”。由此，管理会计进入了“战略管理会计”（strategic management accounting）时代，并得到发展。这个时期，“适时制”（just-in-time）、“全面质量管理”（total quality control）、“价值链”、“战略管理”、“业务流程再造”（business process reengineering）等管理思想渗透到管理会计，推动着管理会计的发展。

纵观20世纪管理会计发展历程，管理会计沿着“效率→效益→价值链优化”的轨迹发展。这个发展轨迹基本上围绕“价值增值”（value-added）这个主题而展开。

4. 管理会计的主题是企业组织核心能力的培植（21世纪以来）

面对21世纪的宏、微观环境，在企业组织的发展过程中，经理人已经充分意识到，比价值增值（或更通俗地说即利润）更重要的是市场份额，比市场份额更具有根本意义的是竞争优势，比竞争优势更具有深远影响的是企业组织发展的核心能力（core competence)。

何谓核心能力？北京大学教授张维迎认为，核心能力就是企业组织拥有的与众不同、独一无二的，偷不去、买不来、拆不开、带不走、溜不掉的独特资源。品牌就是核心能力的外在表现。尽管企业组织之间的竞争通常表现为核心能力所衍生出来的核心产品、最终产品的市场之争，但其实质却是企业组织核心能力的竞争。

企业组织可持续发展（sustainable development）的本质是“做强做大”。企业组织可持续发展是企业组织核心能力的培植和持续创造价值（value creation）的和谐统一。企业组织的核心能力决定了企业组织的价值创造过程及其可持续性。缺乏核心能力的企业组织，尽管在某个或某几个时期创造了价值，但是，其价值创造却难以持久，甚至“昙花一现”。而企业组织只有持续创造价值才能为企业组织培植核心能力提供持续的财务资源，从而强化企业组织的核心能力。因此，侧重于为企业组织内部经营管理服务的管理会计如何为企业组织核心能力的诊断、分析、培植和提升提供相关信息，自然而然地成为21世纪管理会计发展的主题。

第三节　管理会计的基本方法与职业道德

在了解管理会计的特征和发展历史等相关问题后，下面我们将介绍管理会计的基本内容，包括管理会计的职能、方法体系以及管理会计职业化和道德行为准则。

一、管理会计的内容和职能

20世纪以来，适应企业组织所面临的经济环境变化，管理会计得到广泛的发展，从而奠定了其内容框架。

通常认为管理会计是企业组织的决策支持系统（decision support system，缩写DSS）。管理会计的基本目标包括：①为企业组织的利益相关者提供有助于决策的相关信息，即制订决策（decision facilitating）；②为企业组织的管理决策和经营控制提供相关信息，即促进决策；③参与企业组织的战略制定与实施，并通过提供相关信息，对企业组织成员进行激励与管理，即影响决策（decision influencing）。任何管理会计的真正价值都体现于其所提供信息的价值。

作为企业组织的决策支持系统，管理会计是企业组织管理系统的重要组成部分。从管理会计的基本目标来看，管理会计与企业组织的战略制定、经营决策机制、绩效评价以及激励机制紧密联系，难以人为地将其割裂开来。图12－1描绘了企业组织的管理系统与管理会计的基本关系。

从图12－1可以看出，管理会计与企业管理关系密切并贯穿企业组织的经营管理过程之始终。

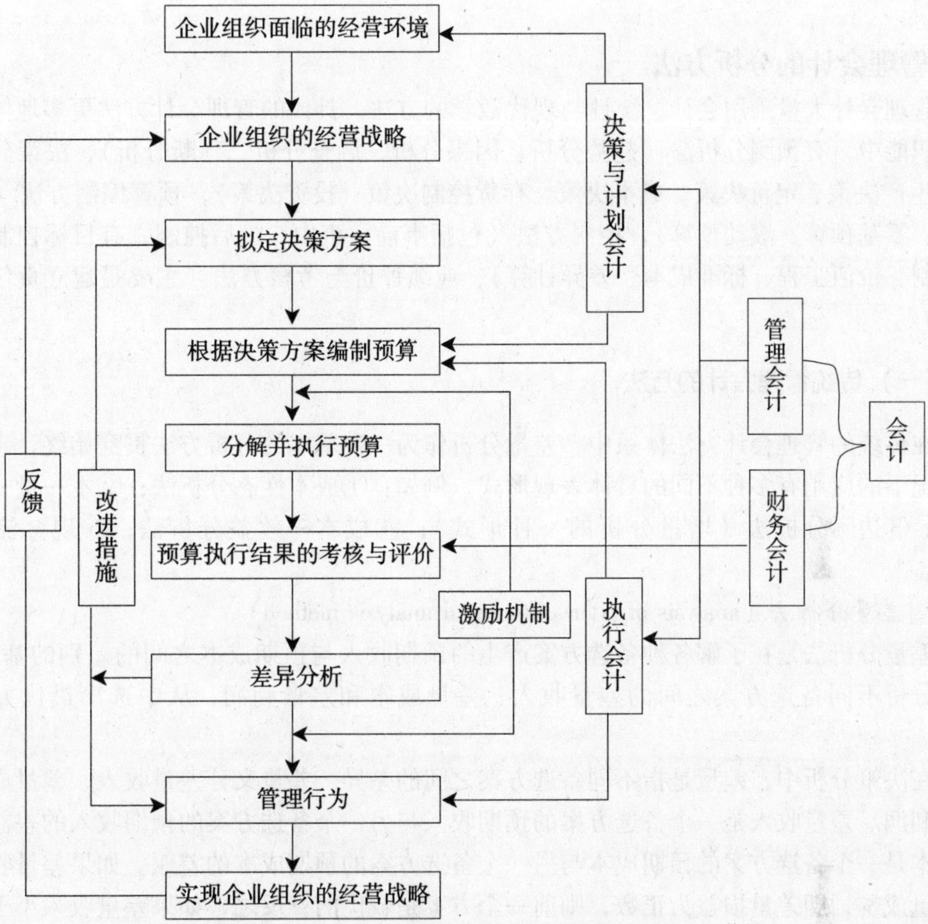

图 12－1　企业组织的管理系统与管理会计的基本关系

由此，管理会计形成了以"决策与计划会计"和"执行会计"为主体的管理会计基本框架①。其中，"决策会计"居首位。因为计划以决策为基础，计划只是决策所确定目标的综合体现。

所以，现代管理会计的职能集中表现在：解析过去，控制现在，策划未来。

（1）解析过去是由财务会计来完成的。现代管理会计解析过去主要是对财务会计所提供的资料作进一步的加工、改制和延伸，使之更好地适应策划未来和控制现在的需要。

（2）控制现在是指控制企业目前的经济活动，使之严格按照决策预定的轨道卓有成效地进行。

（3）预测和决策是策划未来的主要形式。现代管理会计的主要作用在于：充分利用其所掌握的丰富资料进行定量分析，帮助管理部门客观地掌握情况，从而提高预测与决策的科学性。

---

① 作为基础性会计入门教材，这里只讨论管理会计基本框架。对管理会计具体内容有兴趣的读者可以进一步阅读管理会计相关论著。

二、管理会计的分析方法

管理会计大量采用会计、统计与现代数学的方法。具体的管理会计方法更多地体现在它的职能中，有预测分析法（趋势分析、因果分析、调查分析、判断分析），决策分析方法（生产决策、定价决策、成本决策、存货控制决策、投资决策），预算编制方法（弹性预算、零基预算、滚动预算），控制方法（包括事前、事中、事后控制，有目标控制、制度控制、价值工程、标准成本、差异计算），业绩评价与考核方法（主要是建立责任会计制度）。

（一）传统管理会计的方法

在传统的管理会计方法体系中，差量分析作为一种基本的分析方法贯穿始终，它在不同情况下的应用有多种不同的具体表现形式，例如：①成本性态分析法；②本—量—利分析法；③边际分析法（增量分析的一种形式）；④成本—效益分析法；⑤现金流量贴现法。

1. 差量分析法（analysis of poor/differential analysis method）

差量分析法是在了解各种备选方案产生的预期收入与预期成本之间的差别的基础上，充分分析不同备选方案之间的差量收入、差量成本和差量利润，从中选出最优方案的方法。

在决策分析中，差量是指不同备选方案之间的差异，差量又分差量收入、差量成本和差量利润。差量收入是一个备选方案的预期收入与另一个备选方案的预期收入的差额。差量成本是一个备选方案的预期成本与另一个备选方案的预期成本的差额。如果差量收入大于差量成本，即差量损益为正数，则前一个方案是较优的；反之，如果差量收入小于差量成本，即差量损益为负数，则后一个方案是较优的。

2. 成本性态分析法（cost behavior analysis/analysis of cost behavior）

成本性态分析法是将成本表述为产量的函数，分析它们之间的依存关系，然后按照成本对产量的依存性，最终把全部成本区分为固定成本与变动成本两大类。它联系成本与产量的增减动态进行差量分析，是构成基础性管理会计的一项重要内容。

在管理会计中，研究成本对产量的依存性，亦即从数量上具体掌握成本与产量之间的规律性的联系，具有重要意义。

3. 本—量—利分析法（cost - volume - profit analysis）

本—量—利分析法是成本—产量（或销售量）—利润依存关系分析的简称，也称为CVP分析，是指在变动成本计算模式的基础上，以数学化的会计模型与图文来揭示固定成本、变动成本、销售量、单价、销售额、利润等变量之间的内在规律性的联系，为会计预测、决策和规划提供必要的财务信息的一种定量分析方法。

本—量—利分析法着重研究销售数量、价格、成本和利润之间的数量关系，它所提供的原理、方法在管理会计中有着广泛的用途，它是企业进行预测、决策、计划和控制等经营活动的重要工具，也是管理会计的一项基础内容。

4. 边际分析法（marginal analysis/marginal adding analysis）

在西方经济学中，把研究一种可变因素的数量变动会对其他可变因素的变动产生多大影响的方法，称为边际分析法。

边际分析法就是运用导数和微分方法研究经济运行中微增量的变化，用以分析各经济变量之间的相互关系及变化过程的一种方法。这种分析方法广泛运用于经济行为和经济变量的分析过程，如对效用、成本、产量、收益、利润、消费、储蓄、投资、要素效率等的分析多有边际概念。

边际分析法有两个重要概念：①边际成本是每增加一个单位的产品所引起的成本增量；②边际收益是每增加一个单位的产品所带来的收益增量。

企业在判断一项经济活动对企业的利弊时，不是依据它的全部成本，而是依据它所引起的边际收益与边际成本的比较。若前者大于后者，这项活动就对企业有利，反之则不利。

5. 成本—效益分析法（cost-benefit analysis，缩写 CBA）

成本—效益分析法是通过比较项目的全部成本和效益来评估项目价值的一种方法，成本—效益分析法作为一种经济决策方法，寻求在投资决策上如何以最小的成本获得最大的收益。

6. 现金流量贴现法（discounted cash flow method）

现金流量贴现法就是把企业未来特定期间内的预期现金流量还原为当前现值。由于企业价值的真髓是它未来盈利的能力，只有当企业具备这种能力，它的价值才会被市场认同，因此理论界通常把现金流量贴现法作为企业价值评估的首选方法，在评估实践中得到了大量的应用，并且已经日趋完善和成熟。现金流量贴现法的基本公式如下：

$$P = \sum_{t-1}^{n} \frac{CF_t}{(1+r)^t}$$

式中，P 是企业的评估值；n 是资产（企业）的寿命；CF_t 是资产（企业）在 t 时刻产生的现金流；r 是反映预期现金流的折现率。

从上述计算公式我们可以看出该方法有两个基本的输入变量：现金流和折现率。因此，在使用该方法前首先要对现金流作出合理的预测。在评估中要全面考虑影响企业未来获利能力的各种因素，客观、公正地对企业未来现金流作出合理预测。其次是选择合适的折现率。折现率的选择主要是根据评估人员对企业未来风险的判断。由于企业经营的不确定性是客观存在的，因此对企业未来收益风险的判断至关重要。当企业未来收益的风险较高时，折现率也应较高；当未来收益的风险较低时，折现率也应较低。

（二）战略管理会计方法

随着全球化进程的加快，公司间的竞争变得更激烈。面对这样巨大的环境状态的改变，管理会计人员向企业决策者提供诸如企业经营的宏观环境和微观环境如何，企业应在哪些市场竞争，要与哪些产品竞争，如何实现可持续的竞争优势，其竞争目标是成本领先还是差异化，是保持较高的竞争地位还是可持续的竞争优势等问题的有关信息。这将促使管理会计人员能够将视角投向企业的外部环境，使管理会计人员熟悉市场竞争、理解战略管理，进而促使企业强有力地抓住市场机会，占有市场，运用战略管理会计方法为企业提供战略决策支持信息。

战略管理会计是配合企业战略管理需要，重新构造企业决策支持系统。战略管理会计方法主要有战略成本动因分析、价值链分析、平衡计分卡等方法。

1. 战略成本动因分析（strategic cost driver analysis）

战略成本动因分析是针对特定的企业分析其战略成本动因，它可以使企业了解决定企业成本态势的基本因素。战略成本动因分析是战略成本管理的重要方法。

在战略成本管理方式下，成本动因的分析超出了传统成本分析的狭隘范围（企业内部、责任中心）和少量因素（产量、物耗），而代之以更宽广的、与战略相结合的方式来分析成本动因。战略成本管理所注重的无形的成本动因恰恰是传统成本管理所忽视的。战略成本动因分析站在更高的角度来管理成本，其对成本的影响更深远、更持久，且一经形成就难以改变，因此更应引起企业的注意。

2. 价值链分析（value chain analysis，缩写 VCA）

价值链分析方法是企业为一系列的输入、转换与输出的活动序列集合，每个活动都有可能相对于最终产品产生增值行为，从而增强企业的竞争地位。企业通过信息技术和关键业务流程的优化是实现企业战略的关键。企业通过在价值链过程中灵活应用信息技术，发挥信息技术的杠杆作用和乘数效应，可以增强企业的竞争能力。

为了提升企业战略，美国战略管理学家波特（1985）第一次提出价值链分析的方法。价值链是一种高层次的物流模式，由原材料作为投入资产开始，直至原材料通过不同过程售给顾客为止，其中所有价值增值活动都可作为价值链的组成部分。价值链的范畴从核心企业内部向前延伸到了供应商，向后延伸到了分销商、服务商和客户。这也形成了价值链中的作业之间、公司内部各部门之间、公司和客户以及公司和供应商之间的各种关联，使价值链中作业之间、核心企业内部部门之间、核心企业与节点企业之间以及节点企业之间存在着相互依赖关系，进而影响价值链的业绩。因此，协调、管理和控制价值链中节点企业之间的相互依赖关系，提高价值链中各节点企业的作业效率和绩效非常重要（Thompson，1967）。Thompson 还认为，价值链中作业之间的依赖程度越高（即它们的联系越强），就越需要协调和管理价值链中节点企业之间的关系。协调价值链中各节点企业之间的关系，就是要在各方相互信任的基础上，利用共享的有关信息，对整个价值链中相互依赖的作业进行定位、协调和优化，把生产资源的分工协作和物流过程组织成为总成本最低、效率最高的供应链，使处在价值链上的各节点企业具有共同的价值取向，取得最大的价值增值，从而实现"多赢"的目的。

3. 平衡计分卡（the balanced score card，缩写 BSC）

平衡计分卡是以企业的战略为导向，以管理为核心，以各个方面相互影响、相互渗透为前提，以综合、平衡为原则，从财务、顾客、内部经营过程和学习与成长四个层面出发建立起来的一个周密、完备的业绩评价体系。平衡计分卡的核心思想就是通过财务、顾客、内部经营过程和学习与成长四个方面的指标之间的相互驱动的因果关系展现组织的战略轨迹，是实现绩效考核—绩效改进以及战略实施—战略修正的战略目标过程。它把绩效考核的地位上升到组织的战略层面，使之成为组织战略的实施工具。平衡计分卡是绩效管理中的一种新思路，适用于对部门的团队考核。

三、管理会计职业化及道德行为准则

在西方市场经济国家，尤其是美国，管理会计已经职业化。为了更好地理解管理会计，下面以美国为例简要讨论管理会计职业化及其道德行为准则。

（一）专业机构与职业考试

在美国，专业机构和职业考试推动了管理会计的职业化①。

1. 专业机构

在美国，许多组织对管理会计的发展具有重要的影响力。其中，最有影响力的当属美国管理会计师协会（institute of management accountants，缩写 IMA）。该协会拥有数万名会员，对管理会计的发展及其职业化极为关注。美国管理会计师协会下设管理会计实务委员会（management accounting practice committee）和注册管理会计师协会（institute of certified management accountants，缩写 ICMA）。管理会计实务委员会发布管理会计实务公告（statement on management accounting practice），同时，每月末出版《管理会计》（*Management Accounting*）杂志，探讨管理会计实务，成为管理会计人员的重要读物。注册管理会计师协会则负责注册管理会计师（certified management accountant，缩写 CMA）和注册财务管理师（certified financial management，缩写 CFM）的考试与管理工作。

2. 职业考试

在美国，管理会计师协会举办注册管理会计师考试的目的在于：①确定注册管理会计师的角色及其应用的技能，并认定它们为一种职业；②在管理会计方面，培养具有较高教育水平的人才；③确定个人管理会计知识及技能的客观评价标准。注册管理会计师的考试科目包括：①经济学、财务学与管理学（economics，finance and management）；②财务会计与报告（financial accounting and reporting）；③管理报告、分析与行为问题（management reporting，analysis and behavioral issues）；④决策分析与信息系统（decision analysis and information system）。

在美国，要取得注册管理会计师资格证书，必须具备：①满足最基本的会员资格（取得学士学位或通过注册会计师考试）；②在三年之内通过注册管理会计师的四门考试；③在专业上具备两年的工作经验；④每三年至少需要 90 小时的职业性教育，以保证执业能力。通过注册管理会计师的考试和资格认证，使得管理会计职业化。

（二）管理会计师职业道德行为准则

以美国为例，管理会计师对公众、专业团体、服务机构及其本身，都具有维护和遵守

---

① 在中国，尽管全国和各省市都设置了总会计师协会，也有会计师系列的职称考试，但是，其主要目标是培养财务会计从业者。中国在管理会计方面，一直缺少组织和协调全国管理会计从业者、促进中国管理会计的发展与职业化的相应的组织管理机构，这不能不说是一种缺憾。

最崇高道德行为准则的义务。有鉴于此，美国管理会计师协会颁布了《管理会计与财务管理从业者道德行为准则》（*Standards of Ethical Conduct for Practitioners of Management Accounting and Financial Management*）。该道德行为准则包括技能（competence）、保密（confidentiality）、廉正（integrity）和客观（objectivity）等四个方面的内容。

1. 技能

管理会计与财务管理从业者有义务：①提高知识及技能，以保持适当的执业技术水平；②依据有关法律、规章及技术标准，履行其职业责任；③在恰当地分析相关及可靠性资料之后，提供完整而清晰的报告及建议。

2. 保密

管理会计与财务管理从业者有义务：①除法律规定外，非经由核准，不得将其工作中所获取的机密信息对外泄露；②告知下属要恰当地对待在工作中所获取有关资料的机密性，并监督其行为，以确保维护机密；③禁止将工作中所获取的机密资料，经由个人或第三者，用于非法或不道德的牟利行径。

3. 廉正

管理会计与财务管理从业者有义务：①避免介入实际或明显的利害冲突，并向任何可能的利害冲突方提出忠告；②不得从事道德上有害于其履行职责的活动；③拒绝接受影响或可能影响其行动的任何馈赠、好处或宴请；④不得主动或被动地破坏组织的传统及道德目标的实现；⑤对妨碍判断或成功执行任务的职业限制或其他约束，予以及时了解与沟通；⑥沟通不利与有利的信息以及职业判断或意见；⑦不得介入或支持任何有损于职业形象的活动。

4. 客观

管理会计师与财务管理从业者有义务：①公平而客观地沟通信息；②充分披露可合理预见并会影响使用者理解的报告、评论和建议等相关信息。

本章相关的法规、制度及主要阅读文献

1. 宋献中，胡玉明．管理会计：战略与价值链分析．北京：北京大学出版社，2006

2. 胡玉明．会计学．北京：中国人民大学出版社，2009

3. 胡玉明，丁友刚，卢馨．管理会计．广州：暨南大学出版社，2006

4. 余绪缨．管理会计学．北京：中国人民大学出版社，2004

5. ［美］Charles T. Horngren，Gary L. Snudem，William O. Stratton. 管理会计教程（第12版）．北京：人民邮电出版社，2006

6. ［美］Anthony A. Atkinson，Robert S. Kaplan，Ella Mae Matsumura，S. Mark Young. 管理会计（第5版）．北京：清华大学出版社，2009

7. ［美］Jesse T. Barrfield，Cecily A. Raiborn，Michael R. Kinney. 成本会计：传统与变革（第5版）．北京：经济科学出版社，2006

8. ［美］David H. Marshall，Wayne W. McManus，Daniel F. Viele. 会计学：数字意味着什么（第6版）．北京：人民邮电出版社，2005

9. ［美］罗伯特·N. 安东尼，大卫·F. 霍金斯，肯尼斯·A. 麦钱特．会计学：教

程与案例（财务会计分册，第 11 版）. 王立彦，戴晓娟等译. 北京：机械工业出版社，2004

思考题

一、选择题

1. 从宏观上看，21 世纪世界经济的基本特征可以概括为（　　）。

A. 国际化　　B. 金融化　　C. 变化　　D. 知识化

2. 从微观上看，21 世纪企业组织经营环境的基本特征为（　　）。

A. 顾客化　　B. 变化　　C. 竞争化　　D. 国际化

3. 以美国为例，管理会计师职业道德行为准则包括哪几个方面内容（　　）。

A. 技能　　B. 保密　　C. 廉正　　D. 客观

4. 从总体上看，成本信息必须满足（　　）。

A. 存货计价与收益确定　　B. 经营控制

C. 管理决策　　D. 计划控制

二、判断题

1. 管理会计信息只满足内部信息需求者的信息需求。（　　）
2. 财务会计信息主要侧重于满足外部信息需求者的信息需求。（　　）
3. 管理会计强调财务性信息与非财务性信息并重。（　　）
4. 管理会计强调信息的行为意义。（　　）
5. 会计信息都是一种近似值。（　　）
6. 财务会计与管理会计只是会计的“同源分流”。（　　）
7. 在美国只要通过考试就可以获得注册管理会计师资格认证。（　　）
8. 财务性成本按其管理职能可以分为制造成本与期间成本。（　　）
9. 所有成本都是可控成本。（　　）
10. 差别成本就是边际成本。（　　）

三、简答题

1. 如何理解 21 世纪企业组织面临的宏、微观经营环境？
2. 如何理解会计信息需求者的不同信息需求，会计如何满足这些不同的信息需求？
3. 如何理解财务会计与管理会计是会计的“同源分流”？
4. 管理会计信息具有哪些基本特征？
5. 推动管理会计发展的动力是什么？
6. 如何理解管理会计与企业组织经营管理的关系？
7. 如何理解管理会计基本框架？
8. 管理会计为何职业化，如何职业化？
9. 如何理解管理会计师的道德行为准则？

10. 如何理解“不同目的，不同成本”？

11. 学了本章之后，您对会计有何认识？

案例分析

Yang Electronic Company（简称 YEC）开发了一种高速度、低成本的复印机。这种复印机主要供家庭使用。然而，随着 YEC 的顾客逐渐意识到使用 YEC 复印机的简单和便宜，越来越多的小企业也开始使用它。由于一些企业大量订购该产品，销售量直线上升。但是，这些企业的过度使用导致机器某些部件损坏，而保修条款规定，不论复印机的使用量多少，其保修期都是两年。结果，YEC 为更换损坏的部件而承担了高额成本。

YEC 董事会的季度例会即将召开，副总会计师马克需要编制一份情况报告。但是，一方面他很难预测这件事的确切影响；另一方面许多企业用户开始向竞争对手购买更为昂贵的复印机。显然，维修成本上升影响了 YEC 的盈利能力。马克尽其所能地为董事会准备了一份概括当前形势的报告。

YEC 的总会计师艾丽斯十分关注这份报告对董事会的影响。她并非不赞同这些分析，但是，她认为这将给人们留下管理不力的印象，甚至可能使董事会决定停止生产这种产品。在与工程部负责人会谈之后，艾丽斯相信对复印机的设计进行细微的改动，就可满足对复印机使用率高的顾客的需求，而停止生产可能会错过一个获利机会。

艾丽斯把马克叫到她的办公室，要求他删除报告中有关部件损坏的内容。她说这一点只需要向董事会口头汇报，同时说明该问题在技术上即将得到解决就可以了。但是，马克坚持认为，对报告作出这样的修改会在这个对公司盈利能力存在潜在负面影响的问题上误导董事会。

问题：

1. 艾丽斯对马克的要求道德吗，为什么？

2. 马克应如何解决这个问题？

第十三章　审计与内部控制

导言

A财务总监坐在办公室愁眉苦脸，总经理的批评声还在耳边回响："账还得要靠自己做，想花点钱图省事，没想到人家会计师事务所一句话让你白花钱，说什么他们只负审计责任，不负会计责任，他们不保证查出全部错误和舞弊，那要他们来干什么呢？"

A财务总监所在的C公司是一家具有特级资质的国有施工企业，无独立的内部审计部门，设有财审部，财务主管任部长，审计主管任副部长。内部审计只查各分、子公司的账，从来就没有查过总公司的账。公司一直以来是两套账，财审部一套、经营部一套，这两套账对不上，连总经理都不知道看哪套账才对。恰逢该公司某下属分公司的会计兼出纳张某挪用公司资金买彩票，致使公司遭受二十多万元损失，公司决定聘请会计师事务所做一次全面彻底的审计。审计后，会计师事务所出具了管理建议书，要求该公司加强内部控制制度建设，财务部和审计部分设，会计和出纳分设，内部审计部门要定期对公司内部控制制度的合理性和有效性进行评价。

照理讲，会计师事务所也起到了不少作用，两套账对不上的问题解决了，提出的管理建议也很到位。但让A财务总监难以理解的是，为什么非要写上那么一句话让他难堪呢？"下次非得……"，A财务总监喃喃自语。

本章结构

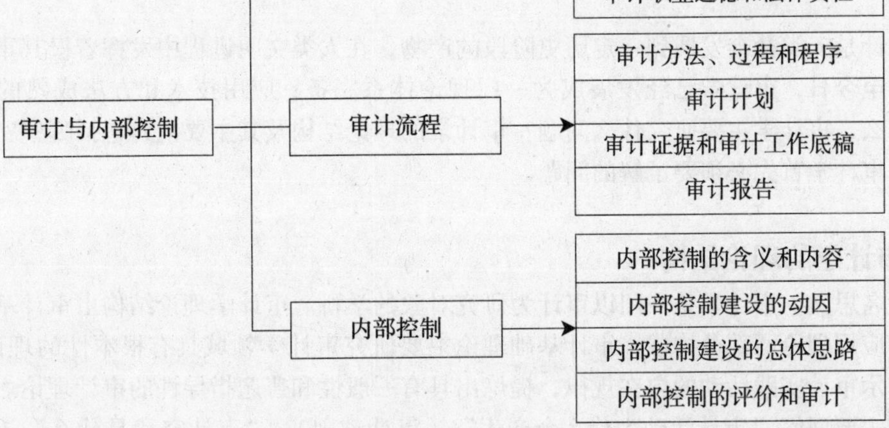

本章要点

了解审计学的理论结构
掌握审计的概念
掌握会计责任和审计责任
掌握审计目标
了解审计准则的概念和分类
了解审计的职业道德和法律责任
掌握审计方法、过程和程序
掌握审计计划和审计重要性、审计风险概念
掌握审计证据和审计工作底稿
掌握审计报告
掌握内部控制的含义和内容
了解内部控制建设的动因
了解内部控制建设的总体思路
了解内部控制的评价和审计

前几章我们讲述了会计学的基础知识。本章我们继续讨论与会计学密切相关的两个问题：审计与内部控制。第一节和第二节我们将首先讨论审计基础知识，包括审计基础和审计流程。在审计基础中我们探讨审计的概念、目标、准则、职业道德和法律责任，在审计流程中讨论审计方法和程序、计划、证据和工作底稿、报告等问题。第三节我们将讨论内部控制基础知识。先讲内部控制的含义和内容，再讲内部控制建设的动因和总体思路，最后讲内部控制的评价和审计。本章试图让读者在总体上形成一个对审计和内部控制知识的初步认识，以利于其对会计学科后续课程的学习。

第一节　审计基础

审计是人类社会发展到一定历史阶段的产物，在人类文明进程中发挥着极其重要的作用。时至今日，审计学已经发展成为一门理论体系完备、应用技术和方法成熟的专门学科。那么，审计学主要研究什么问题？审计学的理论结构及其主要内容包括哪些？这是我们学习审计学首先必须要了解的问题。

一、审计学的理论结构

顾名思义，审计学是一门以审计为研究对象的学科。审计学理论结构由审计基础理论与审计应用理论两部分构成。审计基础理论主要研究审计学领域具有根本性的理论问题，旨在揭示审计实践活动的内在规律，提炼出具有一般性和普遍指导性的审计理论。审计基础理论主要回答“审计活动为什么会产生”（审计动因）、“审计究竟是什么”（审计本质）、“审计具有怎样的职责和功能”（审计职能）、“审计是如何发展的”（审计史）等问题。在对这些问题的研究中，审计动因、审计本质、审计职能、审计假设、审计环境、审计目标、审计主体、审计客体等审计基本理论的主要概念形成了。审计应用理论主要研究如何运用审计理论来指导审计实践活动，使审计工作能更好地达成审计目标。简单地讲，审计应用理论主要回答如何开展审计工作的问题，如“怎样规范审计工作”（审计标准）、“审计工作该如何组织”（审计组织）、“审计工作包括哪几个阶段”（审计过程）、“如何审计”（审计方法和程序）、“证据是否充分适当”（审计证据）以及“审计结论如何报告，报告什么，向谁报告”（审计报告的形式、内容和报送）等，在对这些审计实务问题的不断总结中，审计组织、审计过程、审计范围、审计方法和审计程序、审计证据、审计报告等审计应用理论的主要概念形成了。审计理论结构如图 13－1 所示。

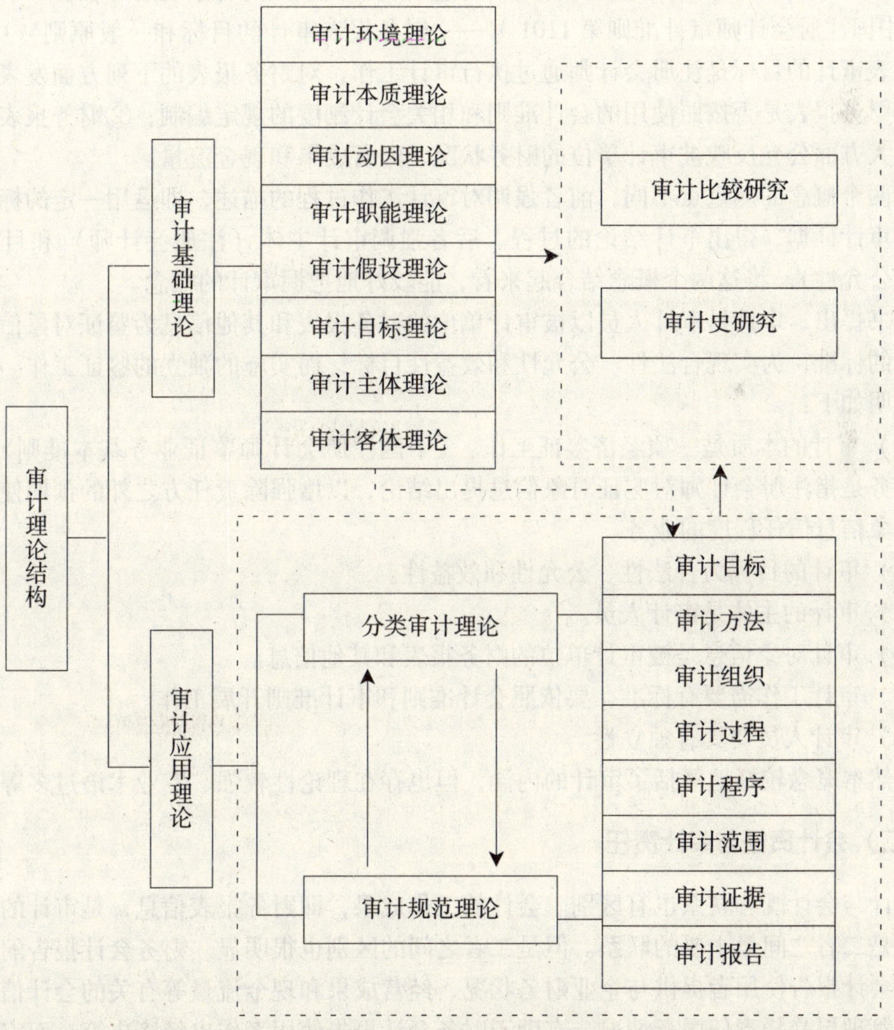

图 13－1 审计理论结构图

二、审计的概念及其分类

何谓审计？审计责任与会计责任有何区别？审计该如何分类？这是本部分拟回答的问题。

（一）审计的概念

审计的概念较多，目前尚无公认的概念，本书先介绍两个有代表性的概念并略作分析，再提出一个新的表述。

美国会计学会（AAA）于1972年在《基本审计概念说明》中对审计所下的定义是："为确定经济行为及经济现象的结论和所制定的标准之间的一致程度，而对与这种结论有关的证据进行客观收集、评定，并将结果传达给利害关系人的有系统的过程。"

《中国注册会计师审计准则第1101号——财务报表审计的目标和一般原则》中规定，财务报表审计的目标是注册会计师通过执行审计工作，对财务报表的下列方面发表审计意见：①财务报表是否按照使用的会计准则和相关会计制度的规定编制；②财务报表是否在所有重大方面公允反映被审计单位的财务状况、经营成果和现金流量。

这两个概念的侧重点不同，前者强调对审计工作过程的描述，即运用一定的标准，通过收集审计证据，得出审计结论的过程。后者强调审计主体（注册会计师）和目标（合法性和公允性）。将这两个概念结合起来看，能较好地把握审计的概念。

本书提出，审计是审计人员以被审计单位的财务报表和其他信息为鉴证对象信息，依据一定的标准，为实现合法性、公允性和效益性目标，而实施的独立的鉴证工作。

说明如下：

（1）审计的本质是一项经济鉴证工作。《中国注册会计师鉴证业务基本准则》指出，鉴证业务是指注册会计师对鉴证对象信息提出结论，以增强除责任方之外的预期使用者对鉴证对象信息信任程度的业务。

（2）审计的目标为合法性、公允性和效益性。

（3）审计的主体是审计人员。

（4）审计对象信息是被审计单位的财务报表和其他信息。

（5）审计工作需要有标准，要依照会计准则和审计准则开展工作。

（6）审计人员要具有独立性。

虽然本概念较好地概括了审计的内涵，但也存在理论性较强、专业术语过多等问题。

（二）会计责任与审计责任

审计与会计既有联系也有区别。会计的工作成果，即财务报表信息，是审计的工作对象，这是二者之间最主要的联系。但是二者之间的区别也很明显。财务会计报告的目标是向财务会计报告使用者提供与企业财务状况、经营成果和现金流量等有关的会计信息，反映企业管理层受托责任履行情况，有助于财务会计报告使用者作出经济决策。而审计的目标是合理保证财务报表信息的合法性、公允性和效益性。相应地，会计责任与审计责任也不同。

1. 会计责任

会计责任是指在被审计单位治理层的监督下，管理层按照适用的会计准则和相关会计制度的规定编制财务报表所承担的责任。管理层对编制财务报表的责任具体包括：

（1）选择适用的会计准则和相关会计制度。

（2）选择和运用恰当的会计政策。

（3）根据企业的具体情况，作出合理的会计估计。

为了履行编制财务报表的职责，管理层通常设计、实施和维护与财务报表编制相关的内部控制，以保证财务报表不存在由于舞弊或错误而导致重大错报。

2. 审计责任

审计责任是审计人员按照审计准则的规定对财务报表发表审计意见所承担的责任。对财务报表发表审计意见，有利于提高财务报表的可信程度。为履行这一职责，审计人员应当遵守职业道德规范，按照审计准则的规定，计划和实施审计工作，获取充分、适当的审计证据，并根据获取的审计证据得出合理的审计结论，发表恰当的审计意见。审计人员通过签署审计报告确认其责任。

3. 两种责任不能相互取代

财务报表审计不能减轻被审计单位管理层和治理层的责任。财务报表编制和财务报表审计是财务信息生成链条上的不同环节，两者各司其职。管理层和治理层对编制财务报表承担完全责任。如果财务报表存在重大错报，而审计人员通过审计没有能够发现，也不能因为财务报表已经审计人员审计这一事实而减轻管理层和治理层对财务报表的责任。

（三）审计的分类

审计可以从不同的角度，按照不同的依据进行分类。按照审计主体不同，可分为政府审计、内部审计和注册会计师审计（民间审计）；按照与被审计单位的关系不同，可分为内部审计和外部审计；按照审计的内容不同，可分为财务报表审计和绩效审计；按照审计的法律义务不同，可分为法定审计和任意审计；按照审计项目涉及的范围不同，可分为专项审计、局部审计和全面审计；按照审计实施的时间不同，可分为事前审计、事中审计和事后审计；按照审计实施的地点不同，可分为报送审计与就地审计；按照审计间隔期的不同，可分为定期审计与不定期审计。

这些分类并非孤立地存在，同一个审计项目可以有多个不同的分类。它可以既是民间审计和外部审计，也可以是财务报表审计、法定审计和定期审计等。

三、审计目标

凡事皆有目标，否则就会迷失方向。审计也不例外，在不同时期，针对不同的审计工作，审计有不同的目标。审计目标是在一定历史环境下，人们通过审计实践活动所期望达到的境地或最终结果。它包括审计总目标和审计具体目标两个层次。

（一）审计的总目标

审计的总目标经历了从最初的查错防弊，到目前的鉴证合法性和公允性阶段。如前所述，财务报表审计的目标是注册会计师对财务报表的合法性和公允性发表审计意见。而本书在给出审计的概念时，还指出了审计的另外一个目标，即效益性。合法性和公允性是注册会计师财务报表审计的目标。在审计的分类中可以看到，除注册会计师审计外，还有政府审计和内部审计；除财务报表审计外，还有绩效审计。这些不同类型的审计除了要实现合法性和公允性目标外，还要达成效益性目标。这里的“效益性”是一个笼统的说法，细分还能分为“经济性”、“效率性”和“效果性”等目标。由于财务报表审计是审计相关业务的基础，因此，这里主要讲述财务报表审计的目标。此外，还需要指出的是，关于审计的目标还有很多争论，这里不详细阐述。

（二）审计的具体目标

审计的具体目标是审计总目标的进一步具体化。合理确定具体审计目标，有助于审计人员按照审计准则的要求收集充分、适当的审计证据。一般说来，审计的具体目标应根据审计总目标和被审计单位管理层对会计报表的认定来确定。

1. 被审计单位管理层的认定

所谓认定，是指管理层对财务报表组成要素的确认、计量、列报作出的明确或隐含的表达。审计目标与被审计单位管理层的认定密切相关，因为审计人员的基本职责就在于确定被审计单位管理层对其会计报表的认定是否恰当，是对管理层认定的再认定。

《中国注册会计师审计准则1301号——审计证据》将认定按各类交易和事项、期末账户余额以及列报进行了区分。

（1）与各类交易和事项相关的认定：①发生。记录的交易和事项已发生，且与被审计单位有关。②完整性。所有应当记录的交易和事项均已记录。③准确性。与交易和事项有关的金额及其他数据已恰当记录。④截止。交易和事项已记录于正确的会计期间。⑤分类。交易和事项已记录于恰当的账户。

（2）与期末账户余额相关的认定：①存在。记录的资产、负债和所有者权益是存在的。②权利和义务。记录的资产由被审计单位拥有或控制，记录的负债是被审计单位应当履行的偿还义务。③完整性。所有应当记录的资产、负债和所有者权益均已记录。④计价和分摊。资产、负债和所有者权益以恰当的金额包括在财务报表中，与之相关的计价或分摊调整已恰当记录。

（3）与列报相关的认定：①发生以及权利和义务。披露的交易、事项和其他情况已发生，且与被审计单位有关。②完整性。所有应当包括在财务报表中的披露均已包括。③分类和可理解性。财务信息已被恰当地列报和描述，且披露内容表达清楚。④准确性和计价。财务信息和其他信息已公允披露，且金额恰当。

2. 审计的具体目标

审计的具体目标是审计人员在审计过程中，对不同项目进行审计时，依其认定而确定的，期望通过审计达成的证实或证伪的最终结果。由于审计是对管理层所作出的认定的再认定，是一项鉴证工作。那么，为实现合法性和公允性目标，审计人员就要紧紧扣住前述三类认定，确定不同项目的再认定的目标，这一目标就是审计的具体目标。

在审计过程中，审计人员应紧紧围绕具体审计目标搜集证据。把这些证据累积起来，审计人员就可以有针对性地鉴证管理层的认定是否正确。综合全部认定的鉴证结论，审计人员就可以对财务报表整体的合法性和公允性发表意见了。

四、审计准则

审计准则是由政府有关部门或会计师职业团体制定的，用以规范审计人员执行审计业务，获取审计证据，形成审计结论，出具审计报告的专业标准。它是审计人员在进行审计工作时应该遵循的行为规范，也是衡量审计工作质量的权威性标准。

审计准则按规范的对象不同，可分为政府审计准则、内部审计准则和注册会计师执业准则等。下面简要介绍我国各类审计准则的建设情况。

（一）政府审计准则

我国审计署从 1989 年开始制定国家审计准则。在 2000 年发布的《中国国家审计准则》“序言”中，明确提出我国的国家审计准则体系由基本准则、通用和专业审计准则、审计指南等 3 个层次组成。2009 年 8 月 28 日，审计署发布《中华人民共和国国家审计准则（2009 年版征求意见稿）》，拟取代此前发布的政府审计准则。

（二）内部审计准则

我国内部审计准则是中国内部审计学会依据《中华人民共和国审计法》、《审计署关于内部审计工作的规定》及相关法律法规制定的。我国内部审计准则由内部审计基本准则、内部审计具体准则和内部审计实务指南等 3 个层次组成。

（三）注册会计师执业准则

我国注册会计师执业准则由财政部于 2006 年 2 月 15 日正式发布，共 48 项，包括鉴证业务准则、相关服务准则和质量控制准则等 3 大部分。

五、审计职业道德和法律责任

道德和法律是市场经济的两大支柱。随着市场经济的发展，企业所有权和控制权的分离，现代审计应运而生并逐步发展壮大，同时，审计工作也必须在道德和法律的约束下进行。这里关于职业道德和法律责任的讨论将以注册会计师审计为主。

（一）审计的职业道德

审计的职业道德是指审计人员在开展审计工作时必须遵守的行为规范的总和，是指审计人员职业品德、职业纪律、专业胜任能力及职业责任等的总称。

国际会计师联合会（IFAC）的职业道德委员会于 1988 年发布《职业会计师道德守则》（*a Code of Ethics for Professional Accountants*）。中国注册会计师协会颁布了《中国注册会计师职业道德基本准则》（1996）、《中国注册会计师职业道德规范指导意见》以及《中国注册会计师职业道德守则》（2009）等规范。这些规范明确规定审计人员应当遵守职业道德准则，履行相应的社会责任，维护社会公众利益，恪守独立、客观、公正的原则。

（二）审计的法律责任

法律责任是指注册会计师因违约、过失或欺诈对委托人或第三方造成损害，而应按有关法律法规承担的法律后果。注册会计师的法律责任主要包括行政责任、民事责任和刑事责任。

1. 行政责任

注册会计师的行政责任是指注册会计师或会计师事务所因违反法律法规而受到的行政处罚。对注册会计师的处罚包括警告、暂停执业和吊销注册会计师证书等。对会计师事务所的处罚包括警告、没收违法所得、罚款、暂停执业和撤销等。

2. 民事责任

注册会计师的民事法律责任是指注册会计师或会计师事务所因违约、过失或欺诈给他人造成经济损失而应予以赔偿的法律责任。我国对于注册会计师民事法律责任的确定，主要依据《中华人民共和国民法通则》、《注册会计师法》、《证券法》以及最高人民法院有关司法解释等。

3. 刑事责任

注册会计师的刑事责任是指注册会计师因重大过失或故意欺诈，触犯了刑法禁止的行为而应承担的法律责任。刑事责任包括罚金、拘役和有期徒刑等。

第二节　审计流程

审计作为一门应用性的学科，其核心是一套实用性的审计流程，包括一些具体的审计技术和方法。

一、审计方法、过程和程序

审计方法、过程和程序是回答“如何审计”的问题。这三个概念讲的都是审计方法，只是覆盖面和侧重点不同。此外，审计范围也与“如何审计”相关。

（一）审计方法

审计方法是指审计人员为完成审计工作、实现审计目标而采取的途径、步骤和手段等，是所有与“如何审计”相关的概念中覆盖面最广的概念。审计方法可以有多种分类：①按方法论来分，可分为账项基础审计、制度基础审计和风险导向审计等。②按照审计样本量来分，可分为详细审计和抽样审计。③按照审计工作的步骤来分，可分为计划阶段、实施阶段和完成阶段等。④按照审计取证的具体目的不同来分，可分为风险评估程序、控制测试程序和实质性程序等。⑤按照审计取证的具体方法来分，可分为检查、观察、询问、函证、重新计算、重新执行和分析程序等。⑥按照检查的顺序来分，可分为顺查法和逆查法等。

（二）审计过程

审计过程是指审计工作从开始到结束所经过的步骤。一般包括三个主要阶段，即计划阶段、实施审计阶段和审计完成阶段。具体来讲，以注册会计师审计为例，包括接受业务委托、计划审计工作、实施风险评估程序、实施控制测试和实质性程序、完成审计工作和编制审计报告等阶段。

我们以现代风险导向审计方法为例进行说明。

现代风险导向审计的步骤如下：

（1）了解被审计单位及其环境并评估重大错报风险，即风险评估程序：

①评估财务报表层次的重大错报风险；

②评估（各类交易、账户余额、列报）认定层次的重大错报风险。

（2）针对财务报表层次的重大错报风险采取的措施，即总体应对措施：

①向项目组强调在收集和评价审计证据过程中保持职业怀疑态度的必要性；

②分派更有经验或具有特殊技能的审计人员，或利用专家的工作；

③提供更多的督导；

④在选择进一步审计程序时，应当注意使某些程序不被管理层预见或事先了解；

⑤对拟实施审计程序的性质、时间和范围作出总体修改。

（3）针对认定层次的重大错报风险采取的措施，即进一步审计程序：

①进行控制测试程序（必要时或决定测试时），再评估认定层次的重大错报风险；

②进行实质性程序（含实质性分析程序和细节测试），降低认定层次的检查风险。

（4）评价审计结果，提出审计意见，出具审计报告。

可见，审计过程是对审计工作加以分步实施的方法，也是审计方法。

（三）审计程序

审计程序是指审计人员为获取审计证据、得出审计结论、形成审计意见而采取的审计取证方法。

审计程序可分为总体审计程序和具体审计程序。

1. 总体审计程序

按照审计取证的具体目的不同来分，审计程序可分为风险评估程序、控制测试程序（必要时或决定测试时）和实质性程序等。我们将这三类审计程序统称为总体审计程序。

2. 具体审计程序

按照审计取证的具体方法来分，审计程序可分为检查记录或文件、检查有形资产、观察、询问、函证、重新计算、重新执行和分析程序等八种类型。在实施风险评估程序、控制测试或实质性程序时，审计人员可根据需要单独或综合运用这些程序，以获取充分、适当的审计证据。

（四）审计范围

审计范围是指为实现审计目标，审计人员根据审计准则和职业判断实施的恰当的审计程序的总和。恰当的审计程序是指审计程序的性质、时间和范围是恰当的。

审计程序的性质是指审计程序的目的和类型。

审计程序的时间是指审计人员何时实施审计程序，或指审计证据适用的期间或时点。

审计程序的范围是指实施审计程序的数量，包括抽取的样本量，对某项控制活动的观察次数等。

审计范围受到限制是指由于客观原因或者被审计单位施加的限制，审计人员未能实施其根据审计准则和职业判断应当实施的审计程序，从而未能获取充分、适当的审计证据。

二、审计计划

审计过程中的第一个阶段是计划阶段，在此阶段，审计人员应当计划审计工作，使审计业务以有效的方式得到执行。计划审计工作包括针对审计业务制定总体审计策略和具体审计计划，以将审计风险降至可接受的低水平。

（一）总体审计策略

1. 总体审计策略的含义

总体审计策略是审计人员对审计范围、时间和审计工作方向的总体规划。在确定总体审计策略时，审计人员要考虑以下主要事项：

（1）审计范围。审计人员应当根据审计业务的特征来确定审计范围，这些特征包括采用的会计准则和相关会计制度、特定行业的报告要求以及被审计单位组成部分的分布等。

（2）报告目标。总体审计策略的制定应当包括明确审计业务的报告目标，以计划审计的时间安排和所需沟通的性质，包括提交审计报告的时间要求、预期与管理层和治理层沟通的重要日期等。

（3）审计方向。总体审计策略的制定应当包括考虑影响审计业务的重要因素，以确定项目组工作方向，包括确定适当的重要性水平，初步识别可能存在较高的重大错报风险的领域，初步识别重要的组成部分和账户余额，评价是否需要针对内部控制的有效性获取审计证据，识别被审计单位、所处行业、财务报告要求及其他相关方面最近发生的重大变化等。

2. 总体审计策略与具体审计计划的关系

制定总体审计策略和具体审计计划的过程紧密联系，并且两者的内容也紧密相关。总体审计策略一经制定，审计人员应当针对总体审计策略中所识别的不同事项，制订具体审计计划，并考虑通过有效利用审计资源以实现审计目标。

（二）具体审计计划

1. 具体审计计划的含义

具体审计计划是指审计人员为获取充分、适当的审计证据以将审计风险降至可接受的低水平，而对拟实施的审计程序的性质、时间和范围作出的具体规划。

2. 具体审计计划的内容

在确定具体审计计划时，应包括以下内容：

（1）风险评估程序。具体审计计划应当包括按照审计准则的规定，制定出为足够识别和评估财务报表重大错报风险，审计人员计划实施的风险评估程序的性质、时间和范围。

（2）计划实施的进一步审计程序。具体审计计划应当包括按照审计准则的规定，制定出针对评估的认定层次的重大错报风险，审计人员计划实施的进一步审计程序的性质、时间和范围。

通常，审计人员计划的进一步审计程序可以分为进一步审计程序的总体方案和拟实施的具体审计程序（包括进一步审计程序的具体性质、时间和范围）两个层次。

（3）计划实施的其他审计程序。计划实施的其他审计程序包括上述进一步程序的计划中没有涵盖的、根据审计准则的要求审计人员应当执行的既定程序。例如，阅读含有已审计财务报表的文件中的其他信息，与被审计单位律师直接沟通等。

3. 审计过程中对计划的更改

计划审计工作并非审计业务的一个孤立阶段，而是一个持续的、不断修正的过程，贯穿于整个审计业务的始终。由于未预期事项、条件的变化或在实施审计程序中获取的审计证据等原因，注册会计师应当在审计过程中对总体审计策略和具体审计计划作出必要的更新和修改。

（三）审计重要性

重要性是审计学的一个重要概念。审计重要性概念的运用贯穿于整个审计过程之中。

重要性取决于在具体环境下对错报金额和性质的判断。如果一项错报单独或连同其他错报可能影响财务报表使用者依据财务报表作出的经济决策，则该项错报是重大的。具体说明如下：

（1）重要性概念中的错报包含漏报。财务报表错报包括财务报表金额的错报和财务报表披露的错报。

（2）重要性包括对数量和性质两个方面的考虑。所谓数量方面，是指错报的金额大小，性质方面则是指错报的性质。一般而言，金额大的错报比金额小的错报更重要。在有些情况下，某些金额的错报从数量上看并不重要，但从性质上考虑则可能是重要的。

（3）重要性概念是针对财务报表使用者决策的信息需求而言的。判断一项错报重要与否，应视其对财务报表使用者依据财务报表作出经济决策的影响程度而定。如果财务报表中的某项错报足以改变或影响财务报表使用者的相关决策，则该项错报就是重要的，否则就不重要。

（4）重要性的确定离不开具体环境。由于不同的被审计单位面临不同的环境，不同的报表使用者有不同的信息需求，因此审计人员确定的重要性也不相同。

（5）对重要性的评估需要运用职业判断。影响重要性的因素很多，审计人员应当根据被审计单位面临的环境，并综合考虑其他因素，合理确定重要性水平。

（四）审计风险

审计是合理保证，不是绝对保证，因此审计风险总是存在的。

审计风险是指财务报表存在重大错报而审计人员发表不恰当审计意见的可能性。合理保证与审计风险互为补数，即合理保证与审计风险之和等于100%。如果审计人员将审计风险降至可接受的低水平，则对财务报表不存在重大错报获取了合理保证。审计风险取决于重大错报风险和检查风险。

审计风险模型：

$$审计风险=重大错报风险\times检查风险$$

审计风险与重要性之间存在反向关系。重要性水平越高，审计风险越低；重要性水平越低，审计风险越高。

三、审计证据和审计工作底稿

为实现审计目标，审计人员必须运用审计方法，收集和评价审计证据，编制审计工作底稿，并由此形成审计结论和审计意见。

（一）审计证据

审计工作的中心任务就是围绕审计项目进行取证，审计证据的重要性不言而喻。

1. 审计证据的含义

审计证据是指审计人员为了得出审计结论、形成审计意见而使用的所有信息，包括财务报表依据的会计记录中含有的信息和其他信息。

财务报表依据的会计记录中包含的信息和其他信息共同构成了审计证据，两者缺一不可。

2. 审计证据的特征

充分性和适当性是审计证据的两个重要特征，二者缺一不可，只有充分且适当的审计证据才是有证明力的。

（1）审计证据的充分性。审计证据的充分性是对审计证据数量的衡量，主要与审计人员确定的样本量有关。一般而言，样本量越大，获得的证据越充分。审计人员需要获取的审计证据的数量受重大错报风险影响。根据审计风险模型，在可接受的审计风险水平一定的情况下，重大错报风险越大，审计人员就应实施越多的测试工作，将检查风险降至可接受水平，以将审计风险控制在可接受的低水平范围内。

（2）审计证据的适当性。审计证据的适当性是对审计证据质量的衡量，即审计证据在支持各类交易、账户余额、列报的相关认定，或发现其中存在错报方面具有相关性和可靠性。相关性和可靠性是审计证据适当性的核心内容，审计证据的相关性是指审计证据要与具体审计目标具有关联性。审计证据的可靠性是指证据的真实可信程度。只有相关且可靠的审计证据才是高质量的。

（二）审计工作底稿

审计工作底稿是审计证据的载体，审计人员应当及时编制审计工作底稿，以便提供充分、适当的记录，作为审计报告的基础，并可以提供证据，证明其按照审计准则的规定执行了审计工作。

1. 审计工作底稿的含义

审计工作底稿是指审计人员对制订的审计计划、实施的审计程序、获取的相关审计证据，以及得出的审计结论作出的记录；是审计人员在审计过程中形成的审计工作记录和获取的资料。

2. 审计工作底稿的性质

审计工作底稿的性质主要指审计工作底稿的存在形式和内容。

审计工作底稿的存在形式包括纸质、电子或其他介质等。

审计工作底稿的内容通常包括总体审计策略、具体审计计划、分析表、问题备忘录、重大事项概要、询证函回函、管理层声明书、核对表、有关重大事项的往来信件（包括电子邮件），以及对被审计单位文件记录的摘要或复印件等。

3. 编制审计工作底稿的总体要求

一份编制完整的审计工作底稿，应当使得未曾接触该项审计工作的有经验的专业人士清楚了解：

（1）按照审计准则的规定实施的审计程序的性质、时间和范围；

（2）实施审计程序的结果和获取的审计证据；

（3）就重大事项得出的结论。

有经验的专业人士，是指对下列方面有合理了解的人士：

（1）审计过程；

（2）相关法律法规和审计准则的规定；

（3）被审计单位所处的经营环境；

（4）与被审计单位所处行业相关的会计和审计问题。

4. 编制审计工作底稿的要素

审计工作底稿的要素的确定应符合前述总体要求，一份编制完整的审计工作底稿通常应包括下列要素：被审计单位名称，审计项目名称，审计项目时点或期间，审计过程记录，审计结论，审计标识及其说明，索引号及编号，编制者姓名及编制日期，复核者姓名及复核日期，其他应说明事项等。

5. 审计工作底稿的归档

审计工作底稿应及时归档，审计工作底稿的归档期限为审计报告日后60天内。

审计档案可以分为永久性档案和当期档案。永久性档案是指那些记录内容相对稳定，具有长期使用价值，并对以后审计工作具有重要影响和直接作用的审计档案。例如，被审计单位的组织结构、批准证书、营业执照、章程、重要资产的所有权或使用权的证明文件复印件等。当期档案是指那些记录内容经常变化，主要供当期和下期审计使用的审计档案。例如，总体审计策略和具体审计计划。

审计档案应至少保存 10 年。

四、审计报告

在获取审计证据后，审计人员要形成审计意见并出具审计报告。

（一）审计报告的含义

审计报告是指审计人员根据审计准则的规定，在实施审计工作的基础上对被审计单位财务报表发表审计意见的书面文件。

（二）审计意见的形成

审计人员应当评价根据审计证据得出的结论，以作为对财务报表形成审计意见的基础。在对财务报表形成审计意见时，审计人员应当根据已获取的审计证据，评价是否已对财务报表整体不存在重大错报获取合理保证。审计人员对审计结论的评价贯穿于审计的全过程。审计人员应该按照本章在审计总目标中讲述相关内容评价财务报表的合法性和公允性，并形成审计意见。审计意见分为无保留意见、保留意见、否定意见和无法表示意见等四类。

形成无保留意见须具备以下条件：①财务报表已经按照适用的会计准则和相关会计制度的规定编制，在所有重大方面公允反映了被审计单位的财务状况、经营成果和现金流量。②审计人员已经按照审计准则的规定计划和实施了审计工作，在审计过程中未受到限制。

形成保留意见须具备以下情形之一：①会计政策的选用、会计估计的作出或财务报表的披露不符合适用的会计准则和相关会计制度的规定，虽影响重大，但不至于形成否定意见。②因审计范围受到限制，不能获取充分、适当的审计证据，虽影响重大，但不至于形成无法表示意见。

如果认为财务报表没有按照适用的会计准则和相关会计制度的规定编制，未能在所有重大方面公允反映被审计单位的财务状况、经营成果和现金流量，审计人员应当形成否定意见。

如果审计范围受到限制可能产生的影响非常重大和广泛，不能获取充分、适当的审计证据，以至于无法对财务报表发表审计意见，审计人员应当形成无法表示意见。

（三）审计报告的种类

审计报告的种类是按照不同标准对审计报告所作的分类。按照审计报告的目的和内容分类，可分为财务审计报告、经济效益审计报告、财经法纪审计报告、财政金融审计报告等；按照审计报告的形式分类，可分为标准审计报告和非标准审计报告；按照审计报告使用的目的分类，可分为公布目的的审计报告和非公布目的的审计报告；按照审计报告的详略程度分类，可分为简式审计报告和详式审计报告。

（四）审计报告的要素和格式

不同种类的审计报告，其要素和格式不尽相同。下面以注册会计师财务报表审计报告为例，介绍简式审计报告的要素和格式。

1. 审计报告的要素

审计报告应当包括九项要素：标题，收件人，引言段，管理层对财务报表的责任段，注册会计师的责任段，审计意见段，注册会计师的签名和盖章，会计师事务所的名称、地址及盖章，报告日期等。

2. 审计报告的标准格式

下面以标准审计报告的参考格式为例，展示审计报告的格式：

审计报告

ABC股份有限公司全体股东：

我们审计了后附的ABC股份有限公司（以下简称ABC公司）财务报表，包括2001年12月31日的资产负债表，2001年度的利润表、股东权益变动表和现金流量表以及财务报表附注。

一、管理层对财务报表的责任

按照企业会计准则和《××会计制度》的规定编制财务报表是ABC公司管理层的责任。这种责任包括：（1）设计、实施和维护与财务报表编制相关的内部控制，以使财务报表不存在由于舞弊或错误而导致的重大错报；（2）选择和运用恰当的会计政策；（3）作出合理的会计估计。

二、注册会计师的责任

我们的责任是在实施审计工作的基础上对财务报表发表审计意见。我们按照中国注册会计师审计准则的规定执行了审计工作。中国注册会计师审计准则要求我们遵守职业道德规范，计划和实施审计工作以对财务报表是否不存在重大错报获取合理保证。

审计工作涉及实施审计程序，以获取有关财务报表金额和披露的审计证据。选择的审计程序取决于注册会计师的判断，包括对由于舞弊或错误导致的财务报表重大错报风险的评估。在进行风险评估时，我们考虑与财务报表编制相关的内部控制，以设计恰当的审计程序，但目的并非对内部控制的有效性发表意见。审计工作还包括评价管理层选用会计政策的恰当性和作出会计估计的合理性，以及评价财务报表的总体列报。

我们相信，我们获取的审计证据是充分、适当的，为发表审计意见提供了基础。

三、审计意见

我们认为，ABC公司财务报表已经按照企业会计准则和《××会计制度》的规定编制，在所有重大方面公允反映了ABC公司2001年12月31日的财务状况以及2001年度的经营成果和现金流量。

××会计师事务所　　　　中国注册会计师：×××
（盖章）　　　　（签名并盖章）
　　　　中国注册会计师：×××
　　　　（签名并盖章）

中国××市

二〇〇二年×月×日

以上我们主要以注册会计师审计为例简要介绍了审计的基础知识，对政府审计和内部审计涉及甚少，对具体项目的审计，如对货币资金审计、销售与收款循环审计、采购与付款循环审计、存货与仓储循环审计、筹资与投资循环审计等，还有对一些特殊领域的审计，如验资等，只能在这里稍有提及。因此，大量丰富多彩、全面具体的知识尚需通过专门的审计学课程进一步学习。

第三节　内部控制

现代审计是基于内部控制的抽样审计，审计人员对内部控制的评价结果，直接影响到实质性测试的性质、时间和范围，也会影响到审计意见，因此，对于审计人员而言，掌握内部控制的相关知识十分必要。安然事件后，美国颁布《萨班斯法案》，要求公司管理层出具内部控制自我评估报告，注册会计师出具内部控制审计报告。各国争相效仿，纷纷出台类似的规范，我国财政部等五部委也于 2008 年 5 月发布《企业内部控制基本规范》，被称为“中国版的《萨班斯法案》”。这样，企业建立和实施内部控制就上升到了法律和规章的层面，逐步为社会公众广泛关注。那么，什么是内部控制，为什么要建立内部控制，究竟该如何建立内部控制，内部控制该如何评价，就成为学习内部控制必须了解的问题。

一、内部控制的含义和内容

（一）内部控制的含义

内部控制，是由企业董事会、监事会、经理层和全体员工实施的，旨在实现控制目标的过程。内部控制的目标是合理保证企业经营管理合法合规、资产安全、财务报告及相关信息真实完整，提高经营效率和效果，促进企业实现发展战略。企业建立与实施有效的内部控制，应当包括内部环境、风险评估、控制活动、信息与沟通以及内部监督等要素。说明如下：

（1）内部控制是一个过程。内部控制是贯穿于企业管理活动中，并随着企业的发展而不断发展的一个动态的过程。

（2）内部控制具有目标导向性。内部控制不是为控制而控制，而是为了实现企业的战略和经营层次的目标。

（3）内部控制是一个整体。内部控制由五要素构成（也有八要素说），各要素之间相互依存，每个要素均包含其他四个要素，共同构成一个整体框架。

（4）内部控制具有全员参与性。内部控制由企业的董事会、监事会、经理层和全体员工实施。企业所有员工，包括管理层和普通员工都参与其间并受控，不允许有人凌驾于内部控制之上。

（5）内部控制是合理保证，不是绝对保证。由于串通舞弊等原因，内部控制不可能是担保，只是高水平的保证。

（6）内部控制具有广泛的适用性。内部控制不仅适用于企业等盈利组织，而且适用于非盈利组织。

（二）内部控制的内容

下面我们围绕内部控制的要素，讲述内部控制的内容。

1. 内部环境

内部环境是企业实施内部控制的基础，一般包括治理结构、机构设置及权责分配、内部审计、人力资源政策、企业文化等。

（1）关于治理结构。企业应当根据国家有关法律法规和企业章程，建立规范的公司治理结构和议事规则，明确决策、执行、监督等方面的职责权限，形成科学有效的职责分工和制衡机制。

（2）关于机构设置及权责分配。企业应当结合业务特点和内部控制要求设置内部机构，明确职责权限，将权利与责任落实到各责任单位。企业应当通过编制内部管理手册，使全体员工掌握内部机构设置、岗位职责、业务流程等情况，明确权责分配，正确行使职权。

（3）关于内部审计。企业应当加强内部审计工作，保证内部审计机构设置、人员配备和工作的独立性。

（4）关于人力资源政策。企业应当制定和实施有利于企业可持续发展的人力资源政策。企业应当将职业道德修养和专业胜任能力作为选拔和聘用员工的重要标准，切实加强员工培训和继续教育，不断提升员工素质。

（5）关于企业文化。企业应当加强文化建设，培养积极向上的价值观和社会责任感，倡导诚实守信、爱岗敬业、开拓创新和团队协作精神，树立现代管理理念，强化风险意识。

2. 风险评估

风险评估是企业及时识别、系统分析经营活动中与实现内部控制目标相关的风险，合理确定风险应对策略。

（1）关于目标设定。企业应当根据发展的实际，设定内部控制目标和风险承受限度。风险承受限度是企业能够承担的风险限度，包括整体风险承受能力和业务层面的可接受风险水平。

（2）关于风险事项识别。为达成控制目标，企业应当识别内外各种风险因素。

（3）关于风险评估。企业应当采用定性与定量相结合的方法，按照风险发生的可能性及其影响程度等，对识别的风险进行分析和排序，确定关注重点和优先控制的风险。

（4）关于风险应对策略。企业应当根据风险分析的结果，结合风险承受限度，权衡风险与收益，确定风险应对策略。企业应当综合运用风险规避、风险降低、风险分担和风险承受等风险应对策略，实现对风险的有效控制。

3. 控制活动

控制活动是企业根据风险评估结果，采用相应的控制措施，将风险控制在可承受限度之内。

控制措施一般包括：不相容职务分离控制、授权审批控制、会计系统控制、财产保护控制、预算控制、运营分析控制和绩效考评控制等。

4. 信息与沟通

信息与沟通是企业及时、准确地收集、传递与内部控制相关的信息，确保信息在企业内部、企业与外部之间进行有效沟通。

5. 内部监督

内部监督是企业对内部控制建立与实施情况进行监督检查，评价内部控制的有效性，发现内部控制缺陷时，应当及时加以改进。

二、内部控制建设的动因

企业建立内部控制是出于其自身发展的需要，也是迫于监管当局的压力。正是在这两股力量的影响下，内部控制一步步从简单的内部控制阶段发展到全面风险管理阶段。

（一）建立内部控制是审计和监管的外部需求

这是内部控制建设制度化和规范化的主要推动力。按常理，内部控制应该是企业出于自身风险管理的需要建立起来的，是企业自身的行为，不需要外力作用。但是监管当局出于对财务报告信息披露的监管需要，强制性要求企业建立健全财务报告内部控制，这极大地促进了内部控制的发展。

1. 外部审计的需要促进了内部控制建设

随着审计逐步从详细审计向抽样审计过渡，内部控制的重要性开始为审计人员所关注。1905 年，英国著名审计学家迪克西在《审计学》中指出，“内部控制是决定详细验证工作量的关键”，“合理的内部控制系统可以减少详细审计工作”。1912 年，美国著名审计学家蒙哥马利在《审计理论与实践》中主张将资产负债表审计的必要范围与评价委托人的内部控制系统联系起来。1939 年，麦克森－罗宾斯案（McKesson & Robbins）后，美国注册会计师协会（AICPA）的前身美国会计师协会（AIA）成立了审计程序特别委员会，同年 10 月发布《审计程序说明书》，明确指出：“审计抽样和测试的范围，应以独立审计人员对内部控制有效性的判断为根据”，并要求在审计报告中明确指出，“我们已经评价了被审计单位的内部控制系统”。其后，控制测试成为审计测试的常用方法，控制测试技术也日渐成熟。为适应外部审计的需要，获得无保留意见的审计报告，企业开始加强内部控制建设。

2. 政府监管的需要强化了内部控制建设

外部审计毕竟是民间审计，缺乏强制力。政府监管部门以法律为支撑对企业内部控制提出的强制性要求，强化了企业内部控制建设。

美国 1934 年的《证券交易法》、1977 年的《反海外贿赂法》和 2002 年的《萨班斯法案》都对企业内部控制建设提出了法律上的要求，企业因内部控制建设不力，会受到法律制裁。我国《企业内部控制基本规范》也在规章层面上提出了内部控制建设的要求。这些规定使得企业不得不采取有效措施加强自身内部控制建设，以规避法律风险。

（二）建立内部控制制度是企业自身发展的内在需求

1. 内部控制建设是防范经营风险的需要

企业是一个风险组织，不冒风险的企业是不存在的。全球金融危机一再发生，原因很多，根本的一点是企业希望获得风险报酬。一旦风险过大，监管失灵，在经济日益全球化的今天，就容易引发金融危机。企业是在一个不确定的市场中经营的，风险无处不在，为防范风险，有必要合理确定风险承受限度，将风险控制在一定的范围内，以确保企业健康发展。

2. 内部控制建设是反舞弊的需要

舞弊是指企业的管理层、治理层、员工或第三方使用欺骗手段获取不正当或非法利益的故意行为。舞弊行为主体的范围很广，可能是企业的管理层、治理层、员工或第三方。涉及管理层或治理层一个或多个成员的舞弊通常被称为“管理层舞弊”，只涉及企业员工的舞弊通常被称为“员工舞弊”。无论是何种舞弊，都有可能涉及企业内部或与外部第三方的串谋，而舞弊行为的目的则是为特定个人或利益集团获取不正当或非法利益。

舞弊行为的发生可以分解为三项因素：实施舞弊的动机或压力；实施舞弊的机会；舞弊者为舞弊行为寻找的借口。首先，舞弊者实施舞弊是有动机或压力的。比如，侵吞、挪用资产的动机可能是个人生活的入不敷出，或为了满足对奢华物质生活的贪欲；对财务信息作出虚假报告，可能是因为管理层出于为审计单位外部或内部实现特定利润目标的压力。其次，舞弊的发生往往说明存在着舞弊者得以实施舞弊行为的机会。比如，如果内部控制可以被处于关键管理职位或熟知内部控制的某个薄弱环节的人员所凌驾或规避，那么就存在着对财务信息作出虚假报告或挪用资产的机会。最后，舞弊者可能会为舞弊行为寻求貌似合理的借口，以求得内心的平衡或解脱。

通过舞弊三要素的分析可知，企业要防止舞弊就要不给舞弊者机会，就要建立健全的内部控制制度。

三、内部控制建设的总体思路

这里只讲总体思路，具体设计暂不涉及。财政部等五部委于 2010 年 4 月 26 日发布《企业内部控制配套指引》（以下简称《配套指引》），《配套指引》含《企业内部控制应用指引》（以下简称《应用指引》）、《企业内部控制评价指引》（以下简称《评价指引》）和《企业内部控制审计指引》（以下简称《审计指引》）。《配套指引》的发布，连同 2008 年发布的《企业内部控制基本规范》，标志着适应我国企业实际情况、融合国际先进经验的中国企业内部控制规范体系基本建成。那么，企业就应按照这些规范的要求建立健全内部控制系统。

《应用指引》共 18 号，具体包括：《第 1 号——组织架构》、《第 2 号——发展战略》、《第 3 号——人力资源》、《第 4 号——社会责任》、《第 5 号——企业文化》、《第 6 号——资金活动》、《第 7 号——采购业务》、《第 8 号——资产管理》、《第 9 号——销售业务》、《第 10 号——研究与开发》、《第 11 号——工程项目》、《第 12 号——担保业务》、《第 13 号——业务外包 》、《第 14 号——财务报告》、《第 15 号——全面预算》、《第 16 号——

合同管理》、《第 17 号——内部信息传递》、《第 18 号——信息系统》。

《评价指引》第 4 条规定：“企业应当根据本评价指引，结合内部控制设计与运行的实际情况，制定具体的内部控制评价办法，规定评价的原则、内容、程序、方法和报告形式等，明确相关机构或岗位的职责权限，落实责任制，按照规定的办法、程序和要求，有序开展内部控制评价工作。”

（一）财务报告内部控制建设的思路

根据“企业内部控制规范起草说明”，企业内部控制具体规范的设计主要以财务报告内部控制为主线，初步拟定为 26 项。其中，17 项已起草完成并对外公开征求意见；9 项正在抓紧研究起草之中。具体规范的内容结构及项目具体构成如图 13－2 所示。这些具体规范可以概括为以下三类：

图 13－2　企业内部控制具体规范体系

资料来源：财政部．企业内部控制规范起草说明，2007

第一类是对与企业财务报表项目相关的、可能会对财务报告真实可靠性产生较大影响的经济业务事项提出具体要求的控制规范。

第二类是与财务报表编报相关的控制规范，包括财务报告编制、公允价值、关联交易、信息披露等。

第三类是为实现有效的财务报告内部控制所必需的事前、事中和事后制度支持的控制规范，包括预算控制、人力资源控制、计算机信息系统控制、审计监督控制等。

因此，企业建立财务报告内部控制制度至少应该包括以上26个制度。

（二）全面风险管理建设的思路

按照全面风险管理的思路建设内部控制制度，就是要全面实现《企业内部控制基本规范》的要求，不仅仅限于财务报告内部控制，而是要涵盖企业管理的方方面面。这就要求除按照前述财务报告内部控制具体规范的规定建立内部控制制度外，还要将企业行政、生产、税务、保险、市场、后勤、安保等方面的内部控制建立起来，形成一个包括企业供、产、销、人、财、物、信息等在内的全面的内部控制体系。

四、内部控制的评价和审计

内部控制的评价和审计不同，前者是企业自身的行为，是管理层内部控制自我评估；而后者由会计师事务所实施，是内部控制审计工作。

（一）内部控制的评价

1. 内部控制评价的含义

内部控制评价是指由企业董事会或类似权力机构，对内部控制的有效性进行全面评价，形成评价结论，出具评价报告的过程。

2. 内部控制评价的内容和标准

内部控制评价的内容包括：①企业应当根据《企业内部控制基本规范》及其《应用指引》以及本企业的内部控制制度，围绕内部环境、风险评估、控制活动、信息与沟通、内部监督等要素，确定内部控制评价的具体内容。②企业实施内部控制评价包括对内部控制设计有效性和运行有效性的评价。内部控制设计有效性是指为实现控制目标所必需的内部控制要素都存在并且设计恰当；内部控制运行有效性是指现有内部控制按照规定程序得到了正确执行。

内部控制评价的标准是《企业内部控制基本规范》及其《应用指引》的有关规定。

3. 内部控制评价的程序和方法

企业应当按照制定评价方案、实施评价活动、编制评价报告等阶段开展内部控制评价工作。内部控制评价的具体程序包括：①制定内部控制评价工作方案，明确评价目的、范围、组织、标准、方法、进度安排和费用预算等内容。②根据审批通过的评价方案组织实施内部控制评价工作，获取充分、相关、可靠的证据对内部控制的有效性进行评价，并编制评价报告。

内部控制评价的方法主要包括个别访谈法、调查问卷法、比较分析法、标杆法、穿行测试法、抽样法、实地查验法、重新执行法、专题讨论会法等。

4. 内部控制缺陷认定和评价报告

（1）内部控制缺陷认定。内部控制缺陷一般可分为设计缺陷和运行缺陷。设计缺陷是指缺少为实现控制目标所必需的控制，或现存控制设计不适当，即使正常运行，也难以实现控制目标。运行缺陷是指现存设计完好的控制没有按设计意图运行，或执行者没有获得必要授权或缺乏胜任能力以有效地实施控制。

根据内部控制缺陷影响整体控制目标实现的严重程度，将内部控制缺陷分为一般缺陷、重要缺陷和重大缺陷。

重大缺陷是指一个或多个控制缺陷的组合，可能导致企业严重偏离控制目标。

重要缺陷是指一个或多个控制缺陷的组合，其严重程度和经济后果低于重大缺陷，但仍有可能导致企业偏离控制目标。

一般缺陷是指除重大缺陷和重要缺陷之外的其他缺陷。

（2）内部控制评价报告。内部控制评价报告应当分别对内部环境、风险评估、控制活动、信息与沟通、内部监督等要素进行设计，对内部控制评价过程、内部控制缺陷认定及整改情况、内部控制有效性的结论等相关内容作出披露。内部控制评价报告至少应当披露下列内容：董事会对内部控制报告真实性的声明；内部控制评价工作的总体情况；内部控制评价的依据；内部控制评价的范围；内部控制评价的程序和方法；内部控制缺陷及其认定情况；内部控制缺陷的整改情况及重大缺陷拟采取的整改措施；内部控制有效性的结论。

（二）内部控制的审计

1. 内部控制审计的含义

企业内部控制审计，是指会计师事务所接受委托，对特定基准日内部控制设计与运行的有效性进行审计。

2. 内部控制审计的内容和标准

内部控制审计的内容是内部控制设计和运行的有效性。

内部控制审计的标准是《企业内部控制基本规范》及其《应用指引》的有关规定。

3. 内部控制审计的过程和方法

内部控制审计的过程包括制订审计计划、实施审计工作和出具审计报告等阶段。

内部控制审计的方法包括：注册会计师应当按照自上而下的方法实施审计工作。自上而下的方法是注册会计师化解风险、选择拟测试控制的基本思路。注册会计师在实施审计工作时，可以将企业层面控制和业务层面控制的测试结合进行。具体可采用检查、观察、询问、重新执行和穿行测试等程序。

4. 内部控制缺陷认定和审计报告

（1）内部控制缺陷认定。内部控制缺陷按其成因分为设计缺陷和运行缺陷；按其影响程度分为重大缺陷、重要缺陷和一般缺陷。注册会计师应当评价其识别的多项内部控制缺陷的严重程度，以确定这些缺陷单独或综合起来，是否构成重大缺陷。

（2）审计报告。注册会计师在完成内部控制审计后，出具内部控制审计报告，审计报告应当包括下列要素：标题，收件人，引言段，企业对内部控制的责任段，内部控制的定义段，内部控制的固有局限性的说明段，财务报告内部控制审计意见段，非财务报告内部控制重大缺陷描述段，注册会计师的签名和盖章，会计师事务所的名称、地址及盖章，报告日期等。

本章相关的法规、制度及主要阅读文献

1. 中国注册会计师协会．中国注册会计师执业准则．大连：大连出版社，2008
2. 中国注册会计师协会．中国注册会计师执业准则指南．北京：中国财政经济出版社，2006
3. 中华人民共和国财政部等．企业内部控制基本规范．上海：立信会计出版社，2008
4. 企业内部控制配套指引编写组．企业内部控制配套指引．上海：立信会计出版社，2008

思考题

一、多选题

1. 下列有关内部控制与注册会计师审计工作的关系的陈述中不恰当的有（　　）。
A. 内部控制设计合理且执行有效时，注册会计师抽样的样本量可以大大减少
B. 内部控制设计科学可以直接节省注册会计师审计成本
C. 内部控制设计合理且执行有效表明财务报表不存在重大错报
D. 内部控制不值得信赖时注册会计师需要视情况扩大审计范围
2. 关于审计的分类可以从不同角度加以考虑，下列对审计的分类恰当的有（　　）。
A. 审计按主体的不同可分为政府审计、内部审计和注册会计师审计
B. 审计按目的的不同可分为合理保证审计和有限保证审计
C. 审计按内容的不同可分为财务报表审计和绩效审计
D. 审计按与被审计单位的关系不同可分为内部审计和外部审计
3. 内部控制要素包括（　　）。
A. 内部环境　B. 风险识别　C. 信息与沟通　D. 内部监督
4. 依据《企业内部控制基本规范》，内部控制的目标包括（　　）。
A. 企业经营管理合法合规
B. 企业战略目标
C. 企业财务报告及相关信息真实完整、企业资产安全
D. 企业提高经营效率和效果
5. 在方法论上讲，审计方法包括（　　）。
A. 制度基础审计　B. 报表基础审计
C. 账项基础审计　D. 风险导向审计

二、单选题

1. 下列对审计有关概念的描述错误的是（　　）。
A. 审计的对象是被审计单位在一定时期的全部或部分经济活动的有关资料
B. 审计工作的基本目标是确保被审计单位有关资料的合法性、公允性和经济活动的

售经理审阅后讨论解决措施。

相关的财务报表认定：销售收入的发生、准确性、完整性以及应收账款的存在、准确性。

测试程序：该控制是月度控制，注册会计师决定选取2月、6月、10月、11月这4个月份测试该控制。注册会计师分别与总经理和销售经理就上述4个月份的分析报告进行讨论，证实他们确实审阅了该报告并对重大差异和异常情况进行了调查和跟进。事后注册会计师还通过询问销售经理和相关销售人员印证了当时所采取的跟进措施。销售收入和应收账款汇总表由财务系统自动生成并与当月财务报表的销售收入总额和应收账款余额一致，注册会计师核对了上述4个月份的财务报表，证实无误。

测试结果：该控制有效运行，注册会计师对该控制可以信赖。

2. 人工控制测试

所测试的控制：对每一笔销售收入，销售部专职秘书将客户订单、客户已签收的送货单（所有货物由物流公司运送）以及发票（计算机发票由销售部开具）上的客户名称、货物品种、数量、价格进行核对，并在发票记账联盖“核对确认无误”章，交给财务部作为确认销售收入的凭证。对于数据不符的交易则进行调查并调整。

相关的财务报表认定：销售收入的发生、准确性、完整性以及应收账款的存在、准确性。

测试程序：该控制为人工控制，每天发生数次，注册会计师为了获取较高程度的保证，决定抽取每月5个共60个样本。该测试是双重目的的测试，既可测试控制运行的有效性，同时也是针对销售收入的细节测试。注册会计师询问了执行该控制的销售部专职秘书和负责记录销售收入的会计人员，确认该控制确实得到执行。注册会计师从销售收入明细账中抽取60笔交易，核对客户订单、客户已签收的送货单以及发票，以检查有关信息是否一致，发票记账联上是否有“核对确认无误”章，以及入账金额是否准确。

测试结果：没有发现例外情况。该控制有效运行。注册会计师对该控制可以信赖。

（二）控制测试结果及其对实质性程序的影响

综合以上控制测试的结果显示，针对销售收入的发生、准确性、完整性以及应收账款的存在、准确性认定的控制是有效运行的，注册会计师对控制有较高程度的信赖，只需要从实质性程序中获取较低程度的保证。

四、实质性程序

（一）对销售收入及应收账款实施实质性分析程序（略）

（二）对应收账款和坏账准备实施细节测试

1. 应收账款函证

由于从控制测试中获得了较高程度的信赖，注册会计师只需要从细节测试中获取较低程度的保证。因此，注册会计师决定采用选取特定项目进行测试的方法选取函证样本，符合下列条件之一的选为样本：①应收账款余额100万元以上；②年购买量500万元以上；③应收账款余额10万元以上且账龄超过1年的。有35家客户符合上述条件，总金额为18 593 581元，覆盖率为47%。函证结果如下：

（1）26家回函确认无误。

（2）3 家回函存在付款时间性差异，即年末客户已付款而被审计单位尚未收到，经查看次年 1 月初银行对账单确认无误。

（3）6 家没有回函。

前两项 29 家回函总金额为 13 272 566 元，函证的实际覆盖率为 34%。

2. 替代程序

对上述没有回函的应收账款余额 5 321 015 元实施替代程序，查看了期后收款。截至审计现场工作结束，共收回货款 2 866 390 元，对剩余的金额 2 454 625 元查看了相应的原始凭证（订单、发货单、发票，还款协议，与客户的往来信件等），没有发现差异。替代程序的实际覆盖率为 13%。

3. 检查风险水平

应收账款余额函证及替代程序的总体覆盖率为 47%。对于没有函证的 53%，由于相关控制是有效运行的，实施实质性分析程序未发现误差，注册会计师判断重大错报风险水平较低，因而可接受一个较高的检查风险水平。对于未函证的 53%，注册会计师采用审计抽样（一个相对较小的样本即可）的方法予以函证，结果是推断的错报未超过应收账款可容忍错报。

4. 验证应收账款账龄分析报告的准确性

注册会计师采取审计抽样的方法，选取 40 笔交易检查销售发票并验证是否归入正确的账龄期间。测试结果没有发现错误，可以证实账龄分析报告的准确性。

5. 被审计单位管理层

向总经理和销售经理询问他们对应收账款可回收性的评估；重新计算坏账准备的计提；对账龄较长而未计提坏账准备的应收账款余额，查看还款协议和实际付款记录。注册会计师发现有一笔 339 465 元账龄超过两年的应收账款，该客户签订还款协议承诺 2008 年 12 月 31 日之前支付 100 000 元，到审计现场工作时（2009 年 3 月）仍未支付，目前被审计单位已停止向对方供货；另一笔 133 287 元账龄未满六个月的应收账款，该客户是一家连锁餐厅，最近因资金链出现问题，拖欠租金和供应商货款而被起诉，该笔货款很可能无法收回。对上述两笔可能无法收回的应收账款共计 472 752 元被审计单位均未计提坏账准备。注册会计师建议作审计调整并计划向被审计单位管理层报告该事项。

6. 对销售收入及应收账款事实的其他实质性程序（这里不再展开）

（中国注册会计师协会．审计．北京：经济科学出版社，2007）

问题：

1. 您认为本案例中，注册会计师对 A 公司销售业务的审计符合现代风险导向审计的要求吗？

2. 通过对本案例的阅读，您对会计、审计和内部控制知识之间的关系有何认识？